权威·前沿·原创

皮书系列为
"十二五""十三五"国家重点图书出版规划项目

智库成果出版与传播平台

中国社会科学院创新工程学术出版资助项目

慈善蓝皮书
BLUE BOOK OF PHILANTHROPY

中国慈善发展报告（2020）

ANNUAL REPORT ON CHINA'S PHILANTHROPY DEVELOPMENT (2020)

主　编/杨　团
副主编/朱健刚

社会科学文献出版社
SOCIAL SCIENCES ACADEMIC PRESS (CHINA)

图书在版编目(CIP)数据

中国慈善发展报告.2020/杨团主编.--北京：
社会科学文献出版社，2020.7
（慈善蓝皮书）
ISBN 978-7-5201-6712-3

Ⅰ.①中… Ⅱ.①杨… Ⅲ.①慈善事业-研究报告-
中国-2020 Ⅳ.①D632.1

中国版本图书馆CIP数据核字（2020）第092162号

慈善蓝皮书
中国慈善发展报告（2020）

主　　编／杨　团
副 主 编／朱健刚

出 版 人／谢寿光
责任编辑／薛铭洁

出　　版／社会科学文献出版社·皮书出版分社（010）59367127
　　　　　地址：北京市北三环中路甲29号院华龙大厦　邮编：100029
　　　　　网址：www.ssap.com.cn
发　　行／市场营销中心（010）59367081　59367083
印　　装／天津千鹤文化传播有限公司
规　　格／开　本：787mm×1092mm　1/16
　　　　　印　张：28.75　字　数：432千字
版　　次／2020年7月第1版　2020年7月第1次印刷
书　　号／ISBN 978-7-5201-6712-3
定　　价／158.00元

本书如有印装质量问题，请与读者服务中心（010-59367028）联系

▲ 版权所有 翻印必究

2020年慈善蓝皮书编委会成员

主　编　杨　团

副主编　朱健刚

编　委（按姓氏笔画排序）
　　　　　王　名　　王行最　　王振耀　　邓国胜　　冯　燕
　　　　　卢德之　　朱卫国　　朱健刚　　吕　朝　　江明修
　　　　　李志刚　　李允晨　　何道峰　　吴国平　　杨　团
　　　　　金锦萍　　娄胜华　　徐永光　　顾晓今　　康晓光
　　　　　黄浩明

主要编撰者简介

杨　团　中国社会科学院社会学研究所研究员、中国社会科学院社会政策研究中心顾问、中国社会科学院研究生院教授、硕士生导师。曾任中国社会学会社会政策研究专业委员会理事长；现任中国灵山慈善公益促进会监事长、北京农禾之家咨询服务中心理事长、北京农禾之家基金会理事长等职。国家民政部特邀咨询专家，劳动与社会保障部社会保障专家组成员。获评2013"CCTV年度十大慈善人物"、"责任中国2014公益盛典"年度致敬大奖，《中国慈善家》杂志"2015年度中国十大社会推动者"，"2018年度中国十大社会推动者"，《南风窗》杂志2018年"为了公共利益年度人物"。2019年获评"中国慈善公益品牌70年70人"代表人物。担任《当代社会政策研究》（社会政策专业委员会学术年会暨社会政策国际论坛年度论文集2005～2017）和《中国慈善发展报告》（慈善蓝皮书2009～2020）的主编；《综合农协：中国"三农"改革突破口》（北京农禾之家咨询服务中心综合农协研究组年度研究报告论文集2013～2019）的主编主撰。

于20世纪60年代末赴云南陇川农场做农工，70年代初到张家口工厂、后入机械设备成套局并报考大学；1982年毕业于首都经贸大学、后任该校工业经济系副主任/讲师、副教授；1984年赴上海交通大学、1985年赴加拿大麦克马斯特大学（McMaster University）进修管理课程；1988年进入国家经济体制改革委员会，任分配体制司综合处处长，1991年调国家体改委研究所，任社会分配研究室主任，其间从事社会保障、收入分配政策研究；1993年后，相继在中国人口福利基金会和中华慈善总会出任秘书长和常务副秘书长，负责机构日常管理；1998年初赴美国纽约大学（City University of New York）慈善中心进修国际慈善课程，当年底调入中国社会科学院，任社会学研究所社会政策研究室主任直至 2009 年，任中国社会科学院社会政策研究中心副主任直至 2017 年。

长期致力于社会保障、慈善公益与非营利组织、综合性农民合作组织、社区公共服务、老年人长期照护等领域的政策研究，曾多次主持国家社科基金课题和重点课题以及中国社会科学院重点课题，出版过多部专著及 150 多篇论文及研究报告，曾获国家社科基金优秀成果及多项省部级研究优秀成果奖。主要专著有《社区公共服务论析》（独著）、《中国社会保障制度的再选择》（第一著者）、《21 世纪中国农民的社会保障之路》（第一著者）；主要论文有《社会政策研究范式的演化及其启示》《新农村建设与农村社会保障》《探索第四域》《医疗卫生服务体系的第三条道路》《中国长期照护的政策选择》《此集体非彼集体——为社区性、综合性乡村合作组织探路》等。

朱健刚　南开大学周恩来政府管理学院教授，博士生导师，南开大学中国社区建设研究中心主任。香港中文大学哲学博士，担任中国社会组织促进会专家委员会委员，中国慈善联合会学术委员。国际第三部门研究学会（ISTR）理事，NVSQ 期刊编委，中国残疾人研究会常务理事，中国社会学会社会政策专业委员会理事，中国人类学与民族学研究会教育人类学常务理事。也是美国印第安纳大学礼来家族慈善学院兼职教授，深圳国际公益学院特聘教授，清华大学公益慈善研究院学术委员，北京师范大学中国公益研究院咨询委员，曾任中山大学中国公益慈善研究院执行院长，哈佛-燕京访问学者和富尔布莱特访问学者。公益兼职有广东省千禾社区公益基金会副理事长，广州公益慈善书院理事长，福建正荣基金会理事，上海热爱家园青年志愿者协会荣誉理事等。曾获《公益时报》2017 年年度人物，《中国慈善家》2016 年封面人物，所举办机构则获得《南风窗》2007 年年度最佳公益组织称号。

长期致力于研究公益社会学、发展人类学与社会组织发展，多次主持国家社会科学与教育部课题和重点课题。在《社会学研究》、*China Quarterly* 等国际和国内学术核心期刊上发表论文近百篇。曾主编《中国公益蓝皮书》和《公益》期刊。主要著作：《国与家之间：关于上海邻里的民族志研究》《社区、空间与行动》《责任·行动·合作：512抗震救灾中的NGO合作研究》《行动的力量：对民间志愿组织的实践逻辑的个案研究》等。

摘 要

2019年是新中国成立七十周年，也是全面建成小康社会的关键之年。面对着复杂多变的国内外形势，我国慈善事业的法治化、专业化和体系化程度得到进一步加强。

2019年，民间慈善事业被进一步纳入国家治理体系当中，呈现出"治理吸纳慈善"的总体特征，在国家层面、市场层面和社会层面均有表现。慈善开始成为国家整体治理体系的一部分，并为国家治理战略目标服务。国家与社会正逐步耦合成一种统一、复杂且充满不确定性的双向嵌入关系。以企业为主体的科技向善和商业慈善在质疑中逐渐成为时尚，而企业社会责任和影响力投资成为重要主题。在民间公益慈善空间被政府和商业挤压的状态下，青年人以互联网为基础的公益自组织开始活跃，努力以社会创新方式解决社会问题。慈善事业因应政府、商业和社会要求而产生不同的话语和实践。

截至2019年底，全国共有社会组织86.7万个，较2018年增长6.2%。其中社会团体37.2万个，民办非企业单位（社会服务机构）48.7万个，基金会7580个，分别较2018年增长1.64%、9.68%和7.76%。自2016年9月1日截至2019年8月31日，全国民政部门等共认定与登记慈善组织5511家，其中1260家慈善组织获得公开募捐资格。在政府认定的募捐方案备案平台上，673家慈善组织的12641个项目进行了公开募捐备案与信息公开；备案慈善信托273单，信托财产规模29.35亿元。依法注册登记在华活动的境外非政府组织代表机构共有524家，备案临时活动2441件。

志愿服务在2019年有质的突破。志愿服务被提升到社会文明进步重要标志的高度，要同国家社会治理现代化以及"两个一百年"奋斗目标同行。2019年，我国实名注册志愿者总数达到1.69亿人，累计志愿服务时间为

22.68亿小时,分别较2018年增长13.9%和3.2%。

慈善公益捐赠和社会资源汇集的大数据略有下降。蓝皮书一直以来将社会捐赠总量、全国志愿服务贡献价值和彩票公益金三者之和设定为全核算社会公益资源总量。根据测算,2019年,中国社会公益资源总量为3374亿元,较2018年减少0.97%。其中,2019年社会捐赠总量预测约为1330亿元,志愿者贡献总价值为903.59亿元,彩票公益金募集量为1140.46亿元,分别较2018年增长4.72%、9.7%和-13.18%。2019年上半年,民政部指定的20家互联网公开募捐信息平台为全国1400多家公募慈善组织发布募捐信息1.7万余条,累计获得52.6亿人次的点击、关注和参与,募集善款总额超过18亿元。2019年"99公益日",爱心网友4800万人次捐出善款17.83亿元,超过2500家企业配捐3.07亿元,总共募得善款24.9亿元。

慈善实践继续推进多元拓展和跨界融合:社会组织党建工作高质量发展;慈善事业管理部门改革不断深化,新组建了民政部慈善事业促进和社会工作司并首次设立儿童福利司;慈善事业第三次分配作用更为凸显,在扶贫攻坚、应急救援、爱心助学、医疗救助、社区服务等领域,慈善组织促使资源和财富在不同社会群体间趋向更均衡的微循环;以企业为主体的科技向善和商业慈善方兴未艾,万向集团董事长鲁伟鼎捐资设立鲁冠球万向事业基金,引世人瞩目。

在2019年,中国慈善也背负了难以预料的负累。个人大病求助平台水滴筹、德云社相声演员的百万募捐、一些慈善组织擅自变更项目善款使用对象、公益慈善行业奖项评选公信力等都引发了公众的质疑和争议。此外,尽管2019年慈善组织仍然保持增长态势,但是相比2018年和2017年,无论基金会、社团还是民办非企业单位,其增速都明显下滑。

中国慈善事业发展中出现的这些问题,迫切需要公益慈善界和全社会的深刻反思:在未来的变革中坚持什么,摒弃什么,改变什么,创新什么?

公益人不可以不弘毅,任重而道远。

关键词: 慈善事业 中国 2019

Abstract

The year of 2019 is the 70th anniversary of the founding of People's Republic of China and a crucial year for the comprehensive construction of a prosperous society. Facing the complex and ever-changing situation at home and abroad, the degree of legalization, specialization, and systematization of China's charity has been further strengthened.

The entire civil charity has been further incorporated into the national governance system in 2019, indicating the overall characteristic of "governance embracing charity", which is manifested at the national level, the market level, and the social level. Charity began to become a part of the national governance system and serve for the strategic objectives of national governance. The nation and society are transforming into a unified, complex, and uncertain mutual embedding relationship. Corporate social responsibility and impact investment are crucial means of corporate philanthropy with technology-oriented goodness, which has gradually become trendy, however disputable. Under the status where the existence of civil charity is squeezed by the government and business, the internet-based philanthropic self-organization among young people began to shine, and strive to solve social problems in a socially innovative way. Charity should be able to form different reactions and practices in response to government, business, and society.

In 2019, the total number of social organizations in China was 867000, including 372000 social organizations, 487000 private non-enterprise units (social service organizations), and 7580 foundations, representing an increase of 1.64%, 9.68%, and 7.76% over 2018, respectively. From September 1, 2016 to August 31, 2019, a total of 5511 charitable organizations have been legally registered and certified by Civil Affairs departments nationwide. Among them, 1260 have successfully obtained the qualification certificate for fundraising

from the public. On the government-approved platform for fundraising filling, 12641 programs from 673 charitable organizations conducted filling for public fundraising and information disclosure. 273 charitable trusts were filed and the value of trust property was CNY 2.935 billion. In 2019, 524 overseas non-governmental organizations' representative offices have been registered to conduct activities in China, and 2441 temporary activities were put on record.

Volunteer service has a substantial breakthrough in 2019. It is promoted to the height of the essential symbol of social civilization progress, and it will keep the same pace with the modernization of national social governance and the Two Centenary Goals. In 2019, the total number of real-name registered volunteers in China reached 169 million, and the cumulative total of volunteer service hours was 2.268 billion, representing an increase of 13.9% and 3.2% over 2018, respectively.

The data of charitable donation and social resources gathering is slightly declined. In "*Blue Book of Philanthropy: Annual Report on China's Philanthropy Development*", we always calculate the total value of social charity by adding the total amount of social donations, the imputed value of hours of voluntary services contributed nationwide, and welfare lottery fund. Relevant calculation data indicates that total value of social charity in 2019 is CNY 337.4 billion, representing a 0.97% decrease over 2018. Among them, the total amount of social donations in 2019 is anticipated to reach CNY 133 billion, the imputed value of hours of voluntary services is CNY 90.359 billion; donations from welfare lottery fund is CNY 114.046 billion, representing an increase of 4.72%, 9.7%, and -13.18% respectively over 2018. In the first half of 2019, 20 internet public fundraising platforms designated by the Ministry of Civil Affairs issued more than 17000 fundraising information for over 1400 charity organizations with qualification of public fundraising nationwide, and received 5.26 billion of clicks, page views, and participation, raised over CNY 1.8 billion. In 2019 "99 Giving Day", there are more than 48 million people donated CNY 1.783 billion via Tencent charity platform, and over 2500 companies have totally donated CNY 307 million. The total donation of 99 Giving Day is CNY 2.49 billion.

Abstract

Charity practices continue to promote diversified expansion and cross-border integration. Political construction of the Party in social organizations is under high-quality development. The reform of the philanthropy administration departments continues to deepen. The Department of Charity Promotion and Social Work of the Ministry of Civil Affairs has been reestablished, along with the newly established Department of Child Welfare. The function of charity becomes prominent in the third distribution. In the fields of poverty alleviation, emergency rescue, caring for education, medical assistance, and community service, charitable organizations prompt resources and wealth to a more balanced microcirculation among different social groups. Enterprises with technology-oriented goodness and corporate philanthropy are just unfolding, Lu Weiding, the chairman of Wanxiang Group, donated funds to establish the Luguanqiu Wanxiang Business Fund, which attracted worldwide attention.

In 2019, China's charity has also encountered unpredictable negatives. Numerous philanthropy-related events have been disputed by public, for example, the controversy of Shuidichou, which is an individual medical assistance crowdfunding platform; Deyunshe folk art performance group fundraised millions of donations; charitable organizations altered their use of donation without any authorization; and the credibility of philanthropic awards. Additionally, although the number of social organizations continues to grow in 2019, the increase rates of social groups, foundations, and private non-enterprise units have declined significantly.

These problems arising in the process of development of China's charity need to be profoundly reflected by whole community and society. In the ever-changing future, what to insist on, what to abandon, what to change, and what to innovate?

The practitioners of philanthropy cannot be without resolution and broad-mindedness, a long way to go.

Keywords: Philanthropy Development; China; 2019

目 录

Ⅰ 总论

- B.1 治理吸纳慈善：2019年中国慈善事业综述 …… 朱健刚 严国威 / 001
- B.2 2018~2019年度中国慈善捐赠报告 ………………… 宋宗合 / 027
- B.3 2019年中国志愿服务发展指数报告
  …………………………………… 翟 雁 辛 华 张 杨 / 047
- B.4 2019年中国慈善法治发展观察报告 ……………… 马剑银 / 085

Ⅱ 领域报告篇

- B.5 2019年中国基金会发展报告 ………… 程 刚 王 璐 霍 达 / 103
- B.6 2019年中国宗教公益慈善发展报告
  …………………………………… 丘仲辉 凌春香 朱艳伟 / 131
- B.7 2019年中国彩票与慈善发展报告 ………………… 宋宗合 / 152
- B.8 2019年中国教育公益领域发展报告
  …………………………………… 韩嘉玲 宝丽格 刘 月 / 179

B.9 防灾减灾救灾中的慈善参与
——2019年中国防灾减灾救灾慈善报告
.... 张 强 佟欣然 季海燕 张心雨 张 元 / 208

Ⅲ 专题篇

B.10 社会工作人才培养与乡村振兴发展报告 .... 王思斌 / 235

B.11 境外非政府组织境内活动发展报告 .... 贾西津 / 257

B.12 成都市社会组织发展报告
.... 郭 虹 王忠平 钟金秀 任大林 / 275

B.13 我国慈善资产管理的现状、问题和展望
.... 刘文华 鹿 宝 梁媛媛 / 298

Ⅳ 热点篇

B.14 水滴筹接连引发舆论争议 .... 马剑银 / 327

B.15 春蕾计划变更项目善款使用范围引争议 ...... 孙 迪 杨彤彤 / 336

B.16 民政部改革，优化慈善事业、儿童福利与养老
服务管理 .... 唐 苏 / 343

B.17 互联网捐赠电子票据时代来临 .... 杨彤彤 王 勇 / 353

B.18 我国反性骚扰进程有所推进，但仍任重道远
.... 张天潘 唐 苏 / 360

B.19 聚焦"少年的你" 涉未成年人的"两法"迎大修 ...... 南 方 / 368

B.20 "99公益日"地方慈善会的崛起与改革 .... 马天昊 / 375

B.21 鸿茅药酒与范冰冰获颁公益奖项引争议 …………… 罗　苑 / 382

B.22 中国志愿服务发展开启新篇章 …………… 翟　雁　张　杨 / 391

B.23 鲁冠球三农扶志基金慈善信托开创家族慈善新模式

　　………………………………………………… 黎颖露　潘　艳 / 398

Ⅴ　附录

B.24 2019年中国慈善大事记 ………………………………………… / 407

B.25 2019年中国公益慈善（主要）政策法规 ……………………… / 427

B.26 后　记 …………………………………………………………… / 431

CONTENTS

Ⅰ Overviews

B.1 China Philanthropy Development in 2019 *Zhu Jiangang, Yan Guowei* / 001

B.2 Annual Analysis of Charitable Donations in 2018-2019 *Song Zonghe* / 027

B.3 Annual Analysis of the Value of Volunteering in 2019
Zhai Yan, Xin Hua and Zhang Yang / 047

B.4 Observation on the Development of Philanthropic Rule of Law in 2019 *Ma Jianyin* / 085

Ⅱ Basic Reports

B.5 Profile of Foundation Development in 2019
Cheng Gang, Wang Lu and Huo Da / 103

B.6 Development in Chinese Religious Charity in 2019
Qiu Zhonghui, Ling Chunxiang and Zhu Yanwei / 131

B.7 China Welfare Lottery and Philanthropic Development in 2019
Song Zonghe / 152

CONTENTS

B.8　Development in Chinese Education Charity in 2019

Han Jialing, Bao Lige and Liu Yue / 179

B.9　Development in Chinese Earthquake Disaster Mitigation,
　　　Relief, and Prevention Charity in 2019

Zhang Qiang, Tong Xinran, Ji Haiyan, Zhang Xinyu and Zhang Yuan / 208

Ⅲ　Special Reports

B.10　Development of Cultivation of Social Worker
　　　and Rural Revitalization　　　　　　　　　*Wang Sibin* / 235

B.11　Development of Activities of Overseas Nongovernmental
　　　Organizations in China　　　　　　　　　　*Jia Xijin* / 257

B.12　Development of Social Organizations in Chengdu

Guo Hong, Wang Zhongping, Zhong Jinxiu and Ren Dalin / 275

B.13　Report on Management of China Philanthropy Assets

Liu Wenhua, Lu Bao and Liang Yuanyuan / 298

Ⅳ　Hot Topics

B.14　Shuidichou Continuously Triggering Public Controversy　*Ma Jianyin* /327

B.15　Alteration of Spring Bud Project's Use of Donation Causes
　　　Controversy　　　　　　　　　*Sun Di, Yang Tongtong* / 336

B.16　Reform of the Ministry of Civil Affairs, Optimizing
　　　the Management of Charity, Child Welfare, and Aging Service

Tang Su / 343

B.17　The Era of Electronic Vouchers of Donation is Coming

Yang Tongtong, Wang Yong / 353

B.18　The Process of Anti-Sexual Harassment is Enhanced,
　　　However, Still Long Way To Go　　　*Zhang Tianpan, Tang Su* / 360

B.19　Focusing On Movie "Better Day", Laws of Protection of Juveniles
　　　and Prevention of Juvenile Deliquency Greatly Amended　*Nan Fang* / 368

B.20　The Rising of Local Charity Federations and the Reform
　　　of State-Owned Philanthropy during 99 Giving Day　*Ma Tianhao* / 375

B.21　Controversy of Fan Bingbing and Hongmao
　　　Medical Tonic Awarded Philanthropic Awards　　　*Luo Yuan* / 382

B.22　China Volunteer Service Steps into A New Phase
　　　　　　　　　　　　　　　　　　　　Zhai Yan, Zhang Yang / 391

B.23　Lu Guanqiu Poverty Alleviation Charitable Trust Established
　　　and Led to A New Family Philanthropy Mode　*Li Yinglu, Pan Yan* / 398

V　Appendices

B.24　Major Philanthropic Events in 2019　　　　　　　　　　／ 407
B.25　Lists of Main Philanthropic Laws and Regulations in 2019　／ 427

B.26　Postscript　　　　　　　　　　　　　　　　　　　　／ 431

总 论

Overviews

B.1 治理吸纳慈善：2019年中国慈善事业综述

朱健刚 严国威*

摘　要： 2019年中国慈善事业的基本面相对稳定且总体向好，社会组织总量和慈善捐赠总量持续增长，志愿服务、慈善资产管理和行业建设等领域取得明显进展。

从2018年中国进入新时代以后，2019年整个民间慈善事业被进一步纳入国家治理体系当中，呈现"治理吸纳慈善"的总体特征。其一，在国家层面，各级政府职能部门进一步强化"党委领导、政府负责、社会协同、公众参与、法治保障"的社会治理体制，同时大力发展慈善会等官办慈

---

* 朱健刚，南开大学周恩来政府管理学院教授、博士研究生导师，从事公益慈善与社会转型、社区发展研究；严国威，广东省残疾人事业发展研究会秘书长，广州公益慈善书院研究员，从事公益慈善与社会福利、残疾人社会政策研究。

善组织,以治理的方式有选择地吸纳慈善组织在第三次分配中的重要作用。其二,在市场层面,以企业为主体的科技向善和商业慈善在质疑中逐渐成为时尚,企业社会责任和影响力投资成为重要主题。它们在为创新社会治理提供强大的社会及技术支撑的同时,也伴随着纷繁复杂的争议。其三,在社会层面,儿童福利与青年公益开始凸显,青年人以互联网为基础的公益自组织开始活跃。在民间公益慈善空间被政府和商业挤压的状态下,这些青年公益却依旧可以实现社会创新,解决社会问题。因此,在未来的中国,慈善事业必然会因应政府、商业和社会要求而产生不同的话语和实践。

关键词: 治理吸纳 慈善事业 商业慈善 青年公益

一 前言

2019年是新中国成立七十周年,也是全面建成小康社会的关键之年。这一年,对于中国的发展来说非常特殊。一方面,我国经济结构调整和转型升级取得诸多新进展,综合国力迈上新台阶。这包括:第二届"一带一路"国际合作高峰论坛成功召开,"嫦娥五号"实现月球区域软着陆及采样返回,北京大兴国际机场正式投入运营,5G正式在国内开启商用时代等。另一方面,黑天鹅也不断起飞,中美经贸冲突、香港修例风波等政治和经济事件不断影响着中华民族伟大复兴的中国梦的实现。受此宏观环境的影响,2019年中国慈善事业总体上保持一种相对平稳、增长放缓的发展态势。如果说,2018年是我国民间慈善事业开始适应新时代中国特色社会主义国家治理转型的话,那么,2019年则是整个民间慈善事业被进一步纳入国家治理体系当中。中国慈善事业的发展表现出"治理吸纳慈善"的总体特征。虽然这种强调不同治理机制之间互补嵌入的"互动式治理"① 在实际发展过程中常有变形和争议，但是我们依然可以看到，民间慈善在正式空间里的野蛮生长就此告一段落，慈善开始在整体上成为国家治理体系的一部分，并为国家治理战略目标服务。国家与社会正逐步耦合成一种统一、复杂且充满不确定性的双向嵌入关系。与此同时，以企业为主体，以企业社会责任和影响力投资为主题的商业慈善在各种质疑声中方兴未艾。科技赋能、商业向善在为创新社会治理提供强大的社会及技术支撑的同时，却也伴随着纷繁复杂的争议。同时，在政府慈善和商业慈善的双重挤压下，力图独立发展的民间慈善面临诸多挑战，但是青年参与公益慈善以及由此带来的互联网自组织的志愿服务，仍然展示出"野草公益"的新的回归。在未来的中国，慈善事业必然会因应政府、商业和社会要求而产生不同的话语和实践。

二　总体稳中向好：2019年中国慈善事业的发展状况

2019年是《慈善法》实施三周年，虽然面临着诸多挑战，我国慈善事业的法治化、专业化和行业化程度仍然在进一步加强。2019年中国慈善事业的基本面在经济新常态的大环境下依然相对稳定，社会组织总量和慈善捐赠总量持续增长，志愿服务、慈善资产管理和行业建设等领域取得明显进展。

（一）社会组织总量增长放缓

根据中国社会组织公共服务平台和基金会中心网的统计，截至2019年底，我国社会组织总量为86.7万个，其中，社会团体37.2万个，民办非

---

① 顾昕：《走向互动式治理：国家治理体系创新中"国家-市场-社会关系"的变革》，《学术月刊》2019年第1期，第77页。

企业单位（社会服务机构）48.7万个，基金会7580个。① 三类社会组织的总量分别较2018年增长1.64%、9.68%和7.76%，年增长率均低于2018年（分别为3.1%、10.8%、11.4%）。全国共有社区服务中心2.6万个，社区服务站16.7万个。② 由于统计口径存在差异，基金会中心网的观测数据显示，截至2019年底，我国基金会总数已达到7938家，高于民政部的统计数据。其中，公募基金会1618家，非公募基金会6320家。公募基金会总数与2018年持平，非公募基金会则较2018年增长17.2%③。民政部的统计数据则显示，截至2019年底，全国登记认定的慈善组织总数已超过7500个，较2018年（5285个）增长了四成以上，占到全国社会组织总量的0.865%以上，净资产合计约1600亿元。④ 相关研究数据显示，截至2019年8月底，全国已有1260家慈善组织获得公开募捐资格，673家慈善组织备案了12641个公开募捐方案⑤。社会组织也越来越吸引更多职业社工参与。2019年全国社会工作者职业水平考试报名人数达到55.37万人，较2018年（42.45万人）增长30.44%，创历史新高⑥。

随着《境外非政府组织境内活动管理法》的颁布执行，境外非政府组织2019年在中国的发展也逐渐活跃。境外非政府组织是指在境外合法成立的基金会、社会团体、智库机构等非营利、非政府的社会组织，其在我国可以在经济、教育、科技、文化、卫生、体育、环保等领域和济困、救灾等方

---

① 宋宗和：《2018～2019年中国慈善捐赠报告》，载杨团主编《慈善蓝皮书：中国慈善发展报告（2020）》，社会科学文献出版社，2020。
② 国家统计局：《2019年国民经济和社会发展统计公报》，http://www.stats.gov.cn/tjsj/zxfb/202002/t20200228_1728913.html，最后检索时间：2020年3月15日。
③ 程刚、王璐、霍达：《2019年中国基金会发展报告》，载杨团主编《慈善蓝皮书：中国慈善发展报告（2020）》，社会科学文献出版社，2020。
④ 罗争光、杨凌伟、杨湛菲：《全国登记认定慈善组织超7500个》，《人民日报》2020年1月22日，第13版。
⑤ 北京师范大学中国公益研究院：《〈慈善法〉实施三周年十大进展》，http://www.bnu1.org/show_1413.html，最后检索时间：2020年3月15日。
⑥ 颜小钗：《2019年全国社会工作者职业水平考试报名人数达55.37万人》，《中国社会工作》2019年第19期，第4页。

面依法开展有利于公益事业发展的活动①，是推动我国慈善事业发展的重要力量。截至 2019 年底，按照《境外非政府组织境内活动管理法》注册登记在华活动的境外非政府组织代表机构共有 524 家，备案临时活动 2441 件。其中，注册登记最多的省市依次为北京 165 家、上海 105 家、广东 37 家、云南 28 家、四川 24 家，合计占到全国总量的 68.51%。81.11% 的境外非政府组织注册登记代表机构的业务主管单位集中在商务、教育、民政、卫生、友协、林业、科技、环境、农业等九大系统。主要业务活动集中在商务领域的占比 41.98%，其次为教育、民政、卫生领域，占比分别为 9.9%、8.4%、6.9%。总体来看，2019 年境外非政府组织注册登记代表机构的年增长率逐渐趋于平缓，并且表现出分布地域、业务领域和业务主管单位高度集中的特征。②

（二）志愿服务开启新的征程

截至 2020 年 3 月 16 日我国实名注册志愿者总数达到 1.69 亿人，志愿团体 116.36 万个，累计志愿服务时间 22.68 亿小时。③ 注册志愿者总数较 2018 年增长 13.9%，累计志愿服务时间较 2018 年增长 3.2%。志愿服务活动已覆盖医疗、教育、扶贫、养老、环保、助残、文化、体育和"一带一路"等多个领域，成为新时代凝聚广大人民群众力量、共同实现"两个一百年"奋斗目标、实现中华民族伟大复兴的重要力量。2019 年在党和政府的高度重视之下，我国志愿服务事业的发展迈入新时代、开启了新征程。2019 年 1 月 17 日，国家主席习近平在考察调研天津市和平区新兴街朝阳里社区全国第一个社区志愿服务组织时，称赞志愿者是为社会做出贡献的前行者、引领者，强调志愿者事业要同"两个一百年"奋斗目标、同建设社会主义现

---

① 公安部：《境外非政府组织代表机构登记和临时活动备案办事指南》，https://www.mps.gov.cn/n6557558/c5556625/content.html，最后检索时间：2020 年 3 月 15 日。
② 贾西津：《境外非政府组织境内活动发展报告》，载杨团主编《慈善蓝皮书：中国慈善发展报告（2020）》，社会科学文献出版社，2020。
③ 翟雁、辛华、张杨：《2019 年中国志愿服务发展指数报告》，载杨团主编《慈善蓝皮书：中国慈善发展报告（2020）》，社会科学文献出版社，2020。

代化国家同行。各级党委和政府要为志愿服务搭建更多平台,更好发挥志愿服务在社会治理中的积极作用。[①] 2019年7月24日,国家主席习近平在《致中国志愿服务联合会第二届会员代表大会的贺信》中再次肯定了新时代志愿服务的重要地位与重大作用,要求各级党委和政府给予志愿服务更多支持,推进志愿服务制度化和常态化。[②] 2019年12月27日,国务院扶贫办首次公示"志愿者扶贫50佳案例",旨在深入挖掘志愿者扶贫典型。

(三)慈善资源总量略有下降

相关测算数据显示,2019年中国社会公益资源总量为3374亿元[③],较2018年的3407亿元减少0.97%,而较2017年的3217亿元增长4.88%。其中,2019年社会捐赠总量约为1330亿元,较2018年的1270亿元增长4.72%,较2017年的1526亿元减少12.84%;2019年志愿者贡献总价值为903.59亿元[④],较2018年的823.64亿元增长了9.7%,较2017年的548亿元增长64.89%。胡润研究院发布的《2019胡润慈善榜》统计了114位中国慈善家的捐赠数据,2019年度捐赠总额为225亿元,较2018年度增长3%;但是平均捐赠额为2亿元,较2018年度下降10%。平均捐赠额占上榜慈善家平均财富的0.4%,较2018年度下降0.1个百分点。在榜单排名方面,万向集团董事长鲁伟鼎捐出其持有的万向三农全部股权,设立鲁冠球三农扶志基金慈善信托,市值49.6亿元,位居榜首;腾讯主要创始人之一陈一丹以35亿元捐赠额排名第二,主要包括捐赠腾讯股票成立慈善信托,市值34亿元;恒大集团董事长许家印以16亿元捐赠额排名第三,主要向其家乡周口

[①] 张晓松、鞠鹏、丁林:《习近平为志愿者点赞:你们所做的事业会载入史册》,新华社"新华视点"微博,http://www.xinhuanet.com/politics/leaders/2019-01/18/c_1124009449.htm,最后检索时间:2020年3月15日。
[②] 《习近平致中国志愿服务联合会第二届会员代表大会的贺信》,新华网http://www.xinhuanet.com/politics/leaders/2019-07/24/c_1124792815.htm,最后检索时间:2020年3月15日。
[③] 宋宗合:《2018~2019年度中国慈善捐赠报告》,载杨团主编《慈善蓝皮书:中国慈善发展报告(2020)》,社会科学文献出版社,2020。
[④] 翟雁、辛华、张杨:《2019年中国志愿服务发展指数报告》,载杨团主编《慈善蓝皮书:中国慈善发展报告(2020)》,社会科学文献出版社,2020。

市捐赠6.5亿元,向广东扶贫济困日捐赠5亿元等。在捐赠方向方面,教育领域的捐赠人数依然是近五年最多的,占比35%,较2018年度减少6个百分点;扶贫领域的捐赠人数在近五年呈逐年上升态势,以占比29%排名第二,较2018度增加11个百分点;捐赠慈善基金会等公益慈善事业的捐赠人数占比16%排名第三,较2018年度减少2个百分点;医疗领域的捐赠人数以6%排名第四,较2018年度减少7个百分点。①

除了慈善家的大额捐赠,彩票公益金和互联网捐赠在2019年依然是国内慈善资源的主要来源。不过,彩票公益金的降幅超过10%。财政部的统计数据显示,2019年彩票公益金募集量为1140.46亿元,比上年度1313.62亿元减少了173.16亿元,降幅为13.18%,其中福利彩票筹集公益金557.28亿元,体育彩票筹集公益金583.18亿元。② 2019年上半年,民政部指定的20家互联网公开募捐信息平台为全国1400多家公募慈善组织发布募捐信息1.7万余条,累计获得52.6亿人次的点击、关注和参与,募集善款总额超过18亿元③。2019年"99公益日"在筹款额、透明度和覆盖面上再创新高:爱心网友4800万人次通过腾讯公益平台捐出善款17.83亿元,超过2500家企业配捐3.07亿元,加上腾讯公益慈善基金会提供的3.9999亿元配捐,本年度"99公益日"总共募得善款24.9亿元④。但与此同时,2019年互联网募捐领域的危机事件频发,民众对建立健全相关监管机制的呼声持续高涨。

(四)慈善资产管理相对保守

2019年1月1日,《慈善组织保值增值投资活动管理暂行办法》正式施

---

① 胡润研究院:《2019胡润慈善榜》,https://www.hurun.net/CN/Article/Details?num=EA96B4EB1E0F,最后检索时间:2020年3月15日。
② 宋宗合:《2018~2019年度中国慈善捐赠报告》,载杨团主编《慈善蓝皮书:中国慈善发展报告(2020)》,社会科学文献出版社,2020。
③ 民政部:《王爱文与互联网公开募捐信息平台座谈并在河北雄安新区调研》,民政部门户网站,http://www.mca.gov.cn/article/xw/mzyw/201908/20190800018963.shtml,最后检索时间:2020年3月15日。
④ 艾渝:《4800万人次捐款+上万场线下活动,2019年99公益日全线绽放》,金羊网,https://www.sohu.com/a/340056369_119778,最后检索时间:2020年3月15日。

行。这对我国慈善资产管理具有重要意义,因而有人将 2019 年称为"慈善资产管理元年"。相关研究报告显示,我国慈善资产管理普遍存在投资行为保守的现象,2/3 以上的基金会只存款不投资,由此可能导致投资业绩不佳。其主要原因包括:慈善组织所有权缺位,导致受托人的定位及其权利义务模糊;在慈善认知和伦理方面,秉持捐款是神圣而不能承受投资风险的观念;行业内存在慈善组织"投资损失须由理事赔偿"的不实流言;慈善组织投资缺乏信息披露标准和评价标准。①

自《慈善法》颁布以来,慈善信托迅速成为我国慈善事业进行资产管理的重要方式,也成为金融机构和社会公众参与慈善事业的重要渠道。慈善信托数量逐年递增,社会各界积极探索和实践慈善信托。《2019 年中国慈善信托发展报告》的相关数据显示,截至 2019 年 12 月 31 日,全国共设立慈善信托 119 单,较 2018 年增长 37%,信托财产规模 9.33 亿元,较 2018 年下降 18%;备案慈善信托 273 单,信托财产规模 29.35 亿元。② 2019 年在兰州市民政局备案的光信善·昆山慈善信托 1 号的财产规模达 5 亿元,成为自《慈善法》颁布以来我国最大规模的货币资金类慈善信托。慈善信托资金的支持领域已经从医疗、教育、养老、儿童福利、扶贫济困、环境治理等传统慈善领域,逐步拓展到行业支持、公益金融、文化保育、社会企业等新兴慈善领域,以及乡村振兴、航天科技、"一带一路"等国家发展战略。整体来看,2019 年我国慈善信托具有单笔规模仍以百万以下级别居多,千万元级及以上的极少;备案单位集中在东部地区,但西部地区慈善信托发展速度较快;信托期限仍以短期(5 年以下)为主;受托人仍以信托公司为主,自然人委托人显著增加等基本特征。③

---

① 刘文华、鹿宝、梁媛媛:《我国慈善资产管理的现状、问题和展望》,载杨团主编《慈善蓝皮书:中国慈善发展报告(2020)》,社会科学文献出版社,2020。
② 中国慈善联合会:《2019 年中国慈善信托发展报告》,http://www.charityalliance.org.cn/news/13224.jhtml,最后检索时间:2020 年 3 月 15 日。
③ 中国慈善联合会:《2019 年中国慈善信托发展报告》,http://www.charityalliance.org.cn/news/13224.jhtml,最后检索时间:2020 年 3 月 15 日。

三 治理吸纳慈善：2019年中国慈善事业的总体特征

厘清政府与慈善组织的互动逻辑是当代中国慈善事业发展的主轴，也是理解其发展趋势和基本特征的核心视角。不同于西方的市民社会，中国民间慈善事业的独立性常常是非制度化和非正式的，在各个层面为国家权力所渗透。因而，强调多元合作的治理理论，以及强调关系网络的嵌入理论，成为解释中国公益慈善领域一系列复杂现象的重要框架。无论是"行政吸纳社会"[1]，还是"行政吸纳服务"[2]，都揭示了在权力分配格局中国家的主导性和社会的依附性。这种治理吸纳模式的主要内容是政府以治理的方式有选择地吸纳社会组织的治理能力[3]，将生长中的社会力量吸纳进入可控的行政轨道之中，政府以此实现了"控制"手段的柔性化和隐性化[4]，社会则在嵌入国家治理体系的过程中有可能拓展参与空间，获取政府资源，从而提高公共服务的质量与水平。当代中国慈善事业的发展历程实际上就是原有计划体制内的慈善捐赠和志愿服务逐步脱嵌于计划体制，形成现代公益慈善的运作规则和法治体系，进而与原有体制互动、再嵌入现代国家治理体系中的过程。这成为改革开放四十多年以来，中国慈善事业发展的总体特征。2019年，这种"治理吸纳慈善"继续得到强化，慈善正在被全方位地吸纳到新时代中国国家治理体系和治理能力的现代化潮流中。

（一）国家层面：治理吸纳慈善

2019年，慈善事业被进一步纳入国家治理体系之中，治理吸纳慈善的

---

[1] 康晓光、韩恒：《行政吸纳社会——当前中国大陆国家与社会关系再研究》，《中国社会科学》（英文版）2007年第2期，第116页。
[2] 唐文玉：《行政吸纳服务——中国大陆国家与社会关系的一种新诠释》，《公共管理学报》2010年第1期，第13页。
[3] 杨宝：《治理式吸纳：社会管理创新中政社互动研究》，《经济社会体制比较》2014年第4期，第201页。
[4] 吴月：《吸纳与控制：政府购买社会服务背后的逻辑》，《上海行政学院学报》2015年第6期，第75页。

发展趋势得到强化。作为国家治理体系现代化的重要内容，治理吸纳慈善在表现形式上强调实现多元主体的协同共治，但实质上却有着鲜明的等级秩序或差序格局。在国家层面，其主要表现为各级政府职能部门进一步强化"党委领导、政府负责、社会协同、公众参与、法治保障"的社会治理体制，同时大力发展慈善会等官办慈善组织，以治理的方式有选择地吸纳慈善组织在第三次分配中的重要作用。

1. 坚持党委领导，党建工作成为慈善事业首要任务

2019年，全力推进社会组织党的建设工作高质量发展依然是中国慈善事业的首要任务，全国和省级社会组织基本实现党的组织和党的工作"两个全覆盖"。《2019年民政部业务主管社会组织党建工作要点》明确了部管社会组织党建工作的重点任务，同时也为其他社会组织党建工作指明了方向：加强党对社会组织的领导，保证党的路线方针政策在部管社会组织中贯彻落实；以提升组织力为重点，进一步提高党建质量，切实推动党的组织和党的工作从有形覆盖向有效覆盖转变；以增强党务工作者和党员能力素质为关键环节，强化党建工作人才队伍建设；加强先进典型培养和选树，加大内外宣传力度，坚决反对和抵制各种错误言论；强化监督执纪问责，大力推进部管社会组织党风廉政建设和反腐败工作；以抓好组织实施为努力方向，提升党建管理服务整体水平。

2019年，《中共中央关于加强党的政治建设的意见》提出要将坚持党的全面领导的要求载入有关社会组织的章程。早在2018年民政部公布的《社会组织登记管理条例（草案征求意见稿）》中，就已写入"在社会组织中，根据中国共产党章程及有关规定，设立中国共产党的组织，开展党的活动。社会组织应当为中国共产党组织的活动提供必要条件"等内容。在此背景下，各级民政部门结合登记管理工作，多环节推进社会组织党建工作。在社会组织登记时，要求提交《社会组织党建工作承诺书》和《社会组织党员情况调查表》，成立时要同步建立党的组织，开展党的工作。在章程核准时，要求将坚持党的全面领导等相关表述载入社会组织章程。在年检（年报）时，要求详细填报党建工作基本情况，向党建工作存在问题的社会组

织发放整改建议书。在评估时，将党建工作开展情况作为社会组织等级评估的重要指标，逐年增加党建工作的分值权重，应建未建党组织的社会组织，不得评为4A及以上等级。探索推动社会组织巡察，督促软弱涣散党组织积极进行整改，以进一步增强党支部活动的规范性。①

2. 强化政府负责，不断深化慈善事业管理部门改革

2019年2月，根据《中共中央关于深化党和国家机构改革的决定》和中办、国办《民政部职能配置、内设机构和人员编制规定》要求，民政部新组建了慈善事业促进和社会工作司，充分整合慈善社会工作的有关职能和力量。其主要职责包括：拟订促进慈善事业发展的政策和慈善信托、慈善组织及其活动管理办法；拟订福利彩票管理制度，监督福利彩票的开奖和销毁，管理监督福利彩票代销行为；拟订社会工作和志愿服务政策，组织推进社会工作人才队伍建设和志愿者队伍建设。业内呼吁多年的公益慈善与社会工作的合流逐步在政府层面开始体现。

与此同时，社会组织管理局（社会组织执法监督局）沿用了之前的名称，但其主要职责变更为：拟订社会团体、基金会、社会服务机构等社会组织登记和监督管理办法，按照管理权限对社会组织进行登记管理和执法监督，指导地方对社会组织的登记管理和执法监督工作。社会组织管理局剥离了境外非政府组织、社会工作方面的登记管理和执法监督职责，与《慈善法》相关的慈善事业管理和监督职能也转移到新成立的慈善事业促进和社会工作司，从而工作职责更加专注社会组织领域。

除此之外，2019年1月25日正式挂网的中办、国办《民政部职能配置、内设机构和人员编制规定》中设立儿童福利司，这是民政部首次单独就儿童福利设立相关司局。1993年，儿童福利的工作职责归口社会事务司，设置儿童福利和收养处，负责儿童收养工作，以及制订有关儿童收养的政策法规并监督实施，指导地方保护妇女儿童权益。2008年，儿童福利

---

① 民政部：《把握特点规律 着力做好新时代社会组织党建工作》，http：//pxzx.bcsa.edu.cn/h/pxxw/hyzx/2020-03-12/722.html，最后检索时间：2020年3月15日。

的工作职责转移至新成立的社会福利和慈善事业促进司。2019年，儿童福利的工作职责则从社会福利和慈善事业促进司转移出来，归口至新成立的儿童福利司。儿童福利行政管理级别首次升格为"司"，被认为"是具有里程碑意义的重大事件"①。这些相关职能部门的改革，体现了民政部党组织对新时代慈善社工事业的新定位、新要求和使命担当，公益慈善与社会工作的整合也将是一个更加合理的社会治理格局，对于促进我国慈善社工事业健康可持续发展具有重要意义。但是其具体如何行动，则有待进一步观察。

3. 优化社会协同，重视发挥慈善事业第三次分配作用

党的十九届四中全会首次把"按劳分配为主体、多种分配方式并存"确定为基本经济制度，并首次提出要"重视发挥第三次分配作用，发展慈善等社会公益事业"，这就从根本上明确了第三次分配和慈善事业在我国经济和社会发展中的重要地位。作为助力解决贫困问题、缩小收入差距、促进共同富裕的重要手段，第三次分配是关系经济社会发展和国家治理的重要制度安排。慈善事业作为第三次分配的主要方式，以慈善捐赠和志愿服务为主要形式开展分配活动。民政部的统计数据则显示，2019年全国有4.1万个社会组织开展了6.2万个扶贫项目，投入资金超过600亿元。仅在2019年9月召开的第七届中国慈展会上就对接扶贫资金近75亿元②，国务院扶贫办2019年12月27日发布"社会组织扶贫50佳案例"，深入总结社会组织参与扶贫的经验。

基金会作为第三次分配的重要主体，对引导区域之间慈善资源的循环趋于平衡起着不可替代的重要作用。截至2019年12月31日，除民政部和东部地区外，其他地区的基金会执行的项目基本在本区域内（占比均超过97%），西部地区作为社会经济和公益慈善发展较为弱势的地区，得到了来自部级基金会和东部地区基金会大量的项目关注与资源输入。从作为资源接

---

① 《民政部召开新闻发布会，介绍慈善事业、社会工作、志愿服务情况》，http：//www.gov.cn/xinwen/2019-07/29/content_5416331.htm，最后检索时间：2020年3月15日。

② 罗争光、杨凌伟、杨湛菲：《全国登记认定慈善组织超7500个》，《人民日报》2020年1月22日，第13版。

收方的项目执行地区看，在西部地区开展的基金会项目有一半来自其他地区，接受项目资源输入的比例最高。① 2019 年，宗教界开展的公益慈善活动，在脱贫攻坚、抗震救灾等方面发挥了积极作用。近年来，在宗教界制定的五年规划中，都把公益慈善工作作为一项重要工作内容。宗教界开展的公益慈善活动主要围绕脱贫攻坚、宗教慈善周和灾害响应等工作展开，既有宗教工作部门协调下的统一行动，也有自发参与的联合行动。据不完全统计，大陆宗教背景的基金会达到 148 家，但是其活跃程度比较低，影响力比较小，透明度仍待提高。②

防灾减灾救灾中的慈善参与同样是慈善事业发挥第三次分配作用的重要途径。近年来，为了应对社会力量蜂拥而至致使灾害救助无序的现象，国家不断出台相关法律和政策支持引导社会力量有序高效地加入救灾工作，在党和政府的高度重视下，社会力量参与灾害救助的专业性、组织性得到迅速提升。据统计，截至 2020 年 2 月，在全国各级民政部门注册登记的社会组织约 86.7 万家，其中社会救援领域有 1500 多家。③ 据有关部门的初步统计，截止到 2019 年 7 月 31 日，全国各级民政部门登记注册的社会应急救援队伍以及红十字会、工青妇等群团组织，各级政府部门管理或指导但未在民政部门登记的社会应急救援队伍，全国 31 个省（自治区、直辖市）及新疆生产建设兵团救援队伍总数为 1709 支，专职救援人数共计 13905 人，平均每支队伍 8 人；队员共计 179119 人，平均每百万人口 138 人；志愿者人数共计 423475 人，平均每百万人口 326 人。与此同时，灾害事件以极高的关注度和敏感度受全民瞩目，参与其中的社会力量接收社会捐赠或深入灾情中心更受到公众监督，因此加强社会组织执行信息披露的透明化和救灾能力发展的

---

① 程刚、王璐、霍达：《2019 年中国基金会发展报告》，载杨团主编《慈善蓝皮书：中国慈善发展报告（2020）》，社会科学文献出版社，2020。
② 丘仲辉、凌春香、朱艳伟：《2019 年中国宗教公益慈善发展报告》，载杨团主编《慈善蓝皮书：中国慈善发展报告（2020）》，社会科学文献出版社，2020。
③ 资料来源：中国社会组织公共服务平台，http://www.chinanpo.gov.cn/search/orgcx.html，最后检索时间：2020 年 3 月 15 日。

专业化尤为重要。①

4. 推进依法治理，进一步规范慈善组织与慈善活动

党和国家高度重视慈善组织在创新社会治理和参与第三次分配中的独特作用，同时也继续推进法治慈善的进程。其一是进一步规范慈善捐赠。2019年4月11日，第一张个人捐赠电子发票由中国残疾人福利基金会开出。中国残疾人福利基金会携手支付宝，打造了"捐赠到账－填写开票信息－开具发票－推送至发票管理小程序"的捐赠电子发票全流程场景。此举顺应信息化的大趋势，在公募和网络筹款的大形势下，小额捐赠体量不断加大，电子发票经过财政部监制，与纸质票据具有同等效力，保障了慈善组织的权威性，更加利于慈善组织动员公众参与筹款活动。2019年9月2日，湖北省慈善总会启动"湖北省公益事业捐赠统一票据（电子）系统"，开具了湖北省第一张电子捐赠票据。

二是完善慈善事业监管体系。2019年，先有德云社相声演员吴鹤臣在自己有房产、车辆及大病医保的情况下，在某平台发起百万元筹款，后有"细雨筹"平台屡次爽约提款承诺，这反映出个人求助平台的监管体系有待完善。与此同时，达利集团因涉嫌"发布虚假公益广告"被市场监管部门开出3600余万元的巨额罚单，深圳市辽建友教育基金会以承诺预期回报的方式公开募捐被民政部门给予警告行政处罚。2019年全国社会组织信用信息共享平台正式上线，提高了社会组织活动异常名录及严重违法失信名单的信息化管理水平。截至2019年12月17日，该平台有效归集全国范围内社会组织活动异常名录信息6024条、严重违法失信名单信息2354条，并同步实现联网动态更新。②

5. 夯实行业抓手，大力发展慈善会等官办慈善组织

自1994年中华慈善总会成立至今，慈善会系统在全国范围内已有300

---

① 张强、佟欣然、季海燕、张心雨、张元：《防灾减灾救灾中的慈善参与——2019年中国防灾减灾救灾慈善报告》，载杨团主编《慈善蓝皮书：中国慈善发展报告（2020）》，社会科学文献出版社，2020。

② 民政部社会组织管理局：《民政部加快构建覆盖85万社会组织的信用监管体系》，https://www.thepaper.cn/newsDetail_forward_5384573，最后检索时间：2020年3月15日。

多家团体会员，逐步完善覆盖全国的拥有省（区、市）市区县街道五级建制的慈善体系。经过二十余年的发展，慈善会系统在组织数量、筹款规模、品牌项目、社会影响力等方面的综合实力得到了迅速提升。慈善会系统是我国在特定历史时期建立起来的一种慈善事业运行机制，虽然有独立法人的法律定位，但是各级慈善会在实际运作中依旧具有较为明显的官办色彩，长期承担着民政等政府部门委托的工作任务，在紧急情况下发挥着运用政府资源和动员社会资源的行政职能，成为政府规划和监管慈善事业的重要抓手。各地慈善会的法定代表人也较多为当地民政部门负责人。官民交错的混合属性是慈善会系统最显著的特征，主要表现为：在实行法人治理、独立发展的同时，承担民政部门的相关行政管理职能；在实施社会招聘的同时，部分工作人员拥有公务员和事业编制；具体运行模式以社会团体之名，行基金会之实；资源筹集方面凭借行政优势垄断慈善资源。由此被社会各界诟病，甚至还被视为严重阻碍了我国公益慈善事业的良性发展①。

在2011年郭美美事件导致官办慈善组织的公信力遭遇重大冲击之后，特别是2016年《慈善法》出台，以"去行政化"与"去垄断化"为重要内容的体制改革，成为慈善会系统发展的重要方向。上海、北京、大连等地率先试水慈善会的"去行政化"和"基金会化"，深圳市慈善会、广州市番禺区慈善会也与当地民政部门脱离行政隶属关系，转向成为具有独立法人治理结构和社会服务能力的慈善组织。

作为我国仅次于中国红十字会系统的第二大慈善组织系统，在救灾、扶贫、济困、助医、助学、恤孤等领域开展各类公益慈善服务。慈善会系统也是我国慈善资源的重要蓄水池，近些年我国有三成左右的社会捐赠流向了慈善会系统。② 最近的社会化方向也让慈善会开始活跃。2019年，地方慈善会在腾讯"99公益日"中表现突显：在腾讯公布的公募机构筹款排行榜前十名中有5家为地方慈善会，其中排行榜首的重庆市慈善总会共募

---

① 邓国胜：《中国慈善如何转型》，《中国社会报》2009年11月26日，第3版。
② 严国威：《广州市慈善会系统研究报告》，载广州市慈善服务中心、广州市慈善会主编《广州公益慈善事业发展报告（2019）》，2019，第40页。

集善款1.31亿元。这一现象引发不少公益慈善界实务者与研究者的关注，有人认为这凸显了慈善会系统的动员能力与创新转变，但也有人对此感到疑虑，担心行政力量的过度介入可能有碍公益慈善行业的健康发展。

（二）市场层面：商业慈善兴起

2019年，在市场层面，以企业为主体，以企业社会责任和影响力投资为主题的商业慈善在各种质疑声中方兴未艾，科技向善、商业慈善成为本年度公益慈善领域热门议题。它们在为创新社会治理提供强大的社会及技术支撑的同时，却也伴随着纷繁复杂的争议。

1. 科技赋能慈善，为社会治理创新提供强大的技术支撑

近年来，科技慈善已经成为一股席卷全球的新浪潮，国内外知名的商业机构、公益机构、慈善家已经纷纷在科技慈善领域大展身手。既有蚂蚁金服运用区块链技术支持信美人寿爱心救助账户、Facebook通过太阳能无人机实现无须电缆的全球互联网以弥合数字鸿沟，也有爱佑慈善基金会、淡蓝公益等机构纷纷跨界入场，更有扎克伯格夫妇、比尔·盖茨夫妇、陈天桥夫妇、马云、陈一丹等知名慈善家在人工智能、生命科学和基础科学领域躬行善举的大额捐赠。① 2019年，"科技向善"这一理念继续迅速传播和扩散，更广泛地融入国内大型高新技术企业的价值观和发展战略当中，越来越多的慈善组织和社会创新项目也开始聚焦于如何运用科技力量有效解决社会问题。科技与慈善的结合，一方面畅通了高新技术企业参与慈善事业和布局影响力投资的渠道，提升了其高新技术的应用价值；另一方面也助推了我国慈善事业的高质量发展，为社会治理创新提供强大技术支撑。2019年我国固定互联网宽带接入用户44928万户，比上年末增加4190万户，移动互联网用户接入流量1220亿GB，比上年增长71.6%。全年软件和信息技术服务业完成

---

① 深圳国际公益学院：《"科技慈善"2017年度十大热点事件》，http://www.cgpi.org.cn/content/details42_2011.html，最后检索时间：2020年3月15日。

软件业务收入 71768 亿元，比上年增长 15.4%。① 2019 年，我国实现第五代移动通信（5G）预商用。互联网基础设施和覆盖范围的不断完善，为我国慈善事业发展中"科技向善"提供了基础保障。正如王振耀所指出的：科技慈善尤其是互联网科技慈善在中国有巨大的发展空间。中国已经进入善经济时代，以社会服务业为主的第三产业有广阔的前景，其中就包括养老、儿童、大健康、残障人士等各种服务领域，而这个体系的构造正刚刚起步。如果科技慈善能很好地应用到其中，不但会让中国科技有一个革命性的提升，也会助力精准扶贫攻坚，同时为中国经济的供给侧改革提供源源不断的动力。②

2019 年 1 月，"科技影响力投资联盟"落户苏州。该联盟倡导中国慈善家和资本关注用科技手段解决社会问题的项目和创业团队，促进中国科技资本向善，鼓励商业力量参与到公益慈善领域，共同推动社会进步与可持续发展。联盟由国际公益学院、苏州工业园区哇牛投资有限公司、国际影响力投资俱乐部、上海德晖景和投资管理有限公司、宁波金铖恒天投资管理有限公司、海南天雨私募投资基金管理有限公司、东证融汇证券资产管理有限公司、宁波梅山保税港区晨道投资合伙企业、深圳东方汇泉金融控股集团公司、深圳市德泰堂投资发展有限公司、上海海银公益基金会、深圳市新希望文化教育科技有限公司、昆山昱庭公益基金会、施德容先生、文雅爱心基金会联合发起成立。③ 2019 年 7 月，万向集团董事长鲁伟鼎将万向集团截至 2018 年度审计报告的资产，全部捐赠设立鲁冠球万向事业基金，其收益将用于研发新技术、高端人才教育和开展科技研究。

---

① 国家统计局：《2019 年国民经济和社会发展统计公报》，http：//www.stats.gov.cn/tjsj/zxfb/202002/t20200228_1728913.html，最后检索时间：2020 年 3 月 15 日。
② 马广志：《王振耀：比尔·盖茨的厕所革命，扇起科技慈善的"蝴蝶效应"》，善达公益，http：//www.acishan.com/news_tui/2018-11-12/34359.html，最后检索时间：2020 年 3 月 15 日。
③ 深圳国际公益学院：《科技引领投资向善——"善财聚力·创享未来"国际公益学院善财汇年度盛典在苏州成功举办》，http：//www.cgpi.org.cn/content/details42_8971.html，最后检索时间：2020 年 3 月 15 日。

2019年9月,腾讯基金会公布首届"科学探索奖"获奖名单。来自全国26个科研单位、高校和企业的50位科学家成为首届"科学探索奖"获奖者,每人将在未来5年获得由腾讯基金会资助的300万元。"科学探索奖"是2018年腾讯公司成立20周年之际,由腾讯公司董事会主席兼首席执行官、腾讯基金会发起人马化腾与14位科学家联合发起的,面向基础科学和前沿技术领域,支持在中国大陆全职工作的、45周岁及以下青年科技工作者的公益奖项。① 2019年11月,腾讯正式宣布升级使命愿景和价值观,新使命愿景统一表述为"用户为本,科技向善",新价值观则为"正直、进取、协作、创造"。这是互联网企业第一次明确提出科技向善的口号。2019年12月,阿里巴巴在杭州发布《公益时评定准则》,用于衡量志愿服务时长和公益行为价值的标准,并向公众推出"3小时公益平台"上的8个应用场景,倡导"人人公益"文化,让社会各界、爱心企业赋予公益时更多地价值和用户激励,从而鼓动更多的人参与到公益行动中。② 与此同时,由中国软件行业协会区块链分会、义工时间志愿服务平台联合主办的"公益链启动仪式暨共同发起人会议"在北京举行。关注区块链技术赋能公益的专家学者、企业家、传媒资深人士等36位来自社会各界的代表在会上形成《公益链共同发起人共识》,并举行"公益链工作委员会"揭牌仪式。公益链基于区块链技术,推动社会信用体系的进步和发展,使公益链成为我国"共建、共治、共享"社会治理体制的重要组成部分。③

2. 商业激活慈善,社会企业与影响力投资的兴盛与争议

社会企业与影响力投资是"商业向善"的重要内容,也是慈善组织运用商业激活慈善的重要渠道。2019年,企业社会责任和影响力投资继续成为国内企业参与公益慈善事业的重要形式。自2015年发起以来,2019年腾

---

① 赵秀红:《首届"科学探索奖"获奖名单公布》,《中国教育报》2019年9月23日。
② 翟雁:《2019:中国志愿服务"大"回眸》,《公益时报》,http://www.gongyishibao.com/html/gongyizixun/17994.html,最后检索时间:2020年3月15日。
③ 《36人签署〈公益链共同发起人共识〉,以公益链和时间银行推动的新型公益生态》,《中国发展简报》,http://www.chinadevelopmentbrief.org.cn/news-23580.html,最后检索时间:2020年3月15日。

讯"99公益日"的公众捐赠总额已从1.3亿元上升至17.83亿元，增长了近13倍，极大地推动了中国慈善事业的发展。腾讯"99公益日"既是公益慈善领域的互联网募捐平台，同时也是腾讯履行社会责任、开展影响力投资的重要内容。《企业社会责任蓝皮书：中国企业社会责任研究报告（2019）》发布的"2019年中国企业社会责任发展指数榜单"显示，华润集团、中国三星、中国华电、现代汽车集团（中国）、中国石化、中国华能、中国建材集团、中国黄金、国投集团、东风汽车等企业位列中国企业300强社会责任发展指数综合前30名。2019年，中国企业300强社会责任发展指数为32.7分，整体处于起步阶段；约五成企业发展指数低于20分，仍在"旁观"。受评价方法更为严格的影响，2019年企业社会责任发展指数相比2018年出现小幅下降。分行业来看，2019年，10个重点行业中，电力、银行、特种设备行业社会责任发展指数得分较高；日化行业连续两年得分最低，社会责任管理和信息披露能力亟待改善。①

　　社会企业被认为是运用商业手段实现社会目的的一类具有混合价值属性的组织。② 2019年，社会企业继续成为社会各界运用商业模式激活慈善的重要渠道。2019年5月24日，2019最具发展潜力社会企业Top20发布会暨2019中国成都社会企业投资峰会成功举行。为了鼓励更多青年关注社会创业，支持中国的青年创业者进行社会创业，在武侯区人民政府和汇丰银行（汇丰中国社会企业支持计划）等机构的支持下，恩派公益携手第一财经，发起了2019"最具发展潜力社会企业Top20"评选活动。经过三个月三轮评审，从全国超过150家报名企业中筛选出20家最具发展潜力的社会企业。2019年10月17日，由社企论坛与财新国际联合主办的"中国社会企业与影响力投资论坛2019年会"在成都闭幕，会议以"科技赋能、资本助力、商业向善"为主题，揭晓本年度社会企业奖、影响力投资奖以及商业向善

---

① 黄群慧、钟宏武、张蒽：《企业社会责任蓝皮书：中国企业社会责任研究报告（2019）》，2019，第13页。

② 朱健刚、严国威：《从庇护性就业到支持性就业——对广东省残疾人工作整合型社会企业的多个案研究》，《残疾人研究》2019年第1期，第48页。

奖。最终,"年度社会企业奖"由杭州老爸评测科技有限公司摘得,北京正在关怀科技有限公司获得"最具投资价值社企奖"、成都奥北环保科技有限公司获得"最具发展潜力社企奖"、浙江庆渔堂农业科技有限公司获得"科技创新社企奖"、北京悠贝成长科技有限公司和善益生(北京)健康管理有限公司共同获得"社会企业黑马奖"。会上,有来自6家投资机构、8家投资标的的代表签约,总签约金额达到1.72亿元,成为迄今国内最大规模的影响力投资签约。①

值得注意的是,2019年,国内社会企业与影响力投资相关的重要论坛都选择落地成都并非偶然。在近两年社会企业发展历程中,"成都"已经成为高频词汇,侧面反映出成都社会企业政策与社会环境的逐步优化。2018年4月,成都市人民政府办公厅发布《关于培育社会企业促进社区发展治理的意见》,鼓励通过创新商业模式,以市场化方式解决社会问题,确定了建立社会企业培育发展促进机制,包括登记、投资、认定、孵化等。成都市工商局随即出台《成都市社会企业评审认定管理工作试行办法》配套文件,推动成都成为国内最早出台社会企业认证办法的省会城市。与此同时,成都市部分区县也制定出台了区级关于支持及发展社会企业的文件,例如成华区印发《成华区社会企业培育扶持办法(试行)》,金牛区发布《金牛区培育社会企业促进社区发展治理实施意见》。在此背景下,2018年底,成都市认定了首批12家社会企业,包括成都创女时代科技有限公司、学境教育咨询成都有限公司、成都童萌早启教育科技有限公司、成都朗力养老产业发展有限公司等。2019年10月,成都市认定社会企业27家,覆盖社区服务、生态环保、教育、文化、养老、助残、农村发展、医疗健康八大领域。②

2019年,商业慈善领域的争议事件也频发。例如,2019年12月,影视

---

① 徐胥:《中国社会企业与影响力投资论坛2019年会成功举行》,中国经济网,http://www.ce.cn/xwzx/gnsz/gdxw/201910/18/t20191018_33384313.shtml,最后检索时间:2020年3月15日。
② 郭虹、王忠平、钟金秀、任大林:《成都社会组织发展报告》,载杨团主编《慈善蓝皮书:中国慈善发展报告(2020)》,社会科学文献出版社,2020。

明星范冰冰连续出席两场公开活动,分别获得"2019年度最具公益影响力明星"及"年度公益人物"称号,而这是在其因偷税、漏税缴纳天价罚金后首次公开亮相。鸿茅药业在过去两年里颇受争议。统计显示,过去10年间,鸿茅药酒曾被通报违法2630次,其中被暂停销售数十次。[①] 2018年初的那起跨省抓捕事件更是让网民记忆深刻。然而在2019年12月,中国中药协会分别授予鸿茅药业、鸿茅药业副总裁"2018年度履行社会责任明星企业"和"2018年度履行社会责任年度人物奖"称号,引起舆论一片哗然,中国中药协会最终撤销表彰。水滴筹是中国社会企业与影响力投资论坛2018年度"社会企业奖"获得者,推荐语中提道:"水滴公司是年度最具前沿代表性和影响力的社会企业"。而在2019年,"扫楼筹款""按单提成"的业务模式,以及德云社相声演员吴鹤臣"百万募捐"事件、北京朝阳法院对全国首例因网络个人大病求助引发的纠纷案做出一审判决等,使得水滴筹的"社会企业"身份及其背后的概念界定备受争议。水滴筹究竟是公益还是生意?在它的业务模式中,究竟商业是其解决社会问题的创新手段,还是慈善是其收割商业流量的廉价工具?在相关的诈捐骗捐事件中,它需要承担怎样的责任呢?私力救济的活力超过慈善组织的活力,这究竟是社会进步,还是慈善困境?这些问题迫切需要整个公益慈善界深刻反思。

(三)社会层面:公益新生代

2019年,在科技向善、商业向善蓬勃发展的同时,青少年和儿童福利与青年公益成为年度公益慈善领域里的热门议题。如果说科技向善、商业向善关注的是慈善事业发展的技术与环境的话,那么青少年议题与青年公益则更加关注慈善事业的人才梯队。这些快速成长起来的公益新生代,似乎正给中国慈善事业的发展注入新的活力。

---

① 《鸿茅药业获评"社会责任明星企业",评选机构中国中药协会这样解释》,每日财经新闻,http://finance.sina.com.cn/stock/relnews/cn/2019-12-25/doc-iihnzhfz8221534.shtml,最后检索时间:2020年3月15日。

1. 适度普适化的儿童福利制度更加完善

2019年,一部《少年的我》的电影激发了整个社会对校园霸凌问题的关注。整个2019年,我国适度普适化的儿童福利制度得到进一步完善。目前我国已经形成以《宪法》为基础,以《未成年人保护法》为主体,配以国务院及其各职能部门、地方人大与地方政府职能部门颁布的儿童保护相关的政策、法规的一整套儿童保护的法律体系[1]。近年来,我国儿童福利制度逐步从补缺型向制度型、特惠型向适度普惠型发展,愈发重视动员社会力量参与。2019年2月,民政部首次设立儿童福利司,标志着我国儿童福利制度加速发展。2019年5月,民政部、教育部等10部门共同发布《关于进一步健全农村留守儿童和困境儿童关爱服务体系的意见》,明确关爱困境儿童、留守儿童是我国儿童福利制度当前的关注重心。2019年10月26日,第十三届全国人大常委会第十四次会议分组审议《未成年人保护法修订草案》和《预防未成年人犯罪法修订草案》。前者设立了"网络保护""政府保护"专章,成为其最大亮点,后者则对体例结构进行了合理调整,以体现分级预防的理念。与此同时,儿童社会福利领域的争议事件也引发了社会的极大关注。2019年12月,中国儿童少年基金会公益项目"春蕾计划"受到公众质疑,原因是被发现其将部分资金用于救助男性困难学生。质疑发生后,中国儿童少年基金会相对及时地发布声明已澄清,但其解释的理由及态度引发了更大范围的争议。争议围绕的问题包括公益项目违反捐赠人意愿、社会性别视角的欠缺、未尽到告知义务等。其中,北京大学法学院副教授金锦萍的评论文章指出,其核心问题在于"随意修改公益项目目的",而这违背了《慈善法》和《慈善组织公开募捐管理办法》的相关规定。[2]

---

[1] 杜宝贵、杜雅琼:《中国儿童福利观的历史演进——基于改革开放以来的儿童福利政策框架》,《社会保障研究》2016年第5期,第82页。
[2] 金锦萍:《公益项目为何不可随意变更目标?》,https://www.sohu.com/a/361729487_481285,最后检索时间:2020年3月15日。

2. 青年群体的公益慈善持续兴盛

2019年,以青年慈善捐赠、青年志愿服务和青年社会组织为主要内容的青年公益持续兴盛。在公众慈善捐赠方面,90后青年群体持续成为主力军。支付宝公益平台数据显示,网友2019年上半年在该公益平台上捐款6亿元,占全国总额的1/3,同比增长87%,捐赠笔数增长76.3%。在捐赠人数比例方面,70后、80后和90后分别占到9%、35%和48%;在捐款额度比例方面,70后、80后和90后分别占到21%、45%和26%。这些善款的98%用于扶贫帮困,覆盖教育扶贫、健康扶贫、就业扶贫、生态扶贫、灾害救助、社会基础设施建设、基本福利与保障等方面。除此之外,捐鸡蛋、捐步数、捐积分等方式都成为青年网友"随手做公益"的鲜明特点。①

2019年,关于新的社会阶层青年群体参与公益状况的研究报告显示,通过推动社区参与、培育社会组织、影响社会政策、培育积极公民四大途径,以青年社会组织为代表的公益慈善能够成为整合与表达多元社会群体利益诉求的有效机制,有利于防止解决矛盾的暴力化倾向。② 今天的青年人不再更多参与组织化的公益工作,而是依托互联网等科技开展各种公益活动,形成一种"无组织的组织化",他们不需要承担正式组织的成本,而又能依托互联网技术提高效率,因此这些青年人的互联网公益行动呈现出比正式的公益组织更高的效能。其中,女权和性少数权益行动者就是典型的例子。2019年5月,10位大学生,看到自己学校正在使用的"大学心理健康教育"课本仍错误描述同性恋为"性变态"后,自发开展调查,总共向50家出版社发出信函,普及正确的性少数知识。最终高等教育出版社、武汉大学出版社、南开大学出版社等都给出了积极回应。而女性主义行动者也在继续行动,2019年1月,北京工友之家贾志伟被举报性骚扰、性侵女志愿者,

---

① 民政部:《网友半年捐款18亿 80后90后成为捐款主力军》,http://www.qlmoney.com/content/20190904-354346.html,最后检索时间:2020年3月15日。
② 朱健刚、严国威:《新的社会阶层青年群体社会参与和诉求表达研究报告》,2019,未刊稿。

被举报者拒绝正面回应，机构处理方式受到公众质疑；6月，成都一天公益理事长刘猛性骚扰女社工案在成都武侯区法院一审判决，法院认定刘猛存在性骚扰行为，判定其口头或书面赔礼道歉，该事件是性骚扰成为独立案由后获审理的首例案件；这些青年行动者的组织化努力使得在2019年12月23日出台的《民法典（草案）》中进一步完善了防止性骚扰有关规定，明确规定机关、企业、学校等单位应当采取合理的预防、受理投诉、调查处置等措施，防止和制止利用职权、从属关系等实施性骚扰。

其实早在2017年，中共中央、国务院印发的《中长期青年发展规划（2016~2025年）》就将强化"青年社会融入与社会参与"列为重要工作内容，指出"共青团、青联、学联组织在促进青年社会融入和社会参与中的主导作用充分发挥，带动各类青年组织在促进青年有序社会参与中发挥积极作用"。随着我国志愿服务事业在2019年迈上新高度，志愿者队伍成为推动国家治理体系现代化、实现同"两个一百年"奋斗目标的重要力量，青年群体也在其中发挥着越来越重要的作用。2019年，中国青年志愿者扶贫接力计划研究生支教团项目实施20周年。这20年来，研究生支教团项目通过"志愿+接力"的方式，累计选拔派遣18325名志愿者到中西部地区县乡中小学支教，同时推动校地共建，助力当地脱贫。支教地从最初的5省7县，发展到如今覆盖中西部20省（区、市）301县，支教中小学校达600余所，实施高校也从最初的22所扩大到194所。① 为支持更多的大学生走进西部、建设西部、扎根西部，中央财政自2019年起大幅提高西部计划志愿者工作生活保障补助标准，同时将大学生志愿服务西部计划年度实施规模扩大到2万人。2019年12月，中国青年志愿者协会与联合国志愿人员组织合作实施中国青年志愿者海外服务计划，首次选派中国青年志愿者赴联合国机构特别是共建"一带一路"国家相关机构开展国际志愿服务。

---

① 杜沂蒙：《中国青年志愿者扶贫接力计划研究生支教团实施二十周年报告会在京举行》，中青在线，http://news.cyol.com/yuanchuang/2019-10/25/content_18209799.htm，最后检索时间：2020年3月15日。

四 总结与展望

总的来说，2019年，虽然面临着诸多挑战，中国慈善事业的基本面依然相对稳定：社会组织总量和慈善捐赠总量增长放缓，但志愿服务、慈善资产管理和行业建设等领域取得明显进展。其一，社会组织总量稳步增长。社会团体、社会服务机构、基金会的总量分别较2018年增长1.64%、9.68%和7.76%，总量的增幅均小于2018年。注册登记的境外非政府组织代表机构524家，备案临时活动2441件，增幅趋于平缓，并且在分布地域、业务领域和业务主管单位方面高度集中。其二，志愿服务开启新的征程。注册志愿者总数较2018年增长13.9%，累计志愿服务时间较2018年增长3.2%，服务活动覆盖医疗、教育、扶贫、养老、环保、助残、文化、体育和"一带一路"等多个领域。党和政府愈发重视发挥志愿服务在社会治理中的积极作用，推动志愿者事业与实现"两个一百年"奋斗目标、建设社会主义现代化国家齐头并进。其三，慈善资源总量略有下降。慈善家的大额捐赠、福利彩票公益金以及互联网捐赠依然是国内慈善资源的主要来源。不过，彩票公益金的降幅超过10%。与此同时，本年度互联网募捐领域的危机事件频发，民众对建立健全相关监管机制的呼声持续高涨。其四，慈善资产管理相对保守。《慈善组织保值增值投资活动管理暂行办法》的正式施行，对我国慈善资产管理具有重要意义。本年度全国共设立慈善信托119单，较2018年增长37%，信托财产规模9.33亿元，较2018年下降18%；备案慈善信托273单，信托财产规模29.35亿元。

2019年，中国慈善事业"治理吸纳慈善"的总体特征继续得到强化，慈善正在被全方位地吸纳到新时代中国国家治理体系和治理能力的现代化潮流中。治理吸纳慈善在表现形式上强调实现多元主体的协同共治，但实质上却有着鲜明的等级秩序或差序格局。其一，在国家层面，各级政府职能部门进一步强化"党委领导、政府负责、社会协同、公众参与、法治保障"的社会治理体制，以治理的方式有选择地吸纳慈善组织在第三次分配中的重要

作用。本年度的主要举措包括：将党建工作作为慈善事业的首要任务，以坚持党委领导；不断深化慈善事业管理部门改革，以强化政府负责；重视志愿服务、慈善捐赠、基金会在第三次分配中的重要作用，以优化社会协同；进一步规范慈善组织与慈善活动，以推进法治保障；大力发展慈善会等官办慈善组织，以夯实行业抓手。其二，在市场层面，以企业社会责任和影响力投资为主题的商业慈善在各种质疑声中方兴未艾，科技向善、商业慈善成为本年度公益慈善领域热门议题。它们在为创新社会治理提供强大的社会及技术支撑的同时，却也伴随着纷繁复杂的争议。其三，在社会层面，民间慈善也逐渐嵌入国家治理体系中，而未能被吸纳的民间公益则遇到空间压缩、资源停滞、公共选择失向等挑战，民间公益必须学习、适应、调整和改革自身的发展策略，寻求新的发展道路。但是青少年儿童福利以及青年公益的兴起仍然展示出新的希望。

2018年《慈善法》的出台在原意上是希望以民间慈善组织为主体来发展慈善事业，但在随后的实践中遭遇诸多困难，2019年实际发生的是官办慈善的社会化以及重新崛起，治理逐渐吸纳慈善，让慈善服务于整个国家治理体系的大局。

与此同时，随着商业慈善的兴起，企业直接做慈善成为另一股潮流，而且日益彰显其资源、人力和科技的优势。企业基金会成为其重要的平台。展望未来，我们可以看到，在国家治理体系中，中国慈善事业必然会因应政府、商业和社会要求而产生多元的话语和实践。

B.2
2018～2019年度中国慈善捐赠报告

宋宗合*

摘　要： 修正后的2018年度社会捐赠数据为1270亿元，而依据当期已经公开的数据和部分样本数据测算出2019年社会捐赠总额，约为1330亿元。由于救灾业务的转移，来自民政系统自身的捐赠统计尤其是救灾捐赠信息公示暂行终止，期待应急管理部的救灾捐赠信息统计管理工作尽快开展。2019年度虽然部分机构调整了捐赠收入预期，但是整体社会捐赠依然保持稳定的增长态势。无论未来慈善捐赠数额如何随着经济社会发展而变动，慈善文化将逐步深化成为各界共识，也成为建设美好社会的重要内涵。

关键词： 救灾捐赠　转捐　慈善资源

《中国慈善发展报告》年度捐赠数据采纳民政系统统计数据、慈善会统计数据和基金会中心网的归总数据，参考中国慈善联合会、中国公益研究院的样本数据，在可得数据的基础上，扣除明显重复计算，形成相对真实的修正数据。其内涵包括捐赠、志愿者贡献、彩票公益金，三者共同构成了中国公益慈善资源。

---

* 宋宗合，中民社会救助研究院执行院长，主要研究方向：社会救助、社会福利等。

一 2018年中国慈善捐赠概况

（一）2018年度慈善资源总量分析

2018年度各社会捐赠接收主体实际接收现金及物资捐赠价值1270亿元，比2017年度的1526亿元减少256亿元（见图1），其中现金和有价证券占比为70.03%，物资折价占比为29.97%。

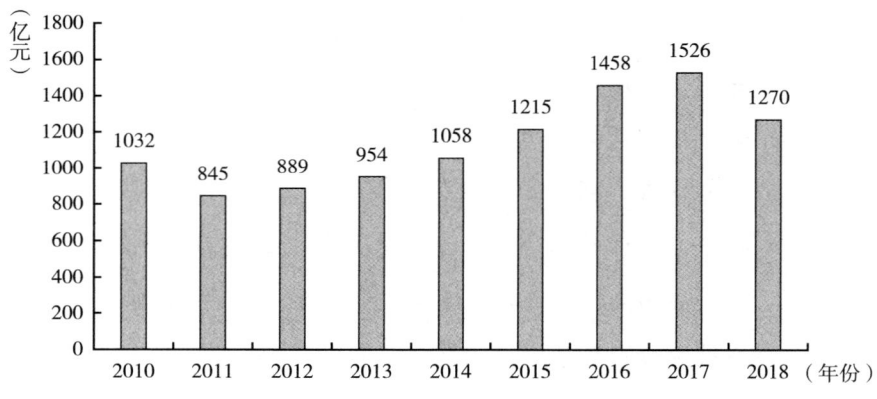

图1 2010~2018年社会捐赠总量

2018年中国彩票销售总量达到5114.72亿元，比上年度增加848.03亿元，筹集彩票公益金1313.62亿元，比上年度增加170.36亿元。[①] 2018年志愿者贡献价值约823.64亿元[②]。社会捐赠、彩票公益金、志愿者贡献价值共同构成了中国公益慈善资源的总量，约为3407.26亿元（见图2）。

2018年度，作为重要参照系的民政部门的统计体系发生变化，变化来源于业务职能的变动。2018年4月16日，应急管理部挂牌，原属于民政部

---

① 资料来源：财政部公告。
② 翟雁、辛华等：《中国志愿服务发展报告（2018）》，载杨团主编《慈善蓝皮书：中国慈善发展报告（2018）》，社会科学文献出版社，2018。

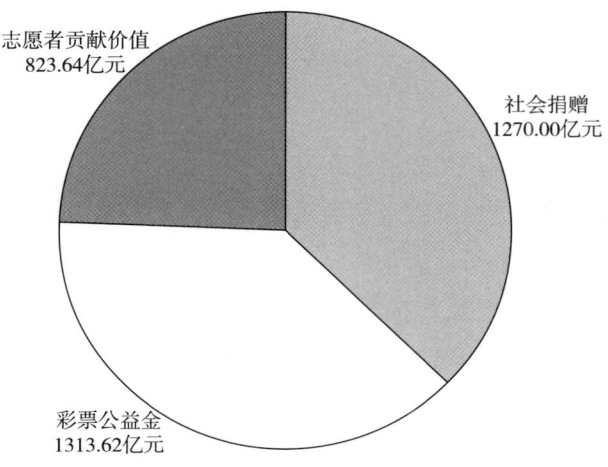

图 2 2018 年公益慈善资源总量

门的救灾管理业务被应急管理部整合。原本由民政部统计的民政部门自身接收捐赠业务多属于救灾捐赠,也因此终止。民政部统计,2018 年第一季度各省(区、市)民政部门接受捐赠约 2 亿元,比往年下降明显。2018 年民政部统计公报公布的捐赠数据显示,全国社会组织捐赠收入总计为 919.7 亿元①,民政部门接收捐赠与之相差悬殊。而处于整合期的应急管理部尚未有救灾捐赠公示。

2018 年度,对涵盖中华慈善总会和团体会员中以省、自治区、直辖市和新疆生产建设兵团慈善会为主的 118 家慈善会进行统计,全年共筹集慈善款物 330.07 亿元②,比 2017 年度的 450.03 亿元减少 119.96 亿元,降幅较大。由于药品折价规则发生变化,其中中华慈善总会自身共接收捐赠款物 105.75 亿元,比上年的 218.05 亿元下降一半,其中货币资金 4.93 亿元,物资捐赠 100.82 亿元。③

2018 年度,中国社会组织总数量为 81.7 万个,其中,基金会 7034 个,

---

① 《2018 年民政事业发展统计公报》。
② 《2018 中华慈善年鉴》。
③ 《2018 中华慈善总会审计报告》。

社会团体36.6万个，社会服务机构44.4万个①。作为接收社会捐赠核心主体的全国基金会系统，捐赠收入达645.9亿元，相比上年度637亿元略有提升②。

除了民政统计年鉴、中华慈善年鉴、社会组织服务平台委托基金会中心网对基金会的汇总数据以及红十字会系统的公示数据外，其他可采信归总类数据皆来自样本采集分析。

2018年对其他捐赠源和接收单位的数据测算来自中国慈善联合会在2018年度日常采集的公开样本数据，约为589.56亿元。按照其样本监测优化选择，可计入总量的数据包含政府部门接收社会捐赠总额171.91亿元；事业单位接受社会捐赠总额60.16亿元；人民团体和免于登记的社会组织接收社会捐赠46.78亿元，其中红十字会系统39.4亿元；除基金会和慈善会以外社会组织接收捐赠89.82亿元，宗教场所接收社会捐赠24.39亿元③。

以上数据归总约为1369.48亿元，将慈善会数据扣除掉中华慈善总会转捐地方被计入总数的药品捐赠数额，其中12个省地方慈善会公开计入的为43.3亿元，实际上2018年度慈善会系统接收捐赠数额为286.77亿元。因为慈善会系统统计数据和基金会统计数据将慈善基金会数据均计算在内，如处于头部的上海慈善基金会、苏州慈善基金会等，所以可以去重约56.25亿元，那么基金会实际接收捐赠额为589.65亿元。监测数据中的不明捐赠主体和不明接收主体数据不计。因此2018年度中国实际慈善捐赠总额为1269.93亿元（见图3）。

（二）2018年度慈善捐赠数据

2018年社会捐赠处于社会发展洪流中可以说波澜不惊，但是对于慈善领域来说，有一些变动值得纪念。社会组织总量发展滞阻、社会捐赠总额下滑，慈善行业的发展依然任重道远。

---

① 民政部：《2019年中国民政统计年鉴》。
② 基金会中心网。
③ 2018年度中国慈善联合会监测样本数据。

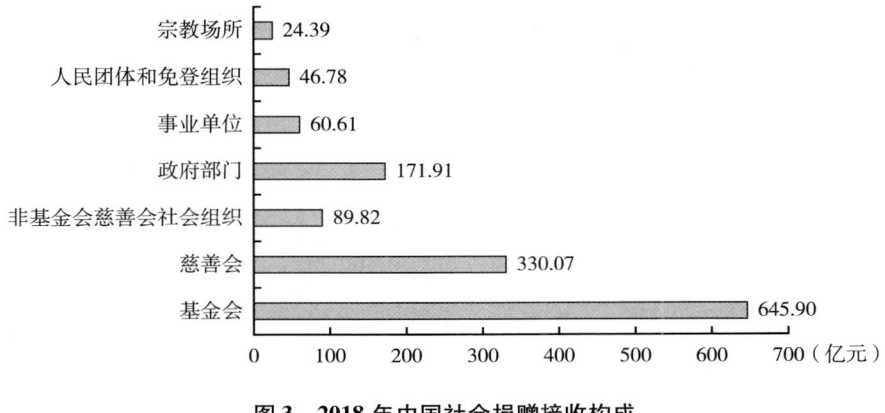

图3 2018年中国社会捐赠接收构成

1. 民政部社会捐赠数据变化

2008年被称为中国慈善元年,其不仅是中国社会慈善意识大爆发之年,也是中国慈善统计的进步之年,这一年,中民慈善捐助信息中心开始全面统计中国社会捐赠数据情况。其时,民政部公布的社会捐赠总额为744.5亿元,包括民政部门接收的现金加上慈善会系统和其他民政部门登记的社会组织接收的款物。而中民慈善捐助信息中心扩大了统计视野,除民政接收和登记管理部门统计的社会组织数据外,还将其他政府部门、事业单位、免登组织、人民团体、宗教部门、大额个人非组织化捐赠都汇集在一起,对外公布的捐赠数据为1070亿元,中国捐赠首次历史性突破1000亿元。

然而不管如何样本测算,中国慈善捐赠数据始终没有统一口径。从2008年至2018年,民政部门的社会捐赠统计口径发生了五次变化。2008年民政系统统计社会捐赠总额为民政系统接收现金捐赠、慈善会接收款物捐赠、民政部登记社会组织接收款物捐赠之和;2009年公开的社会捐赠总额为民政系统接收的款物总和,不计入社会组织接收的捐赠;2010~2012年公开捐赠数据总额计算的是民政系统接收款物加社会组织接收捐赠之和;2013~2017年民政公开捐赠总额是民政系统接收现金捐赠加社会组织接收款物之和,刨除了民政系统自身接收物资的折价数据;2018年的捐赠数据直接体现的是社会组织接收捐赠数据，民政系统接收捐赠数据隐去。这些变动多少影响了整体慈善捐赠数据的可比性。

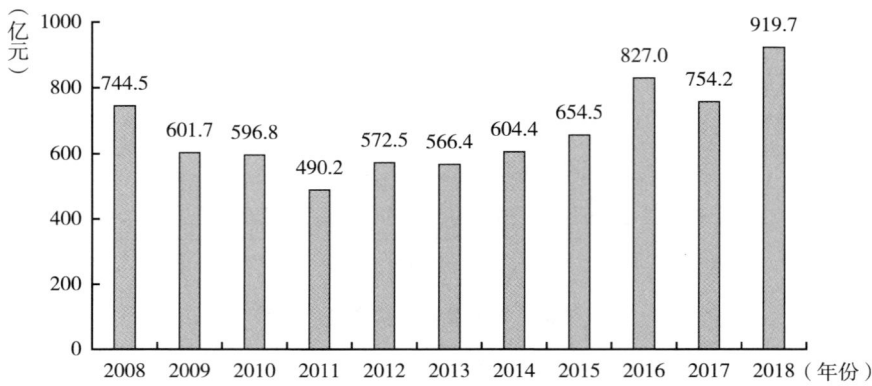

图4　2008～2018年民政部公报公开社会捐赠数据

2. 救灾捐赠回顾

2018年之前，《民政事业发展统计公报》会公开救灾情况，民政部门接收的社会捐赠和其他政府部门转入的社会捐赠多属于救灾捐赠。2018年4月16日，应急管理部挂牌整合了原属于民政部的救灾业务部门后，这部分数据统计工作就消失于民政统计视野。实际上在之前民政部公开的社会捐赠数额中，民政系统接收的捐赠物资多年没有计入，其他政府部门转入的捐赠资金和物资，也一直没有计入。公开的社会捐赠数据，更多的是一种部门数据。

而从民政部门接收捐赠和其他政府部门转入的捐赠来看，其数额与自然灾害的程度密切相关，尤其与因灾死亡和失踪人数有同频关系。2008年以汶川地震为代表的自然灾害导致88928人死亡或失踪，当年民政和其他政府部门转入捐赠处于高点，而至2018年，应急管理部公布的因自然灾害死亡或失踪人数下降至589人，十年期间，民政系统接收捐赠明显减少，实际上对应的是重度自然灾害的减少和应对能力增强导致死亡人数减少，社会动员就相应减少（见图5、图6）。

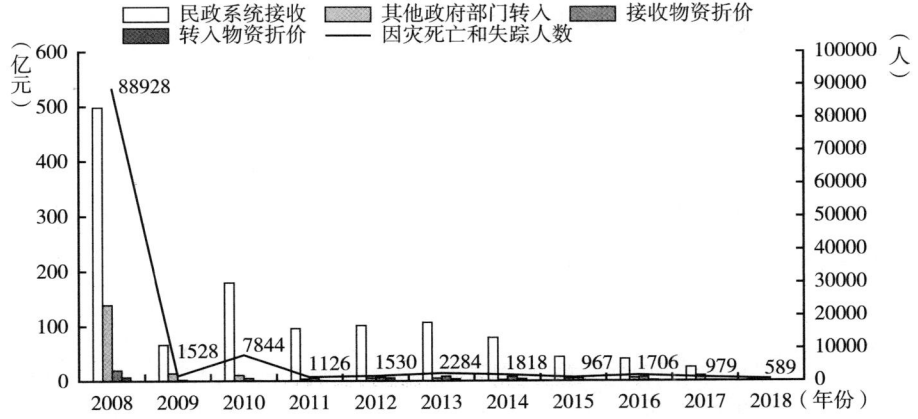

图5　2008～2018年民政接收捐赠数额与因灾死亡和失踪人数关系

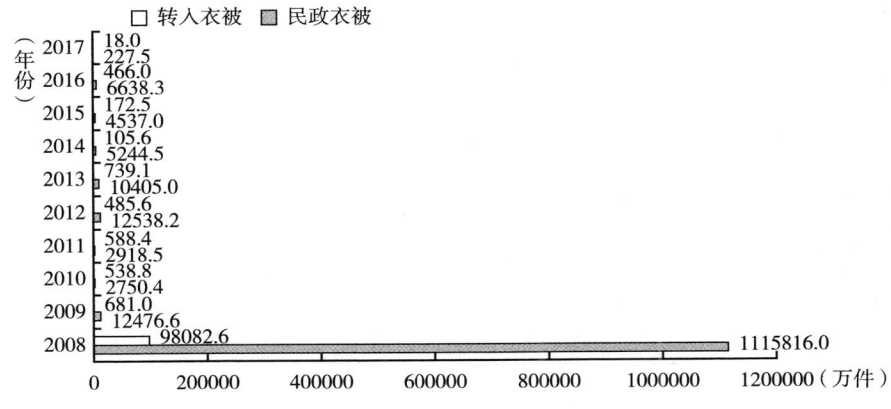

图6　2008～2017年社会捐赠衣被数量

2019年8月30日，应急管理部开通了救灾捐赠接收账户，民政部的原中央财政汇缴专户，也就是救灾捐赠接收账户同时停止使用。

3. 慈善会药品转捐

慈善会作为中国慈善捐赠接收的重要主体，在慈善服务中发挥了重要作用，在所有慈善组织中，也只有慈善会系统建立起了六级服务体系，以慈善会命名的组织和机构超过3000家，而实际上被纳入中国社会捐赠总额的只是其系统内的118家慈善会接收款物之和。一方面，慈善会的社会动员能力因为只统计了这118家数据而被低估,另一方面,即使在这118家会员单位之中,总会和地方慈善会之间的转捐行为也造成了数据被重复计算。2018年,在已公开的头部慈善会中,年报中明确接收慈善总会转捐药品金额并计入自身机构接收社会捐赠总额的有12家,合计金额43.3亿元。慈善总会在2018年大额药品项目中的折合金额为152.24亿元,扣除掉在总会层面的委托执行工作经费,药品大多还是会转捐到地方慈善会。

实际上不只是慈善会系统,层级执行造成的转捐行为在基金会、红十字会等机构同样普遍存在,问题在于信息公开缺乏统一的指标和详尽公开的指导,一些慈善组织将政府购买服务、提供服务收入、投资收益等机构收入计为捐赠收入,形成了慈善数字GDP的虚浮,对公众理解整体慈善资源的构成造成影响。

(三)样本数据分析

2018年,在589.56亿元捐赠额样本采集数据中,企业捐赠比重为61.89%,自2015年开始下降,从70%左右降至60%左右;个人捐赠占比为25.06%,连续两年以2个百分点左右的增幅提升(见图7)。另外政府、事业单位、民主党派和社会组织等既是慈善资源的接收方,同时也向社会提供捐赠,其中政府占比1.8%,事业单位占比2.25%,社会组织占比6.69%。

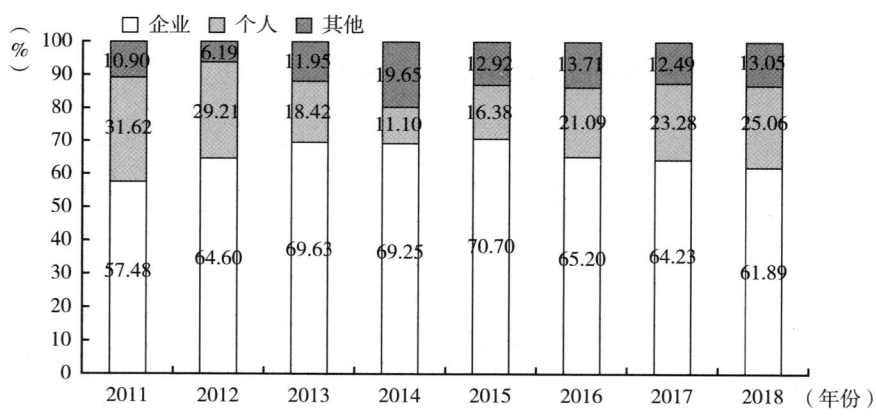

图7 2011~2018年捐赠主体来源占比

以最大捐赠来源——企业捐赠为例，2018年度国有及国有控股企业、民营企业、港澳台资和侨资企业、外资（合资）企业四种企业类型分别占企业总体捐赠的比例为34.9%、50.55%、5.71%、8.84%，其中国有企业和民营企业依然是捐赠主力军，国有企业捐赠占比比上年增长了10个百分点，而民营企业占比略有下降，但依然保持在50%以上。港澳台及侨资企业的捐赠保持增长，占比增长近0.3个百分点。下降最大的是合资企业，降幅近5个百分点（见图8）。

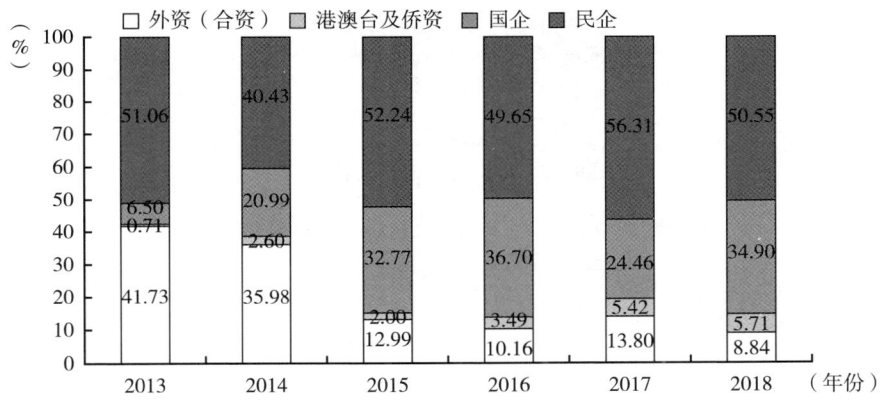

图8　2013～2018年企业捐赠占比构成

样本数据还抽离出了企业捐赠的前100名和个人捐赠的前100名，其中前百名企业捐赠额占总样本量的34.8%，前百名个人捐赠占比为29.2%，两者相加，占比为64%，表明头部捐赠是社会捐赠的主要力量（见图9）。

从捐赠样本的捐赠意向来看，定向捐赠给教育救助领域的资金占比29.40%，其次是扶贫领域，占比24.72%，医疗领域持续下降，占比20.44%，投入公共事务和特殊人群服务的资金量占比13%，文化生态领域的占比为5.08%，救灾减灾领域占比1.83%（见图10）。在非灾害常态年份，慈善捐赠跟随政策走向，关注扶贫、关注民生服务，尽管教育和扶贫表现突出，但整体捐赠意向表现出一定的发散性。

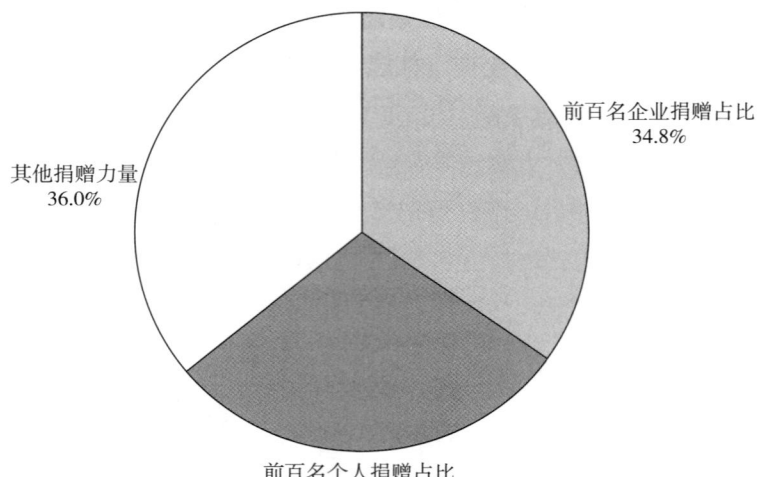

图9 2018年头部捐赠占比情况

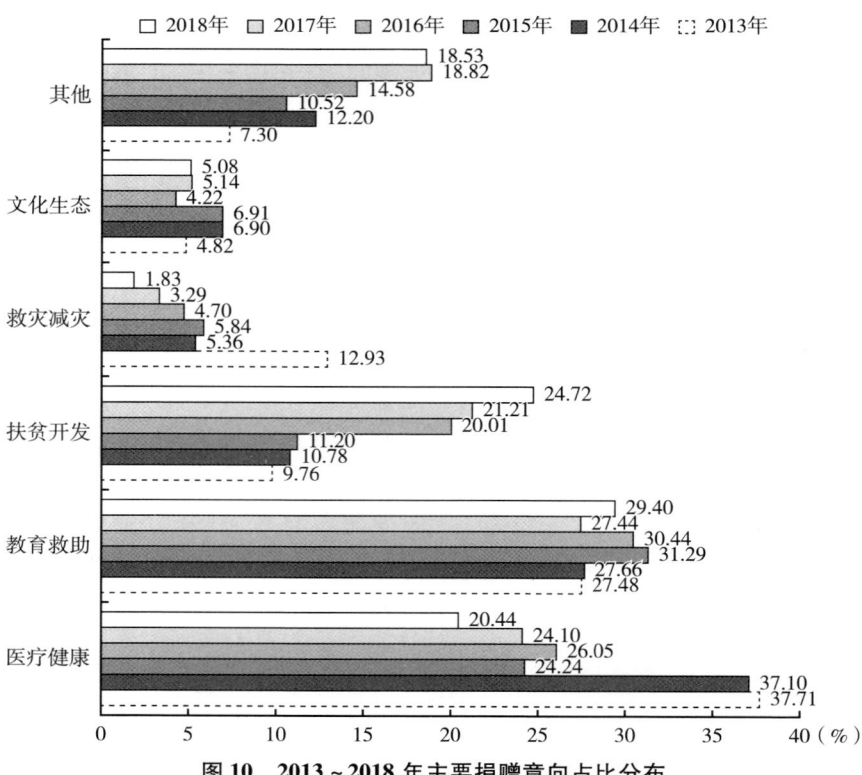

图10 2013~2018年主要捐赠意向占比分布

从捐赠接收主体来看，2018年，企业和公众等通过社会组织接收捐赠款物占整体样本总量的84%，政府和事业单位接收捐赠占样本总量的比例为14%，整体与2017年保持一致。

在样本数据中，各地接收捐赠情况不一，其中北京、广东、陕西、福建、浙江五省市处于头部，占了总样本量的60.75%，而尾部五省辽宁、黑龙江、山西、吉林、海南仅仅占样本总量的2.35%，相差悬殊（见图11）。

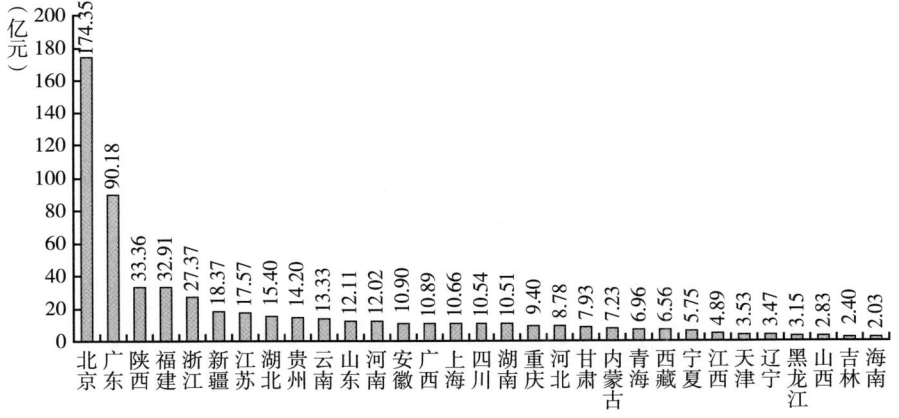

图11　样本数据地方接收捐赠情况

2018年的互联网募捐依然是喧嚣一片，20家互联网募捐平台之中，腾讯和阿里两家表现出绝尘气象，通过腾讯公益平台募捐的善款金额达到17.25亿元，蚂蚁金服和阿里巴巴合成的阿里公益募集善款11.1亿元，而微公益的募捐量持续下降，跌至1779万元（见图12）。

不过不能仅仅以数字论英雄，三家代表互联网公益形态的平台各自有着不同的价值特征。以社交关系动员为特征的腾讯公益充分利用人与人的关系网、以配比捐赠为激励调动社会参与热情。阿里公益则更多体现了商家社会责任和消费者责任，是一种消费主义的附加，将公益参与融入消费生活。新浪公益则依然是新闻属性调动社会参与，通过明星动员、公益活动的新闻传播影响公众，体现的是一种感性的自然参与。

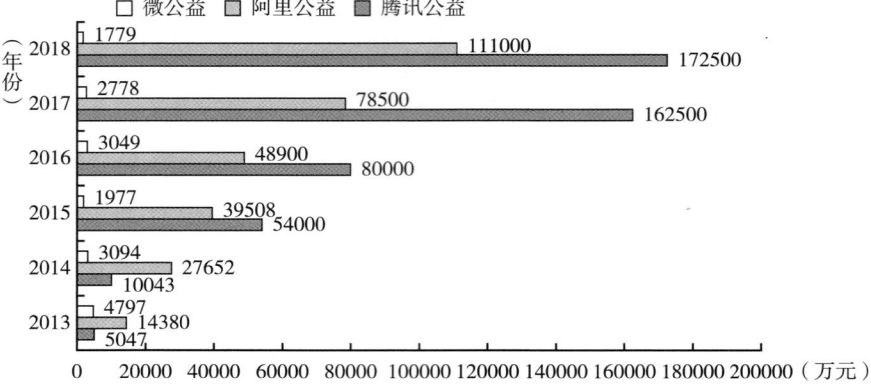

图 12 2013～2018 年互联网公益平台募捐善款流量

二 2019年中国慈善捐赠概况

由于政府统计数据和行业统计数据的滞后性,《中国慈善发展报告》慈善捐赠数据测算工作在编委会的指导下,从 2014 年开始,采用修正前一年度数据、测算上一年度数据的做法来分析中国整体捐赠情况。其中 2014 年测算数据为 1046 亿元,年度实际修正数据为 1058 亿元;2015 年测算数据为 992 亿元,实际修正数据为 1215 亿元(见图 13),从这一年开始,为了保持蓝皮书数据的一致性,基金会捐赠数据采用时效性更强的基金会中心网

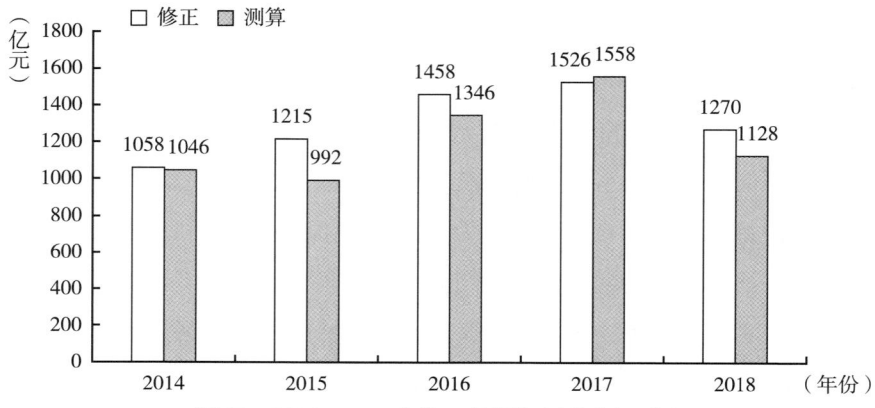

图 13 2014～2018 年修正数据与测算数据对比

统计数据，因此当年差额较大；2016年测算数据为1346亿元，实际修正数据为1458亿元；2017年测算数据为1558亿元，实际修正数据为1526亿元；2018年测算数据为1128亿元，实际修正捐赠额为1270亿元。

根据部分已统计数据和测算数据，结合公益慈善行业的发展环境和发展态势，预测2019年当年社会捐赠总量约为1330亿元（见图14）。

而2019年彩票公益金募集量为1140.46亿元，比上年度1313.62亿元减少了173.16亿元，其中福利彩票筹集公益金557.28亿元，体育彩票筹集公益金583.18亿元[①]。

2019年度志愿者贡献总价值为903.59亿元,[②] 比2018年的823.64亿元增长了9.7%。其中注册志愿者贡献价值为263.69亿元，非注册志愿者贡献价值为639.9亿元。

如此，三者相加，2019年中国社会公益资源总量为3374亿元。尽管志愿者服务价值有所增加，但彩票公益金募集量下滑，与2018年的3407亿元基本保持一致。

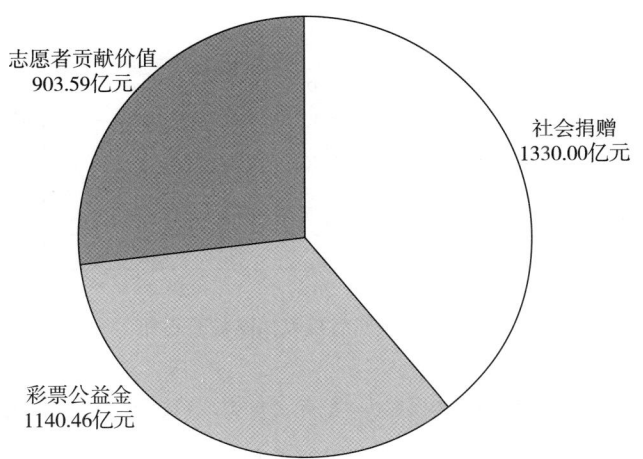

图14　2019年公益慈善资源总值

---

① 财政部文告。
② 翟雁、辛华、张杨：《2019年中国志愿服务发展指数报告》，载杨团主编《慈善蓝皮书：中国慈善发展报告（2020）》，社会科学文献出版社，2020。

（一）2019年捐赠测算

民政部门一直以来都是社会捐赠重要的阵地，但是从2018年起，随着救灾业务迁移至应急管理部，民政系统内先前接收的以救灾捐赠为主的捐赠统计工作停止。对于测算来说，缺少一种重要参照，变得更加困难。

因此测算政府部门接收捐赠情况只能从样本数据的关联关系出发，2014～2017年，政府部门接收捐赠额包含了民政部门接收社会捐赠和民政部门外其他政府部门接收捐赠，2018年由于民政系统数据阙如，所占比为样本数据测算的政府部门接收捐赠额占比。2019年，国家脱贫攻坚战略面临收尾，社会捐赠会相应增多，参与产业扶贫、教育扶贫等形式的社会捐赠相比往常必然会增加，因此政府接收社会捐赠的数额尽管走低，但相较2018不会大幅下滑。粗略估计捐赠量依然会保持在150亿元甚至更多（见图15）。

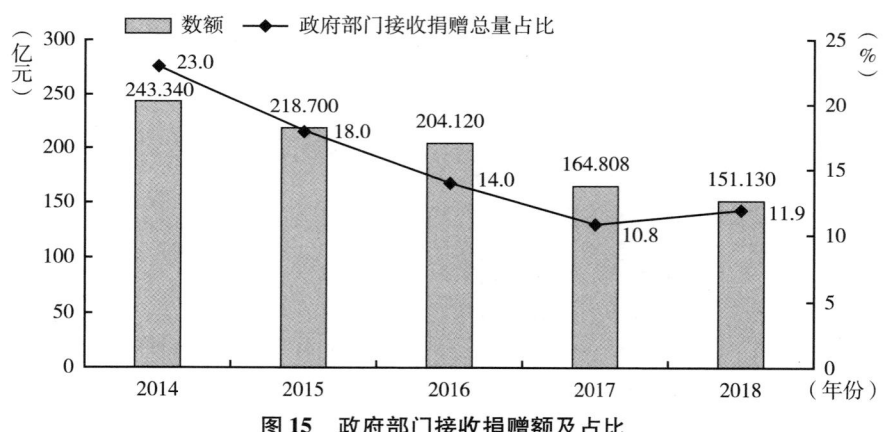

图15 政府部门接收捐赠额及占比

慈善会系统所接收的社会捐赠尽管有《中华慈善年鉴》历年统计，但其成员组织并非全数统计，而是局限于当年的上报情况进行统计。根据中华慈善总会公开资料，截至2019年底，全国县级以上慈善会已经发展到2664家，中华慈善总会会员为382家，主要是各省、区、市级慈善会和部分县级慈善会。慈善会的组织总量在增加，纳入的会员组织在增加。因为纳入统计范围的组织数量存在不确定性，因此预估慈善会系统的捐赠总额同样有难度。

2019年，中华慈善总会全年接收捐赠款物为83.23亿元，其中现金6.3亿元，物资折合资金76.93亿元，现金比上年同期的4.9亿元增加了28.5%，物资价值下降了17.8%。整体捐赠接收情况比上年度下降21.3%。

从地方慈善会的公开信息发现，2019年度部分慈善会调低了预算收入，列举几个捐赠收入排名靠前的慈善会，如上海慈善基金会2018年捐赠收入为9.32亿元，2019年预算收入8.4亿元；河南省慈善总会2018年捐赠收入为8.58亿元，2019年预算收入7.88亿元；重庆市慈善总会2018年捐赠收入5.92亿元，2019年预算收入5.35亿元，各地不约而同调低了10%左右的收入预期。

从慈善总会接收捐赠和慈善会系统接收捐赠的整体关系来看，二者同理连枝，具有相应的规律性。不排除转捐，平均历年捐赠数据关系，慈善总会每年捐赠收入相当于慈善会系统的38%左右。如果按照慈善总会系统占比调低整体慈善会系统的捐赠收入，按照地方慈善会的调低收入预期测算除慈善总会之外的慈善会系统收入，那么可以推算出2019年慈善会系统的年度社会捐赠接收额在280亿元左右（见图16）。

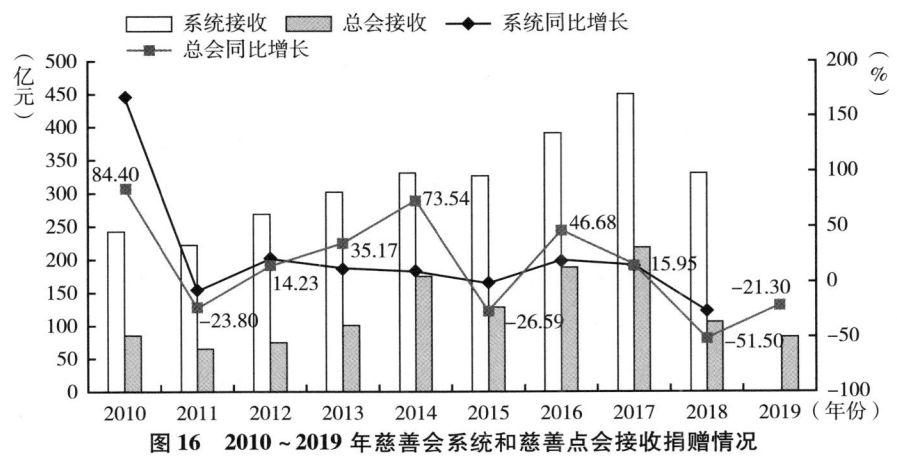

图16 2010~2019年慈善会系统和慈善点会接收捐赠情况

根据2019年4季度民政统计数据①，2019年底，中国社会组织总数量为86.7万个，其中社会团体37.2万个，社会服务机构48.7万个，基金会

---

① 民政部：《2019年4季度民政统计数据》。

数量7580个。社会组织发展最快的基金会增幅为近年来最小,参照基金会中心网数据统计①,截至2019年12月31日,全国基金会总量为7938个,较前一年仍然增加了730个,与2018年增加的701个相近。考虑到整体社会经济发展状况及社会组织发展情况,基金会接收社会捐赠处于相对稳定的发展阶段,预计2019年基金会接收捐赠额约为700亿元(见图17)。

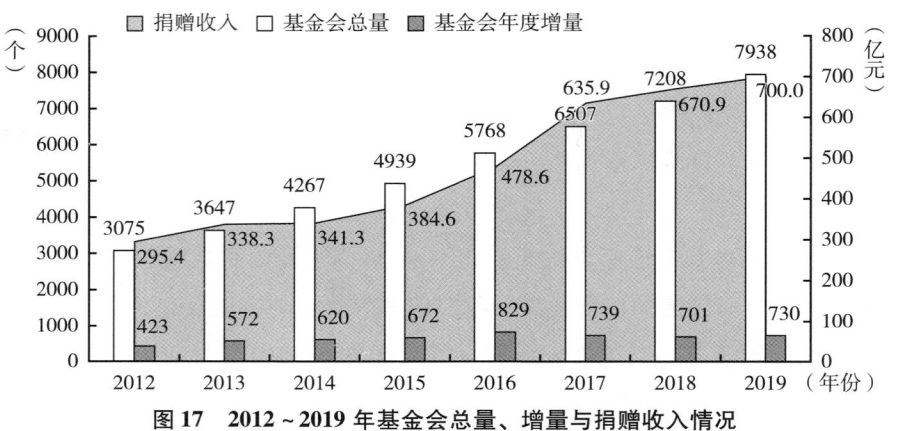

图17　2012~2019年基金会总量、增量与捐赠收入情况

从捐赠方来观察,北京师范大学公益研究院每年对捐赠资金的头部企业家个人或家族进行监测,2018年百杰捐赠总额为256亿元,2019年则下降到159亿元(见图18),但是考虑到其归总数据与捐赠总额之间没有相应的规律可循,无法用其数据对捐赠总量进行测算。

遵循目前的社会捐赠总量统计构成体系,除慈善会系统、基金会系统外事业单位、宗教机构、人民团体等接收捐赠主体的数据均是从网络监测数据抽样样本测算所得。根据历年样本数据监测测算的变动幅度和比例,可以测算出事业单位、人民团体和免登机构、宗教场所、其他社会组织这四类捐赠接收主体接收捐赠的数额大概为200亿元。

如此,可以粗略测算出2019年接收社会捐赠的主体——基金会、慈善

---

① 程刚、王璐、霍达:《2019年中国基金会发展报告》,载杨团主编《慈善蓝皮书:中国慈善发展报告(2020)》,社会科学文献出版社,2020。

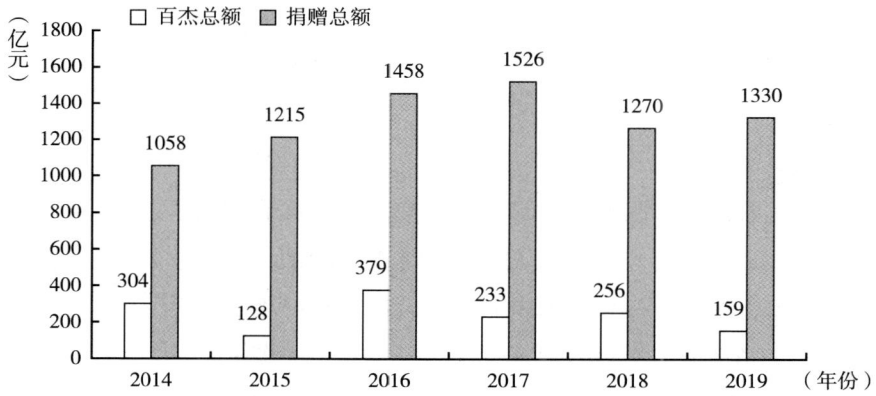

图 18　2014~2019 年百杰捐赠总量与中国慈善捐赠总量

会、政府、其他事业单位等接收的社会捐赠额，分别为 700 亿元、280 亿元、150 亿元、200 亿元，2019 年社会捐赠收入合计为 1330 亿元左右（见图 19）。

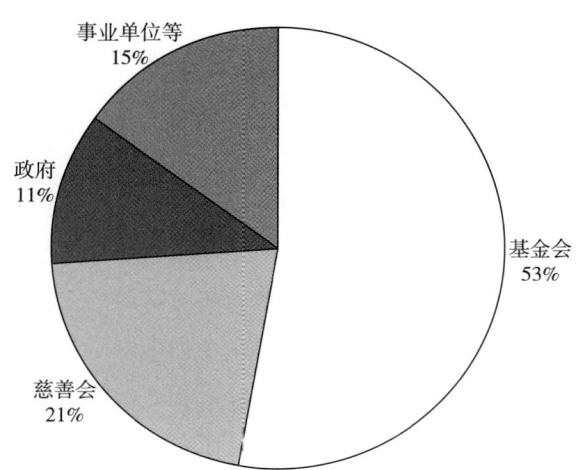

图 19　2019 年各主体接收的社会捐赠占比预估

（二）中国慈善捐赠前景展望

慈善捐赠数据的归总需要行业建立一种规则来进行整体呈现，其间的信息公开、数据标准需要慈善机构和公众共同努力。然而数据只是一种参照，每一笔捐赠不应该只看到数字，更应该关注的是数字背后的社会意义和价值。因此捐赠总量的变化固然引人注意，但探求慈善资源的源流挖掘和使用效果更加需要形成共识、付诸行动。

1. 政策走向

呼应国策是慈善服务的主流方向，也是慈善资源集聚的主要路径。2020年是全面建成小康社会之年，从绝对贫困到相对贫困、脱贫攻坚到乡村振兴等关乎转型升级的公益慈善理念，以及人们对美好生活、公平社会的向往，将吸引越来越多的大额捐赠。

脱贫攻坚战略决胜战役之后，中国即将进入"后扶贫时代"。"后扶贫时代"实际上要解决的是扶贫后的发展问题。"后扶贫时代"的工作重心是防止返贫，即脱贫后政府可能会减轻对贫困地区的扶持力度，因此贫困地区应当充分利用自身资源进行科学规划和管理，通过加强农村地区的人力资源配置，"自我造血"，对现有脱贫成果加以巩固，阻断返贫路径。而社会力量在强行政动员时期积极参与脱贫攻坚，在贫困地区脱贫后更加需要积极参与，而且发挥作用的舞台将更为广阔。

在"后扶贫时代"的目标群体方面，"后扶贫时代"的扶贫对象主要是因老弱病残而发生贫困的群体，更加关注老年人、懒汉、精神障碍患者、残疾人、儿童等特殊困难群体，转型贫困群体和潜在贫困群体将会成为新的扶贫工作的目标群体。

而从服务内容来说，在由绝对贫困转向相对贫困的过程中，贫困群体的需求发生了转变，由过去的绝对经济需求演变为多维度与多元化的需求，如教育需求、健康需求与精神文化需求等。针对相对贫困群体的社会服务，不仅是保障其基本生存需要，还包括提升生活质量。

理想的扶贫开发工作要实现如下任务：既保证社会稳定，又促进经济发展；既有利于社会公平，又有利于提高效率；既保障公民生活，又激励公民积极劳动；提高公民素质，促进社会进步。社会组织可以从以上方面入手，设计相关社会服务的公益慈善项目，引导社会捐赠参与其中。

2. 技术向善

2019年5月4日凌晨腾讯对外透露"科技向善"成为腾讯公司新的愿

景与使命，使得这一命题被社会更广泛讨论，并应用到商业社会场景。

作为商业公司，其向善内涵包括，一方面充分发挥新科技的巨大潜力，使其惠及公众生活、解决传统社会的种种痼疾与难题、促进社会进步，帮助人类变得更强大、更幸福，拥有更好的未来和数字文明；另一方面，要确保新科技被善用，而不是被滥用，甚至被恶意使用。简单来说就是善用科技、杜绝恶用。

"科技向善"将深刻改变慈善领域的认知，5G、人工智能和区块链技术会逐步与慈善有机结合，慈善机构的工作方式也会随着技术的更新迭代变得更加便捷、透明和高效，并使得慈善绩效的一致性得到体现。

对于慈善组织来说，技术最大的好处就是可以吸引到慈善资源。起初，是互联网介入慈善而不是慈善创新应用技术，技术向善的主动权实际上掌握在技术公司手中。每年9月，中国的互联网公益都会进入"超频模式"。几大互联网公益平台都选择在9月"造节"，7~9日是腾讯的"99公益日"，阿里巴巴则选择把5~11日打造成"9·5公益周"，新浪微公益等平台则集聚了上千场主题公益活动。

2019年的99公益日，引流量最强的腾讯创造了超过4800万捐款人次、共17.8亿元公众捐款的新纪录，几乎是上一年的两倍。实际上在慈善信息平台的运营过程中，各大平台也在洗练善与恶的内涵。商业竞争关系同样渗透慈善募捐平台的应用，曾有平台设计了瞬间泪点触发的机制，以感人信息打动受众，优化捐赠过程，使得受众不加思考地完成捐赠。其后按照慈善信息平台的规范化要求，各大平台上线了"透明化组件"，要求上线的公益慈善项目提供为什么要做公益、做过哪些公益、财务信息等内容。用户看到的不仅是募捐需求和项目介绍，还有项目执行效果介绍。制度约束和技术公司层面对公益的认知提升了善与技术的结合水平。2018年，腾讯平台推出了"冷静器"，试图"阻止"用户捐款——在支付前的一步，平台会强制弹出一个窗口，简单列举项目的"透明"信息，让用户选择是否继续。

互联网捐赠不是一个简单的取予关系，在互联网技术与慈善结合的过程中，技术方、慈善机构、公众、政策相互博弈，祛恶扬善，本身就是技术的

善化过程，同时也是其他几方的改进和创新过程。

技术是生产力，善用并且发挥主观能动性善化技术的慈善应用，是慈善机构应尽的责任。技术向善，需要善的主力为技术向善提供方向，需要慈善与技术应用一起成长。

3. 慈善文化护航

2019年，科学、商业和慈善再次引领了有关慈善文化的讨论。与之前但凡提慈善文化就是儒家起源、西方宗教性等不同，科学引领的慈善文化更具现代性。科学具有可解释性、公允性、一致性，是使主观认识与客观实际实现具体统一的实践活动，它是通往预期目标的桥梁，也是联结现实与理想的纽带。其内涵有二：对事实真相的探求；对真理的追求和探索。

慈善的使命非常之多，于个体内心而言，让人性的光辉充盈精神，于行业发展而言，让行业整体形象和实力健康壮大，于社会生活而言，使环境和秩序和谐而美好。通过慈善力量改善世界需要深层次地理解和探索二者间的因果关系，需要继承传统文化、应用科学理性，反过来讲，慈善事业的发展也需要正向的进步的文化护航。

慈善和公益的局限性很多，其核心功能有一点不能排斥，就是把有限的资金用到最需要的人身上。科学慈善，目标不外乎如此，理想的科学可以诞生无限公益创想或商业创想甚至是政治创想，但特定条件下的最优和次优，就是科学态度如何选择科学方法的问题。

基金会中的后起之秀三一基金会提出了"科学公益"的概念，提出让捐赠更科学，让公益更专业，目标瞄准捐赠人和公益人，期望通过旗舰议题、国际论坛、指标体系等途径和方法实现公益领域的科学性。

理想愿景下，国家给社会服务领域提供政府公共服务和政策导向，社会治理依托社会组织，社会组织既对国家负责，也对服务对象负责，这客观上既维护了国家的权威，也维护了受益人的利益，还维护了慈善共同体。

更多时候，需要时间为中介，需要更多实践和组织本身为创作材料，在不被人察觉的社会服务中默默无闻，也无法要求观察者在时间链和服务场景中形成传闻的情况下，凝结行业行为，塑造认知，形成文化。

B.3
2019年中国志愿服务发展指数报告

翟雁 辛华 张杨*

摘 要: 中国志愿服务指数测量关注活跃的志愿者与志愿服务组织在志愿服务中的投入与产出情况,旨在呈现中国志愿服务发展的基本状况。连续七年调研数据对比分析显示,我国志愿者在官方平台上的注册率增长迅速,2020年初达到12%。志愿者数量及其服务时间的增长速度均超过志愿服务组织,2019年度共有7181.96万名活跃志愿者通过116.36万家志愿服务组织参与了志愿服务活动,服务时间为22.68亿小时,志愿者贡献价值约903.59亿元。2019年党中央加强了对志愿服务的推动和社会吸纳,国家层面的整体布局渐次建构成形,志愿服务越来越广泛深入地参与到国家大事当中。

关键词: 志愿服务发展指数组织 活跃志愿者 志愿者参与率 志愿者贡献价值

为持续跟踪了解中国志愿服务发展过程中活跃志愿者和志愿服务组织的情况,中国志愿服务指数测量课题组①于2019年底研发"中国志愿服务发

---

* 翟雁,北京惠泽人公益发展中心创始人,北京博能志愿公益基金会理事长,北京志愿服务发展研究会志愿服务组织专委会主任,主要研究领域为中国志愿服务测量、志愿服务组织发展与实务、国际志愿服务前沿研究;辛华,清华大学公共管理学院NGO研究所博士后,北京志愿服务发展研究会专家,主要研究领域为志愿服务与社会创新;张杨,北京大学光华管理学院硕士,北京惠泽人公益发展中心理事,主要研究领域为基金会管理与专业志愿服务。

① 中国志愿服务指数测量课题组由北京惠泽人公益发展中心于2012年底组建。2020年课题组成员有翟雁、辛华、张杨、朱晓红(博士,华北电力大学人文学院教授)、马源(中共北京市西城区党校党群工作办公室主任),调研助理郑凤鸣(山东志愿者,山东潍坊萤火虫公益助学发展中心理事长)、赵玉海(湖北志愿者,北京城建智控科技有限公司项目总监,中级社工师)。

展指数组织"测量方法,招募和遴选中国东南西北中部地区的活跃性较高、志愿者规模较大、具有当地代表性的50家志愿服务组织,作为持续调研和观察的志愿服务发展指数组织(以下简称VIO),进行志愿者问卷调查和组织访谈。同时,继续分析中国志愿服务网①大数据,追踪年度志愿服务大事记和文献研究成果,结合本课题组主要研究人员通过参与观察等方式对志愿服务行业和区域性发展与管理的实践研究,进行综合分析与比较,以志愿部门②视角反映志愿服务组织中活跃志愿者及其贡献价值、志愿服务组织特征以及发展情况。

一 2019年中国志愿服务总体发展特点

2019年,新中国成立七十周年,也成为自2008年中国志愿服务元年以来,对志愿服务长远发展具有重要影响的年份——志愿服务越来越广泛深入地参与到国家大事当中,国家层面的宏观战略布局渐次建构成形,行业规范加强,但民间志愿服务组织发展依然缓慢,中国志愿服务有望进入新的历史发展阶段。

1. 志愿服务进入国家战略,构建宏观布局,意义深远

2019年,习近平总书记数次就志愿服务发表讲话,不仅是对志愿者的点赞,更是对志愿服务在政治高度上的认可,从国家顶层设计层面明确了新时代志愿服务发展的定位、方向、使命乃至愿景。志愿服务被提升到"社会文明进步重要标志"③ 的高度,要同国家社会治理现代化以及"两个一百年"奋斗目标同行。首个志愿服务组织国家标准于年内发布,有关志愿服

---

① 中国志愿服务网(www.chinavolunteer.cn),为中国民政部指定的官方全国志愿服务信息系统。
② 志愿部门也称非营利部门,是指在政府部门、企业部门之外的第三部门,具有六个本质特征:公共利益性、合法性、非政府性、非营利性、志愿性、自我治理性。参见刘国翰《第三部门界定》,《南京社会科学》2001年第5期。
③ 《习近平为志愿者点赞:你们所做的事业会载入史册》,新华网,http://www.xinhuanet.com/politics/leaders/2019-01/18/c_1124009449.htm,最后检索时间:2019年1月18日。

务管理的政策举措加速出台。

在组织方面，改组中国志愿服务联合会，落实《志愿服务条例》，将志愿服务纳入中央文明委统筹协调管理，与中国志愿服务基金会以及新设的中国志愿服务研究中心形成社会层面的组织框架；在基层，则通过扩大新时代文明实践中心的试点范围至全国，将志愿服务作为文明实践的重要主体，逐步形成志愿服务在县、镇、村的层次化布局。

在理论研究方面，中央文明办委托共青团中央组织开展学雷锋志愿服务重大理论和实践研究课题[1]，并将十三项志愿服务领域相关研究课题纳入国家社会科学基金的研究计划。

在管理方面，承接《慈善法》《志愿服务条例》，本年度发布更加细化的《志愿服务基本术语》（2018年12月13日出台征求意见稿，2020年3月24日正式发布）、《志愿服务组织基本规范》（征求意见稿）以及《志愿服务记录与证明出具办法》（征求意见稿），进一步加强了对志愿服务组织的注册和服务规范管理。在对民间志愿服务组织所开展的问卷访谈中，"志愿服务组织国家标准出台"被评选为本年度对民间志愿服务组织影响最为重大的事件。

综合上述各个维度，志愿服务领域的国家宏观战略布局正在渐次成形。2019年志愿服务领域有一些影响深远的事情发生，它们"不仅仅是事件，而是趋势"[2]。这只是相关影响的开始，而这影响注定是长期的和深远的。

2. 行政力量动员下志愿服务更多地参与到国家大事之中

2019年是国家的大事之年，在建国七十周年大庆、上海进博会、北京世园会、世界军运会等大型活动及赛事服务保障中，志愿者们一如既往地展示出专业服务水平与风采。北京冬奥会和冬残奥会也于年内启动赛会志愿者全球招募。在大型赛会和重要活动领域，志愿服务已经成为标配，发挥着重

---

[1] 《中央文明办、共青团中央启动实施学雷锋志愿服务重大理论和实践问题课题研究项目》，中国文明网，http://www.wenming.cn/specials/hot/wmkd/201903/t20190327_5057169.shtml，最后检索时间：2019年3月27日。

[2] 朱健刚，2019年中国慈善领域大事记评论发言。

要的不可替代作用，并已广为国内外社会公众认可。

2019年1月22日，共青团中央、民政部发布了《关于实施青年志愿者助力脱贫攻坚行动的通知》①，青年志愿者助力脱贫攻坚行动全面启动。中央文明办、国务院扶贫办、民政部、教育部、水利部、卫健委、工商联、中残联等部委组织开展或参与志愿扶贫工作，评选志愿服务脱贫攻坚优秀案例。② 在行政力量动员下的志愿服务正在越来越深入广泛地参与到国家大事当中。与此同时，民间志愿服务组织参与社会重大事件和社会治理的空间和渠道依然不足。真正将志愿者纳入国家社会治理体系并发挥其独特的社会作用，还需要党政主管部门加强提升社会治理现代化能力。

3. 科技+专业志愿服务助推社会创新

"用技术助力公益，让科技更有温度"③，越来越多商业技术公司应用员工专业技术开展志愿服务。据阿里巴巴3小时公益平台发布④，截至2019年9月5日平台注册用户已超过4000万，入驻公益机构超过1500家，参与各类公益行动人次超过2000万。"互联网+志愿服务"已经成为志愿服务新常态。

"区块链+志愿服务"⑤ 的科技创新应用和移动互联促进了志愿服务组织社会化创新。当科技与公益深度融合，人人参与志愿服务就更为便利和可为，这必将引发志愿服务领域突破性的重大发展。2019年可能成为科技助

---

① 《共青团中央办公厅 民政部办公厅关于实施青年志愿者助力脱贫攻坚行动的通知》，民政部网站，http：//www.mca.gov.cn/article/xw/tzgg/201901/20190100014644.shtml，最后检索时间：2019年1月28日。
② 《全国志愿者扶贫案例研讨与交流会在京举办》，中国日报网，http：//cn.chinadaily.com.cn/a/201910/28/WS5db67ec3a31099ab995e824d.html?ivk_sa=1023197a，2019年10月28日。《2019志愿者扶贫案例50佳发布》，国务院扶贫办，http：//www.cpad.gov.cn/art/2019/12/27/art_50_109105.html，最后检索时间：2019年12月27日。
③ 《阿里巴巴集团CTO张建锋致阿里巴巴全员公开信》，https：//www.sohu.com/a/305090603_808863，最后检索时间：2019年3月29日。
④ 《阿里、腾讯等六公司95公益周同台，联合做公益》，https：//3w.huanqiu.com/a/c36dc8/9CaKrnKmFfh?p=4&agt=46，最后检索时间：2019年9月5日。
⑤ 《"公益链·时间银行"到底是什么？一文给你讲清楚！》，《中国发展简报》，http：//www.chinadevelopmentbrief.org.cn/news-23656.html，最后检索时间：2019年12月24日。

力志愿服务新时代的阶段性起点。

4. 志愿服务组织发展机遇与挑战并存

从新时代发展环境而言，志愿服务组织面临前所未有的机遇的同时，也面临着多重挑战。公众普遍对志愿服务的认知存在误区和盲点，国家对志愿服务组织的管理在持续强化，但是保障依然不足，民间志愿服务组织的基础经费、组织建制、能力建设等并没有得到有效改善，仍然是在负重前行。

根据民政部有关报告①，截止到2019年11月底全国注册登记的志愿服务组织为13157家，占社会组织总数的1.54%，2016~2019年志愿服务组织登记数量总体呈现下降趋势。中国志愿服务信息系统显示，注册志愿者、志愿服务项目及服务时间的年均增长率均超过36%，而志愿服务组织数量增长不到20%。政府购买服务、基金会资助公益项目、企业赞助或捐赠等资金尚未能够覆盖志愿服务组织。一些党政机关、企事业单位和社会组织将志愿服务泛化和滥用，民间志愿服务组织的参与空间和生态环境，都急需规制同时进行制度优化和培育行业组织。

需要进一步指出的是，志愿服务组织有其自身的特性与内在的发展规律，特别是民间志愿服务组织，自愿性、自主性、自治性正是其活力和特色所在。因此，志愿服务组织需要适当的发展空间以及更加到位的基础保障与政策支持。

在更高的战略定位以及使命驱使之下，志愿服务组织从三个维度而言势必需要加强。其一，国家对志愿服务组织的管理持续强化，但是保障不足。其二，从志愿服务组织自身的主观能动性以及使命驱使而言，也必须主动大力提升自身的专业性，方能跟上高层导向以及行业前行的节奏。志愿服务组织在基层实践发展中，也需要时间和努力去争取获得政策支持与落地。其三，行业联合与网络化建设，需要更多的支持型、枢纽型、统筹型等行业组织的出现。同时，志愿服务组织被赋予中国特色的新内涵，成为社会价值观

---

① 资料来源：天津南开大学民政部志愿服务组织能力提升示范培训班，社会组织管理登记处处长，"志愿服务组织培育发展政策与实践"授课，2019年12月4日。

以及对外软实力的载体。特别是民间志愿服务组织，不仅要大力提高自身各方面的专业性，还需要提升认知开阔眼界，要主动打破固有模式，"进入政、产、学、研、社共商的平台型思维和共同协作的行动。①"

二 调研说明

（一）定义与范围

本调研依据国务院《志愿服务条例》和民政部《志愿服务记录办法》等政策法规要求，参考联合国志愿人员组织和国际劳工组织发布的《志愿服务测量指南》，对中国志愿服务指数调研对象进行如下定义。

1. 志愿服务

志愿服务，是指"志愿者、志愿服务组织和其他组织自愿、无偿向社会或者他人提供的公益服务"②。本调研特别对志愿者通过志愿服务组织所提供的1小时以上的公益服务，也就是正式的志愿服务进行分析，不包括志愿者个人所从事的临时性（1小时以下）无偿服务以及邻里之间个体互助等非正式志愿服务。

2. 志愿者

志愿者，是指"具有民事行为能力的，以自己的时间和知识、技能、体力等从事志愿服务的自然人"③。本调研人群主要是16岁（含）以上的自然人。

3. 志愿服务组织

志愿服务组织，是指"依法成立，以开展志愿服务为宗旨的非营利组织"④。本次调研中对于志愿服务组织的认定范围包括：一是在民政部门正式注册的志愿服务组织；二是没有正式登记注册，但以组织名义开展了志愿

---

① 杨团：《慈善蓝皮书：中国慈善发展报告（2019）》，社会科学文献出版社，2019，第28页。
② 《志愿服务条例》，2017年12月1日。
③ 《志愿服务条例》，2017年12月1日。
④ 《志愿服务条例》，2017年12月1日。

服务的民间自组织。

4. 中国志愿服务发展指数组织（VIO）

本课题组于 2020 年 1~2 月通过公开招募，遴选 50 家符合以下特征的志愿服务组织，作为中国志愿服务发展指数的组织样本代表，其评选指标如下。

组织的活跃程度：指数组织在本地区的活跃度（服务活动效度、参与服务的志愿者人数、服务的时间）和服务社会效益（服务对象人数、服务成效、媒体报道和社会影响力）较高。

区域分布均衡性，确保在中国的东、南、西、北、中部地区的 20 个以上的城市都至少有一家指数组织。

组织的合规性，所选取的指数组织应包含在民政部门正式注册的志愿服务组织、在有关部门和企事业单位及社区备案的志愿服务组织、常年使用志愿者的社会组织等。在中国志愿服务信息系统和志愿服务平台正式注册的组织优先录取。

组织所从事的志愿服务领域的多样性：包含各领域和专业类型的志愿服务，例如在扶贫济困、扶老助残、青少年教育、儿童保护、性别平等、健康医疗、救援救灾、社区发展、环保减排、国际援助等领域中的专业与非专业服务。

活跃志愿者人数：每个组织每年组织动员的活跃志愿者不少于 200 人，并可以提供参与指数问卷调查的志愿者不少于 200 名。

（二）计算比例

本调研在对相关数据分析中采用了以下计算比率。

志愿者注册率：是指在志愿服务组织或官方志愿服务信息管理平台上登记注册的志愿者人数占当年全国大陆地区总人口之比。

志愿服务组织注册率：是指志愿服务组织在官方志愿服务信息管理平台上登记注册的数量占全国志愿服务组织总数之比。

重叠率：志愿者同时在 2 个以上的官方志愿服务信息平台上进行登记注

册，其重复注册的数量与总量之比。

记录率：是指有志愿服务记录的注册志愿者与全体注册志愿者之比。（在已经注册登记的志愿者中，只有部分人员进行了服务记录。）

活跃率：是指在过去一年中，实际参与了1小时以上正式志愿服务的志愿者数量与志愿者总数之比。

（三）中国志愿服务发展指数（CVDI）

本课题组基于中国志愿服务基础建设刚刚起步，基础研究与数据尚未互联互通形成体系的背景，于2016年起研究开发了中国志愿服务发展指数（CVDI）。该指数的制定参考了国际劳工组织《志愿服务测量手册》和全球志愿服务测量框架[①]，从志愿服务投入（志愿者数量及其服务时间）和产出（志愿者贡献价值）两个维度进行测量，主要测量五个指标。

志愿者数量：是指注册志愿者与非注册志愿者之和。在志愿者中重点对实际参与了当年志愿服务1小时以上的"活跃志愿者"进行报告。

志愿服务参与率：是指在中国大陆地区的总人口中活跃志愿者人数比例。志愿服务参与率＝活跃志愿者数量/当年大陆人口总数[②]。

志愿服务组织数量：是指在过去一年中，组织过志愿者开展志愿服务活动的正式与非正式志愿服务组织的总和。其中包括在官方平台进行注册和备案或者未进行注册的组织。

志愿服务时间：是指过去一年中志愿者从事正式志愿服务活动超过1小时的时间[③]，其测量单位为小时。

志愿者贡献价值：反映提供志愿服务的劳动人口在社会服务行业中所贡献的经济价值。本报告采用国际劳工组织（ILO）推荐的"替代成本计算

---

① 参见张强《全球志愿服务发展前沿研究》，杨团主编《慈善蓝皮书：中国慈善发展报告（2017）》，社会科学文献出版社，2017。
② 根据世界劳工组织对志愿服务参与率的定义，主要是指参与服务的志愿者与本国15周岁以上劳动人口数量之比。本文为了方便与往年比较，采用我国大陆人口总数作为志愿服务参与率的比较数据。
③ 志愿服务时间：是指具体服务时间，不包括在途交通往返时间、培训学习时间。

法"（The Replacement Cost Approach），即志愿者贡献价值＝社会服务行业雇员平均工资（元/小时）×志愿服务小时数。

（四）调研方法

本课题组自 2013 年开始进行中国志愿服务调研，连续 6 年在文献研究基础上增加了对志愿者个体和志愿服务组织的实证调研，包括问卷调研与访谈等方式，对志愿服务相关数据进行考证和分析。调研分析我国志愿者的服务特征及服务价值，一定程度上解决了由于全国缺乏统一志愿服务系统无法精准计算志愿服务基础数据等问题。

在经历连续 6 年对志愿服务的调查之后，随着 2019 年全国志愿服务信息系统的发展与完善[①]，课题组通过行动研究，发现各区域逐渐成长起一批相对成熟的志愿服务组织，他们大多成立时间超过五年，汇聚当地的志愿者人数较多，开展活跃的、日常性志愿服务活动，并且有稳定的团队和领导班子，与当地政府和社会各界保持良好的关系。

为此，课题组于 2019 年对调研方法进行了调整，重点聚焦活跃的志愿服务组织及其志愿者，采用了更具代表性的指数组织追踪测量方法，结合定量与定性访谈调研，逐渐提高调研的精准性和有效性。应用以上方法搜集、整理、分析当前我国志愿服务领域形成的实际数据，并通过中国志愿服务指数指标体系分析，来体现我国志愿服务的规模、水平、比例和效益，反映我国志愿服务的真实发展程度。鉴于此，课题组于 2019 年开发了"中国志愿服务发展指数组织"（简称 VIO），选取活跃程度高、具有代表性的志愿服务组织样本，进行跟踪调研，从而可以更加稳定、精准和长期地进行数据比较研究。作为第一年 VIO 试点研究，本课题组于 2020 年 1 月初完成了 VIO 面向社会的公开招募，根据组织活跃程度、区域分布均衡性、组织的合规性、组织所从事的志愿服务领域的多样性、能够动员组织本地区活跃志愿者人数等指标进

---

① 2019 年起，除民政部统一了全国志愿服务信息系统外，也存在着中国青年志愿者依然使用的志愿汇 App 平台。

行面试和审核,最终从112家报名的志愿服务组织中确定了50家VIO和12家候选组织,形成中国志愿服务指数组织样本筐①。

课题组于2019年2~3月,针对VIO进行一对一访谈和问卷调研。对每家组织按照高层负责人、中层管理者、一线志愿者分层设计定向问卷,围绕2019年志愿服务领域的重大事件完成访谈125份,组织深度访谈记录62份。通过62家VIO样本筐共回收了来自中国大陆地区32个省级行政单位的志愿者有效问卷18002份。由于整合了志愿服务行业整体发展状况,本报告逐步加强了定量与定性分析,内容涉及对志愿服务领域全年发展进行评价、从民间志愿服务组织的视角对重大事件进行点评、分析所面临的机遇与挑战、指出存在的问题以及预测下一阶段的发展重点,并提炼志愿服务领域本年度的关键词及发展特征,以及对志愿服务组织性质与规模、社会组织党建与评估、志愿服务的参与、组织管理所面临的困难和挑战、组织发展需求和建议等方面内容进行分析。

三 2019年中国志愿服务发展指数总体报告

- 2019年中国志愿服务发展指数:

志愿者总数 20959.94万人	志愿服务参与率5.13%	志愿服务时间 22.68亿小时	志愿者贡献价值903.59亿元	志愿服务组织 116.36万家
·注册志愿者:16944.17万人 ·非注册志愿者:4015.77万人 ·活跃志愿者:7181.96万人	·志愿者注册率12%	·注册志愿者服务时间6.62亿小时 ·非注册志愿者服务时间:16.06亿小时	·注册志愿者贡献价值:263.69亿元 ·非注册志愿者贡献价值:639.90亿元	·注册志愿服务组织:87.70万家 ·非注册志愿服务组织:28.66万家

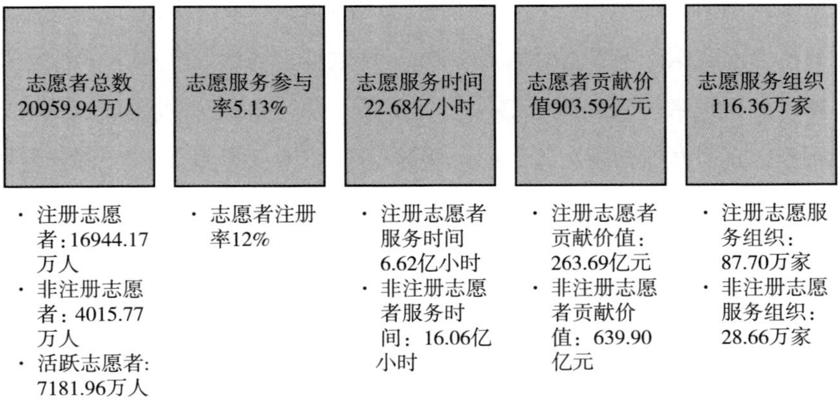

图1 2019年中国志愿服务发展指数总览

---

① 50家VIO和12家候选组织名单附后。

（一）志愿者数量20959.94万人

本报告的志愿者数量，包括在官方和志愿服务组织登记的注册志愿者与非注册志愿者。调查显示，志愿者选择官方注册的平台集中于中国志愿服务网/志愿云（32.86%）、志愿汇/志愿中国（22.96%），两者同时注册的占3.93%，在机构内部和商业平台登记管理的占16.54%，另外有23.71%的志愿者未在任何平台注册（见图2）。

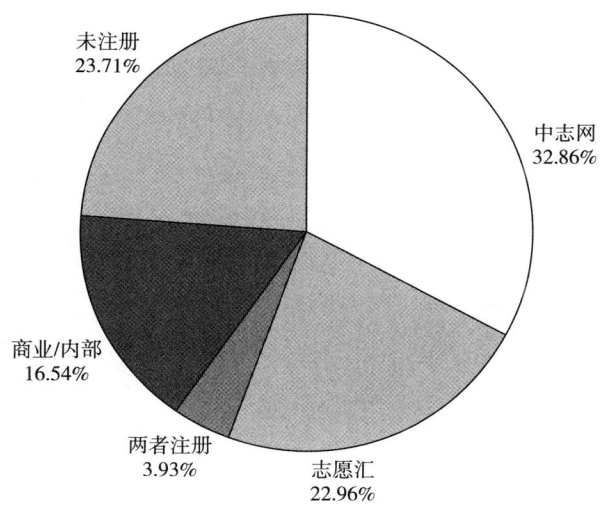

图2　2019年志愿者注册情况

2019年度志愿者总量约为20959.94万人，约占中国大陆人口①的15%，比2018年增长1200万人。

1. 注册志愿者16944.17万人，注册率为12%

截止到2020年3月16日，中国志愿服务网注册志愿者数量为1.55亿人，比2018年增加了4094万人（见表1）。

志愿汇注册志愿者总数为7220.86万人，通过访谈，课题组估算其志愿

---

① 国家统计局：《2019年度，中国大陆人口总数为14.0005亿人》，http://www.stats.gov.cn/tjsj/zxfb/202002/t20200228_1728913.html，最后检索时间：2020年2月28日。

表1 中国志愿服务网数据比较（2017~2019年）

资料来源	年度数据(查询时间)			2019年新增	
中国志愿服务网	2019年数据 （2020年3月16日）	2018年数据 （2019年3月9日）	2017年数据 （2018年3月16日）	数据增长	增长率（%）
注册志愿者(万人)	15500.00	11405.88	8544.78	4094.12	35.89
志愿团体(万家)	70.10	58.64	43.80	11.46	19.54
累计志愿项目(万个)	353.17	215.46	116.77	137.71	84.51
累计服务时间(亿小时)	19.62	13.17	8.80	6.45	48.97
累计记录服务时间人数（万人）	3067.21	1745.25	1060.93	1321.96	75.75

者与信息系统数据重叠率约为80%，扣除重叠率之后核算，全国注册类志愿者总数为16944.17万人，注册率达到12%。

2. 非注册类志愿者4015.77万人

志愿者问卷调研显示，23.7%的活跃志愿者未在任何机构或平台上进行注册，由此推算出2019年约有非注册类志愿者4015.77万人，比2018年度减少917万人，这说明志愿者注册登记率继续提升。

3. 活跃志愿者7181.96万人

在2019年度，活跃志愿者合计总数约为7181.96万人，占全国志愿者总数的34.26%，比2018年增加861万人。2019年依然有65.74%的注册志愿者未参与志愿服务。

在注册类志愿者中，中国志愿服务网和志愿汇有活动记录的志愿者总数为3166.19万人[①]，其活跃率为18.68%，比2018年度增长70%（见图3）。

本课题组所调研的2019年度的志愿者均为活跃志愿者，约有4015.77万非注册志愿者为活跃志愿者，比上年减少917万人。主要原因是志愿者注册率继续提升，使得非注册类志愿者总量下降。

4. 志愿服务参与率5.13%

活跃志愿者总数与全国人口总量之比，反映公众每年实际参与志愿服务

---

① 根据对中国志愿服务网和志愿中国网站相关人员访谈内容，经过综合分析，该数据已经扣除由课题组推测的重叠率80%。

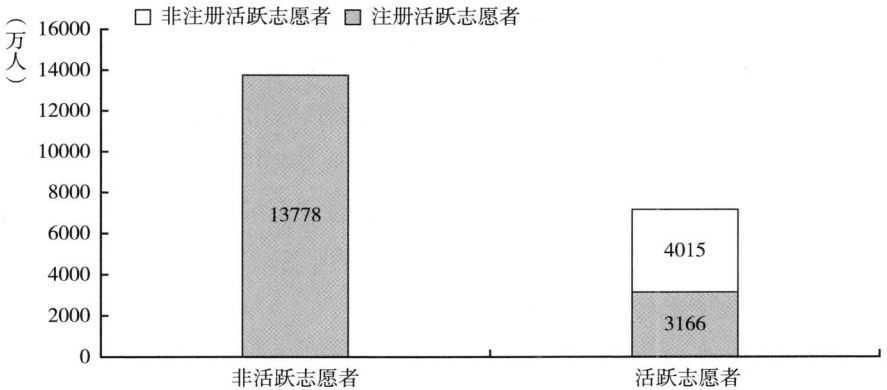

图3　2019年活跃与非活跃志愿者人数

的人口比例。2019年度我国从事有组织的志愿服务参与率为5.13%，比上一年志愿服务参与率4.5%增长了0.63个百分点。

（二）志愿服务组织数量116.36万家

2019年课题组聚焦志愿服务指数组织，包括候选组织共测量63家，其注册和备案率达到93.70%，未注册率仅有6.30%。中国志愿服务信息系统志愿服务组织注册数量为70.10万家，志愿汇活跃的志愿服务组织22万家，其主要来自高校（50%）和基层自组织，具有较强的活跃性和独立性，与中国志愿服务信息系统的重叠率约为20%。合计注册类志愿服务组织总量约为87.70万家。2019年采用的指数组织无法代表全国志愿服务组织总量，因此，2019年的非注册类志愿服务组织数量沿用上年的数据，即28.66万家。

2019年志愿服务组织数量总计约为116.36万家，比2018年减少26.94万家。数量减少的主要原因是测算方法的改进，剔除了其他类型的社会组织。

（三）志愿服务时间22.68亿小时

全国活跃志愿者在2019年度贡献志愿服务时间总计为22.68亿小时，比2018年度增加7123万小时。

1. 注册志愿者服务时间6.62亿小时

中国志愿服务信息系统显示,2019年注册类志愿者记录服务时间为6.45亿小时,比2018年增加1.45亿小时。活跃志愿者人均年度提供志愿服务21小时。2019年志愿汇活跃志愿者贡献服务时间为人均18小时,在扣除重叠率之后合计为1782万小时。注册志愿者服务时间合计6.62亿小时,比上年增加1.62亿小时。主要原因是活跃志愿者数量和人均服务时间均有所增长。

2. 非注册志愿者服务时间16.06亿小时

调研显示,未注册志愿者在2019年人均志愿服务时间约为40小时,与上年持平;合计贡献志愿服务时间为16.06亿小时,较上年减少9100万小时。

(四)志愿者贡献价值903.59亿元

根据2018年社会组织人均工资43.97元/小时[1],扣除当年工资增长率9.4%可以推算出2019年志愿者贡献服务总价值为903.59亿元。其中,注册志愿者贡献价值为263.69亿元,非注册志愿者贡献价值为639.90亿元。与2018年的823.64亿元相比,2019年增长了9.71%。

2019年志愿者贡献价值占全年国内生产总值990865亿元的万分之9.12,占第三产业增加值534233亿元的万分之15.77[2],志愿者的贡献相当于为社会服务行业提供了105.76万名全日制雇员,占到社会组织从业人员980.40万人[3]的10.79%。

四 2019年志愿服务发展指数比较

"中国志愿服务发展指数"课题组自2013年开始每年在全国开展指数测量,并且根据技术方法论的改善进行数据持续优化与年度比较。重点对注

---

[1] 根据国家统计局社会组织2018年度人均工资87932元,按照2019年250个工作日核算,平均每小时工资金额43.97元。

[2] 数值参考国家统计局《2019年国民经济和社会发展统计公报》,http://www.stats.gov.cn/tjsj/zxfb/202002/t20200228_1728913.html,最后检索时间:2020年2月28日。

[3] 《社会组织吸纳社会各类人员就业980.4万人》,民政部官网,http://images3.mca.gov.cn/www2017/f.le/201908/156592039578.pdf,最后检索时间:2019年2月28日。

册与非注册志愿者进行比较，以反映中国志愿服务发展的整体状况和特征。CVDI 比较指标有五个：我国志愿者整体数量及活跃志愿者数量、志愿服务组织数量、我国志愿服务参与率、志愿服务时间、志愿者贡献价值（见图4）。

1. 2019年志愿服务指数总体增长5%

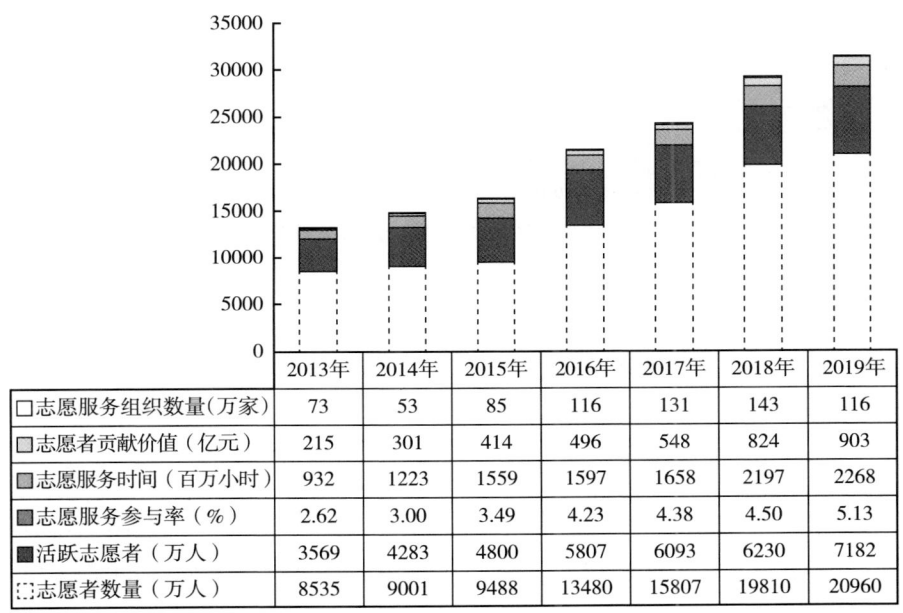

图4　2013~2019年志愿服务发展指数比较

2019 中国志愿服务指数总体增长5%，志愿者的活跃程度增长15个百分点。相比之下，志愿服务组织的发展不够均衡。

2. 志愿者总数增长近6%

志愿者总量由注册志愿者与非注册志愿者组成，2019 年志愿者总数同比增长了近6%。从 2013 年8535 万人增长到2019 年的20959.94 万人，总增长率接近1.5 倍（见图5），参与志愿服务的活跃志愿者数量翻倍增长。值得注意的是，注册志愿者数量增长率要高于活跃志愿者数量增长率近50个百分点，这显示出我国政府相关部门推动志愿者注册工作成效显著，而在激发志愿者参与方面尚需要更下功夫（见图6）。

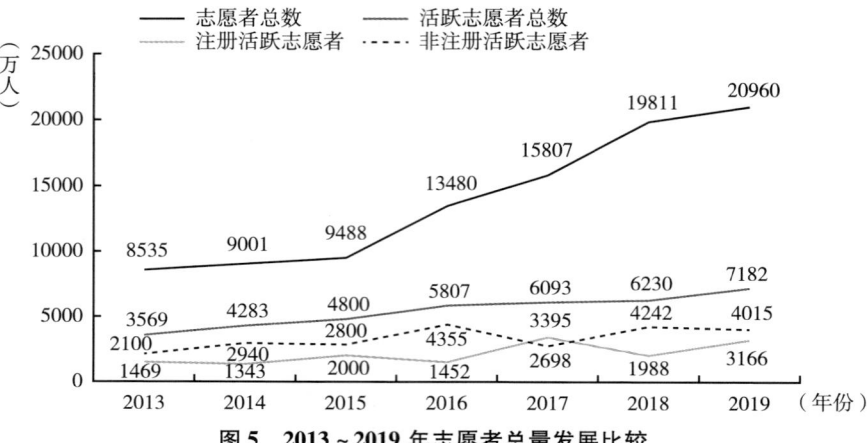

图5 2013~2019年志愿者总量发展比较

本调研从志愿部门视角观察中国志愿服务发展状况,体现了具有中国特色的以党政部委自上而下推动的注册类志愿服务,与民间自下而上的非注册类志愿服务互动发展。

3. 注册志愿者增长14%

2019年注册志愿者同比增长了14.00%。通过图6可以明显看到,我国自试行志愿服务记录管理办法以来,注册志愿者数量7年来增长了130%,注册率从5.60%上升到12.00%。而非注册志愿者数量近年来呈现下降趋势,显示出越来越多的志愿者逐渐被纳入官方的志愿者信息系统中。

图6 2013~2019年注册与非注册志愿者比较

4. 活跃志愿者比例有所下降

从事志愿服务的活跃志愿者与志愿者总量之比，2019年为34%。这与之前几年相比呈现下降趋势。2013年以来，活跃志愿者比例在40%~50%，近两年均在31%~34%。主要原因：一是政府有关部门加强了志愿者的注册登记工作，注册志愿者增长较快；二是活跃志愿者数量增长较少，导致比例下降（见图7）。

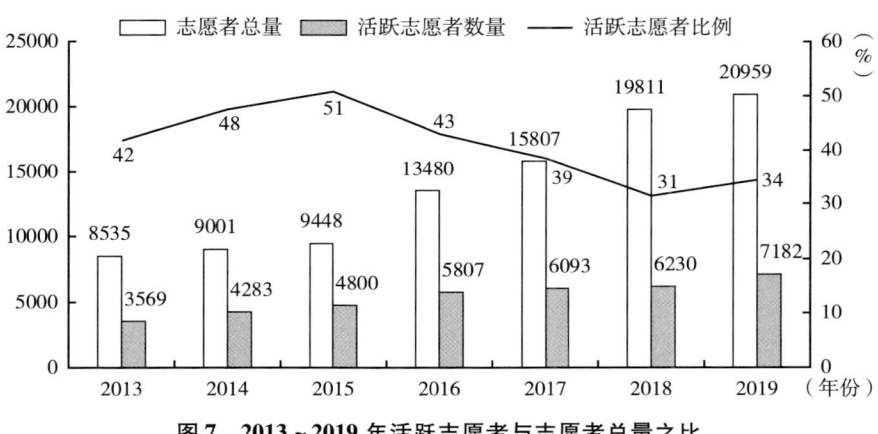

图7　2013~2019年活跃志愿者与志愿者总量之比

5. 注册与非注册志愿者贡献比较

注册与非注册志愿服务的差异主要表现为志愿者的活跃程度不同，注册志愿者活跃率维持在20%左右，而非注册志愿者活跃率80%以上，因此尽管注册志愿者总人数是非注册志愿者的4倍，但是每年在实际参与志愿服务的活跃志愿者人数、志愿服务时间和志愿者贡献价值方面，非注册志愿者的贡献超过注册志愿者贡献的2倍（见图8）。

6. 志愿者贡献价值持续增长

活跃志愿者每年参与志愿服务的时间有较明显的增长，从2013年的9.32亿小时到2019年的22.68亿小时，增长率达到1.43倍。其贡献价值增长更为迅猛，受到经济增长和工资水平提高等因素影响，6年增长率达到3倍多（见图9）。

志愿者贡献价值体现在对经济社会发展的贡献：一是对国内生产总值

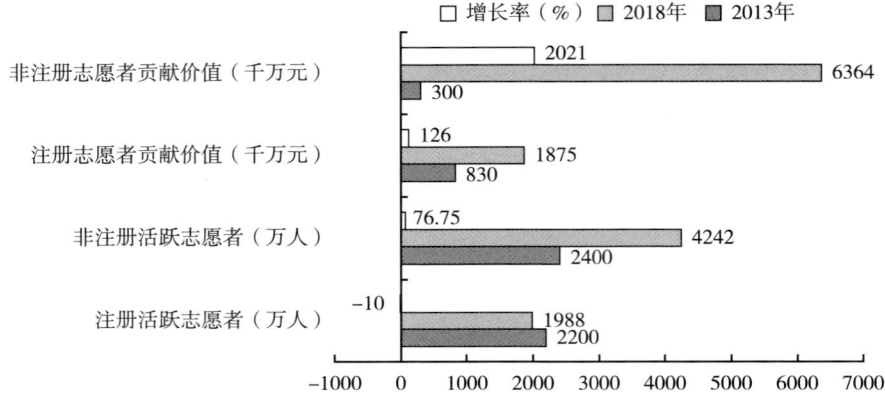

图8 2013年、2018年注册与非注册志愿者比较

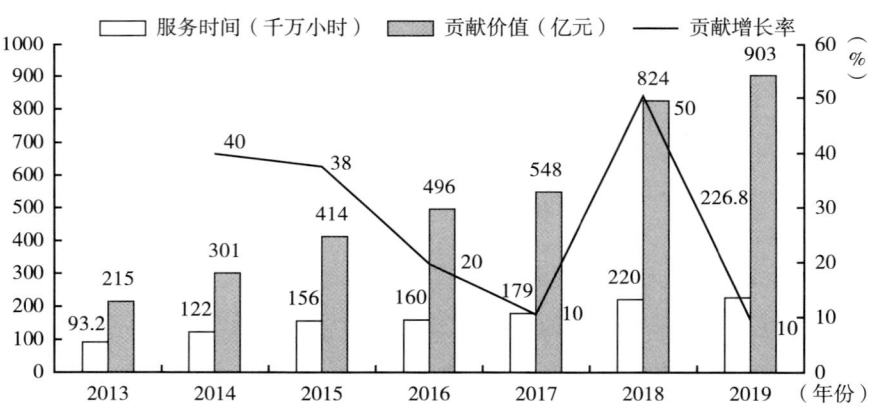

图9 2013~2019年志愿服务时间及其价值比较

(GDP)的贡献，从2013年的万分之3.60到2019年的万分之8.50，增长了136%；二是对第三产业总产值的贡献，从2013年的万分之8.19增长到2019年的万分之15.77，增长了93%；三是志愿者贡献的工作时数相当于给社会部门提供的全日制雇员，从2013年的43.6万人，到2019年的106万人，增长了143%（见图10）。

7. 志愿者组织数量发展不均衡

中国志愿服务组织发展缺少权威统计数据，因此本课题组开始采用

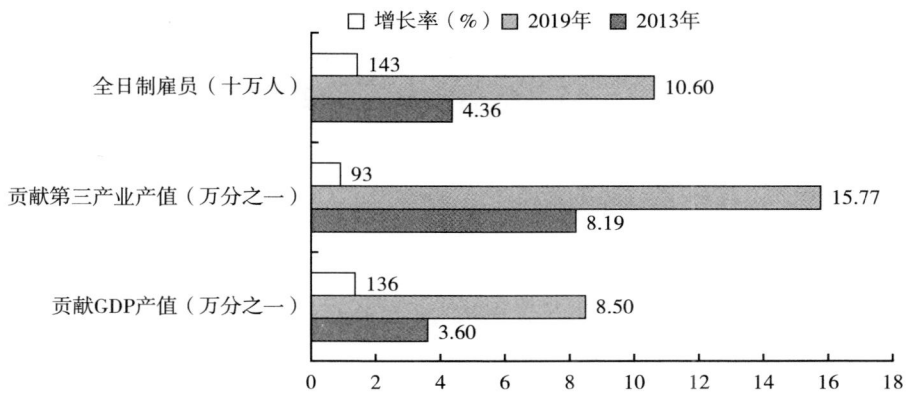

图 10　2013 年、2019 年志愿者贡献国民经济社会发展比例

"志愿服务指数组织"调研测量方法，进行长期追踪，重点观察组织发展规律。纵观 2013 年以来志愿服务组织数量的发展并不均衡，每年有 100 多万家活跃的组织开展志愿服务。

中国志愿服务信息系统显示，志愿服务项目和志愿者服务时间近年来增长显著，增幅都在 75% 以上，这表明志愿服务组织的活跃度和记录情况有了较大的提升。相对而言，志愿服务组织注册数量增速较慢，不足 20%（见图 11）。

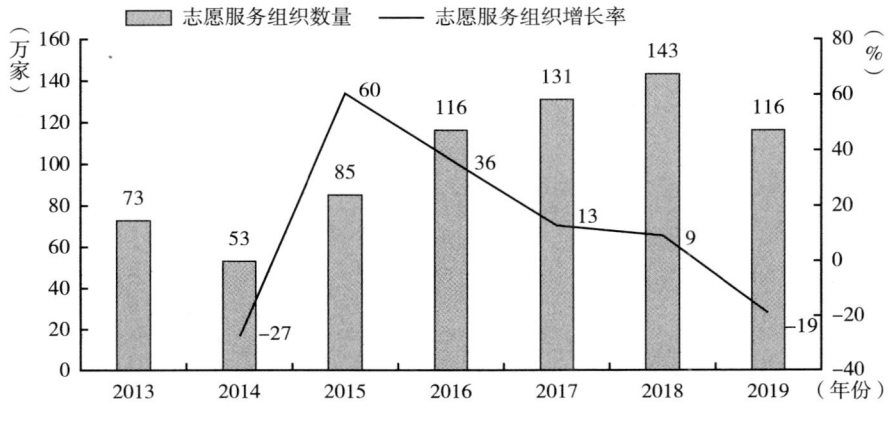

图 11　2013～2019 年志愿服务组织发展情况

五 志愿者与志愿服务组织调研数据分析报告

（一）2019年志愿者调研情况分析

2020年初调研的志愿者主要为来自前述62家志愿服务组织的18002名活跃志愿者。本报告主要从活跃志愿者的基本人口特征、志愿者的参与情况，志愿服务的多样化，参与志愿服务的原因，对志愿服务的评价等五个方面进行分析。

1. 志愿者基本人口特征

志愿者以18~34岁青年群体为主体（占49.68%），大多数受过高等教育，无宗教信仰。与2018年相比，2019年调查结果显示，活跃志愿者中，女性占比高于男性；超6成为大专以上学历（见图12、图13）。

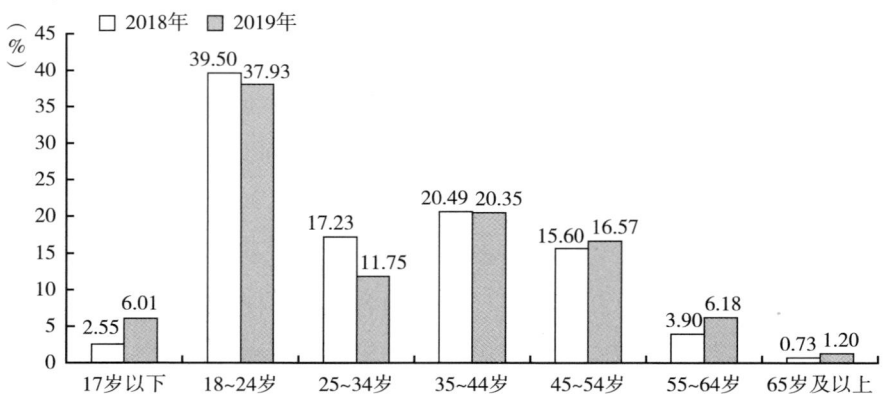

图12　2018~2019年志愿者年龄分布

2. 志愿者参与情况

通过对志愿者参与渠道调研发现，2019年志愿者参与志愿服务三大主要渠道是志愿者组织的推广（49.97%）、单位的统一要求（36.67%）和自己主动寻找（26.60%），另有26.58%的调查者经亲戚/朋友、熟人/同事介绍，15.97%的调查者来自互联网、微信、微博等新媒体等渠道。

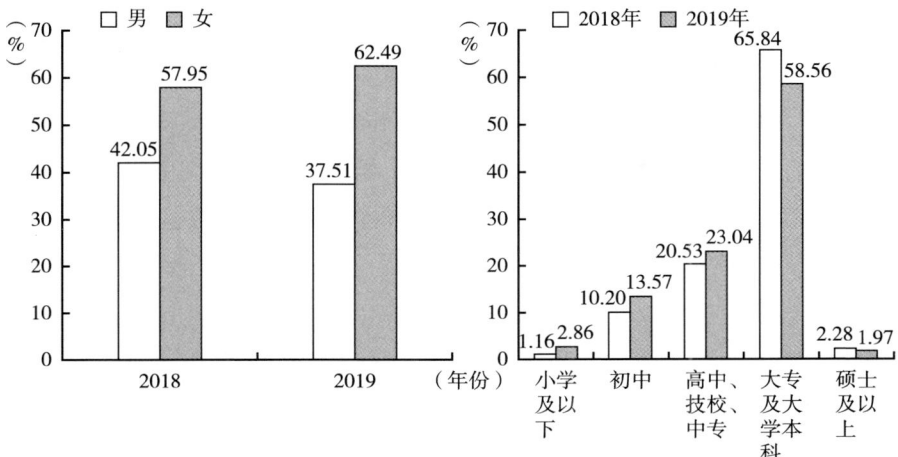

图 13　2018~2019 年志愿者性别结构（左）及教育背景（右）

在志愿者服务频率与时间方面，2019 年占 49.66% 的志愿者平均每季度 1~6 次，41.8% 的志愿者每次服务在 4 小时及以上，以此推算 2019 年志愿者平均服务时间为 40 小时，与上年接近（见图 14）。

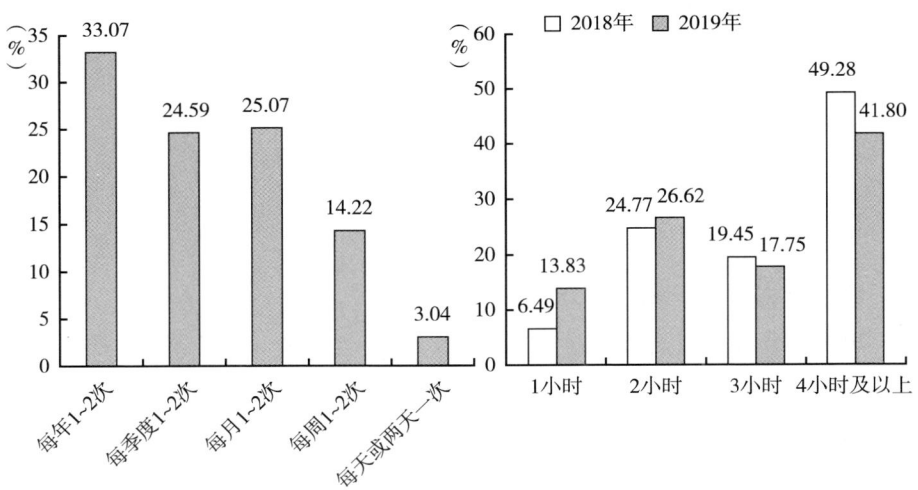

图 14　2019 年志愿者参与服务的频次（左）与 2018 年、2019 年参与服务的时间（右）

3. 志愿服务更加多样化

(1) 志愿者热衷于参与关爱和简单服务

2019年调研显示,志愿者最青睐的服务依然是体能型服务(62.03%),如打扫卫生、扶老携幼、运送物资、发放资料等和关爱型服务(51.71%),如陪伴儿童、陪伴困境群体、关爱有需要群体等服务。提供体能型服务的志愿者占比与2018年的75.79%相比有所下降。

提供技能型服务(如维修电器、义务理发、科普宣传讲座等)和智能型服务(如公益研究、培训授课、专业咨询等)的志愿者占比分别是12.73%和13.36%(见图15)。

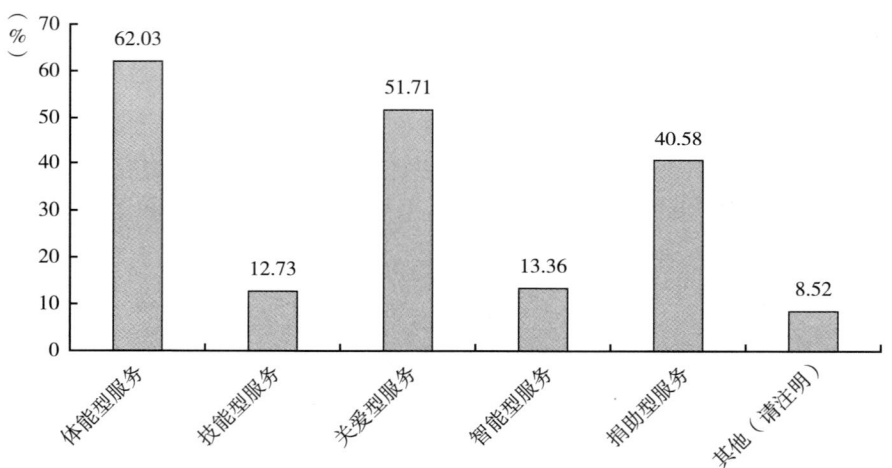

图15 志愿者选择志愿服务类型

(2) 志愿者服务领域偏好

2019年志愿者最热衷的服务领域依然是帮老助残(17.78%)、扶贫济困(13.41%)和社区服务(13.28%),与2018年相同(见图16)。

(3) 志愿者承担服务成本情况

在2019年,60.75%志愿者承担了参与志愿服务所支付的成本,如交通费、误餐费、通信费、服务物料费等,与2018年(70%)相比,志愿者承担服务成本的比例下降了近10个百分点。另外,有30.97%的志愿者为志

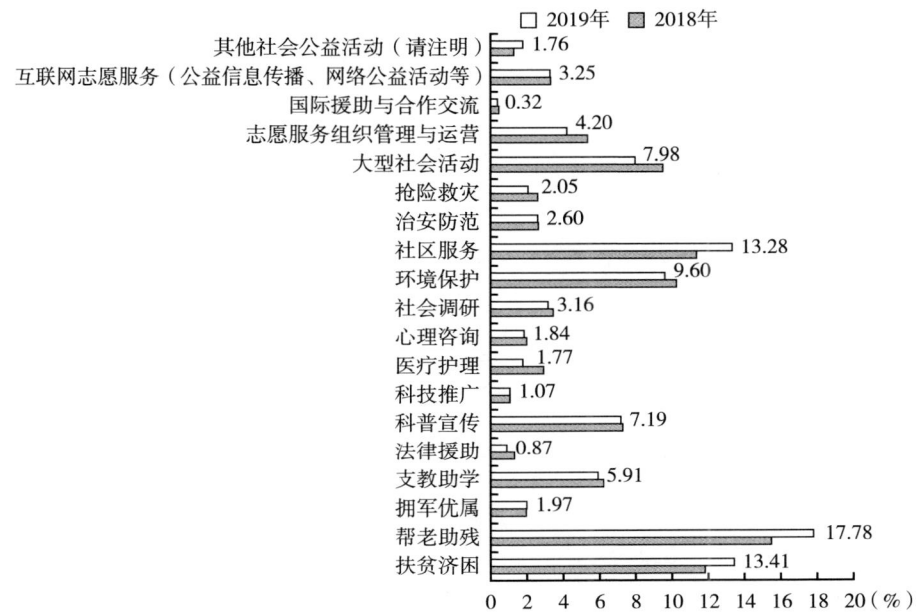

图 16　志愿者参与志愿服务领域

愿服务支付了 50 元以下的服务费，与 2018 年 1/3 比例接近。调研显示，39.25% 的志愿者承担服务费用为零，推测应该是由相关组织承担服务成本，或发放服务津贴。与 2018 年相比，志愿者参与志愿服务支付零成本的比例提高了 9.36 个百分点。由此推测，2019 年越来越多的志愿服务组织在承担服务成本或发放服务津贴上采取了积极的行动（见图 17）。

4. 志愿者参与志愿服务的原因

2019 年重点对志愿者参与服务的动机进行了调研：绝大多数（84.24%）的志愿者提到参与志愿服务是为了帮助有需要的人，近六成的志愿者（59.52%）参与志愿服务是为了给社会和国家做贡献，超过一半的志愿者认为做志愿服务与自我发展相关，比如 56.10% 的人希望通过志愿服务锻炼自己的能力；52.46% 的志愿者提到志愿服务是为了实现自我的价值。由此可见，服务他人、贡献社会、锻炼能力与实现自我价值已成为志愿者参与服务的主要诉求（见图 18）。

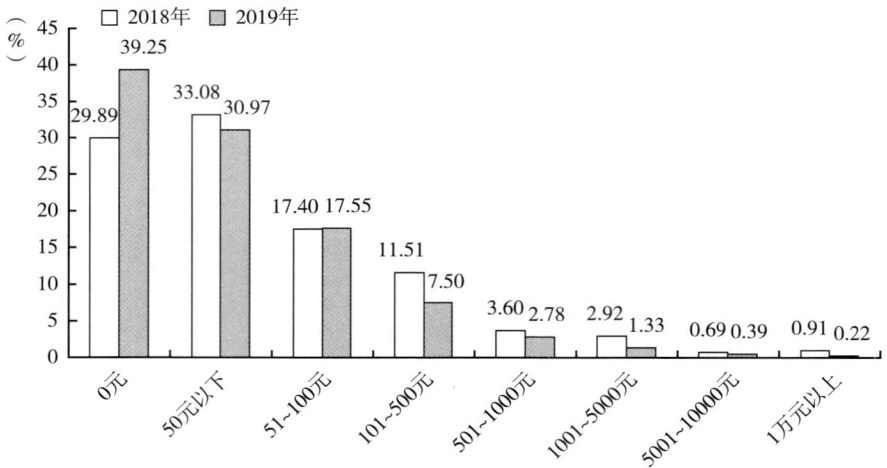

图 17　志愿者承担服务成本情况

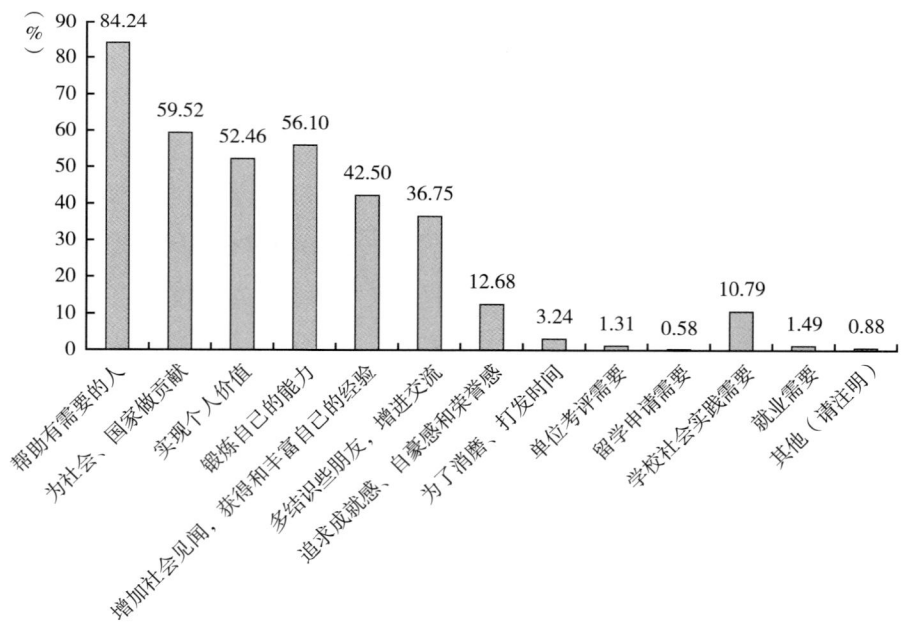

图 18　人们参与志愿服务的原因

针对参与志愿服务的志愿者群体调研的数据显示，2019年志愿者在参与志愿服务中面临的主要障碍是：缺少激励机制，志愿服务管理运作不够规范化，缺少对志愿者必要的培训影响了志愿服务效果，缺少评估与反馈等问题（见图19）。

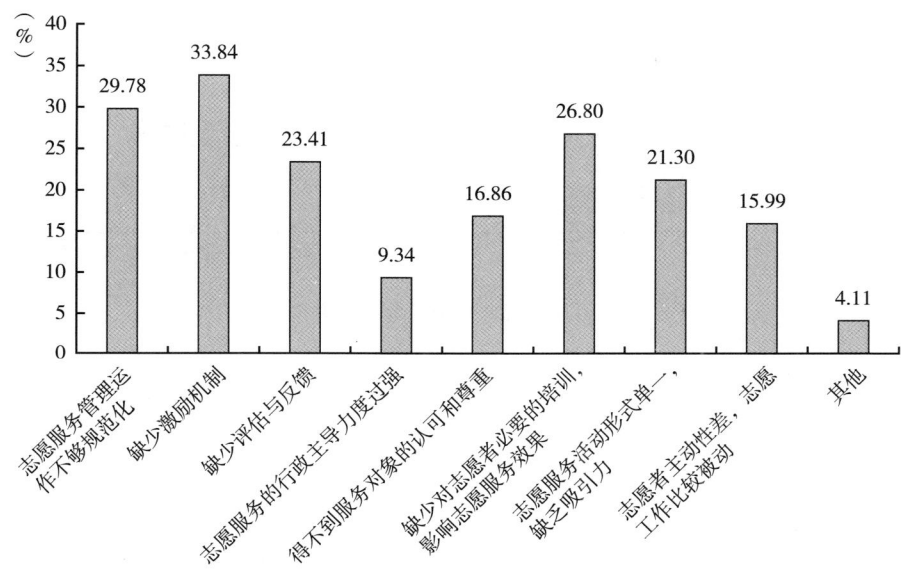

图19 志愿者在服务中面临的障碍

5. 志愿者对志愿服务的评价

（1）志愿者满意度

在2019年参与过志愿服务的被调研人群中，有89%的志愿者对志愿活动总体满意。其中最为满意的是志愿服务组织（50.91%），而对服务对象的满意度只有10.38%。与2018年志愿者调研数据相比，志愿者对志愿者组织和志愿服务主办方满意度有所提升。相关研究显示，志愿服务组织对志愿者的招募、培训、上岗服务等支持可以提升参与服务的体验，但是志愿者的最终成就感很大一部分来自服务对象的认可和改善。这也意味着志愿服务组织应当加强志愿者与服务对象之间的互动联系和成果反馈，从而提升最终的服务质量（见图20）。

（2）志愿者管理激励措施建议

本次调研还针对志愿服务的管理激励措施进行调研。46.23%的志愿者

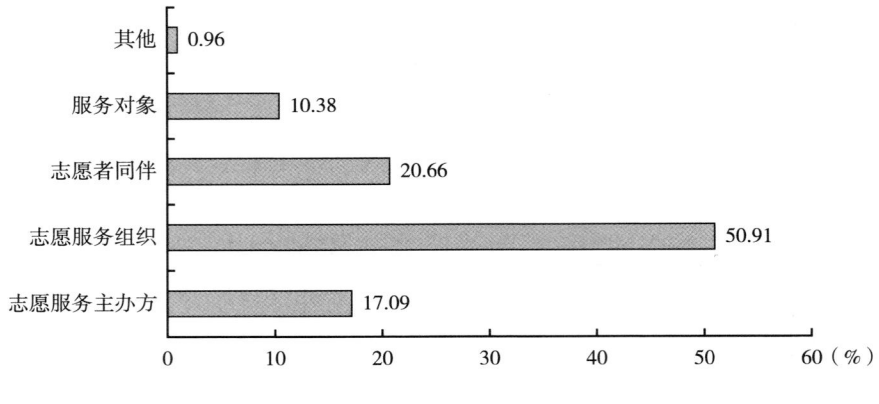

图 20　志愿者对相关各方满意度

建议制定完整的志愿者管理制度，35.57%的志愿者建议提供志愿服务相关培训课程和知识（见图21）。

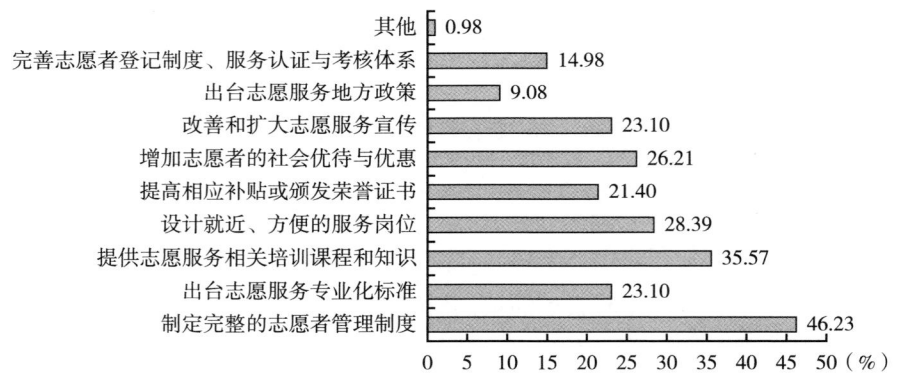

图 21　志愿者激励措施建议

（3）志愿服务成效

2019年，课题组增加了志愿服务效果调查，补充了志愿者对志愿服务对服务对象、志愿服务组织和志愿者个人成效的评价内容。

调查发现，80.64%的志愿者认为服务对象有明显改善，前三项是：服务对象的认知有提升，生活境遇有改变，服务对象成为志愿者。另外有19.36%的志愿者认为服务对象的改变不明显（见图22）。

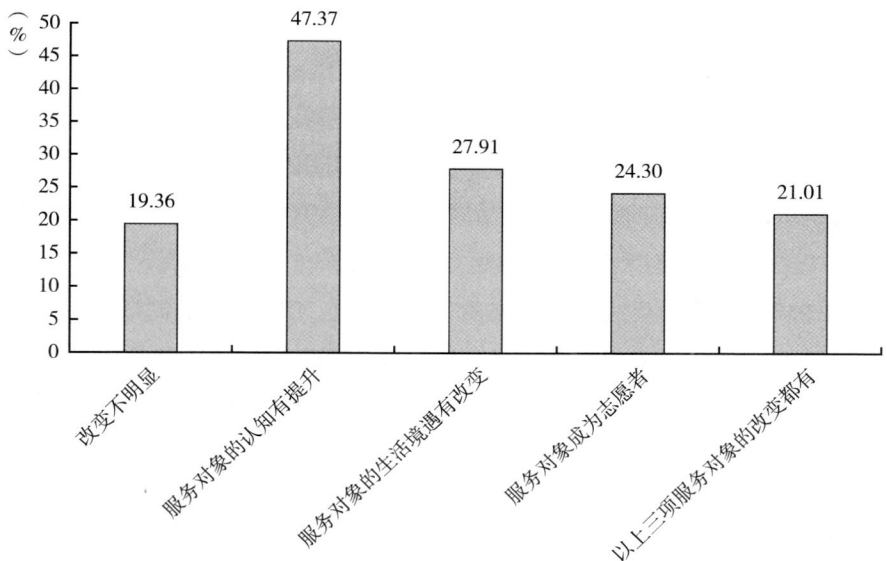

图 22　志愿服务对服务对象的成效

志愿服务对志愿服务组织的改善主要体现为组织管理、社会资源动员和人力资源动员等能力有所提升（见图 23）。

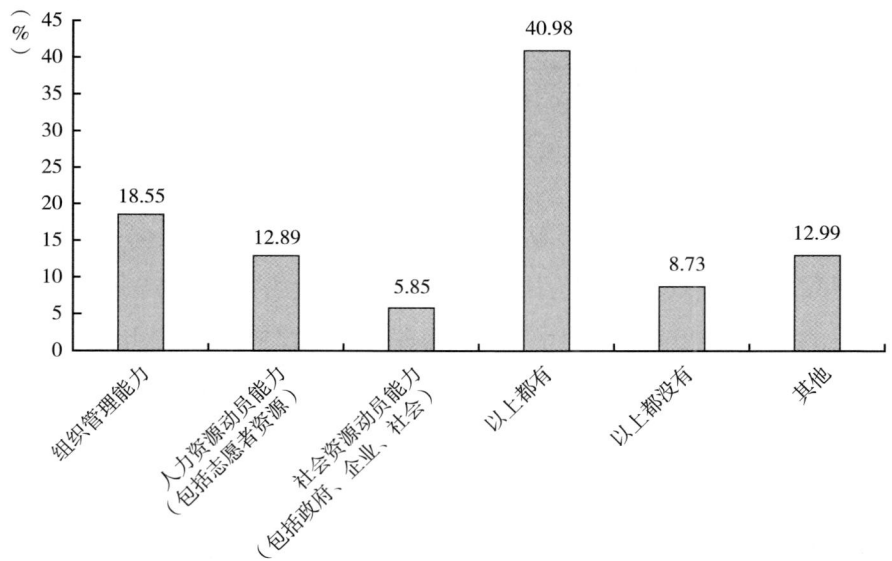

图 23　志愿服务对组织的能力提升

（二）2019年志愿服务组织调研分析

1. VIO一般情况

VIO地区分布：2019年调研的62家志愿服务组织包括50家指数组织、12家候选组织，来自全国22个省、自治区、直辖市，其中华北区14家，华东区19家，华中区7家，华南区3家，西南区6家，西北区6家，东北区6家。

VIO成立期限：从成立时间来看，9成以上VIO成立的时间超过三年，成立6~10年的志愿者组织占比最高，达到41.27%，10年以上的志愿者组织占比为28.57%，成立时间1~2年的新组织占比4.76%（见图24）。

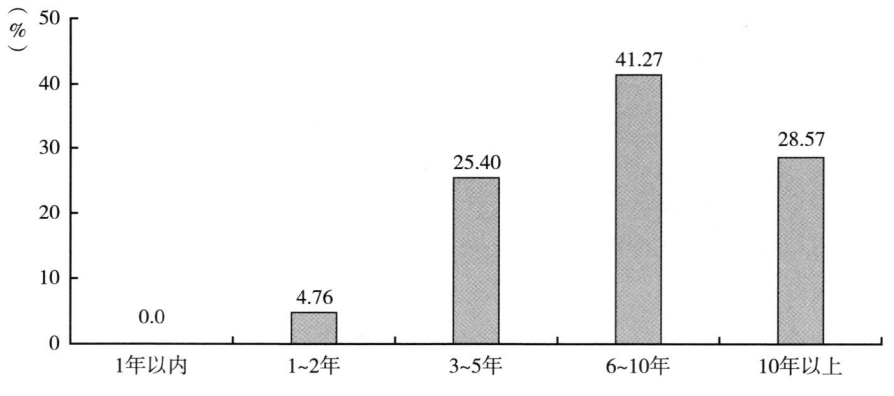

图24 VIO成立时间

志愿服务组织类型以社会服务机构和社会团体为主（见图25）。在调研的志愿服务组织中，47.62%的为社会团体，46.03%的为社会服务机构，3.17%的其他类型主要为在相关政府部委和机构备案或挂靠的志愿服务组织。

注册登记情况：在所调研的志愿服务组织中，2019年在相关机构正式注册或备案的志愿服务组织超过了90%，而2018年这个数据约为80%。2019年，87.30%的志愿服务组织在民政部门注册，而2018年仅68.00%是在民政部门正式注册的社会组织，志愿服务组织的发展呈现出越来越规范化的趋势（见图26）。

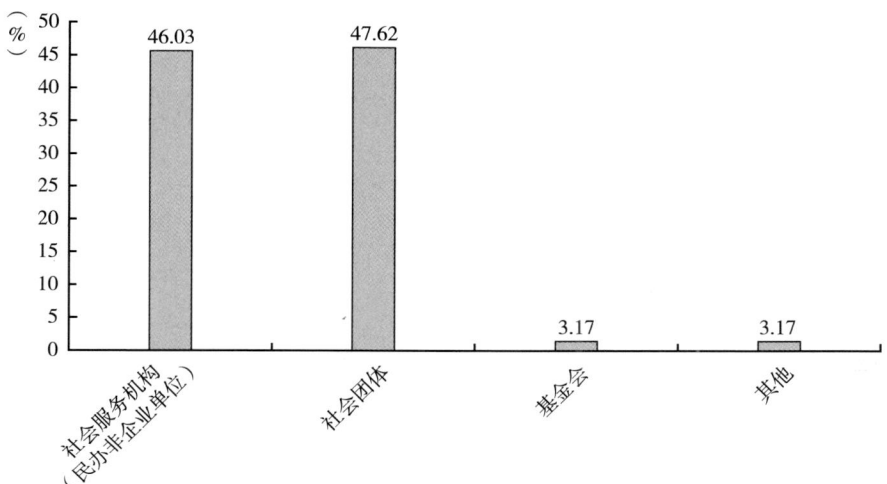

图 25　VIO 组织类型

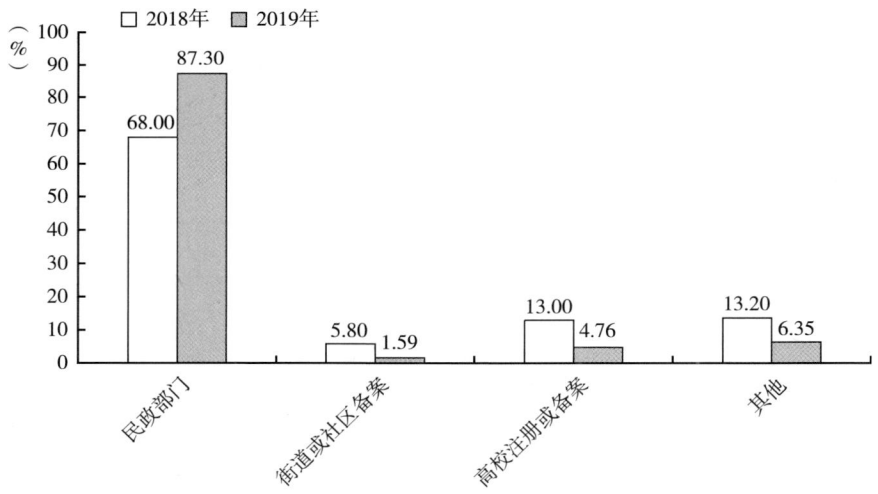

图 26　2018 年、2019 年志愿服务组织注册登记情况

志愿服务组织参与社会组织等级评估情况，2019 年近六成的志愿服务组织没有参与过社会组织的等级评估，四成以上的志愿服务组织进行过社会组织等级评估。4A 级以上的 VIO 占比 25.40%，与 2018 年相比都有所提升，体现出志愿服务组织的规范化与专业化程度的提升（见图 27）。

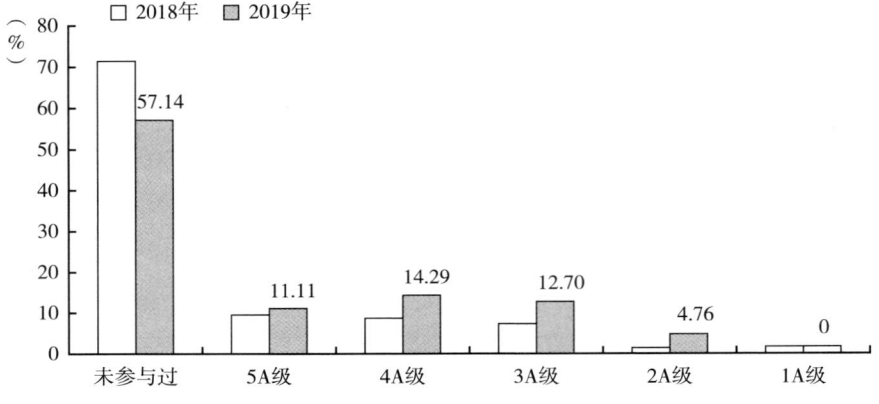

图 27　2018 年、2019 年志愿服务组织等级评估情况

2. 志愿服务组织党建工作得到重视和加强

如图 28 所示，参与 2019 年调查的志愿服务组织中，有超过七成的志愿服务组织成立了党组织并开展了党建工作，比 2018 年提升了近 20 个百分点。

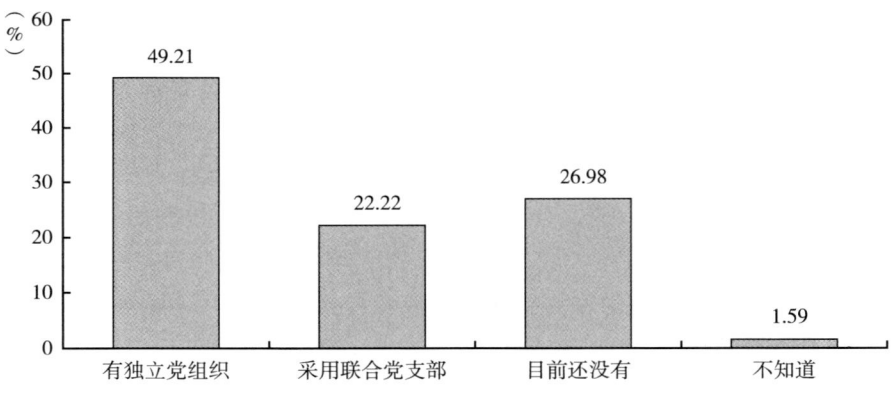

图 28　志愿服务组织党建工作

3. 组织中的志愿者参与情况

在志愿服务组织中注册志愿者数量超过 100 人的志愿服务组织占了 9 成，其中志愿者人数在 100～1000 名的组织超过半数（占比 53.97%），还有 4.76% 的组织志愿者人数超过 10 万名（见图 29）。调研显示，平均每个志愿服务组织约有 1000 名注册志愿者。

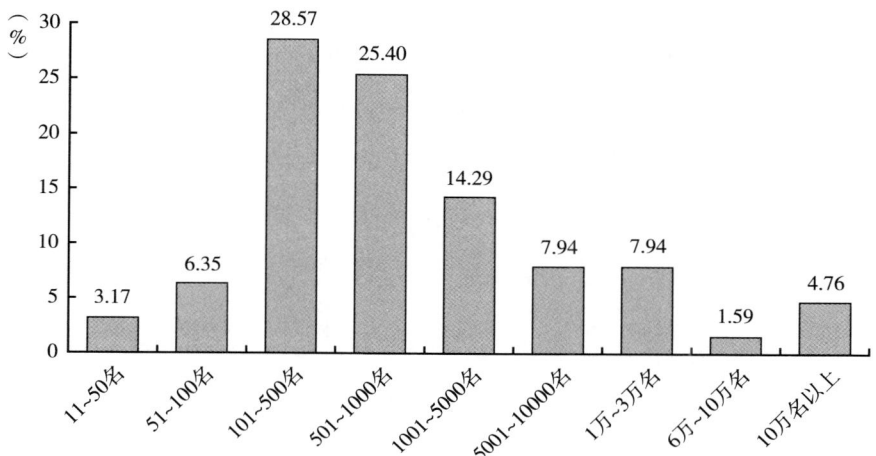

图29 志愿者组织注册志愿者数量分布

志愿者活跃率：实际参与服务的志愿者占注册志愿者数量的百分比反映了组织内部志愿服务参与活跃度。本调研发现近一半组织的志愿者在2019年参与服务的比例约为50%，高于官方注册类志愿者18%的活跃率近2倍（见图30）。

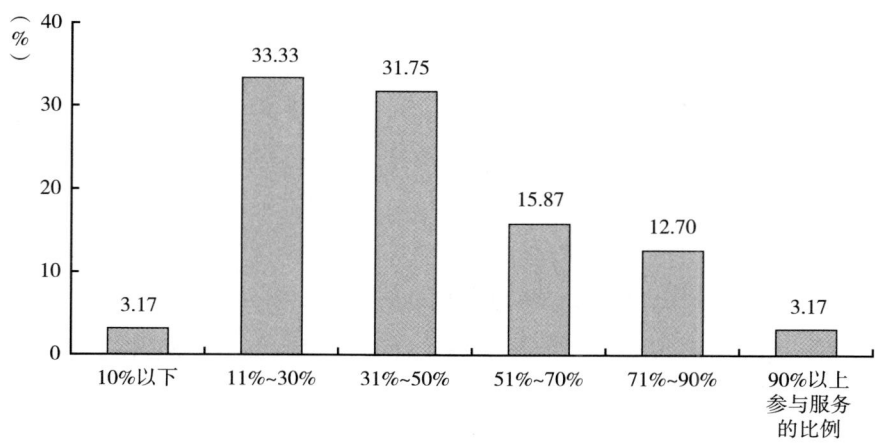

图30 组织中的志愿者参与服务比例

志愿者的新增与流失一定程度上反映了志愿服务组织的发展情况。如图31所示，2019年，一半以上（50.79%）的组织新增志愿者比例在21%~

40%。在志愿者的流失方面，80.95%志愿服务组织流失志愿者比例在20%以下。由此可见，80%以上的组织保持稳定的发展，约有五成的志愿服务组织在2019年保持着志愿者数量10%以上的增长。

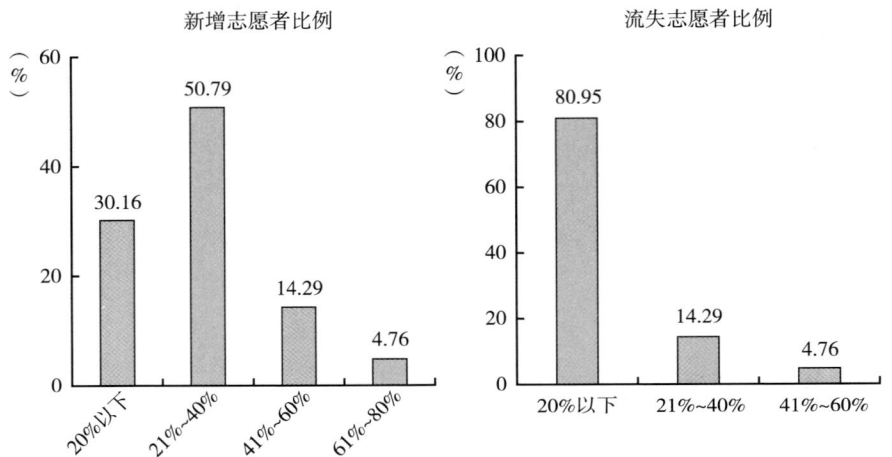

图31　2019年组织中新增/流失志愿者占比分布

4.组织的志愿服务情况

（1）志愿服务时长。在所调研的志愿服务组织中，志愿服务时间中位数超过1万小时，比2018年的5000多小时提升了一个时长档次（见图32）。其中可能反映了两个变量：一是每个组织内部的志愿者数量增长，二是志愿者服务的时间有所增加。

（2）志愿服务领域。志愿服务组织所开展的服务领域与志愿者参与的服务相同，主要围绕扶贫济困、帮老助残和社区服务等领域。

（3）志愿服务成效。志愿服务组织通过志愿服务取得较好成效前三项是：志愿服务项目得到了当地政府支持（79.37%）、形成了服务规范和流程（74.60%）、志愿者数量增加（73.02%）。另外在员工与志愿者的专业技能提升、服务对象及其环境的状况得到明显及持续的改善、将服务项目复制到更多的社区或地区、开发了新的服务产品、对当地公共政策和公众福利的改善产生了影响等方面也都比2018年有所提升（见图33）。

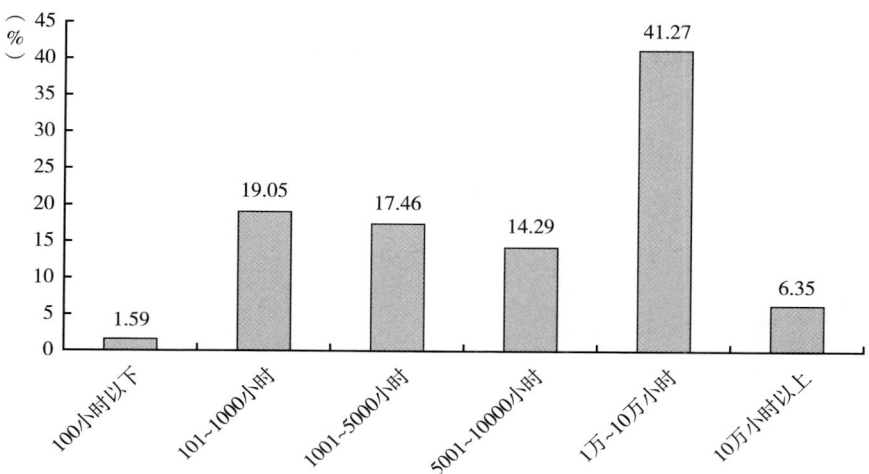

图32 志愿服务组织的志愿服务时长

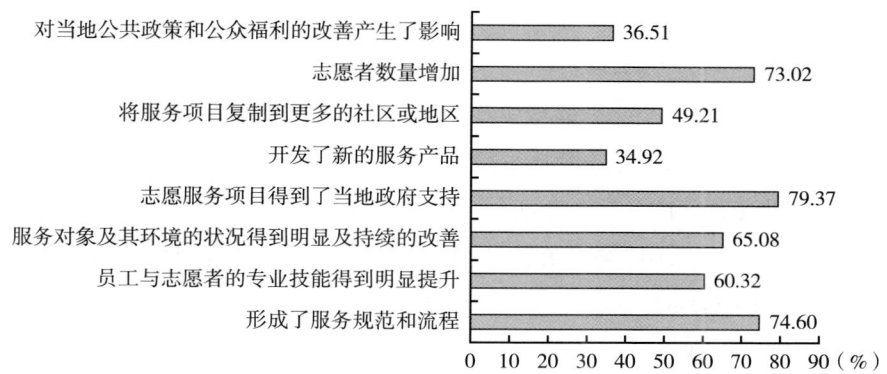

图33 志愿服务成效

5. 志愿者管理情况

（1）志愿者动员与招募渠道

如图34所示，2019年，超过八成志愿服务组织（80.95%）主要是通过社会动员招募志愿者，有77.78%的志愿服务组织通过网络方式招募志愿者，65.08%的志愿服务组织通过亲友和志愿者相互介绍招募志愿者，46.03%的志愿服务组织通过学校招募志愿者。与2018年相比较，各项数据

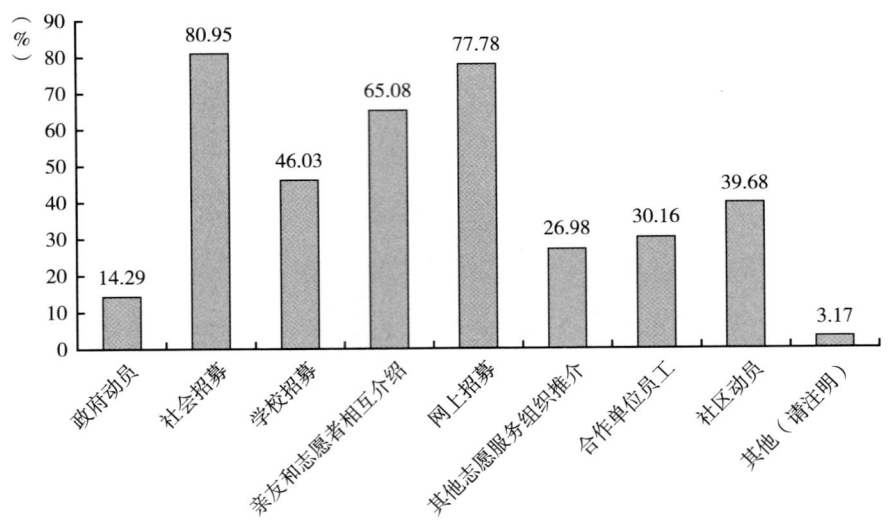

图 34　志愿服务组织招募志愿者渠道

都提升了 20 个百分点左右。

由此可见，越是活跃的志愿服务组织越依靠社会和网络等现代招募手段，同时依靠亲友和志愿者相互介绍也是活跃志愿服务组织招募的主要手段之一。

（2）志愿者支持

如图 35 所示，2019 年，在志愿服务组织的支持与服务方面，调查显示，超过九成的志愿服务组织进行了志愿服务时间记录（93.65%）和志愿服务基础知识培训（92.06%）；七成左右的志愿服务组织开展了志愿服务活动所需专业技能培训（71.43%）、给志愿者提供人身意外伤害保险（69.84%）；超过一半的志愿服务组织进行了志愿者认证（57.14%）、有志愿者线上管理平台（52.38%）和对志愿服务的宣传推广（52.38%）。而在志愿服务效果评估与反馈（38.10%）、志愿者个人隐私和知识产权保护（23.81%）和三方签署服务协议（19.05%）等规范化方面，志愿服务组织还有待提高。

6. 志愿服务组织资金情况

对组织开展志愿服务的资金来源调研发现，超过六成组织（61.90%）的志愿服务资金来自志愿者自行承担或捐赠，企业或其他单位赞助占

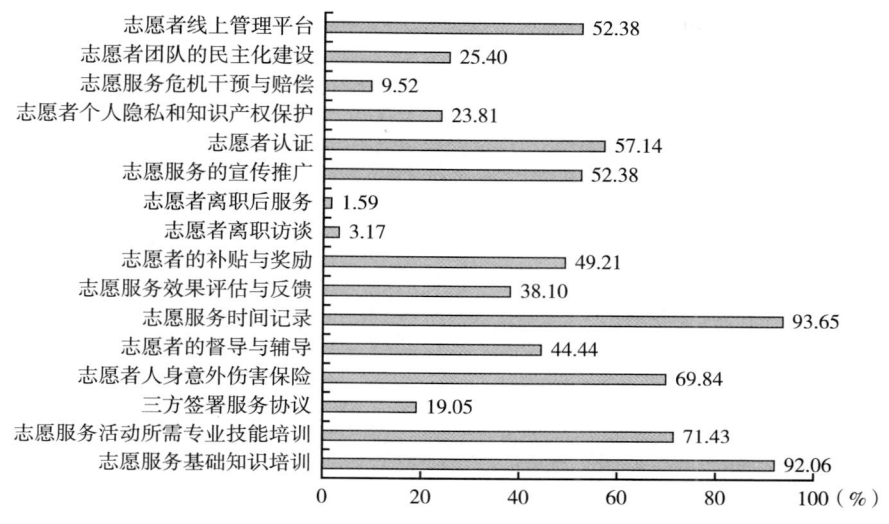

图35　志愿者支持与保障情况

53.97%，有政府购买服务或财政支付支持的占比47.62%，得到基金会或者基金资助的占比41.27%，得到社会个人捐助的占比38.1%，有20.63%的组织通过服务取得收入，23.81%的组织通过互联网众筹（见图36）。与2018年相比，志愿服务组织的资金来源更加独立自主，同时也显示出组织需要承担更多的资金压力。

组织支出情况。如图37所示，组织在过去一年中为志愿者支出的管理成本，由志愿者个人承担全部服务成本的占17.46%，38.09%的志愿者组织承担1万元以下的管理费用，超过四成（44.45%）组织承担志愿者管理费用超过1万元。而在2018年，组织为志愿者支出的管理成本，由志愿者个人承担全部服务成本的占39.72%，多数组织（39.40%）承担1万元以下的管理费用。

7. 志愿服务组织面临的挑战

调研显示，志愿服务组织主要面临三大挑战。

（1）志愿服务经费不足依然是志愿者组织遇到的最大挑战（87.30%），而且与2018年（43.45%）相比，经费不足的比例呈现出翻倍现象，原因

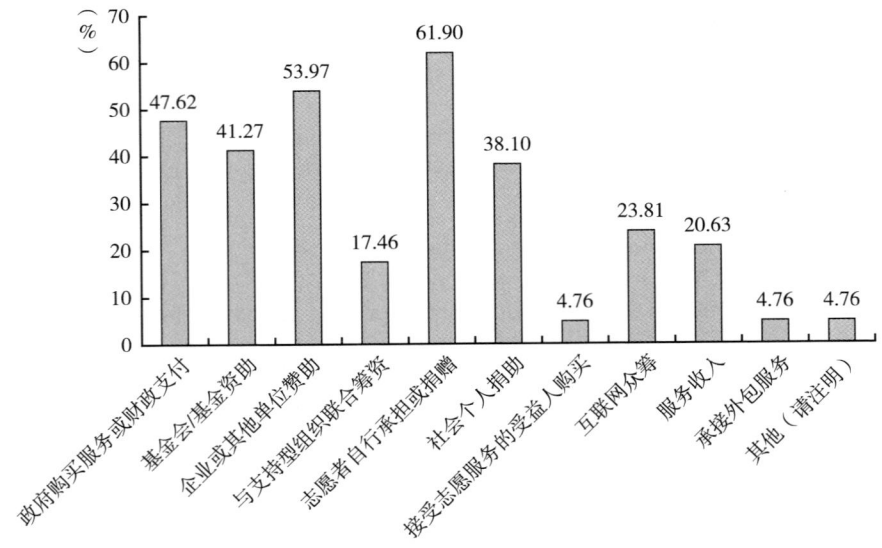

图36 志愿服务组织资金来源

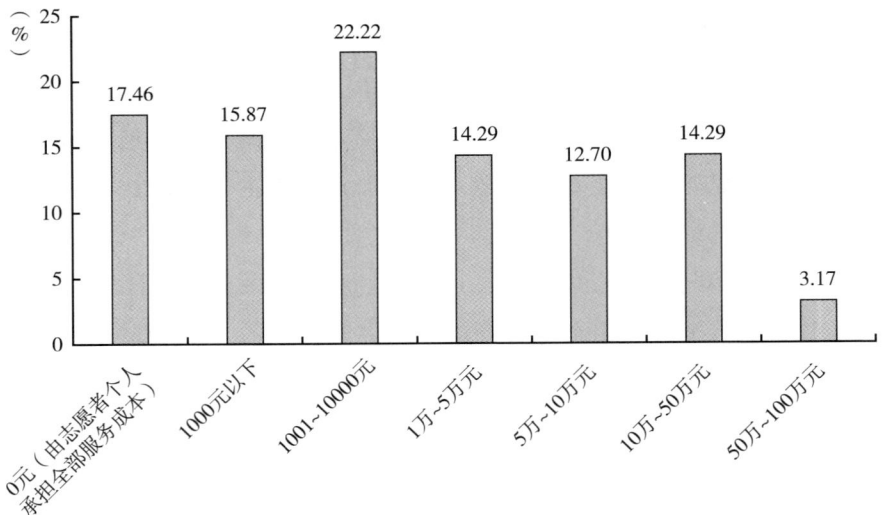

图37 志愿服务组织支出管理费

可能是志愿者的增长,导致经费不足问题越来越严峻。

（2）41.27%的组织面临招募不到合适的志愿者的挑战（见图38），相比2018年数据（23.52%），组织在开展志愿服务过程中遇到招募不到合适的志愿者比例有所上升。

（3）30.16%的组织反映当地政府和社区对开展志愿服务活动不支持，成为志愿服务组织面临的第三大挑战。与2018年调研数据相比，尽管以上三个选项的占比有差异（其原因有可能是2018年是单选题，2019年是多选题），但是排名顺序与2018年高度一致。

此外，志愿者组织面临的困难和挑战还有志愿者自行中断服务（22.22%），志愿人员出现人身伤害和财产损失（20.63%）等。

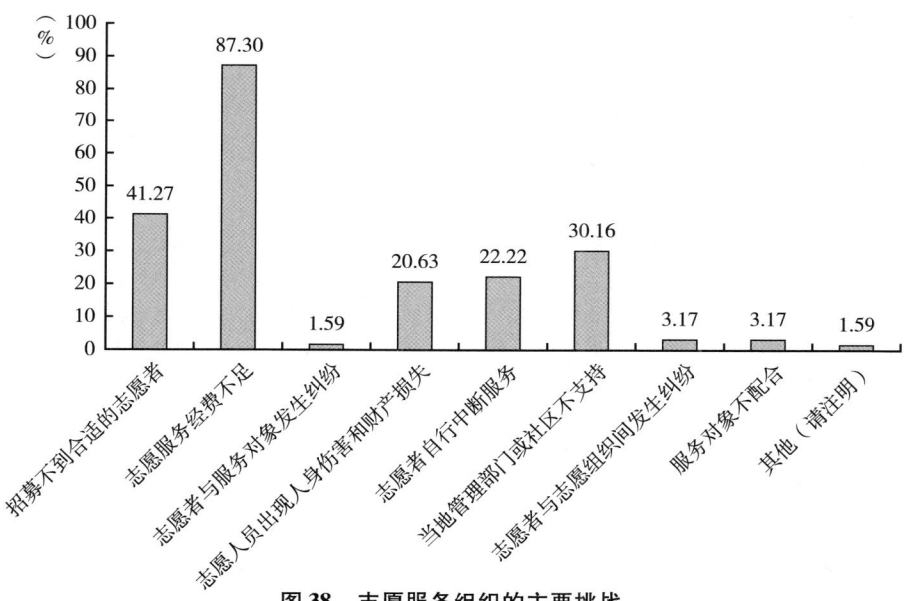

图38　志愿服务组织的主要挑战

附件：中国志愿服务发展指数组织名单

表1　50家入选VIO组织名单

所在省（区、市）	组织名称	所在省（区、市）	组织名称
河北	邢台市博爱社会工作服务中心	北京	北京美新路公益基金会
河北	固安幸福志愿服务会	北京	北京市夕阳再晨社会工作服务中心
河北	秦皇岛市爱循环公益服务中心	北京	北京和众泽益公益发展中心
山西	临汾市隰县公益志愿联合会	北京	北京大兴志愿服务联合会
山西	临汾市社区志愿者协会	北京	中国生命关怀协会心灵呵护工作委员会

续表

所在省(区、市)	组织名称	所在省(区、市)	组织名称
北京	北京众一公益基金会	福建	厦门市集美区欣立社工服务中心
北京	北京绿舟应急救援促进中心	山西	临汾市文明交通志愿者协会
河南	开封市志愿者协会	广东	河源市亮点志愿服务中心
河南	驻马店市天中义工联合会	广东	广东青年志愿者协会启智服务总队
河南	郑州市金水区雨之露社会工作服务中心	贵州	贵州蓝天救援队
		贵州	遵义市桐梓县春晖行动志愿者协会
河南	许昌市襄城县关爱贫困老人志愿者协会	四川	攀枝花市米易县乐阳社会工作者协会
		四川	成都高新区爱有戏社会工作服务中心
湖南	株洲市光耀康乐公益服务促进会	重庆	重庆山城志愿服务中心
湖南	郴州资兴市志愿者协会	重庆	重庆市江津阳光社会工作服务中心
湖北	湖北省应急救援宜昌大队	新疆	哈密市红星阳光社工之家
浙江	衢州市常山县阳光志愿者协会	新疆	巴音郭楞蒙古自治州库尔勒市晨曦残疾人爱心协会
浙江	海宁市素食文化交流中心	新疆	库尔勒市绿丝带爱心顺风车志愿服务队
浙江	东阳市爱盟社会工作服务中心	陕西	陕西省红凤工程志愿者协会
浙江	杭州市上城区晴雨公益服务中心	黑龙江	大庆市爱心传递志愿者协会
浙江	衢州市开化县商企义工服务中心	辽宁	辽宁石油化工大学经济管理学院青年志愿者协会
浙江	浙江红心服务中心		
山东	临沂大学朝阳社工协会	吉林	松原市蓝天志愿者协会
山东	潍坊萤火虫公益助学发展中心	吉林	松原市乾安县志愿服务联合会
江苏	扬州市星火志愿者协会	吉林	白城市通榆县爱心志愿者协会
上海	隐形的翅膀公益志愿者联盟	吉林	长春市益创汇社会工作服务中心
福建	福建省环保志愿者协会三明代表处		

表2 VIO候选组织名单

所在省(区、市)	组织名称	所在省(区、市)	组织名称
内蒙古	包头市土默特右旗义工联合会	山东	诸城市义工协会
河北	邢台市助残公益协会	浙江	杭州六个大包公益服务中心
山东	德州市志愿者协会	广东	河源市众爱志愿者服务中心
浙江	永康市阳光爱心义工协会	新疆	巴音郭楞蒙古自治州库尔勒市新疆巴州红十字生活乐语志愿服务队
江苏	昆山市留香志愿服务社	新疆	昌吉张岩一家亲爱心工作室
山东	青岛爱心天使义工服务中心	黑龙江	佳木斯市义工联合会

B.4
2019年中国慈善法治发展观察报告

马剑银*

摘　要： 2019年中国慈善法治尽管发展缓慢，但还是有可喜的进步，主要表现在以下几个方面。首先，我国进入国家治理体系与治理能力全面升级的时代，中央充分肯定了慈善作为第三次分配的重要作用；其次，民政体制改革，成立了新的慈善事业促进与社会工作司和儿童福利司，对促进慈善事业和慈善相关事业起到了体制保障的作用，业务关注点也有新的面向；再次，《慈善法》与慈善治理的地方制度配套持续发力，在可预见的将来，这一情形还会继续；最后，慈善的税收优惠制度终于有了新的突破，值得关注。此外，慈善法治的发展也体现在一些热点事件、案例中，人们对于慈善的内涵出现了新的认知，也提出了新的问题，值得继续追问与反思。

关键词： 慈善法　慈善法治　国家治理体系　民政体制改革　税收优惠

一场突如其来的新冠肺炎疫情，全方位地考验着中国与世界的危机应对能力和智慧。在这场疫情中，慈善依旧发挥着重要的功能。其间对于慈善法

---

* 马剑银，法学博士、公共管理学博士后，北京师范大学法学院副教授、公益慈善与非营利法治研究中心主任。本文是2018年度国家社会科学基金重大项目"政府培育发展社会组织的效应研究"（批准号18ZDA116）的阶段性研究成果。

治的呼声也不绝于耳,从一开始的筹集款物到分配款物,从境外捐赠至境内到境内捐赠至境外,多次引爆舆论热点,像接收疫情捐赠款物的指定机构备受公众质疑、疫情期间的非法募捐、捐赠物资的质量与标准分歧等等。此次疫情值得反思的问题很多,慈善法治也是其中重要的一方面。因果相连,历史相继,疫情中的慈善法治问题同样需要追根溯源,每年一次的慈善法治发展观察报告为从《慈善法》2016年制定并施行以来中国公益慈善领域的法制建设和法治运作提供了一份连续性记录。无论是《慈善法》施行过程中的法教义学完善,还是重新思考《慈善法》自身的逻辑与架构,都可以这点点滴滴的记录作为基础来进行。

2019年,慈善法治发展从宏观到微观,从体制到机制,从法律施行与制度配套,可以从以下五个方面来展开观察。

一 从全面推进依法治国到国家治理体系、能力全面升级

2016年《慈善法》的制定,得益于党十八大以来我国立法体制的全面改革,这是全面推进依法治国战略的重要组成部分。2014年10月,十八届四中全会通过《中共中央关于全面推进依法治国若干重大问题的决定》,提出"健全有立法权的人大主导立法工作的体制机制,发挥人大及其常委会在立法工作中的主导作用",2015年修订的《立法法》同样强调了全国人大及其常委会的立法主导性[1],《慈善法》也成为立法体制改革之后第一部由全国人大全体会议审议通过的基本法律。

然而徒法不足以自行,从书本上的法到行动中的法,从静态之法到动态之法,从法制到法治,从有法可依到有法必依,其中恰恰需要"法治"发挥作用。在《慈善法》施行过程中出现的种种问题,基本涉及法律文本如何落实的问题,包括法律解释体制、法律的配套措施、行政执法认知与实践

---

[1] 参见马剑银《"慈善"的法律界定》,《学术交流》2016年第7期,第87~93页。

能力等。① 因此，在慈善法治领域，如何贯彻落实"全面推进依法治国"战略，依然是一个很重要的命题。

2019年10月，十九届四中全会通过了《中共中央关于坚持和完善中国特色社会主义制度　推进国家治理体系和治理能力现代化若干重大问题的决定》，提出了"到新中国成立一百年时，全面实现国家治理体系和治理能力现代化"的政治目标。与2016年全面推进依法治国战略的文件相比，该份文件从更为具体的层面对国家治理体系与治理能力提出了相应的要求。其中涉及公益慈善、非营利与社会组织领域的法治与治理命题同样非常丰富。归纳而言，该决定针对社会力量参与的公益慈善事业，最重要的有以下几方面内容。

重视发挥第三次分配作用，发展慈善等社会公益事业。健全志愿服务体系。统筹完善社会救助、社会福利、慈善事业、优抚安置等制度。

创新公共服务提供方式，鼓励支持社会力量兴办公益事业，满足人民多层次多样化需求，使改革发展成果更多更公平惠及全体人民。

支持和规范民办教育、合作办学。加快现代医院管理制度改革。鼓励社会力量参与公共文化服务体系建设。

实行最严格的生态环境保护制度。完善生态环境保护法律体系和执法司法制度。加强对重要生态系统的保护和永续利用，保护生物多样性，完善生态环境公益诉讼制度等。

坚决打赢脱贫攻坚战，建立解决相对贫困的长效机制。坚持和完善促进男女平等、妇女全面发展的制度机制。完善农村留守儿童和妇女、老年人关爱服务体系，健全残疾人帮扶制度。积极应对人口老龄化，加快建设居家社区机构相协调、医养康养相结合的养老服务体系。

必须加强和创新社会治理，完善党委领导、政府负责、民主协商、社会协同、公众参与、法治保障、科技支撑的社会治理体系，建设人人有责、人

---

① 参见马剑银《慈善法的实施困境：从我国的法律解释体制谈起》，载"公益慈善学园"微信公众号，2019年12月19日，以及《慈善蓝皮书》（2017~2019）的几篇慈善法治发展观察报告。

人尽责、人人享有的社会治理共同体。

构建基层社会治理新格局。完善群众参与基层社会治理的制度化渠道。发挥群团组织、社会组织作用，发挥行业协会商会自律功能，实现政府治理和社会调节、居民自治良性互动，夯实基层社会治理基础。

统筹推进包括社会组织协商在内的"程序合理、环节完整的协商民主体系"。在城乡社区治理、基层公共事务和公益事业中广泛实行群众自我管理、自我服务、自我教育、自我监督。

因此，从2014年到2019年，正好是《慈善法》从开始正式起草到施行已三年，我国整个国家治理领域的改革从全面推进依法治国战略演变到国家治理体系与治理能力的全面提升。"法治"或者"全面依法治国"战略成为其中的一个组成部分。因此，慈善法治同样也成为慈善领域治理体系与治理能力的一个侧面，这对慈善法治本身也有很大的影响。

2019年，十九届四中全会提出要"坚持和完善中国特色社会主义法治体系，提高党依法治国、依法执政能力"，这是"健全党的全面领导制度"的表现之一。加强与完善党的全面领导是这些年党一以贯之的政治方略。2017年十九大通过《中共中央关于修改宪法部分内容的建议》，2018年3月十三届全国人大一次会议通过《宪法修正案》，其中增加了"中国共产党领导是中国特色社会主义最本质的特征"。2019年1月，中共中央发布《关于加强党的政治建设的意见》，提出"坚持党总揽全局、协调各方，建立健全坚持和加强党的全面领导的制度体系，为把党的领导落实到改革发展稳定、内政外交国防、治党治国治军各领域各方面各环节提供坚实制度保障""贯彻落实宪法规定，制定和修改有关法律法规要明确规定党领导相关工作的法律地位。将坚持党的全面领导的要求载入人大、政府、法院、检察院的组织法，载入政协、民主党派、工商联、人民团体、国有企业、高等学校、有关社会组织等的章程，健全党对这些组织实施领导的制度规定，确保其始终在党的领导下积极主动、独立负责、协调一致地开展工作"。2019年十九届四中全会又提出"坚持党政军民学、东西南北中，党是领导一切的，坚决维护党中央权威，健全总揽全局、协调各方的党的领导制度体系，把党的领导落实到国家治理各领域各方面各环节""完善党领导人大、政府、政协、监察机关、审判机关、检察机关、武装力量、人民团体、企事业单位、基层群众自治组织、社会组织等制度,健全各级党委(党组)工作制度,确保党在各种组织中发挥领导作用"。

因此,在这种政治大局的背景下,2019年5月20日民政部出台了《关于在社会组织登记管理工作中贯彻落实〈中共中央关于加强党的政治建设的意见〉有关要求的通知》(民函〔2019〕54号),指出各地民政部门应当"及时要求本级登记的社会团体、基金会、社会服务机构在章程中明确载入坚持党的全面领导的相关表述,社会组织登记管理机关在章程核准时应当加强审查"。相关表述应统一为"本会(基金会、中心、院等)坚持中国共产党的全面领导,根据中国共产党章程的规定,设立中国共产党的组织,开展党的活动,为党组织的活动提供必要条件"。该通知还要求社会组织党建要"推进有形覆盖向有效覆盖转化,全面提升社会组织党建工作质量""牢牢把握社会组织改革创新的正确政治方向"。这是从民政部主导的社会组织领域"党建工作全覆盖"工作的延续与加强。①

2019年12月17日,民政部发布《关于深入学习贯彻党的十九届四中全会精神的意见》(民发〔2019〕121号),其中也提出了健全和完善公益慈善领域各项制度的要求:"深入贯彻落实慈善法,健全慈善募捐、慈善记录统计和慈善表彰制度,完善慈善捐赠守信激励和失信惩戒措施的政策,协调完善税收优惠政策,研究制定志愿服务记录与证明出具办法,推动志愿服务常态化制度化,大力发展慈善组织和互联网慈善,更好发挥慈善的第三次分配作用""推进建立中央社会组织工作协调机制,推动出台《社会组织登记管理条例》,制定实施配套政策,推动社会组织依法依章程建立健全法人治理结构和运行机制,发挥社会组织积极作用。健全加强党

---

① 参见马剑银《2018年中国慈善法治发展观察报告》,载杨团主编《慈善蓝皮书:中国慈善发展报告(2019)》,社会科学文献出版社,2019,第88~108页。

对社会组织领导的制度政策,实现社会组织党的组织和工作全覆盖。完善社会组织登记管理、政府购买服务、社会组织综合监管等制度,促进社会组织健康发展"。

二 与公益慈善相关的民政体制改革及其业务关注重点

2019年1月25日,民政部机构改革方案正式落地,中国机构编制网(中央机构编制委员会办公室官网)发布《民政部职能配置、内设机构和人员编制规定》,成立"慈善事业促进和社会工作司",规定其职能为"拟订促进慈善事业发展政策和慈善信托、慈善组织及其活动管理办法。拟订福利彩票管理制度,监督福利彩票的开奖和销毁,管理监督福利彩票代销行为。拟订社会工作和志愿服务政策,组织推进社会工作人才队伍建设和志愿者队伍建设"。与原有的"社会福利和慈善事业促进司"相比,新设立的慈善事业促进和社会工作司明确了"慈善组织及其活动管理"的职能,不仅设有由原"慈善和社会捐助处"转变而来的"慈善事业发展(综合)处",还纳入了原属于社会组织管理局(社会组织执法监督局)的基金会管理处,改名"慈善组织处",另有福利彩票处、社会工作处和志愿服务处。

将慈善组织交由"慈善司"单独监管的思路,早在2011年就有人提出。当时郭美美事件对慈善行业影响巨大。在"中国城市公益慈善指数(2011)"发布会上,时任民政部社会福利和慈善事业促进司副司长徐建中就表示民政部计划将公益慈善类社会组织从社会组织中划出,单独由社会福利和慈善事业促进司负责,开展统一的行业监管。[①] 当时正值慈善组织直接登记的改革试点如火如荼地开展,这一计划也是为了推动慈善组织的统一监管,改革慈善组织的双重管理体制。但该计划最终并未施行,甚至《慈善法》施行初期,因为职责不明,"社会福利与慈善事业促进司"无法对慈善组织的日常活动进行监管。此次机构改革算是落实了慈善组织的统一

---

① 参见《民政部将单独监管慈善组织 媒体称红会不在列》,《新京报》2011年8月27日。

监管的思路,也为社会力量有序参与、发展壮大慈善事业提供了体制基础。①

2019年7月3日,民政部发布《2019年立法工作计划》,包括法律2件、行政法规6件和部门规章3件,其中与公益慈善相关的有《社会救助法》、《社会组织登记管理条例》、《城市生活无着的流浪乞讨人员救助管理办法》(修订)以及《志愿服务记录与证明出具办法》。但这4件立法案均未在年内完成,尤其是《社会组织登记管理条例》作为《慈善法》最重要的配套制度之一,迟迟无法出台,从2016年社会组织三大条例分别提出修订草案并向社会征求意见到2018年三大条例合而为一之后《社会组织登记管理条例》再次向社会征求意见,均未令各方和公众满意,而2019年该条例虽然出现在民政部的年度立法工作计划中,载明"拟提请国务院审议",国务院2019年立法工作计划也将该条例列入其中,但截至2020年4月,该条例依然悄无声息。

有关社会组织的法律规范,地方立法也只有《辽宁省社会组织管理条例》于2019年1月1日开始施行,但该《条例》只有35条,内容并无多少新意。有意思的是,该省2017年刚出台《辽宁省社会组织管理办法》,2018年2月1日施行。两者之间内容交叉重复较多,但《辽宁省社会组织管理条例》并未对《辽宁省社会组织管理办法》做出废除,可见两者并非替代关系。此外,上海市和宁波市也分别以通知形式发布了有关社会组织直接登记的规定——《上海市社会组织直接登记管理若干规定》(沪民规〔2019〕3号)和《宁波市直接登记社会组织管理办法》(甬民发〔2018〕159号),这些规定就是地方对2016年中办与国办印发的《关于改革社会组织管理制度促进社会组织健康有序发展的意见》的落实,也意味着十几年来有关社会组织直接登记的试点时代的终结,社会组织直接登记制度进入限定范围的稳定期。

---

① 参见《慈善社会工作事业的新定位、新要求——民政部慈善事业促进和社会工作司工作全解》,《中国社会工作》2019年第24期,第8~10页。

虽然有关社会组织登记管理的法制进展缓慢，但有关行业协会商会改革的举措在2019年有了很大的进展。行业协会商会作为国家"重点培育、优先发展"的四类社会组织之一，2013年《国务院机构改革与职能转变方案》已经提出"逐步推进行业协会商会与行政机关脱钩，强化行业自律，使行业协会商会真正成为提供服务、反映诉求、规范行为的主体"。2015年7月中办、国办发布《行业协会商会与行政机关脱钩总体方案》〔（中办发〔2015〕39号）〕，要求机构分离，规范综合监管体系；职能分离，规范行政委托和职责分工体系；资产财务分离，规范财产关系；人员管理分离，规范用人关系；党建、外事等事项分离，规范管理关系。随着几年的试点与准备，2019年6月14日，由国家发展改革委牵头，与民政部等共十部门联合下发《关于全面推开行业协会商会与行政机关脱钩改革的实施意见》（发改体改〔2019〕1063号），要求2020年底之前基本完成全面实施行业协会商会脱钩改革的任务。截至该意见印发之日，全国性行业协会795家中已经脱钩422家，拟脱钩373家。该意见发布一个星期之后，2019年6月21日，民政部下发《关于做好全面推开全国性行业协会商会与行政机关脱钩改革工作的通知》和《关于做好全面推开地方行业协会商会与行政机关脱钩改革工作的通知》，详细制定了行业协会商会与行政机关脱钩改革的时间安排表和工作任务，确保2020年底改革任务基本完成。

2019年民政部另一项值得一提的制度是，对基金会对外合作等事项进行行政提示。社会组织管理局与慈善事业促进和社会工作司联合发布文件《关于规范基金会对外开展合作等事项的提示》，要求基金会在对外开展合作时需要审慎，"应当切实履行相关职责，加强对活动全程的监督，不得挂（名）而不（监）管，顾而不问"；不得擅自开展评比达标表彰活动，不得以任何形式与营利性机构合作举办或委托营利性机构举办等等。此外，文件还提及基金会对专项基金疏于管理造成严重后果的，民政部将依法严肃处理。关于这一条，我们更是期待民政部门能够对基金会如何管理专项基金出台明确、规范而统一的规定，改革基金会专项基金管理制度。

民政部机构改革之后，慈善事业促进与社会工作司同时也主管与公益慈善事业密切联系的社会工作、志愿服务和福利彩票工作。在社会工作领域，2019年6月28日，民政部与共青团中央社会联络部联合发布了《青少年社会工作服务指南》，这是中国社会工作领域第一个国家级标准，2018年由民政部社会组织管理局组织对该指南公开征集社会意见。此次因为民政部机构改革，社会工作改由慈善事业促进和社会工作司负责，因此也由该司负责发布该项指南。该项指南规定，青少年社会工作服务的主要内容包括思想引导、身心健康促进、婚恋交友支持、就业创业支持、社会融入与参与支持、社会保障支持、合法权益维护、违法犯罪预防等方面。

在志愿服务方面，2019年是一个政策利好的年份。习近平总书记年初在天津考察时与社区志愿者交流，他叮嘱各级党委和政府要为志愿服务搭建更多平台。之后中国志愿服务联合会第二届大会召开，他又发贺信再次对志愿服务做出重要指示。2019年8月2日，民政部发布《关于学习宣传贯彻习近平总书记志愿服务重要指示精神的通知》（民函〔2019〕81号），指出要"贯彻落实好《中华人民共和国慈善法》和《志愿服务条例》，推动完善志愿服务政策法规，加强志愿服务标准化建设，建立志愿服务激励表彰和保障制度"、"要大力支持、培育和发展志愿服务组织，依法做好志愿服务组织登记，加强志愿服务组织能力建设，推动志愿服务组织健康发展。鼓励和支持国家机关、企业事业单位、人民团体、社会组织、社区建立志愿服务队伍"。

有关彩票公益金的问题。2019年6月27日财政部发布《中央专项彩票公益金支持地方社会公益事业发展资金管理办法》（财综〔2019〕21号），以规范性文件的方式明确了中央专项彩票公益金用以支持地方社会公益事业发展资金的方式方法，将这一资金纳入政府性基金预算管理，重点向"补短板"的社会公益事业项目倾斜，向困难行业和弱势群体倾斜，用于当地社会公益事业发展薄弱环节和领域。在地方，多地制定彩票公益金相关规范性文件，包括重庆市民政局发布的《重庆市民政局福利彩票公益金使用管理信息公开办法》《重庆市民政局福利彩票公益金项目督查办法》，宁波市财政局与民政局发布《宁波市福利彩票公益金使用管理办法》，贵州省财政

厅与民政厅印发《贵州省省级福利彩票公益金资金管理办法（试行）》和《贵州省省级体育彩票公益金资金管理办法（试行）》。这些地方的规范性文件制定工作是继2018年民政部发布《民政部彩票公益金使用管理办法》等六个文件之后各地展开的工作。

民政部机构改革另一个重要举措就是新设立儿童福利司，这是民政部首次单独就儿童福利设立相关司局。民政部的儿童福利工作始于1988年，当时的社会福利司负责儿童福利院的工作，1990年8月，我国签署《儿童权利公约》，极大地推动了儿童福利制度的建设，1993年民政部社会事务司设立儿童福利与收养处，除负责儿童收养工作外，还负责制订有关儿童收养的政策法规并监督实施，指导地方保护妇女儿童权益。2008年，民政部设立社会福利和慈善事业促进司，其中设有儿童福利处。儿童福利司设立之后，2019年4月发布了《关于进一步健全农村留守儿童和困境儿童关爱服务体系的意见》（民发〔2019〕34号），指出要提升未成年人救助保护机构和儿童福利机构服务能力，加强基层儿童工作队伍建设，鼓励和引导社会力量广泛参与，包括培育孵化社会组织、推进政府购买服务和发动社会各方参与，支持社会工作者、法律工作者、心理咨询工作者等专业人员，针对农村留守儿童和困境儿童不同特点，提供心理疏导、亲情关爱、权益维护等服务。

三 《慈善法》施行中地方法制配套的持续发展

《慈善法》于2016年9月1日正式施行之后，曾有一年多时间进展缓慢，截至2017年8月31日，全国共登记及认定慈善组织1884家，其中北京市民政局和民政部认定581家，占比超过30%，有13个省（自治区、直辖市）没有开展此项工作，或者登记认定的慈善组织数量低于20家。①

---

① 参见《慈善法一周年观察：1884家慈善组织登记认定，多还是少》，《南方周末》2017年8月31日。

2017年12月2日,《江苏省慈善条例》通过,并于2018年2月1日施行,这才拉开了地方制定有关《慈善法》施行的规范性配套措施的序幕(不过该条例并非新条例,而是2010年《江苏省慈善事业促进条例》的修改版本),2018年浙江省和安徽省分别通过了有关慈善法的实施办法,但都于2019年开始施行。

2019年又有两个省级地方性法规出台,江西省和陕西省的有关慈善法实施的地方立法也在2018年向社会公开征求意见后顺利落地。2019年3月28日,江西省十三届人大常委会通过《江西省实施〈中华人民共和国慈善法〉办法》,于2019年7月1日起施行;2019年5月30日,陕西省十三届人大常委会通过《陕西省实施〈中华人民共和国慈善法〉办法》,于2019年9月1日起施行。此外,2019年9月29日,《广州市慈善促进条例(草案征求意见稿)》也在广州市政府网站上进行公示,面向公众征求意见,为期半个月(截至10月14日),目前已经通过广州市人大常委会社会工委再次向社会公开征求意见(2020年1月13日至2020年2月21日)[①],等待立法机关审议。

除了地方性法规,北京市和广东省中山市也修订或新制定了相应的地方政府规章作为《慈善法》实施的地方配套,这两个地方政府规章分别是《北京市促进慈善事业若干规定》(北京市人民政府令第288号,2019年9月24日通过修改,10月17日公布,2020年1月1日起施行)与《中山市慈善事业促进办法》(中山市人民政府令第11号,2019年3月7日公布,2019年4月7日施行)。

有关《慈善法》施行的地方配套制度,还有的地方以规范性文件的形式进行发布,例如2019年6月25日,辽宁省鞍山市出台并实施了《鞍山市人民政府关于促进慈善事业健康发展的实施意见》(鞍政发〔2019〕10号),2019年11月29日,湖北省民政厅发布《关于加快推进全省民政领域

---

① 因为疫情影响,该征求意见的期限延长到2020年3月15日,目前也已经结束。参见广州人大官网,http://www.rd.gz.cn/yjzj/content/post_90291.html,最后访问日期:2020年4月5日。

慈善事业和社会工作发展的意见》（鄂民政发〔2019〕18号）。此外2019年1月2日上海市民政局还发布了《上海市社会组织开展公益活动若干重要事项指引》，对相关社会组织开展公益活动，尤其是合作开展公益活动进行了详细的行政指导；2019年8月21日陕西省民政厅印发了陕西省《慈善组织信息公开实施细则》（陕民发〔2019〕55号），该细则于2019年9月1日开始实施。该细则规定由省民政厅建设全省统一的慈善信息公开和服务管理平台。这一做法是否意味着在"慈善中国"——全国慈善信息公开平台之外，在陕西省另建一个平台，还是在慈善中国网站中开一个陕西省的接口目前不得而知。而之前也有好几个省提出要建设省一级的慈善信息公开平台。那么是否会造成慈善组织的信息公开负担，造成资源重复与浪费，这需要进一步观察。

关于慈善信托的工作，广东省民政厅与中国银保监会广东监管局印发了《关于慈善信托管理工作的实施细则》（粤民规字〔2019〕2号），为广东省的慈善信托备案与监管工作提供了制度保障。

各个地方关于《慈善法》配套制度的建设中，还有一个全国范围内的举措，就是为了贯彻落实2018年国务院办公厅《关于推进社会公益事业建设领域政府信息公开的意见》（国办发〔2018〕10号），多地下发实施文件，例如宁夏回族自治区、湖南省长沙市、江苏省南通市、新疆生产建设兵团等地，都下发了本地的实施意见。截至2019年底，全国绝大多数省区市以及民政、环保等部门都纷纷落实国务院的这一文件，形成了全国范围内社会公益事业政府信息公开制度的建设热潮。这些文件会进一步促进公益慈善领域政府的信息公开，推动慈善法治建设。

四 慈善税收优惠制度的艰难前行

无论是《慈善法》起草与制定过程中，还是《慈善法》正式施行之后，关于公益慈善领域的税收优惠制度向来都非常受行业界和公众关注。长期以来，我国财税部门一向秉持狭隘的税收法定主义，与学术界有关税收法定主义的通说有差异,这一点在2015年《立法法》修改的时候发生了很大的争议,最后以双方的妥协而告终。①《慈善法》制定过程中,因为财税部门的态度消极,因此《慈善法》条文中税收优惠制度规定非常原则和抽象,唯一的突破就是第80条"三年结转"制度,这一制度在2017年《企业所得税法》修改时正式确定了下来。②

2016年4月,为了解决2010年曹德旺股权捐赠企业所得税缓交宽限期的遗留问题③,财政部和国家税务总局联合发布《关于公益股权捐赠企业所得税政策问题的通知》(财税〔2016〕45号),规定企业向慈善组织实施股权捐赠时,可以"以其股权历史成本为依据确定捐赠额,并依此按照企业所得税法有关规定在所得税前予以扣除",虽然,以历史成本计算会让捐赠额看上去"大大缩水",但实际上解决了企业捐赠股权因为"视同销售"而需要交纳一大笔所得税的问题。不过该通知并没有解决个人股权捐赠的税收优惠问题,也没有解决用股权设立慈善信托的税收优惠问题。

从2016年9月1日《慈善法》正式施行开始,一直到2018年底的两年多时间里,有关慈善税收优惠制度一直没有突破,也没有创新。而2019年底,终于迎来了慈善税收优惠制度领域的另一个利好政策,这一政策涉及个人捐赠的所得税优惠问题。2019年12月30日,财政部、税务总局发布《关于公益慈善事业捐赠个人所得税政策的公告》(财政部、税务总局公告2019年第99号),其中规定:(个人)"捐赠股权、房产的,按照个人持有股权、房产的财产原值确定";(个人)"捐赠除股权、房产以外的其他非货币性资产的,按照非货币性资产的市场价格确定",这个规定比2016年的

---

① 参见冯禹丁《"辩法"四天 立法法"税收法定"修订逆转背后》,《南方周末》2015年3月19日。
② 参见马剑银《〈慈善法〉实施之观察(2016~2017)》,载杨团主编《慈善蓝皮书:中国慈善发展报告(2017)》,社会科学文献出版社,2017,第28~46页。
③ 有关曹德旺股权捐赠所得税的问题,可参见《曹德旺捐赠股票考验政府智慧 四大问题有待解决》,《京华时报》2011年5月8日;因为《京华时报》已于2017年停刊,电子刊也难觅踪迹,该文也可见"中国新闻网",http://www.chinanews.c9m/cj/2011/05-09/3024792.shtml,最后访问日期:2020年4月8日。

45号文的创新力度更大，因为2016年的45号文只针对企业的"股权捐赠"，而此公告除了个人股权捐赠，还涉及个人房产捐赠，"原值"其实和"历史成本"意思类似，也就是获得该项财产时的"价值"。因此，企业捐赠房产是否可以参照适用呢？这也是该公告带来的另一个值得讨论的问题。

该公告结合个人所得税汇缴制度的改革，还明确了个人发生公益捐赠支出的扣除方式。在以前的实操中关于这一点一直有争议。该公告规定：

"居民个人发生的公益捐赠支出，可在捐赠当月取得的分类所得中扣除。当月分类所得应扣除未扣除的公益捐赠支出，可以按照以下规定追补扣除：

（1）扣缴义务人已经代扣但尚未解缴税款的，居民个人可以向扣缴义务人提出追补扣除申请，退还已扣税款。

（2）扣缴义务人已经代扣且解缴税款的，居民个人可以在公益捐赠之日起90日内提请扣缴义务人向征收税款的税务机关办理更正申报追补扣除，税务机关和扣缴义务人应当予以办理。

（3）居民个人自行申报纳税的，可以在公益捐赠之日起90日内向主管税务机关办理更正申报追补扣除。

居民个人捐赠当月有多项多次分类所得的，应先在其中一项一次分类所得中扣除。已经在分类所得中扣除的公益捐赠支出，不再调整到其他所得中扣除"。

但唯一遗憾的是，该公告的条文仅仅表述了"为贯彻落实《中华人民共和国个人所得税法》及其实施条例有关规定，现将公益慈善事业捐赠有关个人所得税政策公告如下"，并没有"贯彻落实《慈善法》中规定的税收优惠原则"类似的措辞，这也体现了强势的财税部门依然没有将《慈善法》放在眼里，依然没有正视当年他们消极对待的《慈善法》抽象的税收优惠条款。

2019年，慈善税收优惠制度的配套不仅有上述99号公告，4月14日，财政部、税务总局和国务院扶贫办联合发布《关于企业扶贫捐赠所得税税前扣除政策的公告》（财政部　税务总局　国务院扶贫办公告2019年第49号），该公告在企业公益性捐赠支出年度扣除限额12%的基础上，规定同时发生扶贫捐赠支出和其他公益性捐赠支出的，符合该公告相关条件的扶贫捐赠支出不计入12%的限额之内。换而言之，如果企业进行符合该公告相关条件的扶贫捐赠，相当于增加了所得税税前扣除的年度限额。

另外，值得一提的是，2019年4月11日中国残疾人福利基金会开出了第一章个人捐赠电子发票，该电子发票经过财政部监制，与纸质票据具有同等效力。如果该项制度得以推广，则会便利个人捐赠所得税税前扣除的实务操作工作，从而激励个人捐赠，促进人人慈善事业的发展。

五　《慈善法》施行过程中的法治动向及其困境

法治从来不是体现在法律与政策文本的增加，也不是静态的制度观念，而是一种社会实践，是一种行动，因此，讨论慈善法治，更重要的是在现实中《慈善法》及其配套制度到底在如何适用。2019年出现了跟慈善法相关的一些热点事件和案件，在这些热点事件与案件中，我们可以看到人们的慈善观念和慈善法治观念的演变，有旧问题的解决，也有新困惑的产生。

从民政部门来看，2016年罗尔事件的解决，就是因为深圳市民政局在幕后"指导"腾讯公司微信团队退还捐赠人通过微信"打赏"的资金，当时微信团队的官方措辞就是"经深圳市民政局、罗尔先生、刘侠风先生以及腾讯方面四方沟通"，因此，深圳市民政局在解决罗尔事件的问题中起到了很重要的作用，但又不是通过"执法"的方式进行；[1] 2018年10月，在民政部指导下，轻松筹、水滴筹、爱心筹等3家个人大病求助网络服务平台联合签署发布《个人大病求助互联网服务平台自律公约》，约定加入公约的各平台要对恶意发起筹款的行为人建立黑名单，并在行业内实现黑名单共

---

[1] 参见《关于"罗某笑事件"赞赏资金的说明》，"微信派"微信公众号，2016年12月1日。

享,列入黑名单的失信人将不能在任何平台发起筹款,且会面临追责。① 民政部相关官员还表示"民政部还将引导平台修订自律公约,针对群众关切持续完善自律机制,动员其他开展类似业务的平台加入自律队伍"②。2019年民政部还特别给基金会对外合作"提示",即《关于规范基金会对外开展合作等事项的提示》(2019年7月5日),这个提示也不是强制性规范性文件,而只是一种行政指导。这三个事例表明民政部门对于自己的权力界限有深入的反思,开始使用更为合理的方式来进行行政管理活动,而不是硬邦邦的行政强制性行为,这便是行政法治的进步表现,也是法治政府建设和依法行政原则的落实。

说起个人求助,一直是《慈善法》实施过程中的热点问题,从2016年的罗尔事件到这些年有关个人求助的事件频繁成为舆论热点。无论是民政部门还是很多学者,都认为个人求助不属于《慈善法》规制的范围,但是社会公众依然将这类问题看作慈善领域的问题,期望慈善法或作为慈善事业主管部门的民政部门能够进行监管。2019年北京市朝阳区审理了所谓"个人求助"第一案之后,给民政部提出了一份司法建议书,其中就有建议"民政部协调个人求助行为的立法工作,推动相关立法"③。关于"个人求助"与"公益慈善"的关系,尤其是通过个人求助服务平台进行的个人求助行为到底如何用法律来规制,希望能够有更为深入的探讨。

2019年出现的其他一些热点事件(参见本书十大慈善热点事件分析中的相关内容),也体现了社会公众法治意识的提高以及对公益慈善理念认知的深入。例如中国儿童少年基金会"春蕾计划"变更项目善款使用范围引发公众的广泛争议;之前因偷税、漏税而备受争议的范冰冰与曾经以负面新闻轰动一时的鸿茅药酒获颁公益奖项,受到社会公众的质疑与批评;其他诸

---

① 李昌禹:《网络个人求助 监管如何落地》,《人民日报》2019年5月14日,第11版。
② 车丽:《如何应对网络诈捐?民政部:将引导平台修订自律公约》,载央广网(中国之声),2019年7月25日,http://www.cnr.cn/sxpd/ws/20190725/t20190725_524705989.shtml,最后访问日期:2020年4月8日。
③ 参见本书B.14——马剑银《水滴筹接连引发舆论争议》。

如中国首例以"性骚扰"为案由的案件一审判决引发公众对性骚扰问题尤其是公益慈善领域的性骚扰问题的严重关切；电影《少年的你》引发公众对校园欺凌以及未成年人犯罪和未成年人权益保护的重视，从而积极参与《未成年人保护法（修订草案）》与《预防未成年人犯罪法（修订草案）》的意见征集。

此外，还有两个有关慈善募捐和筹款的事件也引发了公众广泛的讨论。第一件是2019年3月21日，江苏响水县天嘉宜化工厂发生爆炸事故，国务院认定本次事故为特别重大安全责任事故。① 响水县慈善会发出捐款倡议，号召社会各界爱心人士为事故灾难捐款，当时《公益时报》刊登了一篇题为《响水发生爆炸事故 县慈善会向公众募捐是否合适？》的报道②，不仅提出公众对于这种安全责任事故捐款是否合适，而且还指出，响水县慈善会并未被认定为慈善组织，也不具有公开募捐资格。那么响水县慈善会这次募捐行为是否合法呢？从后续"慈善中国"的记录来看，此篇报道2个月之后，响水县慈善会在响水县民政局被认定为慈善组织（2019年6月26日），从这可以看到媒体的舆论报道对于像响水县民政局和响水县慈善会这样的政府机构和官办社会组织法治意识的促进，如果没有这篇报道，未必能让响水县慈善会认识到认定慈善组织的必要性和重要性。

另一个引发讨论的事件也是由《公益时报》的报道引发的，2019年6月25日，该报发表一篇题为《宜宾地震互联网公募备案情况调查》的报道，报道中称很多慈善组织为地震募捐，但是并未进行专门备案，而是使用旧有的项目备案编号。③ 这样的质疑恰恰是针对慈善组织对《慈善法》和相关配套方案是否足够重视，是否在实际工作中严格遵守《慈善法》的规定。事后，壹基金等慈善组织对此进行了回馈，表示正在安排募捐备案信息的补

---

① 参见《江苏响水天嘉宜化工有限公司"3·21"特别重大爆炸事故调查报告公布》，载新华网，http://www.xinhuanet.com/politics/2019-11/15/c_1125237644.htm，最后访问日期：2020年4月20日。
② 参见张明敏《响水发生爆炸事故 县慈善会向公众募捐是否合适？》，《公益时报》2019年4月2日，第5版。
③ 参见王勇《宜宾地震互联网公募备案情况调查》，《公益时报》2019年6月25日，第6版。

录,这也体现了传媒与舆论对于慈善组织遵守法律的促进,是对慈善法治的推动。

《慈善法》正式施行已经三年有余,但是社会对于何谓慈善,何谓慈善法中的慈善,其定位、范围又如何,争议依然很大,需要进一步的反思。虽然2019年慈善法治整体而言乏善可陈,但总是在一些细节中有所进步。徒法不足以自行,重要的还是人们对法是不是足够尊重,是不是将法作为行为的底线,无论是谁,哪怕是规则的制定者,都要去接受现行有效的法的统治(rule of law),而不是将法律当作一种工具,让一部分人去统治另一部分人(rule by law)。

领域报告篇

Basic Reports

B.5
2019年中国基金会发展报告

程刚 王璐 霍达*

摘 要： 十九届四中全会第一次提出"重视发挥第三次分配作用，发展慈善等社会公益事业"。在国家治理体系与治理能力现代化的大背景下，基金会是第三次分配的一个重要载体。本报告通过对全国基金会相关数据的分析，从数量、财务情况、关注领域、透明度建设等角度展示了2019年全国基金会发展基本情况；此外，报告还体现了2019年基金会领域发展的四个趋势和现象：完善公益生态、推动行业自律、均衡区域资源分配以及重建社会信任，这也是基金会在当下社会中的价值。

关键词： 公益慈善 基金会 公益生态 行业自律 社会信任

---

* 程刚，基金会中心网执行副理事长兼总裁，致力于基金会行业公信力和透明度建设，倡导和推动开放慈善数据；王璐，基金会中心网副总裁；霍达，基金会中心网报告研发部部长。

一 2019年基金会基本情况

（一）基金会数量近8000家，整体增速放缓

根据基金会中心网观测数据统计，截至2019年12月31日，全国基金会总数达7938家，与上一年相比增加730家，与近几年增长数量接近，平均每天有约2家新基金会成立；同比增幅约为10.1%，为近年来最小。

自2004年《基金会管理条例》颁布实施以来，我国基金会发展开始进入快车道；特别是2012年十八大以后，国务院发布通知，公益慈善类等四类社会组织年底直接登记，进一步降低门槛。2013年基金会数量增长率达到18.6%，为近年最高；2016年《慈善法》的颁布与实施对以基金会为首的慈善组织起到了极大的激励作用，当年新增基金会数量达829家，为近年最高（见图1）。

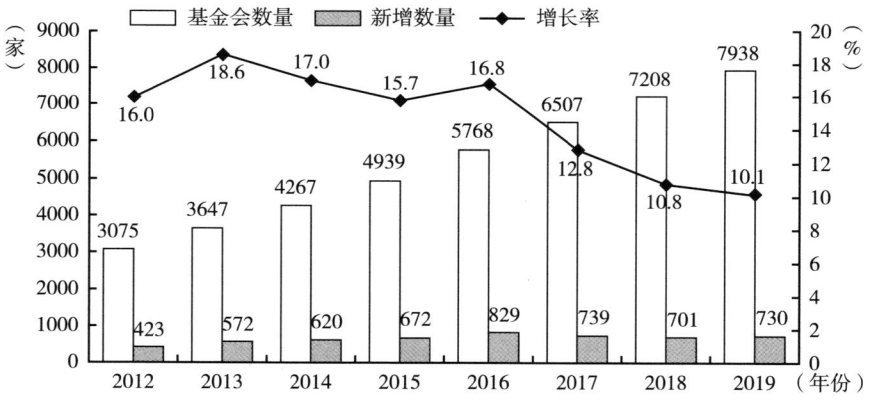

图1　2012~2019年全国基金会数量变化情况

资料来源：基金会中心网，2019年12月31日。

（二）地方层面积极推动，超1/4基金会在市县级注册

根据基金会中心网观测数据统计，截至2019年12月31日，共有7913

家基金会披露了注册层级信息。其中，民政部注册的基金会共211家，占总数的2.7%；省级民政部门注册的基金会共5560家，占总数的70.3%；市级民政部门注册的基金会共1526家，占总数的19.3%；县级民政部门注册的基金会共616家，占总数的7.8%（见图2）。

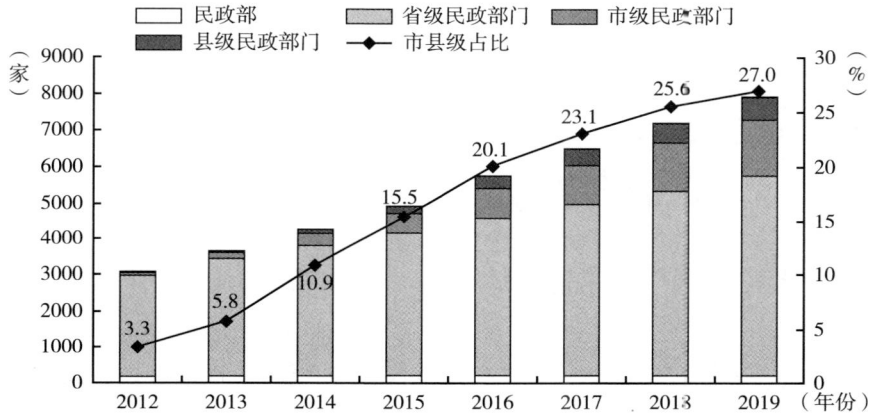

图2　2012～2019年全国各注册层级基金会的数量变化情况

资料来源：基金会中心网，2019年12月31日。

在政府简政放权与促进社会治理的背景下，市县级民政登记注册的基金会如雨后春笋般在全国多地涌现。截至2019年12月31日，已有28个省（区、市）成立了2141家市县级基金会。在2019年新成立的730家基金会中[①]，市县级基金会数量为303家，占当年新成立基金会的41.5%，较2018年的342家略有下降；新成立的省级基金会数量为415家，占当年新成立基金会数量的56.8%，比2018年的360家有所增长；而部级基金会注册增长自2016年以来基本停滞。

（三）非公募基金会已成为全国基金会发展的主体力量

根据2004年民政部颁布的《基金会管理条例》，基金会分为面向公众

---

① 有12家基金会登记注册层级信息缺失。

募捐的公募基金会和不得面向公众募捐的非公募基金会。根据基金会中心网观测数据统计,截至 2019 年 12 月 31 日,全国公募基金会共有 1618 家,占基金会总数的 20.4%;非公募基金会共有 6320 家,占基金会总数的 79.6%,非公募基金会的数量约为公募基金会的 4 倍。

具体来看,公募基金会与上一年数量持平,非公募基金会与上一年相比增加了 730 家,同比增长 13.1%。自 2010 年非公募基金会总数首次超过公募基金会以来,其在全国基金会中的占比也不断增长,非公募基金会已成为全国基金会发展的主体力量(见图 3)。

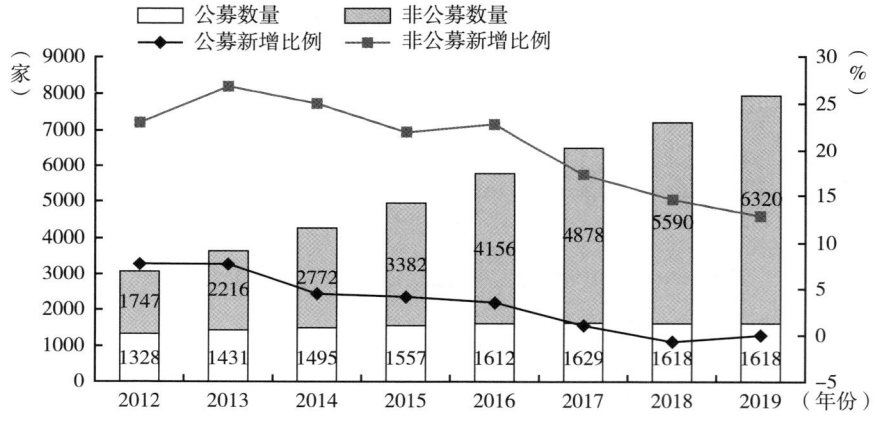

图 3　2012~2019 年全国公募与非公募基金会的数量变化情况

资料来源:基金会中心网,2019 年 12 月 31 日。

(四)系统型基金会占比升至第一

根据基金会中心网观测数据统计,截至 2019 年 12 月 31 日,有 6666 家基金会已知类别信息。其中,由官方背景机构发起的系统型基金会共 2189 家,占比 32.8%,超过个人背景基金会成为数量最多的基金会类型;由个人(自然人)出资发起,且出资人在一定程度上参与基金会治理的个人背景基金会共 2054 家,占比 30.8%。数量排在第三位的是由企业发起成立,同时资金主要来自企业的企业型基金会,共 1315 家,占比 19.7%。数量排在第四位的是由学校发起并出资的学校型基金会，共927家，占比13.9%。数量排在最后一位的是以"社区"为主体，调动自身资源解决社区问题的社区型基金会，共181家，占比2.7%。从这些数据可以看出，个人型基金会是当前中国基金会的主力军，而中国社区型基金会还有很大的发展空间（见图4）。

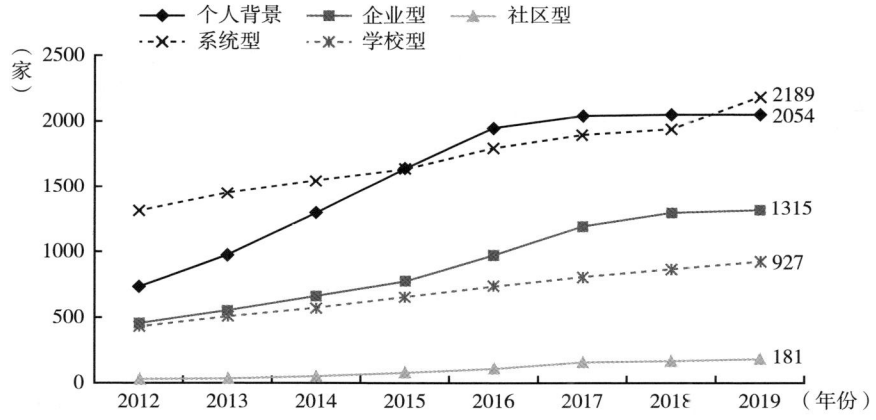

图4　2012~2019年全国各类别基金会的数量变化情况

资料来源：基金会中心网，2019年12月31日。

（五）北上广浙苏等传统优势地区发展依然强劲，冀陕鲁增速喜人

截至2019年末，全国已有近8000家基金会，但各省基金会数量分布不均，东部地区基金会数量较多，西北地区基金会数量较少；基金会主要集中在北上广等公益慈善传统较为发达的地区，呈现与区域经济发展水平的密切联系。根据基金会中心网观测数据，截至2019年12月31日，广东省基金会数量达1211家，继续在全国范围内保持领先优势，占我国基金会总量的15.3%；第二至第五名分别是北京市956家，占全国基金会数量的12%；浙江省772家，占全国基金会数量的9.7%；江苏省767家，占全国基金会数量的9.7%；上海市519家，占全国基金会数量的6.5%；这五个省市的基金会数量占全国基金会总数的53.2%（见图5）。

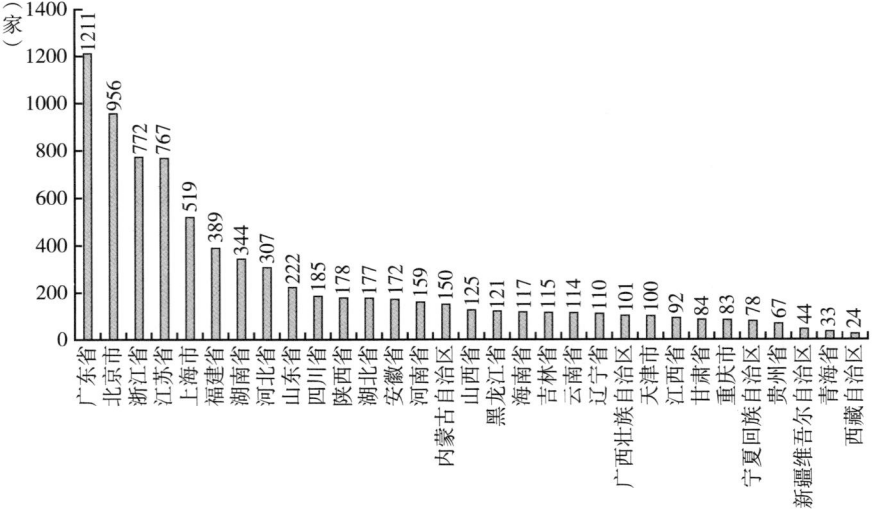

图 5　2019 年全国各省（区、市）基金会数量分布情况

资料来源：基金会中心网，2019 年 12 月 31 日。

基金会数量前 10 的省市中，除北京市、江苏省、湖南省及四川省外，其余省市 2017～2019 年基金会平均增速均超过全国平均水平（12.1%），在深厚的公益慈善基础上仍显示出强劲发展势头（见图6）。

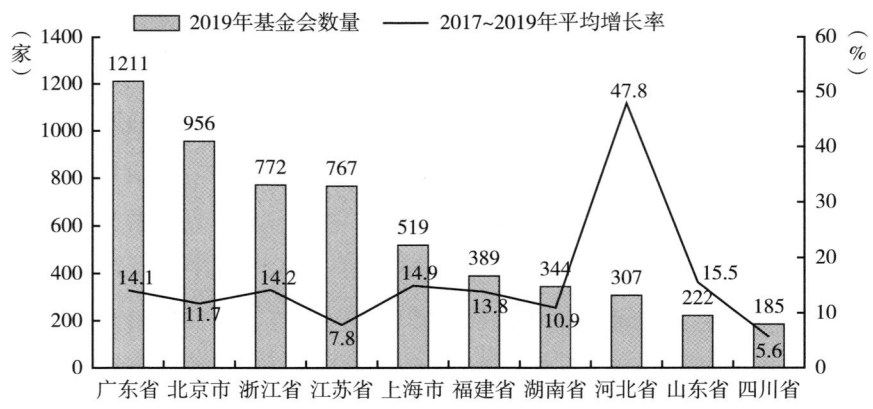

图 6　2019 年基金会数量前 10 省市基金会数量及变化情况

资料来源：基金会中心网，2019 年 12 月 31 日。

从2017~2019年基金会数量平均增速来看，以河北省、陕西省、山东省、天津市等为代表的非传统公益慈善优势地区基金会增速领先全国（见图7）。

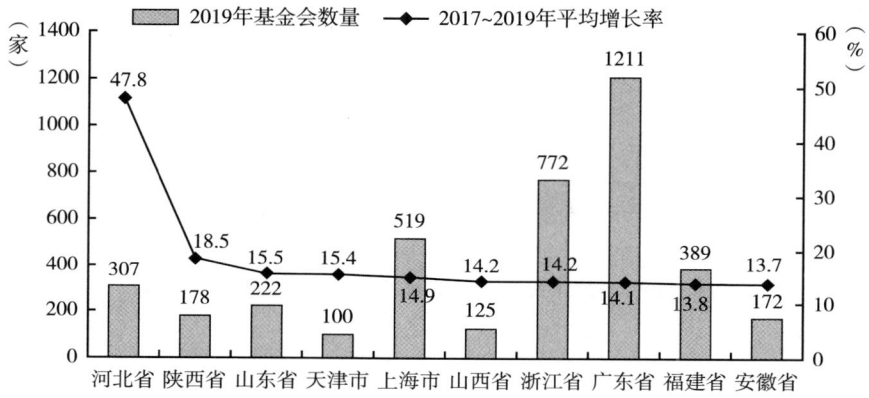

图7　2017~2019年基金会数量增长率前10省市

资料来源：基金会中心网，2019年12月31日。

（六）基金会资产规模持续增加，造血能力仍需加强

近年来，基金会的资产规模一直保持高速增长的态势。根据基金会中心网观测数据统计，全国基金会2018年末净资产规模已达1592.3亿元[①]；其中881亿元为非限定性净资产，占比55.3%（见图8）。基金会平均净资产规模为3253.7万元，较上一年增长4.4%（见图9）。

近年来基金会的捐赠收入总体保持稳定增长，2018年全国基金会捐赠收入达670亿元，相比2017年增加35亿元，提高了5.5%。捐赠收入依然是基金会总收入最重要的部分，2018年全国基金会捐赠在总收入中所占比例比上年略有升高，约为84.5%。基金会的捐赠收入水平呈现

---

① 截至2019年12月31日，基金会中心网共收集到全国4894家基金会的2018年财务情况报告。

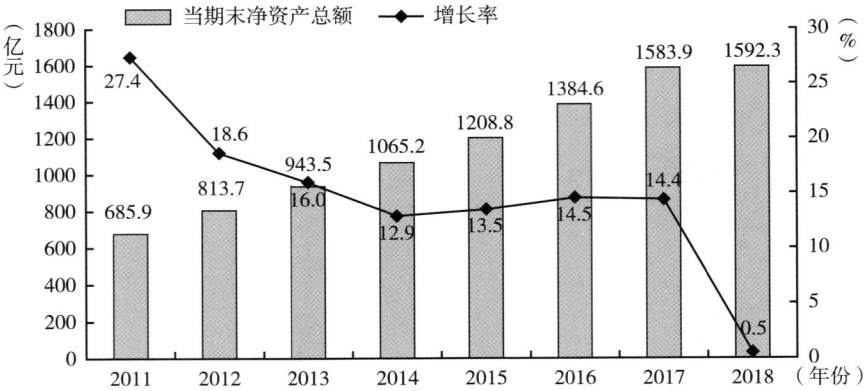

图 8　2011～2018 年全国基金会总净资产规模及变化情况

资料来源：基金会中心网，2019 年 12 月 31 日。

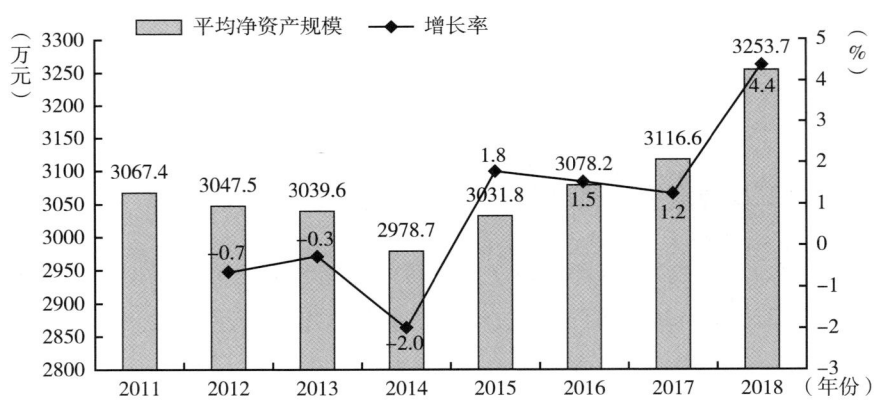

图 9　2011～2018 年全国基金会平均净资产规模及变化情况

资料来源：基金会中心网，2019 年 12 月 31 日。

两极分化的分布：捐赠收入排名前十位的基金会，其捐赠收入之和为187.8亿元，占全国基金会捐赠收入总额的28%（见表1）。捐赠收入排名前十位的省市（部门）捐赠收入均在25亿元以上，总和达到496.5亿元，占全国捐赠收入总额的74.17%，说明基金会捐赠收入在各省际分布也极不均衡。

表1 2018年捐赠收入前十基金会信息

单位：万元

排名	名称	基金会类别	注册地	公开募捐资格	捐赠收入
1	中国癌症基金会	系统型	民政部	公募	479877.1
2	中国初级卫生保健基金会	系统型	民政部	公募	220334.3
3	清华大学教育基金会	学校型	民政部	非公募	213621.9
4	广东省扶贫基金会	系统型	广东省	公募	212563.2
5	贵州省扶贫基金会	系统型	贵州省	公募	201864.1
6	广东省哥弟善及公益基金会	个人背景	广东省	非公募	176367.9
7	北京大学教育基金会	学校型	民政部	非公募	127498.2
8	广东省国强公益基金会	个人背景	广东省	非公募	94066.7
9	上海市慈善基金会	系统型	上海市	公募	76552.7
10	三峡集团公益基金会	企业型	民政部	非公募	75240.6

资料来源：基金会中心网，2019年12月31日。

尽管2018年民政部出台了《慈善组织保值增值投资活动管理暂行办法》，但基金会保值增值的积极性和能力依然较弱。2018年，全国有1354家基金会有投资行为①，仅占该年份基金会总量的17.1%；与2017年相比，基金会投资收益占总收入的比例由4.34%增大到5.05%，但仍然不是基金会收入的主要构成部分。这1354家开展了投资的基金会2018年平均投资收入为298万元，较上一年的236万元增长了26.3%。

2018年，我国基金会的公益事业支出与净资产、捐赠收入一样，也保持稳定增长。2018年全国基金会公益事业支出高达573.6亿元，相比2017年增加25.4亿元，提高了4.6%（见图10）。公益事业支出占2018年全国基金会总支出的95.1%。同捐赠收入一样，公益事业支出也呈现两极分化的分布，排名前十的基金会公益事业支出总计达171.9亿元，占全国总额的30%（见表2）。

---

① 有投资行为指本年度该基金会投资收入不为0。

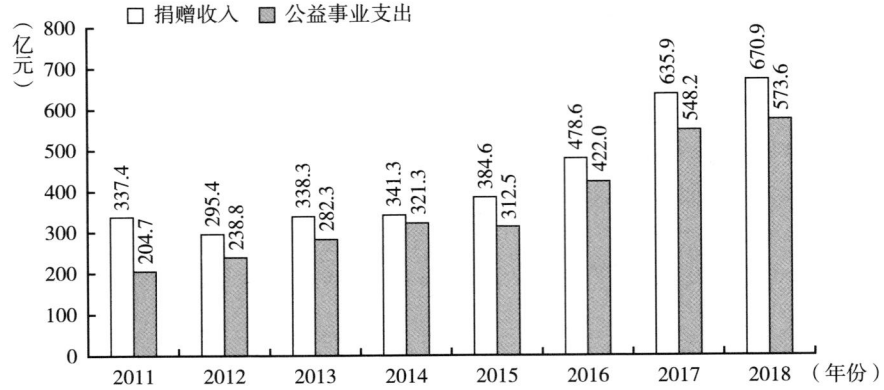

图10 2011～2018年全国基金会捐赠收入与公益事业支出变化情况

资料来源：基金会中心网，2019年12月31日。

表2 2018年公益事业支出前十基金会信息

单位：万元

排名	名称	基金会类别	注册地	公开募捐资格	公益事业支出
1	中国癌症基金会	系统型	民政部	公募	468120.3
2	中国初级卫生保健基金会	系统型	民政部	公募	200450.8
3	贵州省扶贫基金会	系统型	贵州省	公募	200327.8
4	中国博士后科学基金会	系统型	民政部	公募	177196.5
5	广东省扶贫基金会	系统型	广东省	公募	174002.4
6	清华大学教育基金会	学校型	民政部	非公募	131264.1
7	中国教育发展基金会	系统型	民政部	公募	130928.1
8	广东省国强公益基金会	个人背景	广东省	非公募	90602.7
9	腾讯公益慈善基金会	企业型	民政部	非公募	74145.5
10	上海市慈善基金会	系统型	上海市	公募	71891.7

资料来源：基金会中心网，2019年12月31日。

（七）基金会关注领域各有侧重，新成立基金会更多聚焦扶贫助困

中国基金会关注的领域丰富多样、各有侧重。根据基金会中心网数据，截至2019年12月31日，共有7857家基金会披露了关注领域情况；教育和

扶贫助困是基金会目前最关注的两个领域,医疗救助、安全救灾、老年人等领域也受到较多关注(见图11)。其中,公募基金会更聚焦于见义勇为和青少年领域,而非公募基金会在医疗救助、安全救灾和老年人领域投入更多。从不同注册层级来看,部级基金会重点关注的议题较为宏大,如科学研究、安全救灾、国际事务等;省级基金会更关注与社会生活关系紧密的项目,如医疗救助、见义勇为、残疾人和老年人等弱势群体;市级和县级基金会对具体的弱势群体关注度较高,如老年人、残疾人、儿童等。从基金会类别来看,作为社区治理的主力军,社区基金会最关注社区发展领域的议题。此外,个人背景和企业型基金会关注议题的领域最为广泛,对于文化、艺术、公民权利、科学研究等议题也有相当关注;系统性基金会的关注领域则更侧重于公共服务,如见义勇为、公共安全、创业就业等;学校型基金会关注领域最窄,聚焦于教育和科学研究,对于扶贫助困等其他热门领域关注度较低。

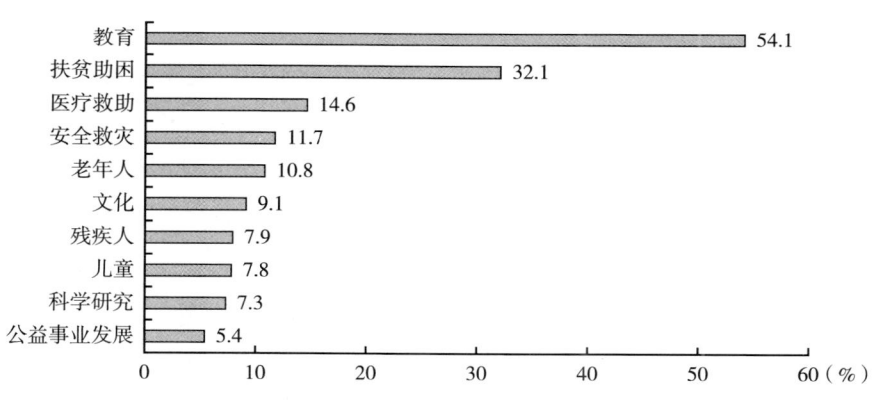

图11　2019年全国基金会关注领域分布情况

资料来源:基金会中心网,2019年12月31日。

2019年新成立基金会关注领域与整体情况略有不同:为响应2020年全面打赢脱贫攻坚战的号召,近七成新成立基金会涉及扶贫助困领域,扶贫助困跃居新成立基金会关注领域的第一位,比例远高于整体水平;公益事业发展议题成为新焦点,跃居2019年新成立基金会关注领域第四位(见图12)。

这些致力于推动公益行业基础设施建设、促进公益人才能力建设等行业发展性议题的基金会将会成为基金会行业发展强有力的支持力量。

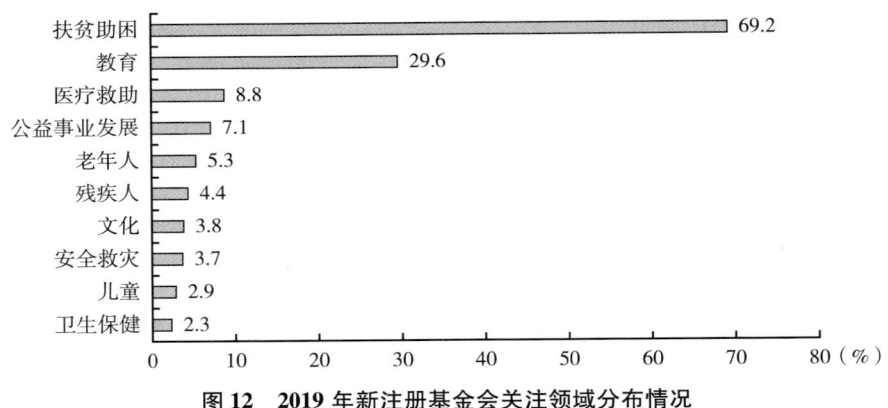

图12 2019年新注册基金会关注领域分布情况

资料来源：基金会中心网，2019年12月31日。

（八）基金会信息披露时效性和完整度仍需加强

2012年，基金会中心网联合清华大学廉政与治理研究中心推出了中基透明指数（FTI）。FTI是一套综合指标、权重、信息披露渠道、完整度等参数，以排行榜单为呈现形式的基金会透明标准评价系统。排行榜按照基金会最新透明分数每月更新，名次越靠前，代表基金会信息披露相关合规性越佳，透明度也越高。

总体来说，中基透明指数参评基金会数量呈逐年增加趋势，从首次发布的1748家增长到6398家，增幅达266%；满分基金会的数量也从117家增长到249家（见图13）。但自2015以来，中基透明指数整体水平逐年降低，由52.2分降至35.97分。这个现象可能由以下几个原因导致：（1）指标调整：自2012年问世以来，中基透明指数分别在2013年（FTI1.0）、2015年（FTI2.0）和2017年（FTI3.0）[①] 对指标体系进行了调整；（2）部分省（区、市）基金会年报信

---

① 2017年11月，由于部分指标经过多年发展，公开比例已经超过99%，基金会中心网听取行业专家、媒体和基金会代表等利益相关者的意见和建议，增加了"审计报告附注"指标并调高其在评分中的权重，导致FTI2018整体得分偏低。

息披露晚甚至不披露：江苏省、海南省的基金会年度工作报告披露时间晚、公开比例不到10%，且未公开基金会年度工作报告全文（仅披露基金会年报摘要信息），对全国基金会整体透明度水平也有不小的影响；（3）得分低于30分的欠活跃基金会比例增加：近些年基金会发展快，新机构透明建设尚需改善。

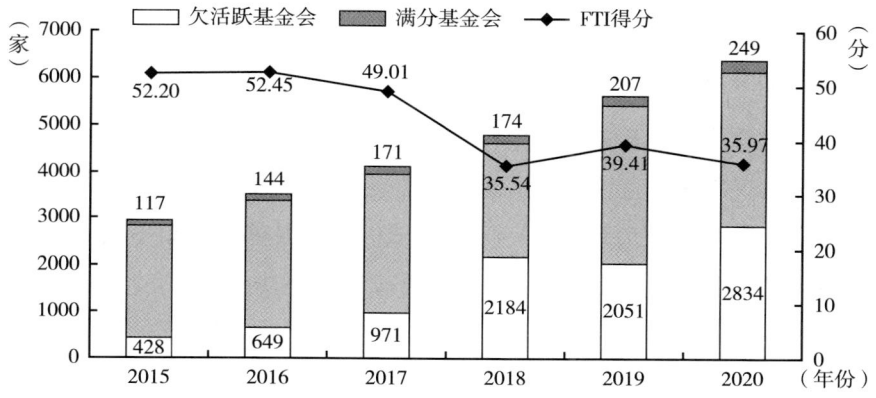

图13　2015~2020年参评基金会数量及得分情况

资料来源：基金会中心网，2019年12月31日。

具体来看，具有以下四种特征的基金会透明度更高。

具有公开募捐资格的基金会透明度更优：具有公开募捐资格的基金会FTI达到42.7分，而没有公开募捐资格的仅有36.7分。

民政部注册的基金会透明度更高：在民政部注册的基金会FTI达到77.8分，而省级、市级和县级则分别仅有40.7分、26.3分和18.9分，可见部级基金会在信息合规披露方面仍具行业示范作用。

企业型、学校型和个人背景三类基金会透明度更高：企业型基金会中基透明指数在所有类别基金会中得分最高，达42.1分，学校型基金会次之，得分为41.8分，个人背景基金会位列第三，得分为38.7分；系统型和社区型基金会中基透明指数相对较低，仅为37.3分和33.5分。

净资产规模较大的基金会透明度更高：净资产大于1亿的大型基金会得

分最高,达64.4分;而净资产在3000万至1亿元的中型基金会和净资产小于3000万的小型基金会得分分别为54.6分和45.2分。

从区域分布来看,民政部、贵州省和北京市为基金会信息透明的头部地区。其中,在民政部注册的基金会中基透明指数得分历年排名均为第一,这些基金会以大型国字头基金会为主,近40%的注册时间超过15年;贵州省近4年中基透明指数的排名提升显著,从2016年的第14名升至2019年的第2名,贵州省民政厅于2016年出台《贵州省社会组织信息公开指引》,要求包括基金会在内的各类社会组织尽快建立健全信息公开的内部管理制度,对基金会信息公开和透明化有较为显著的激励效果;北京市中基透明指数在过去的5年间一直位列全国前三,信息公开率达100%,且公开的及时性也很高,北京市政府于2019年出台《北京市促进慈善事业若干规定》,其中对以基金会为主的慈善组织信息公开做出了具体的规定。尽管江苏省基金会数量排名全国前列,但信息披露比例不足10%,且仅公开年报摘要信息,信息披露情况较差。

(九)人力资源依然匮乏,但从业者性别比例日趋平衡

截至2018年12月31日,全国基金会平均全职员工数量为3.47人[①],其中非公募基金会平均员工数量为2.76人,公募基金会为5.75人,公募基金会的平均全职员工数量要多于非公募基金会。具体来看,17.8%的基金会没有全职员工;66.7%的基金会全职员工人数在1~5人;10.6%的基金会全职员工人数在6~10人;2.5%的基金会全职员工人数在11~15人;1%的基金会全职员工人数在16~20人;1.3%的基金会全职员工人数在20人以上。全职员工人数最多的基金会有210人。尽管2018年基金会平均员工数较2017年增长了3%,但总体而言,绝大多数基金会的全职员工数量在5人以下,基金会的人力资源依然匮乏(见图14)。

整体来看,截至2018年12月31日,全国基金会理事会(不含秘书处)

---

① 截至2019年12月31日,基金会中心网共收集到全国4858家基金会的人力资源信息。

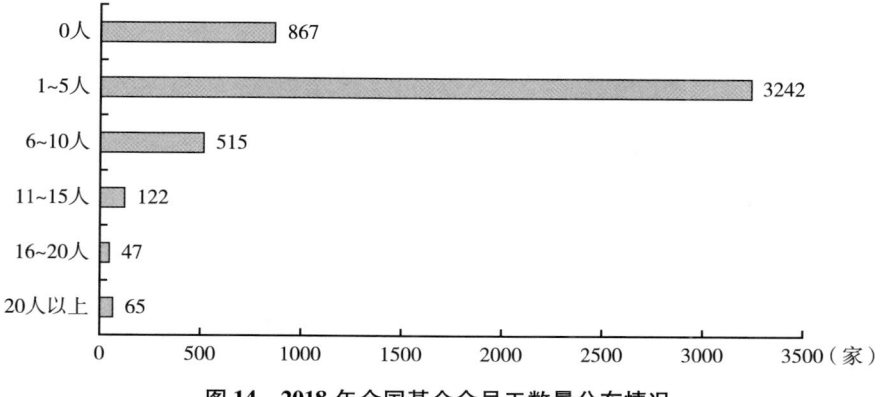

图14 2018年全国基金会员工数量分布情况

资料来源：基金会中心网，2019年12月31日。

女性占比平均为23.3%，与2017年相比增长了1.2个百分点。此外，2018年，有56家基金会理事会全部为女性，与2017年的43家相比增长了30%；基金会理事层面的性别比例有所改善。在秘书长层级，4411家基金会中有1645家拥有女性秘书长（含代理秘书长等），占比为37.3%，较2017年的1497家增加了10%；基金会秘书处层级的女性比例显著高于理事会成员女性占比。在全职员工层级，女性员工占全体全职员工的57.7%，较上一年增加了1.7个百分点，是唯一女性占比过半的层级（见图15）。

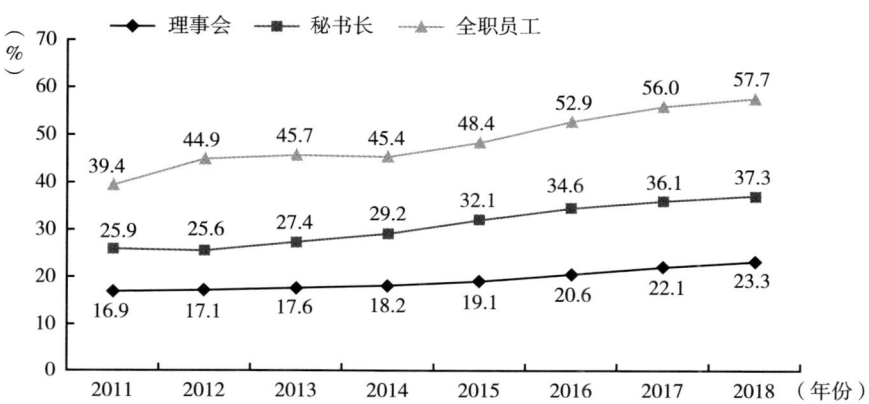

图15 2011~2018年全国基金会理事会、秘书长及全职员工中女性占比

资料来源：基金会中心网，2019年12月31日。

二 2019年基金会发展的基本特征与现象

（一）公益生态的完善：市县级基金会蓬勃发展

自2012年初第十三次全国民政会议上民政部提出在全国范围内下放非公募基金会审批权、提升行政效能以来，各市县级民政部门积极响应，为非公募基金会注册，而且登记注册的流程进一步简化。从2009年深圳市开始开展下放基金会登记注册权的政策试点以来，短短10年内，市县级民政登记注册的基金会数量呈现爆发式的增长。这个可喜的现象体现出民政部简政放权的政策开始大幅度地释放社会需求，激发了基层的活力。

从总量上来看，在2011年以前，全国仅有39家市县级基金会；2012年当年市县级数量翻了一番，达到80家；2013年比上一年增加了131%，达到185家；2014年增加了132%，达到429家；2015年全国市县级基金会数量达到721家，较上一年增加了68%；2016年市县级基金会数量突破了1000家，达到1099家，比上一年增加了52%；2017年和2018年全国分别有1439家和1838家市县级基金会；2019年全国市县级基金会的数量突破2000家，达到2141家，占当年全国基金会总量的27%，成为不可忽视的组成部分（见图16）。

在2019年新成立的730家基金会中①，市县级基金会数量为303家，占当年新成立基金会的41.5%，较2018年的399家有一定的下降。从每年新增的数量来看，2012年新增的市县级基金会仅占当年全部新增基金会的不到10%，但自2014年起，每年新注册基金会中，有四成左右为市县级基金会；2018年更有超过半数的新成立基金会在市县级民政部门注册（见图17）。

目前，市县级基金会遍布全国28个省（区、市）。作为最早进行基金会登记权下放试点的省份，广东省市县级基金会的数量遥遥领先于其他地

---

① 有12家基金会登记注册层级信息缺失。

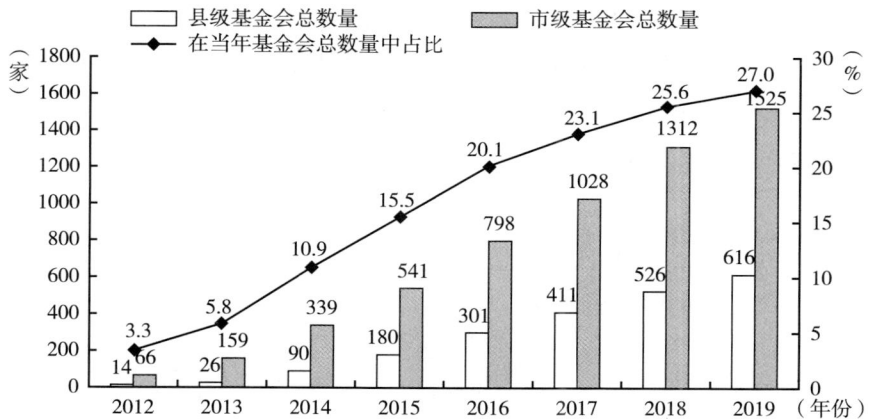

图 16　2012~2019 年全国市级和县级民政部门注册的基金会数量及占比情况

资料来源：基金会中心网，2019 年 12 月 31 日。

图 17　2011~2019 年新成立市县级基金会数量及占比情况

资料来源：基金会中心网，2019 年 12 月 31 日。

区。截至 2019 年，广东省共有 700 家市县级基金会，占全国总量的 32.7%；浙江省、江苏省、福建省也是较早开放试点的省份，分列第二至第四位，这四个省份的市县级基金会总数占全国整体的 68%，体现出当地的经济社会发展水平与公益行业的发展程度相适应，公益慈善传统浓厚，民间组织活力好，基金会组织规模化程度高，公益生态系统发展相对健全。除上述四个省份外，湖南省、山东省、安徽省、陕西省等地也均有超过50家市县级基金会（见图18、图19）。开放的政策为基层基金会的发展提供了肥沃的土壤，非公益慈善传统优势地区也焕发出了新的活力。

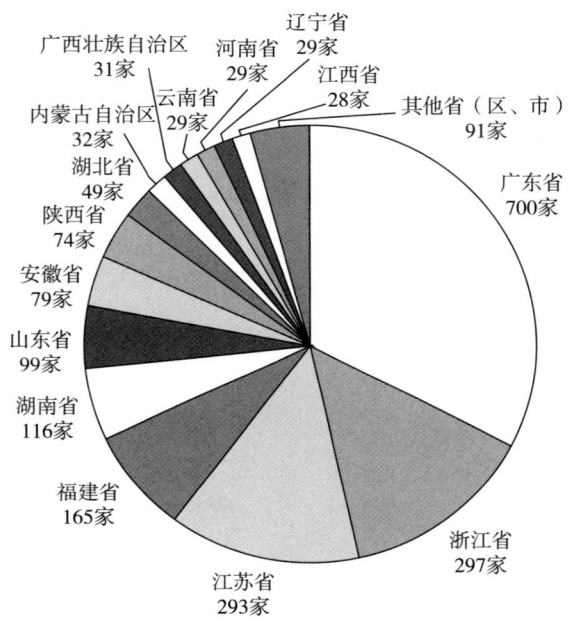

图18　2019年我国市县级基金会分布情况

资料来源：基金会中心网，2019年12月31日。

在全部2141家市县级基金会中，有1494家已知类别信息①。其中，个人背景基金会最多，占33.7%，系统型排第二，占28%，企业型排第三，占12.8%。可见市县级基金会的发起方以民间企业和个人为主。此外，尽管社区型基金会仅占全体基金会的2.56%，但在市县级以下层级注册的基金会中，社区型占4.3%，是整体水平的将近两倍（见图20）。由于市县级基金会更多面向基层提供服务，整体看具备一定的社区性特征。

---

① 有647家未能获取类别信息。

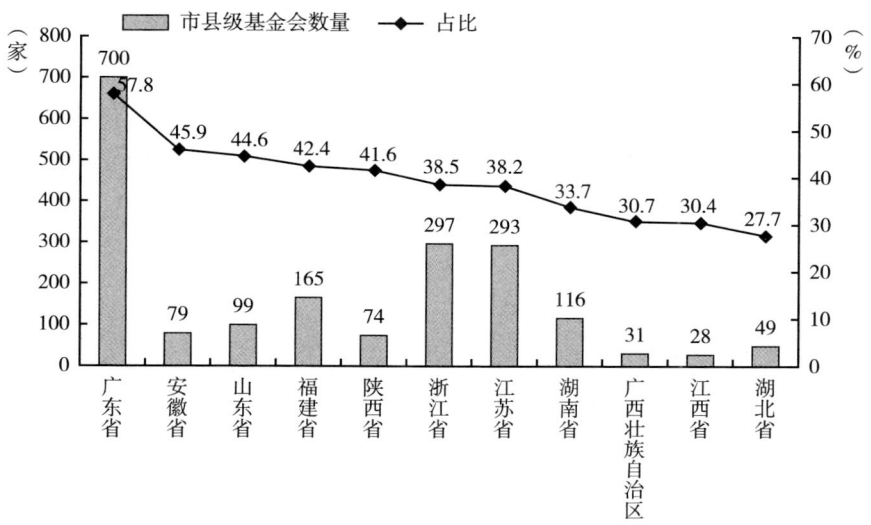

图 19　2019 年市县级基金会占比高于全国平均水平的省区及数量

资料来源：基金会中心网，2019 年 12 月 31 日。

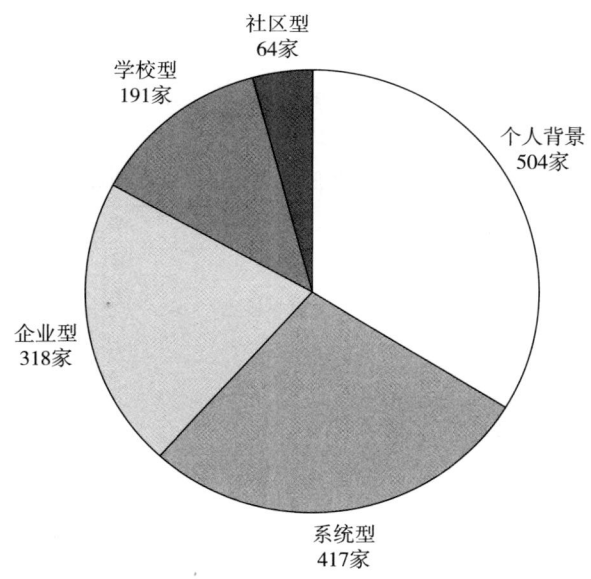

图 20　2019 年我国市县级基金会类别分布

资料来源：基金会中心网，2019 年 12 月 31 日。

尽管近年来市县级基金会数量保持高速增长的势头，但平均成立时间仅为3.76年。由于成立时间较短，大多数市县级基金会的规模比较小。根据基金会中心网观测数据统计，全国市县级基金会2018年末净资产规模90.6亿，仅占全国基金会净资产总额的5.7%；平均净资产规模972万元，为全国平均水平的30%。从收入和支出水平来看，市县级基金会2018年总收入为56.8亿元，其中50.1亿元为捐赠收入，占比高达88.2%；3.2亿元为政府补助收入，而投资收入仅为2.1亿元，占比3.7%。2018年，市县级基金会总支出为34亿元，其中公益事业支出达32亿元，占比高达94%，管理费用不到1亿元。相应的，市县级基金会执行的项目数量也较少，平均项目数量仅为4.6个。

从关注领域来看，尽管各层级的基金会关注领域同质化现象明显，市县级基金会依然呈现与部级、省级基金会相对不同的特征。部级基金会重点关注的议题较为宏大，而市级和县级基金会则对老年人、残疾人、儿童等具体的弱势群体更为关注。具体来看，大部分市县级基金会立足于本地社会情况，关注的议题与当地的情况与需求相适应，如"资助乡村小学食堂建设""支持生活困难的环卫工人"等（见表3）。

表3　2018年各注册层级基金会关注领域

排名	民政部	省级	市县级
1	教育	教育	教育
2	扶贫助困	扶贫助困	扶贫助困
3	科学研究	医疗救助	医疗救助
4	文化	老年人	安全救灾
5	安全救灾	安全救灾	老年人
6	医疗救助	文化	残疾人
7	卫生保健	儿童	儿童
8	公益事业发展	残疾人	公益事业发展
9	环境	科学研究	文化
10	国际事务	公益事业发展	环境

资料来源：基金会中心网，2019年12月31日。

基金会登记权限的下放降低了政策门槛，为市县级基金会发展释放了空间。通过对数据的分析发现，近年来我国市县级基金会的规模呈现出明显增长趋势，尽管成立时间尚短、资产规模尚小，但已成为我国基金会发展不可忽视的力量。这些市县级基金会可能并非资源型的资助型基金会，但能够以应对本地的社会议题为目标完成对接资源的功能，对于维护区域公益生态平衡具有重要意义。

（二）基金会内部治理和行业自律实践：聚焦公益事业发展

2013年11月，党的十八届三中全会通过的《中共中央关于全面深化改革若干重大问题的决定》提出了在全面深化改革的背景下将激发社会组织活力作为创新社会治理机制的重要方向。《中共中央关于全面深化改革若干重大问题的决定》指出，应"推进社会组织明确权责、依法自治、发挥作用"。基金会作为社会组织的重要组成部分，在发展公益慈善事业、加强能力建设、推动行业自律方面进行了越来越多的实践。

从基金会层面来看，根据基金会中心网观测数据统计，截至2019年12月31日，共有359家基金会的宗旨或业务范围涵盖了公益事业发展，其中公募基金会有27家，非公募基金会有332家，非公募基金会的占比超过90%。从基金会类别来看①，关注公益事业发展议题的基金会的发起方以民间企业和个人为主，其中个人背景基金会占45%，企业型基金会占31%；学校型基金会由于其天然性质所限，仅占不到1%（见图21）。

从基金会所在地分布来看，关注公益事业发展议题的基金会遍布全国27个省（区、市）。其中广东省、浙江省、北京市、上海市和江苏省这五个传统优势地区依然位列前五，但陕西省、湖南省、安徽省、福建省和湖北省也表现不错。

在2019年新成立的730家基金会中，有52家的宗旨或业务范围涵盖公益事业发展，占比达7.1%，公益事业成为本年度第四热门的关注领域。最近五年内，每年新成立的基金会中关注公益事业发展议题的基金会数量逐年上升，在当年新成立基金会数量中的比重也从2015年的4.3%上升到2019年的7.1%（见图22）。

---

① 98家未能获取类别信息。

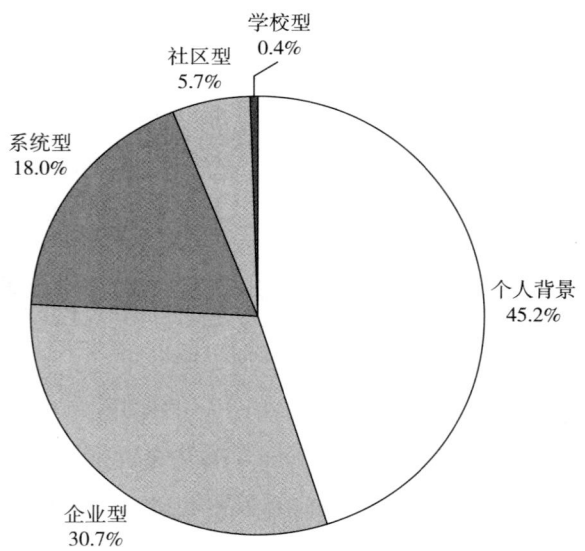

图 21　2019 年全国关注公益事业发展领域基金会类别分布

资料来源：基金会中心网，2019 年 12 月 31 日。

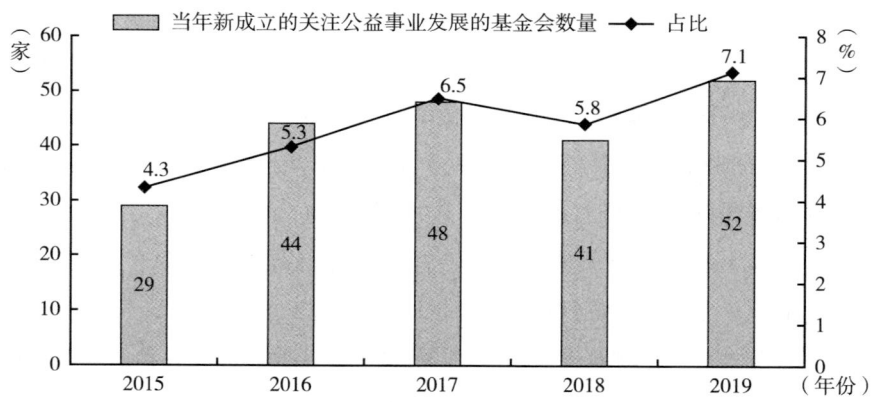

图 22　2015～2019 年新成立的关注公益事业发展领域的基金会数量及比例

资料来源：基金会中心网，2019 年 12 月 31 日。

从项目层面来看，自 2011 年以来，公益行业发展的项目数量持续快速增加，8 年内翻了两番，从 2011 年的 407 个增长到 2019 年的 1687 个。同时，执行公益行业发展项目的基金会数量也从 2011 年的 278 家增长到 2018

年的850家,增幅达206%;在全部基金会中的占比也从2011年的15.7%增加到2018年的19.6%（见图23）。基金会在实践层面对推动行业发展的关注度逐年上升。

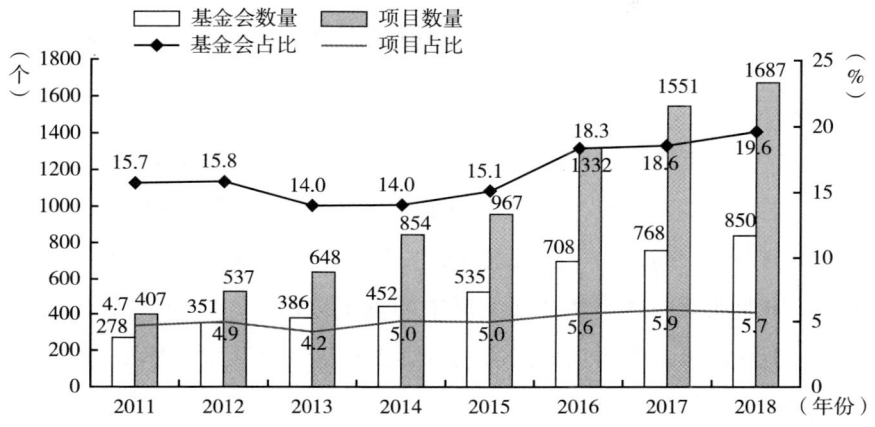

图23　2011~2018年执行公益行业发展项目的基金会数量及比例

资料来源：基金会中心网，2019年12月31日。

从2018年关注公益行业发展的项目可以看出，为推动内部治理和行业自律基金会正在从不同角度做出各种实践，包括对民间公益组织提供深度机构支持（如爱佑慈善基金会的"公益创投"项目、南都公益基金会的"景行计划"项目等），对公益人才提供能力培训和资金支持（如多家基金会支持的深圳国际公益学院、北京市银杏公益基金会和浙江敦和慈善基金会联合发起的"优才资助项目"等），对行业信息披露和透明建设的支持（如华民慈善基金会的"北京恩玖非营利组织发展研究中心公益项目"、上海宋庆龄基金会的"泉公益平台项目"等），对公益慈善理论研究和实践研究的支持（如北京老牛兄妹公益基金会的"家族慈善研究与倡导"、友成企业家扶贫基金会的"公益综合研究项目"等），对科技公益、创新公益的支持（如友成企业家扶贫基金会的"新公益资助项目"、北京君和创新公益基金会的"CC讲坛"等），以及对特定子领域发展的支持（如上海国峯慈善基金会的"西遇·走向西部"项目、阿里巴巴公益基金会的"XIN伙伴计划"等）。

尽管自律之路漫漫，但我国基金会对公益行业的自律、发展正在逐渐从"纸上谈兵"落到实际行动中。虽然这些实践未来的走向仍待继续观测，但基金会对机构内部治理和行业自律关注度的提升是我们乐于见到的。

（三）基金会成为第三次分配的重要主体：引导区域资源趋向均衡

2019年10月，党的十九届四中全会通过的《中共中央关于坚持和完善中国特色社会主义制度、推进国家治理体系和治理能力现代化若干重大问题的决定》指出，"重视发挥第三次分配作用，发展慈善等社会公益事业"。这是党中央首次明确以第三次分配为收入分配制度体系的重要组成，确立慈善等公益事业在我国经济和社会发展中的重要地位。2016年《慈善法》颁布，进一步释放出新时代党和国家大力发展公益慈善事业、对收入分配格局进行调整的重大信号，成为建设更有优势的分配制度、开创中国特色公益慈善道路、走向社会主义共同富裕的战略指引。

根据基金会中心网观测数据统计，截至2019年12月31日，在民政部注册的基金会执行项目数量最多，执行地为"全国"的项目占24.1%，其余项目均仅在部分省区市执行；在各地方注册的基金会中，广东省、北京市和上海市的基金会执行的项目数量分列第二、三、四位，而在这些省市注册的基金会项目在省外执行的比例也较为接近，分别为67.9%、72.4%和72.3%；北上广三地的基金会有超过六成的项目在省外执行，是主要的资源输出省市。除此之外，江苏省、海南省、内蒙古自治区、湖南省、浙江省、福建省的基金会在省外执行的项目比例均在20%以上。其余省份的基金会在省外执行的项目比例基本在10%以下，区域资源较为紧张（见图24）。

从区域情况来看①，除民政部和东部地区外，其他地区的基金会执行的

---

① 根据国家统计局，我国的经济区域划分为东部、中部、西部和东北四大地区。东部包括：北京、天津、河北、上海、江苏、浙江、福建、山东、广东和海南；中部包括：山西、安徽、江西、河南、湖北和湖南；西部包括：内蒙古、广西、重庆、四川、贵州、云南、西藏、陕西、甘肃、青海、宁夏和新疆；东北包括：辽宁、吉林和黑龙江，http://www.stats.gov.cn/ztjc/zthd/sjtjr/dejtjkfr/tjkp/201106/t20110613_71947.htm。

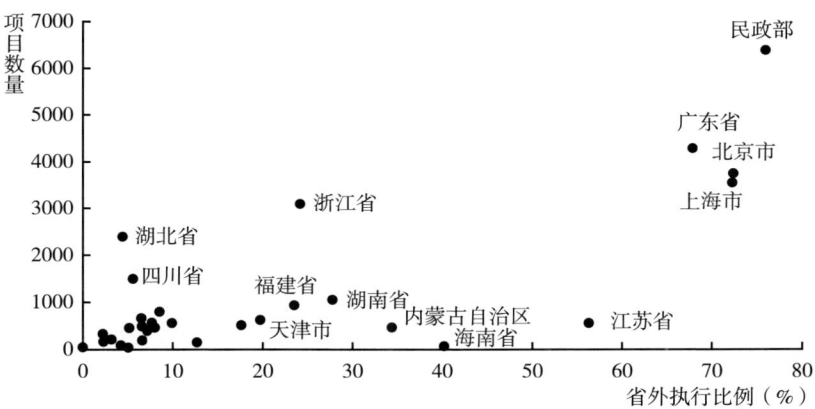

图24　2018年各注册地基金会年度执行项目数量及在省外执行的比例

资料来源：基金会中心网，2019年12月31日。

项目基本在本区域内（占比均超过97%），只有极零星的项目在其他区域内执行。部级基金会在地方执行的项目中有38.6%在东部地区，37.9%在西部地区，16.4%在中部地区，7.1%在东北地区；东部的基金会所执行的项目除本地区外，有13%在西部地区、7%在中部地区、1.4%在东北地区。西部地区作为社会经济和公益慈善发展较为弱势的地区，得到了来自部级基金会和东部地区基金会大量的项目关注与资源输入。从作为资源接收方的项目执行地区看，在西部地区开展的基金会项目有一半来自其他地区，接受项目资源输入的比例最高（见图25）。

从项目支出来看，部级基金会在各地方的项目数量虽然并非最多，但均为当地执行项目最主要的支出来源；来自部级基金会的项目支出在东北地区占比甚至达到89.4%。东部的基金会所执行的项目虽然数量较多，但从支出金额来看仅占东部地区的23.1%，在中部地区占比12.5%，在西部地区占比8.3%，而在东北地区仅占2.6%。民政部作为老牌头部基金会的集中注册机构，有更强的资源汇聚和集中的能力，在促使资源和财富在不同区域间趋向均衡的微循环方面起到不可忽视的作用（见图26）。

基金会作为第三次分配的重要主体，对引导区域之间资源的循环趋于平

图 25　2018 年各注册地基金会年度项目数量及在本区域内执行的比例

资料来源：基金会中心网，2019 年 12 月 31 日。

图 26　2018 年各注册地基金会年度项目总支出及在省内执行的比例

资料来源：基金会中心网，2019 年 12 月 31 日。

衡起到不可替代的重要作用。民政部以及包括东部地区在内的经济发达的资源优势地区基金会承担了促进社会发展均衡、推动社会进步的责任。

（四）重申公益项目初心："春蕾计划"引发社会事件

2019年12月17日，微博网友发微博称，发现自己长期捐助的资助贫困女童的公益项目"春蕾计划""不知道什么时候改了业务范围"。项目进展截图显示，有部分男性高中生出现在受助现场。这条微博通过互联网迅速发酵，引发公众舆论热烈讨论；人民日报等多家媒体纷纷转载，一时间成为现象级社会事件。

当天晚上，儿基会在官方微博上发出回应，"经核查发现，本批次资助的1267名高中生中，有453名为男生"，并解释"该项目在该网络公益平台筹款之初，资金全部资助贫困女生。但在今年项目执行过程中，有部分极度贫困地区学校老师向中国儿童少年基金会工作人员反馈，当地贫困家庭男生也亟须帮助，希望该项目施以援手。综合考虑为儿童谋福祉的宗旨，以及助力2020年决胜脱贫攻坚、全面实现小康的目标，该项目在保证大多数受助者为女生的前提下，开始资助部分男生"①。

2019年12月19日北京大学非营利组织法研究中心主任金锦萍撰文评论了本次事件。金主任认为，儿基会对项目受益人范围的变更已经构成对公益项目目的的变更；而目的变更会导致捐赠人意愿的落空，甚至也会违背当初设立此公益项目的人的初衷；儿基会此次的错误在于未能尊重捐赠人意愿。金主任更提出，基金会"不要为了劝募效果而夸张或者隐瞒某些内容，否则当真实情况与方案（文案）中的内容不吻合时，公众会产生遭受欺骗的强烈愤怒，进而产生对于公益项目、慈善组织乃至对于整个慈善界的不信任"。金主任最后建议儿基会重新评估项目所聚焦的社会问题是否已经解决，"重申'春蕾计划'的目的（也就是初心）"。

---

① 《中国儿童少年基金会》，新浪微博，https://weibo.com/5657423253/IldsrcjTR，2019年12月17日。

2020年1月10日,中华全国妇女联合会通过官方微博发布了题为《全国妇联关于"春蕾一帮一助学"项目有关问题调查处理情况通报》的回应①。回应指出,儿基会的行为偏离了"春蕾计划"的项目初衷,对相关责任人予以处分,并要求儿基会确保"春蕾计划"始终坚守资助女童的初衷。

随着社会的发展,越来越多的公益项目应需而生。而随着时间的流逝,这些公益项目在执行过程中会遇到来自方方面面的障碍;如何守住初心,对项目设立的目的和解决的社会问题做到善始善终是每家基金会都需要持续思考的问题。初心易得,始终难守;希望基金会能够保持对公益项目目的和捐赠人意愿的尊重,慎终如始。

---

① 《女性之声》,新浪微博,https://weibo.com/2738546443/IoSq43Hl5,2020年1月10日。

B.6
2019年中国宗教公益慈善发展报告

丘仲辉　凌春香　朱艳伟*

摘　要： 宗教界广泛开展公益慈善活动，在脱贫攻坚、抗震救灾等领域做了大量工作，是参与社会建设的重要力量。近年来，以宗教中国化方向为指导，宗教界深入学习政策法规，积极探索宗教与社会主义社会相适应的教义诠释和工作方向，深入挖掘公益慈善对宗教中国化的意义、作用和开展方式，有助于引导宗教与社会主义社会相适应，在社会治理新格局中发挥积极作用。通过五年规划，宗教界把公益慈善工作列为整体工作的必要组成部分，为未来各地宗教界开展活动提供了意见指导。当前宗教界开展的公益慈善活动，既有宗教工作部门协调下的统一行动，也有宗教界自愿发起的联合行动。从数量上来看，宗教背景公益慈善组织中的基金会达到了151家，但是其活跃程度比较低，影响力比较小，透明度仍待提高。对于发展过程中面临的困难和问题，宗教界需要坚定信心、学习政策，提高专业水平，发展特色项目，在参与社会建设的过程中，使社会了解宗教界的积极贡献。

关键词： 宗教公益慈善　脱贫攻坚　减灾救灾　基金会

---

* 丘仲辉，爱德基金会理事长，江苏省宗教公益培训基地主任；凌春香，爱德基金会秘书长；朱艳伟，爱德基金会研究倡导总监。

一 概述

习近平总书记在党的十九大报告中首次把宗教与政治、经济、文化、教育、科技、民生、国防、外交、统战、党建等一系列重大问题同等列出[①]，凸显了宗教工作在党和国家工作全局中的特殊重要性。报告明确提出"打造共建共治共享的社会治理格局"，在这样的新时代视野中，理清宗教与社会各方面的关系，研究和挖掘公益慈善对宗教事业发展的作用和意义，对宗教公益慈善事业在当下和未来的发展都具有重要的现实意义。

2019年，宗教界加强了法规政策方面的学习，积极与社会主义社会相适应——"四进"场所活动在各地普遍开展。五大宗教全国性宗教团体两年来陆续制订了五年工作规划，强调了对教义教规的阐释与中国传统文化相结合的中国化努力方向，明确提出了积极开展公益慈善活动的工作设想乃至具体的方向和领域。作为依法管理宗教事务的重要举措，宗教场所法人登记工作逐步推进，对于维护宗教界合法权益、保护宗教财产、依法开展公益慈善活动将发挥积极作用。

各地宗教界开展的公益慈善活动，主要围绕政府主导的脱贫攻坚及宗教慈善周工作开展。对于经济社会发展过程中凸现的问题，宗教界结合自身情况进行了相应的探索和应对，各地的活动在延续对贫困家庭的帮扶、助医助学等传统慈善形式外，也有临终关怀、联合救灾等一些新的做法。但总体上来看，受客观环境因素影响，两年来宗教界从事公益慈善活动的积极意义在一定程度上被忽略，热情得不到有效释放和充分发挥，宗教公益慈善在规模、形式等方面缺少大的突破和创新。

公益慈善活动是宗教伦理的内在表达，也是发挥宗教界人士和信教群众积极作用的重要途径。习近平总书记指出，"积极引导宗教与社会主义社会

[①] 刘金光：《习近平新时代中国特色社会主义思想对做好新时代宗教工作的指导意义》，《中国宗教》2018年第8期，第20页。

相适应,一个重要的任务就是支持我国宗教坚持中国化方向"①。公益慈善是宗教界坚持宗教中国化方向的一个桥梁和通道。宗教界积极开展公益慈善活动,是中华民族传统美德的体现,也是对我国公益慈善事业健康发展的有益补充。

二 宗教公益慈善事业的政策背景

2019年,中国伊斯兰教协会、中国道教协会、中国佛教协会分别通过了《坚持我国伊斯兰教中国化方向五年工作规划纲要(2018~2022年)》、《坚持道教中国化方向五年工作规划纲要(2019~2023年)》和《坚持佛教中国化方向五年工作规划纲要(2019~2023)》。此前的2018年,中国基督教两会、中国天主教"一会一团"业已分别通过《推进我国基督教中国化五年工作规划纲要(2018~2022)》和《推进我国天主教坚持中国化方向五年工作规划(2018~2022)》。至此,我国五大宗教全国性团体都先后完成了五年工作规划的制订,明确了新时代坚持宗教中国化方向的时代背景、重要意义、基本原则、主要任务和组织实施。

(一)宗教经典中蕴涵着丰富的公益慈善思想资源

宗教界在五年工作规划中都强调了以宗教中国化为方向,在保持各宗教基本信仰、核心教义、礼仪制度的同时,深入挖掘教义教规中有利于社会和谐、时代进步和健康文明的内容,积极弘扬宗教文化中与社会主义核心价值观内容相符、精神一致的教理教义,为涵养和践行社会主义核心价值观提供思想和智慧源泉,初步建设和形成具有新时代中国特色、符合我国实际、融入新时代中国文化内涵的宗教思想体系,使宗教更好地与社会主义社会相适应,更好地发挥积极作用,团结信众积极投身改革开放和社会主义现代化建

---

① 习近平:《全面提高新形势下宗教工作水平》,新华社官网,http://www.xinhuanet.com//politics/2016-04/23/c_1118716540.htm,2016年4月23日。

设,为实现"两个一百年"奋斗目标和中华民族伟大复兴的中国梦贡献力量。

宗教经典中蕴涵着丰富的公益慈善思想资源,各宗教的教义教规对信徒的道德教化和行为规范约束,与社会主义核心价值观对个人修养的要求,在诸多方面都是契合的。佛教以慈悲为怀,主张弘法与利生并重,强调"不为自己求安乐、但愿众生得离苦""弘法是家务,利生是事业";同时,以"福报、修福"思想为核心,广泛宣扬自觉行善的功德论,积极倡导慈善理念,并付诸实际行动,产生了深远的社会影响。道教作为我国本土宗教,秉持中华民族乐善好施、宽厚仁爱的优秀传统,讲究内修真功、外行善德、济贫扶危等。道教的理想境界是长生不老得道成仙,达到这一目标的重要前提就是积德行善,这对于慈善观念的传布起到了积极作用。"敬主爱人"是伊斯兰教慈善理念的核心,作为"爱人"的具体体现,伊斯兰教特别强调发展公益慈善事业——"行一个小蚂蚁重的善事者,将见其善报",把慈善作为宗教义务之一——并做出了许多具体规定,如"天课"收入用来救济穷人、无法还债的人、旅行中发生困难的人等。基督教要求信徒"爱人如己",传播"施比受更有福"的观念,通过实际行动"荣神益人"。[①]

"宗教为慈善之母",宗教思想孕育了公益慈善的理念,在实践上,宗教界也有着悠久的历史传承——佛教和基督教在中国医疗卫生、文化教育、抚恤助孤等方面都有着丰富的精神和物质遗产。

宗教界对教义教规的挖掘和诠释,必将进一步促进宗教界对公益慈善的思考,并引导信众付诸实践。中国基督教两会在五年规划中明确要求各地教会结合传统文化中"老吾老,以及人之老;幼吾幼,以及人之幼"的仁爱思想,践行"爱人如己"的圣经教导,发扬传统,培育基督教慈善文化,积极开展社会服务。通过公益慈善见证信仰,不但可以深化宗教思想的内涵,也符合我国社会经济发展的现状及社会对宗教界的期待。

---

① 刘金光:《宗教界开展公益慈善是社会治理的必然要求》,2014年江苏省"全省宗教公益慈善培训班"上的授课。

（二）各宗教五年规划明确了对开展公益慈善活动的要求

宗教界在规划中都明确提出了要继续开展公益慈善活动、积极履行社会责任、努力发挥积极作用、更好地适应新时代社会发展的要求。虽然详略不一，关注领域有一定差别，但总体上都传达出在引导宗教中国化方向上进一步拓展公益慈善活动范围和空间的意愿。

中国佛教协会特别提出要继续在边疆和少数民族地区开展慈善活动，以公益慈善活动为桥梁，加强与少数民族佛教界的联系。在指导佛教界开展公益慈善事业时，中佛协提出了一些具体的措施，如创新运作模式、完善管理制度、拓宽慈善领域、培养专门人才等，以提升佛教公益慈善事业的专业化和规范化水平，发挥服务社会、利益众生的积极作用。[1] 中国道教协会鼓励各地道教界依法开展公益慈善活动，并提出与专业公益慈善组织交流合作，进一步规范管理以提升专业化和规范化水平，明确了在扶贫攻坚、防险救灾、社会救济、医疗卫生、教内互助等领域发挥积极作用。[2] 中伊协把积极从事公益慈善活动看作是伊斯兰教界履行社会责任、弘扬优良传统应尽的义务，是坚持中国化方向的有益实践，也是在中华民族复兴伟业中发挥积极作用的必然要求。中伊协对公益慈善活动的规划主要有四方面：一是积极参与脱贫攻坚工作；二是继续做好"善行斋月"爱心行动；三是发挥中伊协公益慈善委员会"连心桥""黏合剂""驱动机"的职能作用；四是创新方式方法，打造公益慈善活动品牌。[3] 中国天主教要求各地教会在促进经济社会发展中发挥积极作用，鼓励神长教友积极参与社会公益慈善活动，通过发扬教会服务社会的优良传统，履行社会责任，构建和谐宗教社会关系，提高公

---

[1] 中国佛教协会：《坚持佛教中国化方向五年工作规划纲要（2019~2023）》，《法音》2019年第10期，第22页。

[2] 中国道教协会：《坚持道教中国化方向五年工作规划纲要（2019~2023年）》，《中国道教》2019年第6期，第11页。

[3] 中国伊斯兰教协会：《坚持我国伊斯兰教中国化方向五年工作规划纲要（2018~2022）》，《中国穆斯林》2019年第1期，第5页。

益慈善活动的规范化水平，并提出要增强环保生态意识。① 中国基督教两会把服务社会、造福人群作为中国教会见证信仰、担当责任、融入社会的重要途径，并具体提出在推动基督教社会服务机构的登记注册、公益慈善主题日、脱贫攻坚、养老服务等七个方面深入实践社会服务。②

（三）宗教场所法人登记工作逐步开展

2019年初，国家宗教局、民政部印发《关于宗教活动场所办理法人登记事项的通知》，从4月1日起开始实施。"宗教活动场所办理法人登记，应当经所在地宗教团体同意，并报县级人民政府宗教事务部门审查同意后，向县级人民政府民政部门提出申请"。3月，民政部办公厅印发《关于做好宗教活动场所法人登记证书印制及征订工作的通知》。4月上旬，"全国宗教活动场所法人登记工作培训班"在杭州召开，为宗教场所法人登记工作的开展做出了进一步安排。

依法开展宗教慈善，是运用法治方式推进宗教工作的一部分。宗教场所进行法人登记，获得民事主体资格，在保护宗教财产、维护自身合法利益、依法开展公益慈善活动等方面都具有积极意义。宗教活动场所可以根据法人财产保护制度，并根据自身实际情况，制定具体的财产使用和管理制度，进一步规范化和制度化场所管理，使宗教财产发挥更适合的作用，促进宗教活动场所更好地参与民事活动。

三 宗教公益慈善事业的发展现状

（一）广泛参与脱贫攻坚工作，成效显著

全国各地宗教界在党和政府的号召下，积极参与脱贫攻坚工作，为精准

---

① 中国天主教"一会一团"：《推进我国天主教坚持中国化方向五年工作规划（2018~2022）》，《中国天主教》2018年第5期，第6页。
② 《推进我国基督教中国化五年工作规划纲要（2018~2022）》，中国基督教网站，http://www.ccctspm.org/cppccinfo/10283，2018年3月12日。

扶贫事业贡献力量,对社会力量参与脱贫工作起到了引领作用。

宗教界在开展活动时注意凝聚资源,形成合力。普陀山佛教协会召开2019年慈善工作座谈会,决定继续向具体实施项目的社会组织捐赠善款2265万元,用于帮困、扶贫、助学助残、大病救助等领域及结对扶贫工作。① 成都市佛协引领全市佛教界有针对性地开展扶贫济困、帮残助弱、捐资助学、赈灾救难等公益慈善活动,以精准扶贫户为对象,募捐款物达1125万元,惠及困难家庭600多户1500余人,取得良好成效。② 榆林市榆阳区道教协会2019年累计捐助善款9万余元,并号召全区各道观积极开展扶贫济困、灾害救助、养老助学、医疗卫生、心理疏导等多项公益慈善活动。③ 宗教团体发挥协调优势,在所辖区域内集各宗教场所之力,可以在一定程度上解决宗教慈善的小、散、乱问题,有利于解决一些大的民生问题,形成品牌,产生影响。

在参与脱贫攻坚工作时,宗教界以政府工作方向为指引,发挥了为政府分忧、为群众解困的作用。泉州市宗教界参与精准扶贫活动,支援永春、安溪等一些革命老区的建设,佛教界捐助了150万元用于壶永村的修路、安装路灯等基础设施建设。④ 峨眉山佛教协会筹措60多万元资金开展了"白内障视觉光明行活动",资助119名贫困患者做了复明手术⑤,使他们重见光明,生活自理能力得到恢复。

宗教界响应国家宗教事务局号召,积极参与贵州省三都水族自治县的扶贫工作,在教育扶贫、产业扶贫、精准扶贫等方面帮助三都县各族群众克服

---

① 《普陀山佛教协会召开2019年度慈善工作座谈会》,http://www.putuo.org.cn/plus/view.php?aid=3353,2019年9月24日。
② 《成都市佛教界积极开展公益慈善助力脱贫攻坚》,http://www.fjnet.com/jjdt/jjdtnr/201902/t20190208_273131.htm,2019年2月2日。
③ 《陕西榆林市榆阳区道协2019年扶贫公益慈善捐助近百万》,http://www.daoisms.org/article/sort028/info-41572.html,2020年1月21日。
④ 《宗教界走进山区帮困济贫》,https://www.qztv.cn/index/News/detail/id/71174.html,2019年8月8日。
⑤ 峨眉山佛教协会:《扶贫济困 助力公益慈善事业发展》,https://www.dabeijj.com/fxxw/66689.html,2019年10月18日。

困难，发展生产，取得了显著成效。据统计，2015年底以来，全国各地宗教工作部门及宗教界组织先后赴三都调研，达成帮扶意向项目132个，意向帮扶资金8068万元，到位资金6394万元。① 基督教全国两会落实资金235万元，资助三都县开展了竹产品加工等3个富民项目及大河镇50名留守儿童、50名贫困大学生助学项目，后者至2019年已连续开展三年。② 中国道教协会2018～2019年协调穗港澳道教界为三都扶贫捐款130万元，用于购买消防车辆，并积极发动各地道教界在产业、教育、民生等领域开展对口扶贫。③ 中国天主教先后投入300多万元在三都县开展教育扶贫、水利扶贫和产业扶贫，受益群众达5000余人。④

中国天主教举办了第二次公益慈善精准扶贫经验交流会，对近年来在开展公益慈善活动中涌现出来的先进集体和个人进行表彰，分别授予了北京天慈社服中心、天津益世社服中心、上海光启社服中心、北方进德公益基金会、辽宁盛京仁爱社服中心等宗教背景的基金会和社会服务机构"先进集体"称号。据不完全统计，目前中国天主教各教区和堂区共成立养老院121家、医院8所、诊所99家、残婴院10家、幼儿园13所、基金会8个。⑤ 自2012年以来，全国各地天主教会先后为各种自然灾害、扶危济困等公益慈善项目捐款超过2.5亿元。⑥ 中国基督教两会在工作报告中总结回顾了全国两会及各地教会近年来开展的服务事工。五年来，中国基督教两会在医疗卫生、养老托幼、助残扶贫、灾害救助等多个领域开展了200多个社会服务项

---

① 李嶷、张玺：《只争朝夕 决胜2020——"全国宗教界公益慈善实践基地"产业帮扶三都纪实》，《中国宗教》2019年第2期，第26页。
② 《三都县教育局举行基督教全国两会帮扶贫困学生助学金发放仪式》，http://www.ccctspm.org/sernewsinfo/11716，2019年2月28日。
③ 《服务新时代 提升新境界 努力开创道教事业健康发展新局面》，http://www.taoist.org.cn/showInfoContent.do?id=4955&p=%27p%27，2019年9月10日。
④ 俞灵：《在公益慈善和精准扶贫的道路上坚定行走》，《中国民族报》2019年12月24日，第7版。
⑤ 笔者通过报道该新闻的记者求证了信息源，最终仍未确定除我们搜集到的、正式登记注册的5家之外的另外3家（疑为相关人士统计时把成立的专项基金误为基金会）。因而后文分析时仍以确定的"5"家天主教背景基金会为基础，特此说明。
⑥ 俞灵：《在公益慈善和精准扶贫的道路上坚定行走》，《中国民族报》2019年12月24日，第7版。

目。其中，养老服务方面的工作较有成效：建立了全国171家教会养老机构的基本信息数据库，举办了16批次的养老院院长交流项目和养老服务培训及多期护理员培训班，培养出具有初、中级资格的护理员532人，并3次组团赴美国、澳大利亚考察学习养老服务。①

（二）捐款捐物，积极响应各种灾害救援

宗教界一直有赈灾救济的优良传统。改革开放以后，这一传统得以继承和发扬。国内历年来的自然灾害救援工作，宗教界都积极响应，捐款捐物帮助灾区群众渡过难关。2019年入夏以后，南方一些地区受降雨影响出现灾情，宗教界纷纷发起赈灾活动。深圳佛教协会、深圳弘法寺等联合发起爱心大米公益活动，为因暴雨受灾的广东河源市捐赠20吨爱心大米②；湖南省佛教协会、湖南省佛慈基金会在株洲、郴州、永州、邵阳、怀化等5市9县开展了"湖南佛慈2019年救灾帮困助学慈善行"活动，为1179户受灾群众送去慰问金及衣物、大米、食用油、清凉油、保健药品等生活急需物资，累计达153万元。③ 济南市基督教两会向受水灾影响的章丘地区群众捐款8.6万元，④ 浙江乐清市基督教两会向大荆镇遭受暴雨影响的群众捐献爱心款2万元⑤。

无锡灵山慈善基金会、苏州弘化社慈善基金会等佛教背景基金会在中国佛教协会倡议下，联合十余家佛教背景慈善机构，发起了"慈航联盟应急赈灾救援行动"，向因涝成灾的江南、华南等地提供了价值170多万元的救灾物资。⑥

---

① 《中国基督教三自爱国运动委员会第九届、中国基督教协会第七届常务委员会工作报告》，中国基督教网站，http：//www.ccctspm.org/cppccinfo/11939，2019年4月12日。
② 《风雨无情，人间有爱——深圳弘法寺举行河源"6·10"水灾赈灾爱心活动》，http：//www.hongfasi.net/index.php? a = show&m = Article&id = 6529，2019年7月4日。
③ 根据"湖南佛慈2019年救灾帮困助学慈善行"相关新闻综合整理。
④ 《山东省济南市基督教两会赴章丘灾区救灾》，http：//sdsjdj.org/index.php? a = shows&catid = 60&id = 442，2019年8月21日。
⑤ 《乐清市基督教界积极参与灾后重建慰问活动》，http：//www.yueqing.gov.cn/art/2019/8/19/art_1322071_37145178.html，2019年8月19日。
⑥ 《灵山、弘化社等慈善基金会发起慈航联盟开展联合救灾活动》，http：//suo.im/5vd582，2019年7月16日。

"慈航联盟"还组成联合救援队，赴吉安洪水重灾区及四川宜宾地震灾区直接参与救援行动。"慈航联盟"汇聚了众多国内佛教背景的基金会，协同多方力量共同开展救灾活动，是宗教界参与社会应急救灾活动的一种全新的、有益的探索和尝试。

除国内救援外，中国佛教界也向海外受灾国家和地区伸出援助之手，显示了不分国界的大爱精神。上海玉佛禅寺和上海市佛教协会分别向泰国摩诃朱拉隆功大学和世佛联捐款人民币10万元[1]，以帮助当地遭受特大水灾的人民渡过难关。普陀山佛教协会向台湾灾区捐助500万人民币，以帮助受"莫拉克"台风重创的台湾同胞。[2]

（三）开展慈善周活动，宗教界共同行动

宗教界每年9月开展的"宗教慈善周"活动至今已有8年时间。2019年各地开展的"宗教慈善周"活动，组织形式上既有宗教管理部门统一协调下的各宗教的联合行动，也有省级或市县级宗教团体在本宗教系统内发起的联合行动。

广西"宗教慈善周"活动以"五教同行　助力脱贫"为主题，五大宗教团体捐赠21万元用于温和村小学活动场地修建[3]，帮助学校解决发展难题，创造良好的校园环境。云南省宗教界组织开展的"五教同行　助力扶贫"宗教慈善周活动以贫困地区和贫困群众为重点，以聚焦脱贫攻坚、全面实现小康为目标，截至2019年11月底，全省宗教界捐款捐物600多万元，用于养老助孤、捐资助学、灾害救助、帮助残疾人等脱贫攻坚工作。[4]

上海市道教协会举办2019年"宗教慈善周"启动暨优秀志愿者表彰与培

---

[1]《上海玉佛禅寺向泰国受灾民众捐款　助其重建家园》，https://www.dizangjingnj.com/foxuezs/12313.html，2019年7月18日。
[2]《普陀山佛教协会向台湾灾区捐款五百万人民币》，https://www.jing668.cn/fxzs/73099.html，2019年11月1日。
[3]《"五教同行　助力脱贫" 2019年广西"宗教慈善周"活动正式启动》，http://www.daoisms.org/article/sort028/info-40293.html，2019年8月29日。
[4]《我省宗教界积极开展"宗教慈善周"活动助力脱贫攻坚》，云南民族宗教网，http://suo.im/5RHrZN，2019年12月12日。

训活动，向志愿者代表授予了志愿者分队队旗，并评选出优秀志愿者、爱心团队和优秀义工。① 上海市宝山区佛教协会在2019年"宗教慈善周"助学活动中分别向上海大学、宝山区民族镇捐赠助学奖学金和助学帮困款共16.3万元。②

恩施市组织开展2019年"宗教慈善周"活动，以"扶贫济困，助力精准扶贫脱贫攻坚"为活动主题，有重点地开展公益慈善活动。③ 江苏兴化市2019年度"宗教慈善周"活动以"爱国爱教共圆梦　同心同行谱华章"为主题，佛道教及基督教共同开展项目活动，现场发放慰问金约6.5万元。④

四　宗教公益慈善组织的发展现状

宗教公益慈善组织是指宗教团体、宗教活动场所、宗教院校以及宗教界教职人员⑤和信徒为开展公益慈善活动依法成立的社会组织，形式上包括基金会和社会服务机构。社会服务机构数量庞大，数据搜集困难，本文以基金会为样本进行分析。所谓"宗教公益慈善组织"的"宗教"一词，是指这些组织的成立背景，并不指其开展的业务活动。"宗教背景"语意上比较宽泛，学界也缺乏统一认识，而且由于宗教身份敏感，并非所有基金会愿意显明机构的宗教背景，将近半数的宗教背景基金会并不凸显宗教符号⑥，这些都对社会组织的宗教背景归类产生困难。本文所称的宗教背景，主要基于以下四种情况的考察：首先，该组织在其名称、组织形式、使命中清楚表明信

---

① 《上海市道教协会2019年"宗教慈善周"启动仪式圆满举行》，http://www.daoisms.org/article/sort028/info-41188.html，2019年12月15日。
② 《上海市宝山区佛教协会开展2019年"宗教慈善周"助学活动》，http://www.fjnet.com/cssy/cssynr/201912/t20191206_280047.htm，2019年12月6日。
③ 《恩施市组织开展2019年"宗教慈善周"活动》，http://mzw.enshi.gov.cn/2019/1017/907577.shtml，2019年10月17日。
④ 《兴化市举办2019年度宗教慈善周启动仪式》，http://mzw.jiangsu.gov.cn/art/2019/9/23/art_39703_8718489.html，2019年9月23日。
⑤ 2017年新修订的《宗教事务条例》第五十六条规定：宗教团体、宗教院校、宗教活动场所、宗教教职人员可以依法兴办公益慈善事业。
⑥ 明世法：《宗教界慈善组织的"慈善透明"现状与优化治理——以宗教背景的基金会为例》，《世界宗教文化》2014年第6期，第85页。

仰背景或信仰动机；其次，理事会或发起人声称其宗教背景；再次，业务主管单位为宗教管理部门；最后，若机构活动和网络关系与宗教界有密切联系，也被认为具有宗教背景。通过检索中国社会组织公共服务平台、基金会中心网等网上数据库，并结合百度搜索、机构官方网站等公开信息进一步考察，目前发现宗教背景的基金会共有151家①。

（一）区域分布

在民政部登记注册的基金会有2家，分别是慈济慈善事业基金会和星云文化教育公益基金会，其余149家分布在大陆除辽、吉、黑、黔、新之外的26个省（区、市）。江苏省成立的宗教背景的基金会最多，达到25家；浙江省位居第二，有17家。这些基金会主要分布在东部地区——江苏、浙江、广东、上海、福建、河北等六省市宗教背景基金会80家，占大陆地区宗教背景基金会总量的53%（见图1）。

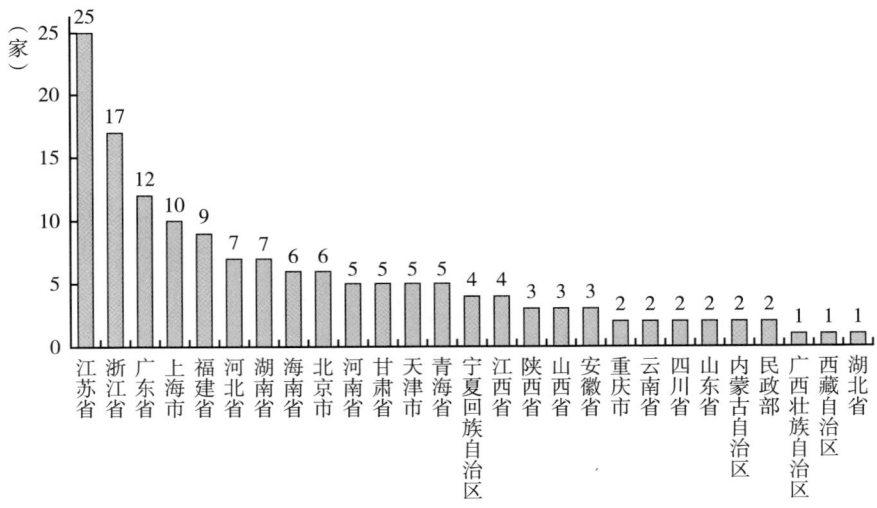

图1 大陆宗教背景的基金会注册地分布

---

① 有少部分宗教背景基金会从个人网络关系中获得。此类基金会一般为信徒群体成立，并不为公众所知。

（二）数量变化

从基金会历年数量变化来看：20 世纪 80 年代，宗教背景的基金会仅 1 家，90 年代成立了 4 家——佛教和基督教各 2 家。2012 年，国家宗教局、中央统战部等六部委联合发布《关于鼓励和规范宗教界从事公益慈善活动的意见》（以下简称《意见》）之后，2013～2016 年有 78 家宗教背景的基金会成立（见图 2），占目前总量的 51.7%。

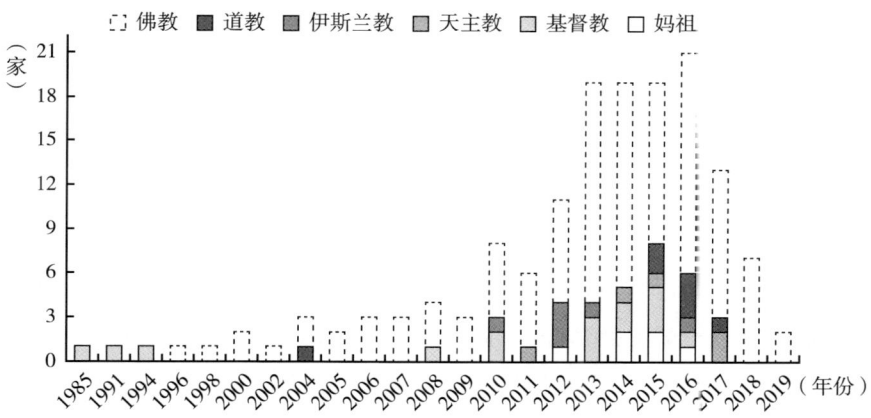

图 2　1985～2019 年宗教背景的基金会成立数量示意

（三）教派分布

宗教背景的基金会中：佛教背景的 112 家，占比 74.2%（其中"个人背景佛教独立型"基金会 33 家）；基督教背景的 15 家，占比 9.9%；道教背景的 7 家，占比 4.6%；天主教背景的 5 家，占比 3.3%；伊斯兰教背景的 6 家，占比 4%。五大宗教背景以外，也有民间信仰背景的基金会，如妈祖信仰，有 6 家，占比 4%（见图 3）。

（四）透明指数

2019 年 12 月，基金会中心网公布的全国基金会透明指数（Foundation

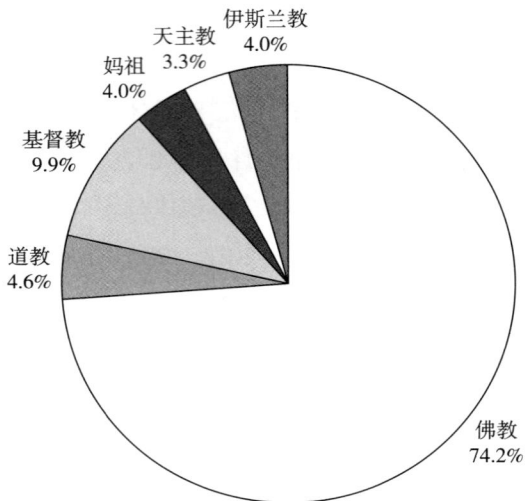

图 3　宗教背景基金会各教派占比

Transparency Index，FTI），平均分 51.34，相较上年的 50.08 分略有提高。151 家宗教背景的基金会有 11 家查询不到相关信息（其中 2019 年成立的 2 家无信息属正常情况），140 家的平均分为 37.45 分，远低于全国平均水平（见图 4）。其中，9 家基金会满分，60~100 分（含 60 分）16 家，60 分以下 115 家（其中 4 家得分为 0，不包括信息缺失的 11 家），占 76.2%。

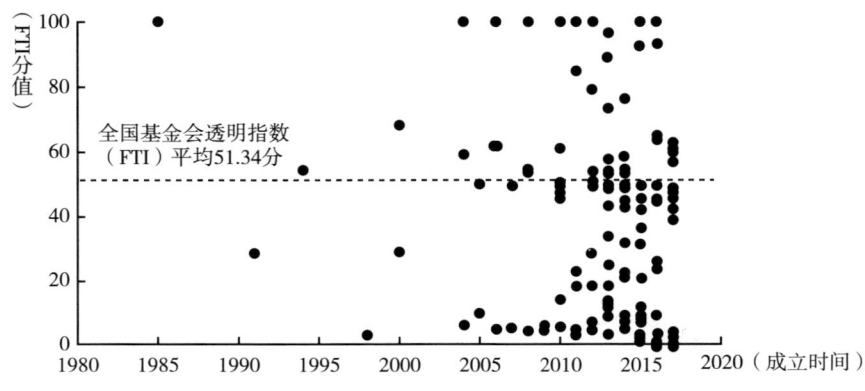

图 4　2019 年宗教背景基金会透明指数得分分布图

（五）公募资质

根据基金会中心网数据统计结果，2019年大陆有宗教背景的公募基金会18家，非公募基金会133家。在全国慈善信息公开平台（简称"慈善中国"）上查询，151家宗教背景基金会中有66家查询不到认定情况（见表1，为"情况不明"一栏），占43.7%；85家基金会通过了慈善组织认定，其中14家获得了公募资格，占9.3%；具有定向募捐资格的71家，占47%。14家具有公募资质的基金会中，佛教背景11家，天主教1家，基督教2家。

表1 慈善组织及公募资格认定情况

		宗教背景						总计
		佛教	道教	伊斯兰教	天主教	基督教	妈祖	
公募资格	情况不明	49	5	2	1	8	1	66
	否	52	2	4	3	5	5	71
	是	11	0	0	1	2	0	14
总计		112	7	6	5	15	6	151

宗教背景的基金会大多在省、自治区、直辖市一级的民政部门注册，共105家，占69.5%（见表2）；其次是地区及市一级，27家，占17.9%。在县、区一级登记注册的基金会17家，其中江苏8家，浙江5家，福建2家，湖南、云南各1家。民政部登记注册的两家基金会均被认定为慈善组织，省级登记注册的基金会有61家通过慈善组织认定（公募资格14家，定向募捐资格47家），占省级注册基金会的58.1%；省级以下注册的基金会，通过慈善组织认定及具有定向募捐资格的基金会共有22家。

表2 注册地与公募资格认定情况

		注册地				总计
		民政部	省级	市级	县区级	
公募资格	情况不明	0	44	14	8	66
	否	2	47	13	9	71
	是	0	14	0	0	14
总计		2	105	27	17	151

（六）其他情况

1. 业务主管

宗教背景基金会的业务主管单位多为各级宗教工作部门，有96家，占64%；其次是民政部门，有9家，占6%；文化和旅游部门、统战部各2家，占2.7%，此外由省宣教局、市广新局、省委统战部、省科协、自治区商务厅、自治区民族委、市社会团体管理局等部门主管的基金会也都各有1家。无主管部门及情况不明的36家，占23.8%。

2. 互联网应用

151家宗教背景的基金会中，无机构官网的74家，占49%；网址错误或打不开的有16家，占10.6%，有官网的48家，占31.8%，其中3家不是独立网址，而是架设在协会或场所的网址上，只有一个页面。

3. 治理架构

151家宗教背景的基金会中，能明确查到理事会及理事人员组成的有123家，占81.5%；能够查询到有明确的组织架构和部门组成的基金会有24家，占16%。

五 宗教公益慈善活动的特征和面临的困难

（一）受政策影响，宗教公益慈善活动呈现较大波动

宗教公益慈善活动的主体，其行为规范主要受宗教工作方面的法律政策约束，因而宗教公益慈善活动的开展也主要受这一领域的政策影响。2012年国家宗教局、中央统战部等六部门联合发布《意见》后，仅从宗教背景基金会的数量来看，2012~2017年成立的宗教背景的基金会达到102家，占目前这一类型基金会总量的67.5%。《意见》对宗教公益慈善的促进作用由此可见一斑。

2018年以来，宗教工作重心转移到了"四进"宗教场所等引导宗教与

中国社会相适应的中国化方向上,宗教界开展的公益慈善活动受到了一定的影响。中国大陆基金会数量2019年底达到7855家,6年内数量翻了一番,年平均增长率14%,其中主要是非公募基金会的增长,年平均增长率达到22%①。反观宗教背景基金会,三年来成立的数量一直在减少,与整个基金会行业的发展趋势背道而驰。此外,近年来宗教界开展的公益慈善活动在力度和广度上也都不如以往。

(二)宗教界开展的公益慈善活动仍然以传统慈善形式为主

随着社会经济发展,面对新的需求,宗教界也创新开展了不同形式的公益慈善活动,如上海市万佛寺委托上海野生动植物保护协会成立的"十方野生动植物保护基金"。该基金专门用于上海本土生物多样性的修复和保护,并呼吁信众以科学护生、智慧护生代替传统放生,保护地球家园②。但这种形式的现代公益活动,从整体上来看宗教界仍较少涉足,大多依然局限在扶贫济困、助残助学等救济性活动,以及访贫问苦、探望老人等传统节日时的固定活动。这些活动与现代意义上的公益慈善活动尚有距离。"诚然,慈善行为是有意义且出于善意的,但是它不能打破贫困的恶性循环",而且"在最差的情况下它可以流变为恩赐"。③ 简单的无偿赠予式的慈善活动,极易引发受助者"等、靠、要"依赖思想。

(三)宗教公益慈善面临的问题仍未得到有效解决

从宗教团体和宗教活动场所开展的公益慈善活动中,可以看出目前宗教公益慈善面临的发展问题仍未得到有效解决。首先,宗教公益慈善活动的"三性"问题仍然比较突出,即宗教慈善活动主体的"分散性"、善款募集

---

① 《数说基金会丨盘点!你的2019基金会年终报告已生成》,http://www1.foundationcenter.org.cn/report/content?cid=20200107141839,2019年12月31日。
② 《上海万佛寺捐款30万元恢复本土物种多样性》,http://www.fjnet.com/cssy/cssynr/201910/t20191018_278849.htm,2019年10月18日。
③ 魏克利:《慈善、服务与社会发展:爱德基金会的建立与国际基督教回应》,载陶飞亚、刘义主编《宗教慈善与中国社会公益》,2012,第436页。

的"临时性"以及活动开展的"随意性";其次,"三性"问题导致的宗教公益慈善"小、散、乱"的活动特征仍然存在;① 最后,宗教公益慈善活动中的被动参与现象仍然比较普遍。

从宗教界组织化的公益慈善活动——基金会的发展来看:一是数量少,与当前我国社会公益事业发展的水平及我国宗教事业发展的现状不匹配;二是,管理水平落后于一般世俗基金会。在机构管理上,宗教背景基金会的透明度平均水平仍然低于世俗基金会,在项目的专业化、创新性等方面也多有不足。

(四)宣传和研究不足,不利于调动宗教界参与社会建设的积极性

尽管宗教界开展了大量的公益慈善活动,但为社会公众了解不多。中国五大宗教信众近2亿,宗教教职人员38万余人②,有着广泛的群众基础。广大信徒"是广大人民群众的一部分,是拥护共产党的领导,拥护社会主义制度,积极参加社会主义建设的劳动者、爱国者"③。在构建社会治理新格局的过程中,只有把广大信教群众团结、引导到"为实现共同梦想而奋斗"的宏伟目标上来,才能"用13亿人的智慧和力量汇集起不可战胜的磅礴力量"④,共同为社会主义现代化建设服务。但由于宗教敏感因素,宗教界往往得不到与世俗社会组织一样使用公共资源的平等待遇。在大众媒体传播、社会表彰等方面宣传不够,不利于调动宗教界的积极性。此外,宗教界开展的公益慈善活动数据零散,缺少常规的数据汇总和发布渠道,既不利于学界对宗教公益慈善活动的研究,也不利于社会对宗教公益慈善事业的认识。

---

① 丘仲辉、朱艳伟:《2016年中国宗教公益慈善调查报告》,载杨团主编《慈善蓝皮书:中国慈善发展报告(2017)》,2017,第136页。
② 国务院新闻办公室:《中国保障宗教信仰自由的政策和实践》,《中国宗教》2018年第4期,第6页。
③ 《省领导与省宗教团体负责人座谈习近平讲话》,《福建日报》1997年9月6日。
④ 摘自习近平2013年3月17日在第十二届全国人民代表大会第一次会议上的讲话。

六 对于宗教界开展公益慈善活动的建议

宗教界开展公益慈善活动，与世俗社会组织相比面临更多的困难和障碍。宗教公益慈善事业发展的瓶颈在于宗教敏感——宗教公益慈善工作直接受到政府对宗教工作管理的影响。现有研究对于宗教公益慈善事业发展问题的认识和建议，学者常有循环论证的方法论问题[①]，如对于宗教界被动参与公益慈善活动这一问题，常提出宗教界要从思想上廓清认识、积极参与公益慈善活动的建议。但宗教公益慈善事业发展的问题往往不是来自宗教界自身：宗教公益慈善活动的"三性""小、散、乱"等问题，并非一定是宗教界造成的。诚然，宗教公益慈善活动面临的问题宗教界自身也不是完全无责，但如果把主要矛盾都归结到宗教界，恐怕这既非事实，也无助于问题的解决。

处境化的中国宗教面临的主要问题是中国化问题，现实的宗教公益慈善事业发展除面临上述问题外，也有如何适应公益慈善行业发展的问题。既然改变不了环境，就要去适应环境。宗教界开展公益慈善活动仍然要坚定信心、坚守信念，坚定不移地开展下去，做到服务社区、服务社会，通过实际行动融入社会建设。在实践中一步步探索，并总结经验，提升水平。

（一）紧跟政策，学习实践，把握边界

宗教界开展公益慈善活动的政策依据主要是2012年的《意见》、2016年实施的《慈善法》及2017年新修订的《宗教事务条例》。宗教界开展公益慈善活动，首先要学习相关的政策法规，做到不逾矩、不越轨。宗教慈善最大的难点在于社会对于"借机传教"的担忧。相关法律政策对何种行为属于借机传教都未做明确界定，这就需要在实践中探索和总结。不论是社会

---

① 李友梅：《中国社会管理新格局下遭遇的问题——一种基于中观机制分析的视角》，《学术月刊》2012年第7期，第13页。

公益慈善还是宗教公益慈善,其底线都是不触犯国家法律政策。这就要求宗教界负责人和从事相关工作的人员,学习和熟悉相关的政策法律,在实践中把握边界,从而避免将宗教慈善置于争议处境。

(二)因地制宜,量力而行,发展特色

宗教公益慈善事业尚处于起步后的发展阶段,大部分宗教团体和活动场所可用于公益慈善活动的资金、人力都比较有限。宗教界应从自身实际和社会需求出发,合理规划,量力而行。宗教公益慈善活动践行的是宗教信仰,体现的是爱心与责任,不能仅用捐款捐物的数量多少来衡量。宗教公益慈善要从实际出发,在调查研究基础上确定重点领域和优先领域,注重发挥特点和优势,不求面面俱到,但要抓好亮点、抓出特色,力争在一个方面或一个领域取得进展,进而形成项目品牌。具备条件的团体、场所应根据社会需求、自身能力,结合传统,积极借助其他社会组织或公益平台开展合作,设立慈善项目,形成机制化、专业化、常态化的长期项目,促进社会服务工作的规范化、现代化发展。

(三)借力使力,互联互通,创新发展

宗教公益慈善要根据社会发展需要开展工作,也要借助社会发展的动能,为慈善工作插上起飞的翅膀。互联网公益平台的发展促进了中国公益慈善事业的发展,公益组织借助这些互联网平台,宣传了项目,募集了资金。与公益慈善组织相比,宗教界一个突出的优势就是具有深厚的群众基础和强大的凝聚力,不足之处在于从事公益慈善活动的专业性。宗教界如果能够与专业的公益慈善组织合作,借助互联网平台的优势以及公益慈善组织的专业性,培养能力,募集资源,就可能比较快速地走上规范化、专业化发展的道路。

大陆地区宗教背景的基金会数量众多,其中不少已被认定为慈善组织并获得公募资质。宗教界可以通过与本宗教背景的慈善组织合作,也可以跨宗教合作,借助互联网公益的发展,开展项目,创新发展,进一步融入社会公益慈善事业的发展。

（四）坚守信念，久久为功，善作善成

宗教公益慈善的重要特点就是广大宗教界人士和信众的积极参与和坚持。在坚定信仰的支撑下，从事宗教公益慈善的信众将宗教的坚忍、友爱和奉献精神传递给特殊困难群体，给予他们亲人般的关怀和精神上的慰藉，为他们送去温暖，这是社会公益慈善难以相比的优势所在。"难行能行，难忍能忍"，一般社会组织难以做到的宗教慈善能做到，一般社会组织难以坚持的宗教慈善能坚持。尤其是在一些特定的社会服务领域，宗教慈善能发挥特殊的优势和作用，比如养老、戒毒、临终关怀等领域。随着我国社会各方面事业的发展，社会需求也呈现出多样化趋势，宗教公益慈善活动必将能够发挥更大优势，获得更大的发展空间。

B.7
2019年中国彩票与慈善发展报告

宋宗合*

摘　要： 2019年，中国体育彩票和福利彩票（以下简称"两彩"）销售总量为4220.53亿元，年度筹集彩票公益金1140.46亿元①，由于政策管制收紧，两彩销量双双走低，同比减少近900亿元，下降近18%。尽管彩票销量出现下滑，但是强调彩票紧贴公益属性和强调社会责任的声音一直在加强。彩票管理领域的"放管服"改革也开始启动，一方面继续加强监管，一方面着手精简审批。无论是制度层面还是经营购彩层面，围绕制度改革和环境优化的期望和行动从未停止。

关键词： 销量下降　"放管服"　环境优化

一　2019年彩票业发展综述

自2019年初强势监管政策出台，彩票业就被认为春天渐远、凛冬已至，互联网售彩叫停，高频快开和竞猜类型多个彩种游戏规则被迅速调整，年度销售结果是，整体销量大幅下滑，且以近千亿的下滑幅度表现在销量报告中。这样一种整顿包括继之以后的彩票领域"放管服"改革②，表明了国家

---

* 宋宗合，中民社会救助研究院执行院长，研究方向：社会救助、社会福利等。
① 2019年度彩票公益金不含弃奖资金量，下文引用和计算均同。
② 《财政部适时修订部门规章　扎实推进"放管服"改革》，http://tfs.mof.gov.cn/zhengwuxinxi/caizhengfazhidongtai/201905/t20190515_3258251.html。

坚决整饬彩票业和改革彩票管理的决心和态度，以《彩票管理条例实施细则》修订为代表的彩票法治化建设进一步推动了彩票事业的规范化发展。

1.2019年两彩销量及公益金筹集总体情况

2019年彩票业销量陡然下降，且下滑幅度不小，全年两彩销量达到4220.53亿元，比上年度减少894.18亿元，下降了17.5%。这一成绩消解了2018年快跑带来的增长，直接跌至与2017年4266.69亿元相似的销量。两彩之中，体育彩票销量降幅大于福利彩票，福利彩票销售量为1912.38亿元，同比减少了333.18亿元，降幅为14.8%；体育彩票销售量为2308.15亿元，同比减少了561.00亿元，降幅为19.6%。

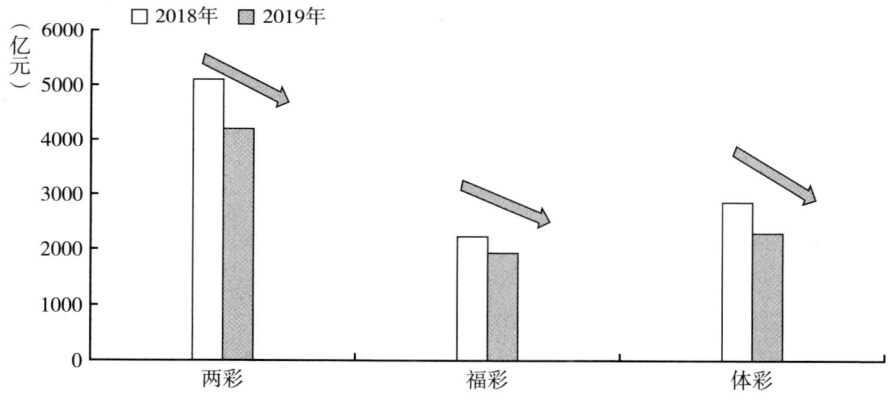

图1　2018年和2019年彩票销售情况

从彩票公益金的筹集来看，总体呈下降趋势。2018年两彩共筹集彩票公益金1313.62亿元，其中福利彩票筹集公益金643.59亿元，体育彩票筹集公益金670.03亿元。对比一下2017年彩票公益金筹集比例，2017年福彩公益金占福彩总销量比例为28.5%，2018年为28.6%，2017年体育彩票公益金占体彩总销量24.9%，2018年则为23.4%，2017年两彩筹集的公益金占彩票总销量的比例为26.7%，2018年则为25.7%。体彩公益金的筹集比例拉低了公益金筹集总比例。①

---

① 引自财政部数据。

从五种彩票类型①的销售情况分别进行分析,乐透型、竞猜型、即开型、视频型、基诺型彩票各自占销量比重为 53.80%、28.90%、6.80%、10.40%、0.10%(见图2),只有即开型和基诺型彩票的销量上升,其他三种彩票类型销量都有下降,尤其是承担彩票销售主力作用的乐透型和竞猜型降幅都比较大,直接影响了年度整体销量。具体销售情况为:乐透型彩票销售 2272.37 亿元,同比下降 485.32 亿元,降幅达 17.60%;竞猜型彩票销售 1219.43 亿元,同比下降 435.62 亿元,降幅最大,达 26.30%;即开型彩票销售 285.22 亿元,同比增长了 59.96 亿元,增幅为 26.60%;视频型彩票销

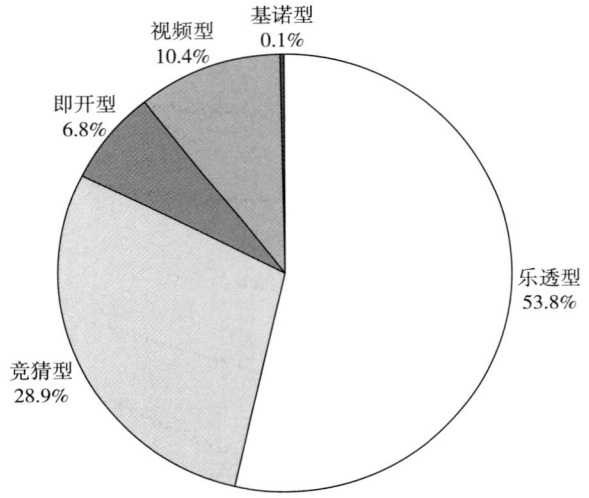

图2 五种彩票类型销售总量占比

---

① 目前在售的体育彩票和福利彩票的玩法分为五种类型,其公益金提取比例的相关规定如下:一是以双色球、超级大乐透等为主的全国性乐透数字型彩票,彩票公益金提取比例约为 36%,彩票奖金和彩票发行费提取比例约为 51% 和 13%;以快速开奖等为主的地方性乐透数字型彩票,大部分彩票游戏的彩票公益金提取比例为 28%,彩票奖金和彩票发行费提取比例为 59% 和 13%。二是以竞猜为主的竞猜型彩票,大部分彩票游戏的彩票公益金提取比例为 18%,彩票奖金和彩票发行费提取比例为 73% 和 9%。三是以中福在线为主的视频型彩票,彩票公益金提取比例为 22%,彩票奖金和彩票发行费提取比例为 65% 和 13%。四是即开型彩票,大部分彩票游戏的彩票公益金提取比例为 20%,彩票奖金和彩票发行费提取比例为 65% 和 15%。五是以快乐 8、开乐彩等为主的基诺型彩票,彩票公益金提取比例为 37%,彩票奖金和彩票发行费提取比例为 50% 和 13%。

售 440.85 亿元,同比下降 33.57 亿元,降幅为 7.10%;基诺型彩票销售 1.67 亿元,同比增加 0.37 亿元,与往常表现一样持续增长,增幅为 28.60%。

2019 年的彩票销售量与 2018 年同期相比,全国除四川省彩票销售量出现增长之外,其他省份都是下行态势。其中四川省同比增加 10.91 亿元。

彩票公益金来自彩票销售,自彩票诞生至 2019 年底,福利彩票和体育彩票两种类型彩票累计销售 41710.94 亿元,从中提取彩票公益金 11699.34 亿元。分开来看,福利彩票自 1987 年至 2019 年累计销量达到 22109.71 亿

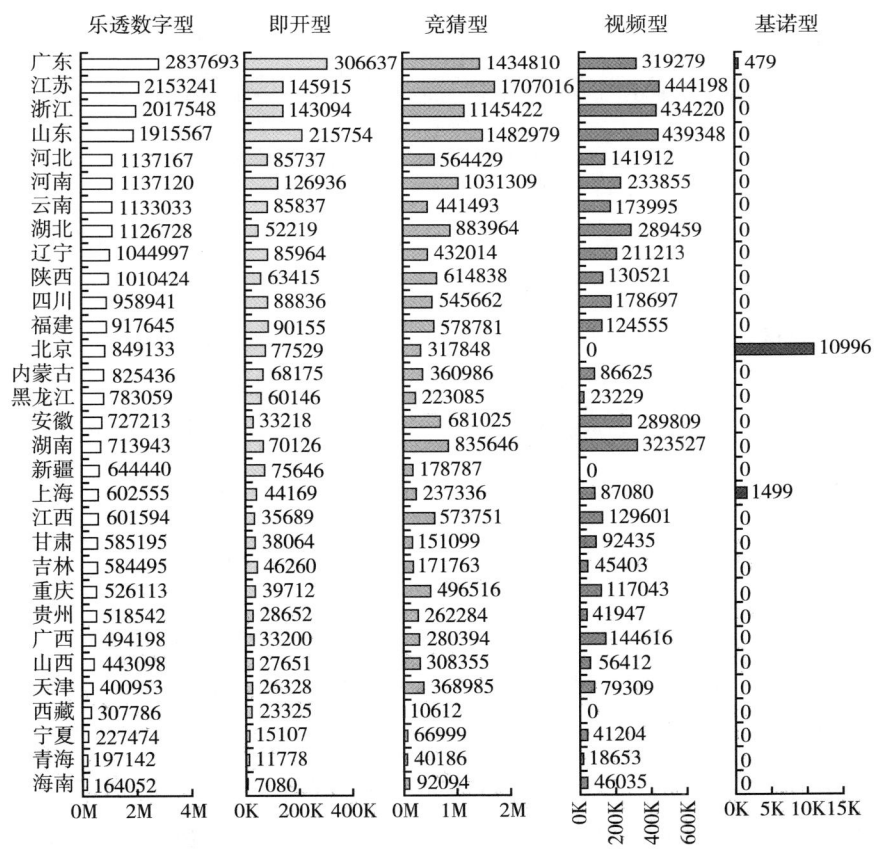

图 3 2019 年五种彩票类型分省(区、市)销量

元，筹集彩票公益金约6575.87亿元；体育彩票自1994年到2019年累计销售达到19601.23亿元，筹集彩票公益金约5123.47亿元（见图4）。

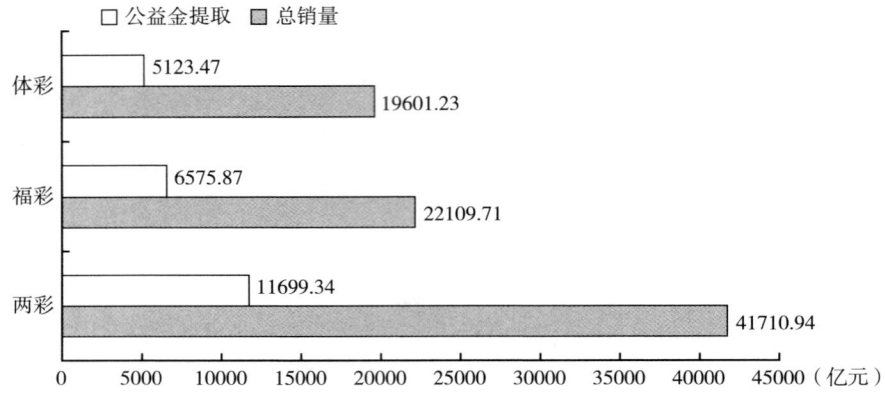

图4　2019年彩票总销量及公益金提取

从2019年彩票公益金的筹集情况进行观察，两彩共筹集彩票公益金1140.46亿元，其中福彩公益金筹集557.28亿元，体彩公益金筹集583.18亿元。总量比上一年度1313.62亿元下降173.16亿元，福彩公益金下降86.31亿元，体彩公益金下降86.85亿元。如果按照以往惯例计上弃奖转公益金量，虽然2019年彩票销量下滑幅度较大，但实际上两彩的公益金提取比例都有不同程度上升，其中福彩公益金提取比例由2018年的28.66%上升到29.14%，体彩公益金提取比例由2018年的23.35%上升至25.27%，致使公益金总量下滑幅度并不大。

就实际提取比例来说，由于各彩票类型的公益金提取比例不同，尤其是占据彩票销量半壁江山的乐透型彩票，公益金提取比例更是区分了全国型和地方型，其中全国型乐透彩票的公益金提取比例为36%，地方型乐透彩票的公益金提取比例为28%。而从可获取数据中没有区分出两者的具体销量数据，仅从混合销量中可以分析出，乐透型彩票的公益金提取比例为34%。从提取比例可以得出乐透型、竞猜型、即开型、视频型、基诺型五种类型彩票的公益金筹集量分别为766.31亿元、219.50亿元、57.04亿元、96.99亿

2019年中国彩票与慈善发展报告

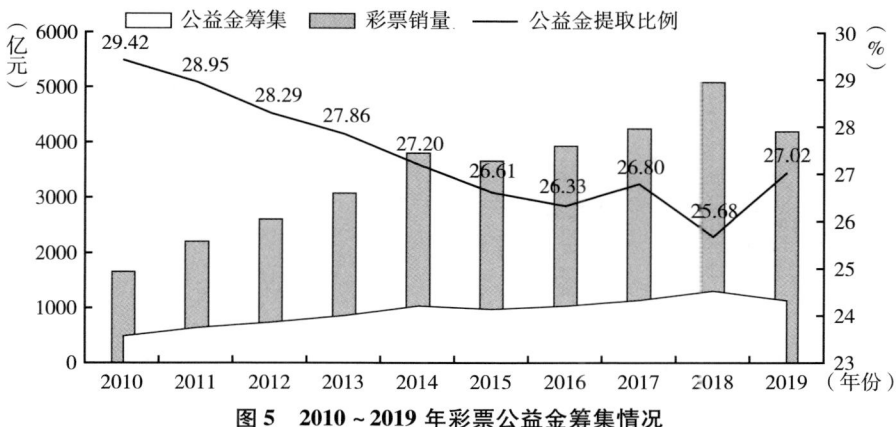

图5 2010～2019年彩票公益金筹集情况

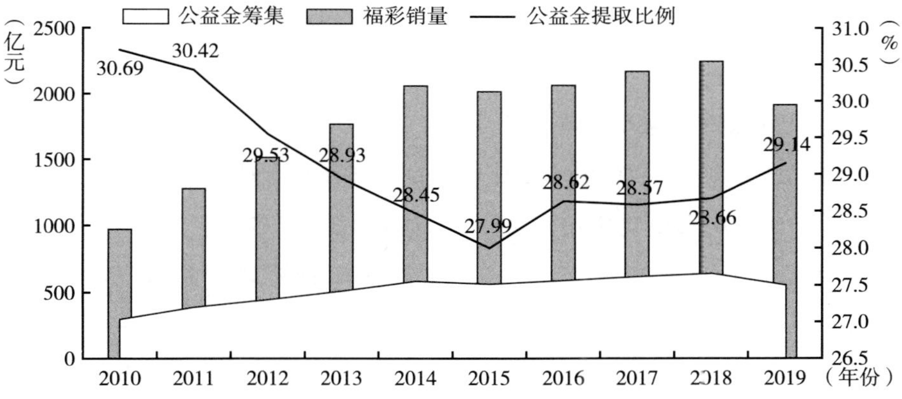

图6 2010～2019年福利彩票公益金筹集情况

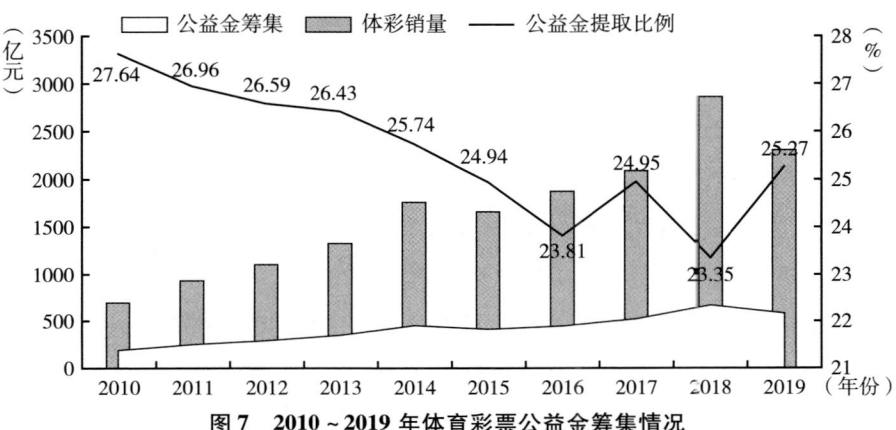

图7 2010～2019年体育彩票公益金筹集情况

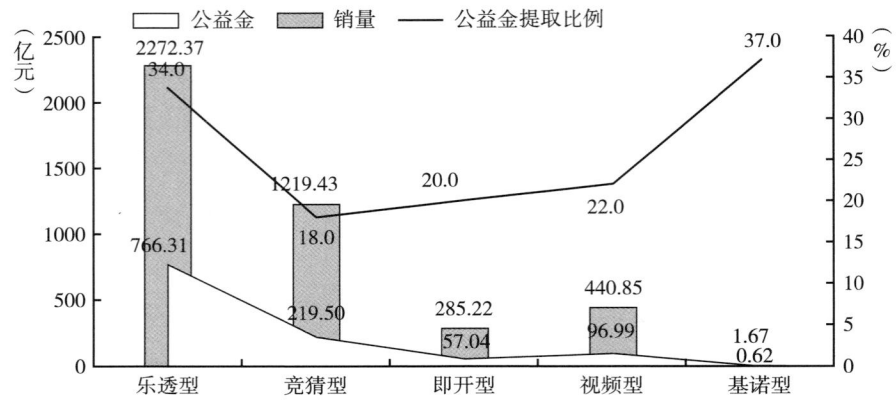

图8 2019年五种彩票类型销售、公益金筹集情况

元、0.62亿元。

2. 2019年彩票公益金走势分析

可以说,彩票业的整顿自2015年审计风暴和互联网禁售之后就没有停止过。2019年彩票销售市场剧变,背后隐藏的原因有多重:一是彩民心理的变化。中国福利彩票发行中心委托中国社会科学院进行的一项调查显示,在"购买福利彩票的主要心态"的问题中,53.57%的人抱着"娱乐一下"的心态,12.76%的被调查者"想赢钱"。历经审计风暴的洗礼,加之持彩票为娱乐调剂心态的购彩者越来越多,彩票公益属性逐步凸显。

二是政策的大举变革。2019年1月15日,财政部发布《关于加强高频快开游戏派奖促销管理的通知》,面对彩票市场中出现的问题,比如部分彩票游戏派奖促销活动中刻意加大强度、恶意延长时间、派奖金额远超返奖等,种种促销手段引发了部分彩民大额非理性购买彩票,市场秩序部分失范,该通知的目的就是坚决遏制这些恶意现象的继续,促进彩票发行销售工作平稳有序进行。该通知要求自1月16日起,暂停高频快开游戏派奖促销活动,暂停开展任何形式的派奖和促销活动。

1月28日,财政部、民政部、国家体育总局三部委联合发布《关于调整高频快开彩票游戏和竞猜彩票游戏规则加强彩票市场监管的通知》（以下简称《通知》），进一步下调了竞彩和高频快开游戏的返奖率，也对高频快开游戏的销售频次、开售场次、代销佣金比例等多方面进行严格限制。其中销售频次的规定对于促销活动产生了刹车式影响，上述三部委联合下发的《通知》要求自2019年2月11日起，高频快开游戏每期销售时间短于20分钟的，一律调整为20分钟。这对快开游戏的吸引力带来了一定影响，有专家分析说这一政策使高频快开游戏的销量减少一半[①]。

事实上发挥更大作用的是关于《彩票管理条例实施细则》的修订。2018年8月16日，财政部会同民政部、国家体育总局对《彩票管理条例实施细则》进行修订，一方面精简彩票管理审批事项，一方面加强彩票监管。对于精简审批，删除了"彩票销售机构开展派奖审批"，"彩票销售机构销售实施方案审批"和"彩票品种开设、变更所需的技术检测"等行政审批和审批中介服务事项的相关内容，巩固行政审批改革成果。对于继续保留的行政审批事项，按照"权责对等"的原则增加了审批责任追究条款，在赋予行政机关及审批人审批权的同时，明确其相应的审批责任。对于加强监管，将"擅自利用互联网销售的福利彩票和体育彩票"纳入"非法彩票"范畴，第一次在立法上明确擅自利用互联网销售彩票的非法性质，为执法部门依法行政、严格执法提供依据。

在彩民、市场、政策多种力量的交互作用下，责任为先、规范管理，消费者适度娱乐、理性消费等理念应运而出，只有这种健康理念下的彩票运营，才能更进一步促进彩票公益属性的实现。

二 2018年度彩票公益金使用情况

按照《彩票管理条例实施细则》和《财政部关于印发〈彩票公益金管

---

① 《2019年的彩票销量可能下降到4000亿元以下》，中国经营网，http://www.ocn.com.cn/touzi/chanjing/201902/fphqf23134545.shtml，最后检索时间：2019年2月23日。

理办法〉的通知》明确规定的彩票公益金分配办法①，将来源于彩票发行销售收入和逾期未兑奖的奖金进行分配，专项用于社会福利、体育等社会公益事业。

由于彩票公益资金使用信息公开受制于统计方法，往往延迟至次年年中公开。本报告对 2018 年的彩票公益金包含中央彩票公益金、两部委本级彩票公益金和部分地方彩票公益金使用情况进行分析。

2018 年两彩公益金总筹集额为 1313.62 亿元，加上弃奖资金 25.13 亿元，实际上公益金总量为 1338.75 亿元。按照彩票公益金分配办法，中央彩票公益金计提 652.62 亿元，加上上年度结转收入 82.56 亿元，共计 735.18 亿元。经过全国人大审议批准，2018 年实际支出中央专项彩票公益金 586.54 亿元，其中分配给全国社会保障基金 358.45 亿元，分配给民政部和国家体育总局各 29.87 亿元，中央专项彩票公益金分配额为 168.35 亿元，用于国务院批准的社会公益事业项目。

1. 全国社会保障基金储备金

按照财政部关于调整彩票公益金分配政策的通知，中央集中的彩票公益

图 9　2010～2018 年中央彩票公益金分配情况

---

① 中央和地方之间按 50∶50 的比例分配。中央集中彩票公益金在全国社会保障基金、中央专项彩票公益金、民政部和体育总局之间分别按 60%、30%、5% 和 5% 的比例分配。地方留成彩票公益金，由省级财政部门商民政、体育等有关部门研究确定分配原则。

金，在社会保障基金、中央专项公益金、民政部和国家体育总局之间，按60%、30%、5%和5%的比例进行分配。彩票公益金每年转移一定资金用于补充全国社会保障基金，地方彩票公益金也会相应支出，作为这一国家战略储备基金的重要财政资金来源，彩票公益金为中国社会保障事业做出巨大贡献。

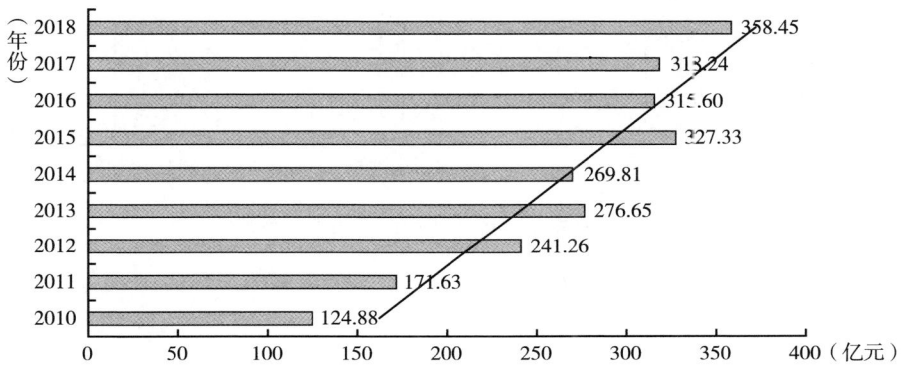

图10　2010~2018年中央彩票公益金补充社保基金情况

2018年，财政性资金拨入全国社会保障基金达到573.77亿元，其中中央财政预算拨款200亿元，中央彩票公益金支持358.45亿元，国有股减持资金15.32亿元。扣除实业投资项目上市时社保基金会作为国有股东履行减持义务而减少国有股份0.06亿元，2018年度财政性净拨入全国社保基金累计573.71亿元[1]。

从2001年起，彩票公益金就成为社保基金不可或缺的重要资金来源。截至2018年，财政性拨入全国社会保障基金中的资金和股份累计有9151.57亿元，其中中央财政预算拨款共计3298.36亿元，彩票公益金共计3010.14亿元，国有股减持资金和股份共计2843.07亿元。如果以彩票发行以来至2018年已分配彩票公益金10558.88亿元来计，几近三成，如果仅以中央彩票公益金来计，占中央彩票公益金使用总量的近六成。可以说，全国社会保障基金顺利运行，离不开彩票公益金的鼎力支持。

---

[1]《社保基金年度报告（2018年度）》。

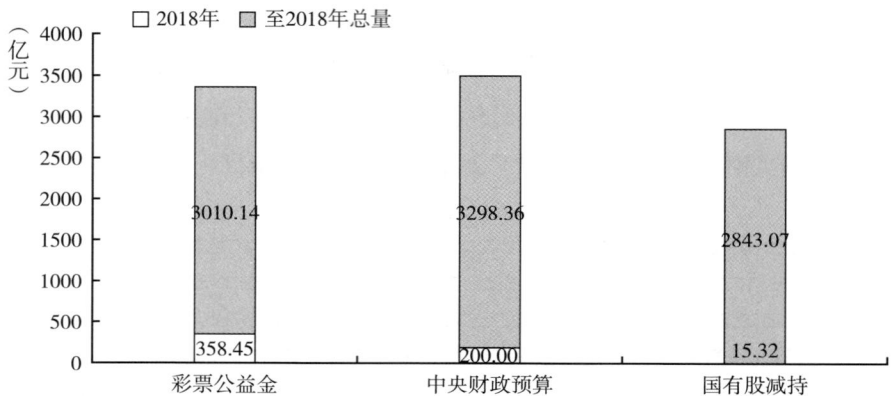

图 11 彩票公益金支持社会保障基金情况

2. 中央专项彩票公益金使用

按照政策规定，中央彩票公益金专项主要就是用于社会公益，其使用主体政府部门以落实社会公益项目为主，同时采用项目制的方法资助人民团体和基金会等。2018年中央专项彩票公益金为168.35亿元，与2017年的162.37亿元相差不大。其中45.43亿元交由人民团体和社会组织来实施，其余由政府部门实施。与2017年相比，资金使用方向几乎没有变化，只是在金额上进行了微调，其中用于扶贫事业的资金由18亿元增长至20亿元，用于文化公益事业的资金由4.68亿元增长至8.32亿元，用于农村贫困母亲"两癌"救助的资金由3亿元增长至3.06亿元。

政府部门组织实施方向和领域为：50亿元转移支付地方政府，主要由中西部等地区结合实际情况统筹使用，重点用于养老、扶贫、基本公共文化等社会公益事业发展薄弱环节和领域，改善其落后现状，以促进全国各地社会公益事业协调发展；20亿元交由国务院扶贫办组织实施，主要用于支持贫困村村内小型生产性公益设施建设；18亿元交由国家医疗保障局实施，用于资助困难群众参保参合，按照标准对困难群众难以自付的基本医疗费用进行补助；10亿元交由民政部开展居家和社区养老服务改革试点工作；9.2亿元交由教育部组织实施校外活动保障和能力提升等；7.40亿元交由中央

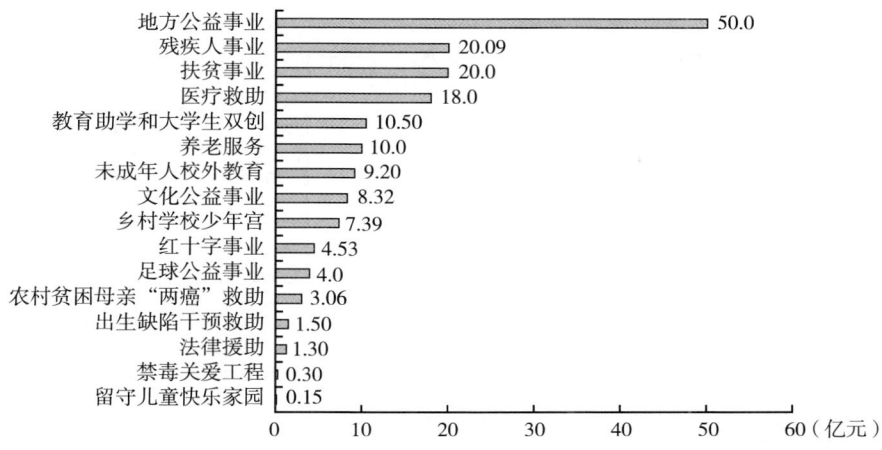

图12　2018年中央专项彩票公益金分配情况

文明办新建乡村学校少年宫等。

人民团体和社会组织组织实施方向和领域为：中国残疾人联合会组织实施20.09亿元，主要用于残疾人体育，盲人读物出版、盲人公共文化服务，以及残疾儿童康复救助、贫困智力精神残疾人和重度残疾人残疾评定补贴、残疾人助学、贫困重度残疾人家庭无障碍改造、残疾人康复和托养机构设备补贴、残疾人文化等方面支出。中国妇女发展基金会使用公益金3.06亿元，用于农村贫困母亲"两癌"救助；中国足球发展基金会使用公益金4亿元，用于资助青少年足球人才培养等足球公益项目；中国出生缺陷干预救助基金会使用公益金1.5亿元，用于出生缺陷救助及防治宣传和教育；中国法律援助基金会使用公益金1.3亿元，用于农民工、残疾人、老年人、妇女家庭权益保障和未成年人法律援助项目；中国禁毒基金会使用公益金3000万元，用于支持受毒品危害严重的校园进行图书角建设；中国儿童少年基金会使用公益金1500万元，主要用于在农村开办留守儿童快乐家园，改善农村留守儿童生存状况等。

3. 两部委本级彩票公益金使用

民政部及国家体育总局按照2018年配额分别使用彩票公益金29.87亿

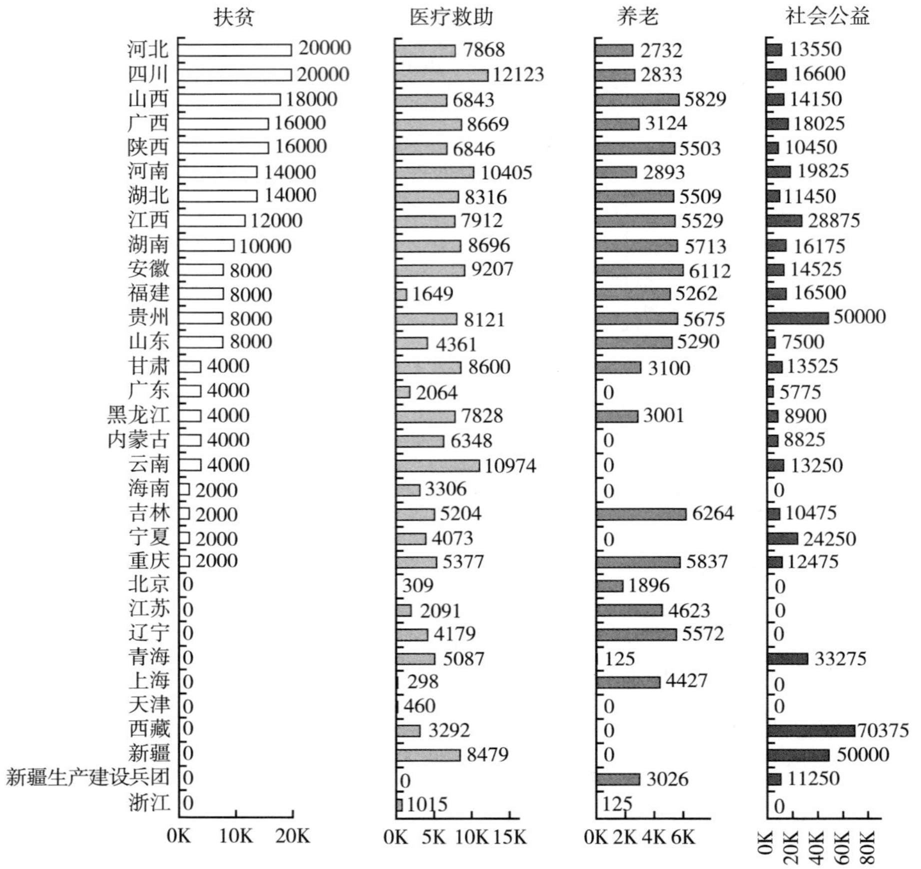

图13 2018年中央彩票专项公益金分配给各省（区、市）
扶贫、医疗救助、养老、社会公益情况

元。其中民政部遵循"扶老、助残、救孤、济困"的福彩公益金使用宗旨进行细化分配使用。重点支持养老服务领域，优先支持社会福利设施建设及残疾人、孤儿、困难群众等受益项目，适当支持符合规定的其他社会公益项目，补助困难地区发展公益事业。国家体育总局则遵循体育彩票公益金"来之于民、用之于民"的宗旨，支持开展群众体育工作，资助竞技体育工作，同时积极参与社会公益事业建设。

2018年民政部本级福彩公益金大部分用于补助地方，部本级留存使用

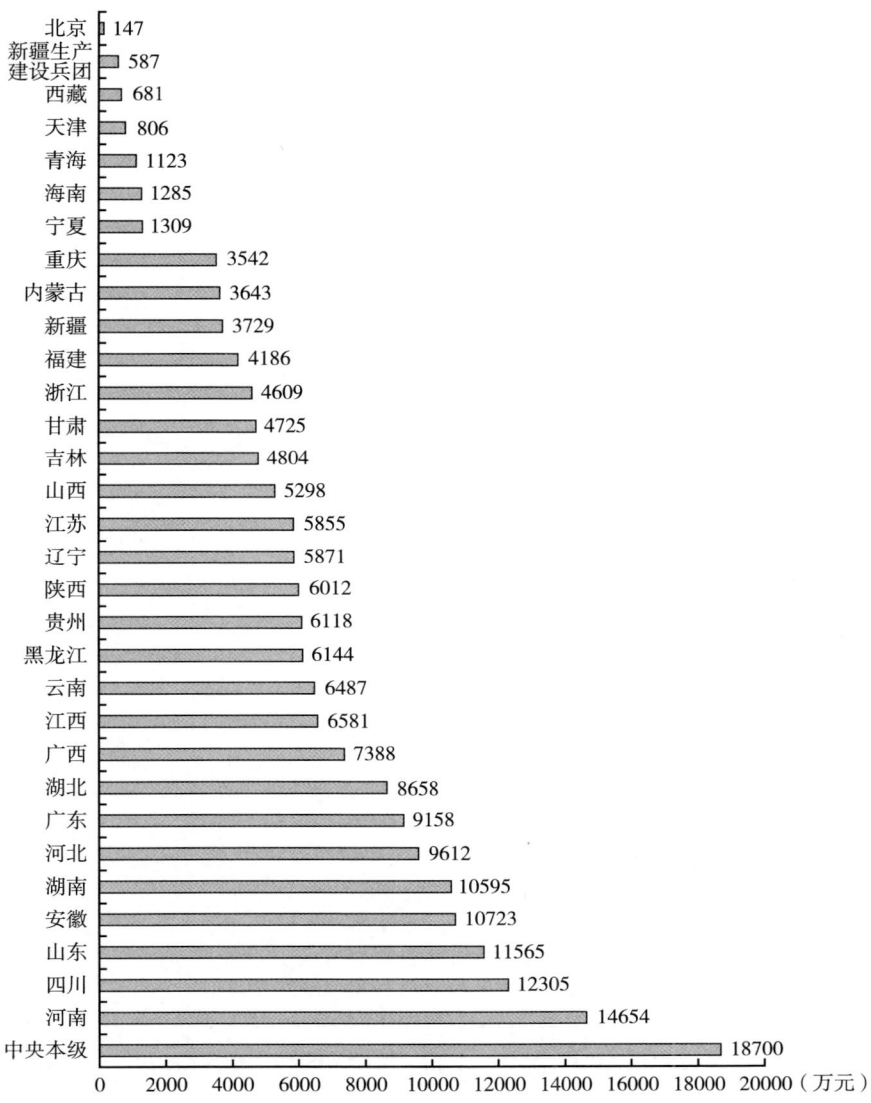

图 14　2018 年中央专项彩票公益金支持各省（区、市）残疾儿童康复情况

逐年减少。其中补助地方 28.97 亿元①，部本级使用不足 0.9 亿元，创历年

---

① 民政部 2018 年度彩票公益金使用情况公告。

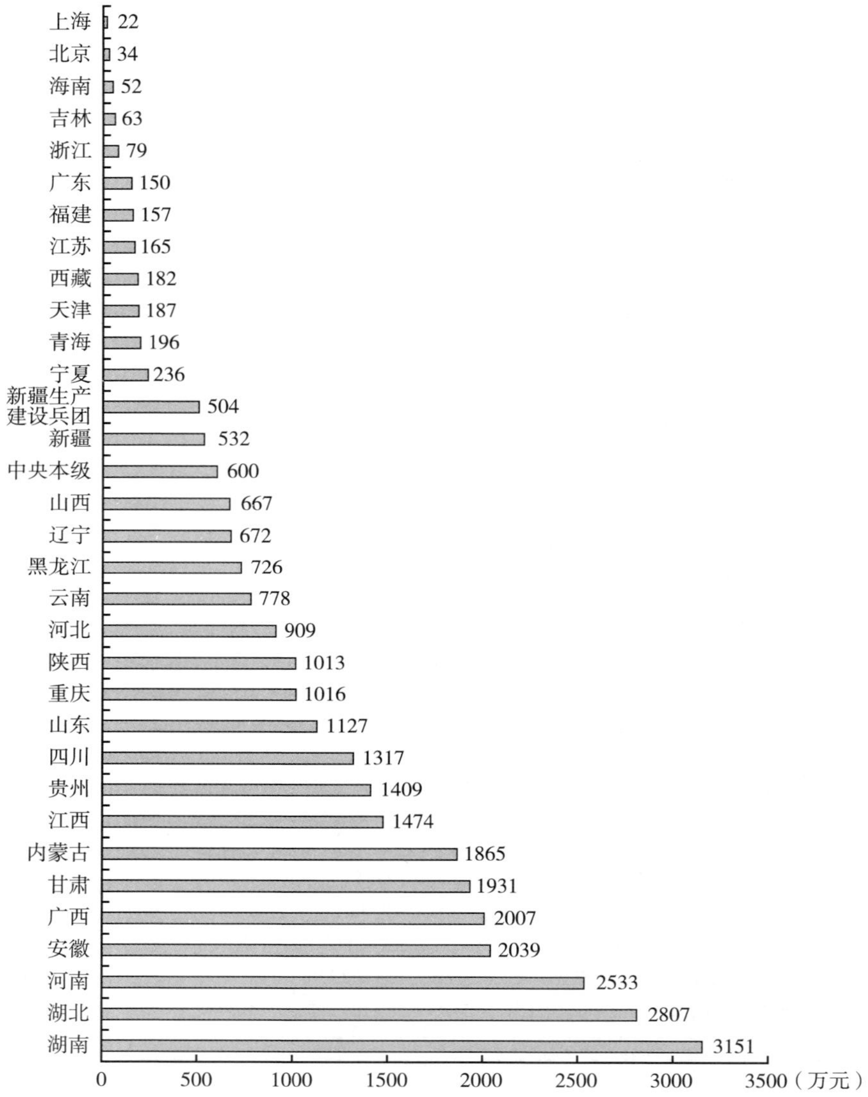

图15 2018年中央专项彩票公益金支持全国各省（区、市）
农村贫困妇女"两癌"救助资金分配情况

新低。部本级资金8952万元主要用于民政部直接实施项目或者采取向社会力量购买服务的形式开展社会公益项目。

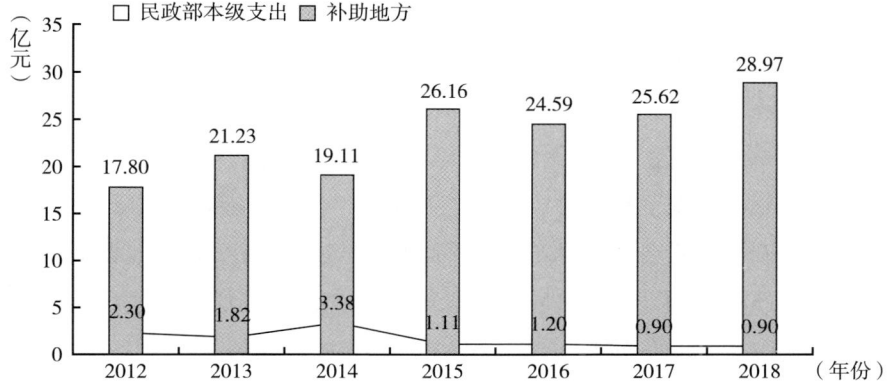

图16 2012~2018年民政部福彩公益金分配使用情况

补助地方老年人福利项目占据资金半数以上，为148368万元，主要用于新建和改扩建以服务生活困难和失能失智老年人为主的城镇老年社会福利机构、城镇社区养老服务设施、农村特困人员供养服务设施、供养孤老优抚对象的光荣院、对伤病残退役军人供养终身的优抚医院、城乡社区为老服务信息网络平台等。

残疾人福利类项目55890万元。主要用于重点支持精神障碍社区康复服务发展，国家康复辅助器具产业综合创新试点，精神卫生社会福利机构、民政直属康复辅具机构以及其他残疾人服务机构建设和设施设备配置等工作。

儿童福利类项目55890万元，包括儿童福利体系建设和明天计划两项内容。其中儿童福利服务体系建设项目42890万元，主要用于支持人口在50万以上或孤儿较多的县新建、改建儿童福利机构或社会福利机构儿童部；加强基层儿童福利服务体系建设，为儿童之家配备相应的设施设备；根据儿童福利机构特殊教育和脑瘫康复训练示范基地康复工作开展情况对机构内涉及儿童养育、治疗、教育、康复项目予以资助；对国务院防治艾滋病工作委员会办公室确认的全国艾滋病流行重点省（区、市）予以资助。残疾孤儿手术康复明天计划项目13000万元，为残疾孤儿提供及时科学的医疗康复，改善他们的身体条件和健康状况。

社会公益类项目29600万元。包括三项内容,一是未成年人救助保护机构功能建设及购买服务项目12132万元。主要用于市县未成年人救助保护机构功能建设及购买服务。重点支持农村留守儿童和困境儿童较多、救助保护任务重的地区开展临时监护照料无人监护、遭受监护侵害儿童等救助保护工作,以购买服务的方式对乡镇、村居未成年人保护工作进行指导、监督、培训等。二是殡葬基础设施设备建设更新改造项目12535万元。坚持以满足群众需求为向导,重点支持中西部地区殡葬基础设施设备(包括殡仪馆、公益性节地生态安葬设施、民族地区殡仪设施及相关设备)建设和改造,其中,对殡葬基础设施建设缺口大、财政困难地区给予重点资助,着力补齐中西部地区殡葬基础设施建设短板。三是社会工作和志愿服务项目4933万元。主要用于补助各地开展一批面向老年人、残疾人、儿童和困难群众的社会工作和志愿服务项目,帮助其修复和发展社会功能、建立社会关爱与支持系统、改善生活境况。

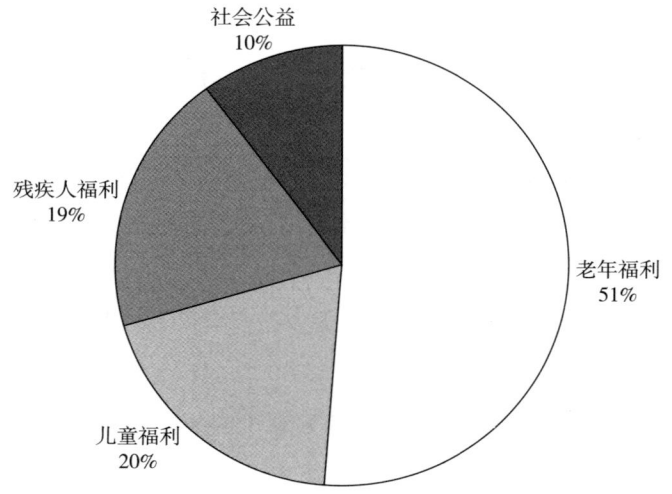

图17 2018年民政部本级福彩公益金补助地方使用情况

民政部部本级余留资金较少,与2017年一样留下8952万元作为部本级直接使用资金。这不足一亿元资金同样用于开展老年人、残疾人、儿童以及其他社会公益领域的工作,共包含8个项目,分别是福康工程、大龄孤儿学历教育、孤残儿童高等教育助学、涉外送养儿童寻根回访、儿童福利机构特教培训、"夕阳红"救助服务、彩票公益金评估评审、社会福利和社工人才培训等。

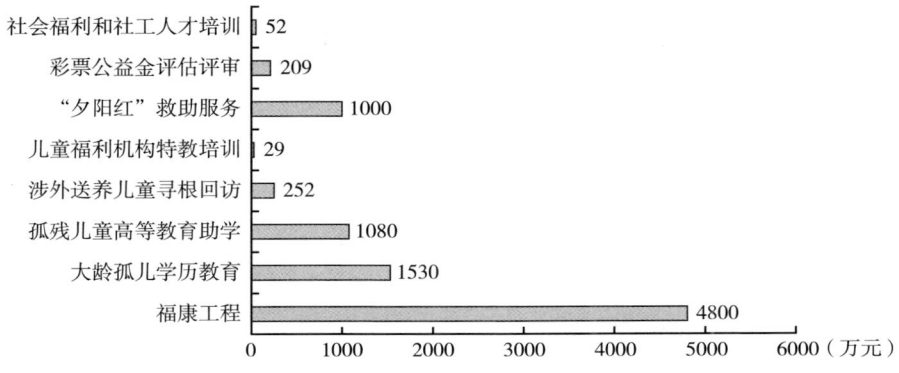

图18　2018年民政部本级福彩公益金实施情况

国家体育总局被分配到的彩票公益金与民政部等同，为29.87亿元。按照惯例，分别用于群众体育和竞技体育的支持工作，其中群众体育使用金额占比继2017年降至76.88%之后继续下降，占比为70%，竞技体育占比30%[①]，这是2011年以来竞技体育使用公益金最高的一年。

图19　2011~2018年群众体育与竞技体育公益金使用情况

---

① 国家体育总局2018年度本级彩票公益金使用情况公告。

尽管国家体育总局与民政部所得彩票公益金分配额相同，但是由于管理体制的不同，国家体育总局详细规定了本级彩票公益金的使用方向，其中用于群众体育的资金为208948.39万元，用于竞技体育的资金为8751.61万元。

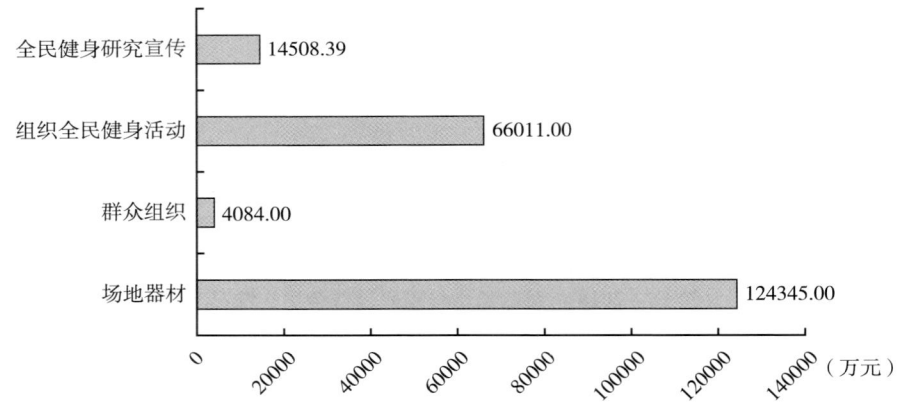

图20　2018年群众体育公益金分配情况

群众体育公益分配中，场地器材支持，包含全民健身设施使用62200万元，支持运动特色小镇建设9900万元，用于体育设施改善项目52245万元。对群众体育组织支持资金4084万元，包括培养社会体育指导员投入2624万元，健身气功管理500万元，体育志愿服务250万元，体育群团活动支持710万元。组织全民健身活动，包括支持全民健身活动开展投入15951万元，支持青少年体育活动38460万元，购买足协服务用于开展青少年足球和全民足球活动6600万元，小篮球项目推广投入资金5000万元。全民健身研究宣传则包含第五次国民体质监测投入5270万元，运动处方体医融合研究支持2100万元，青少年体育健身调查培训普及支持1540万元，健身宣传及体育影视则投入5598.39万元。

竞技体育的经费使用提高了，分为两个内容，一是全国办赛经费2000万元，二是国家队备战投入87751.61万元。国家队备战投入包含奥运争光计划45850.66万元、国家队训练津贴4558.95万元、国家队文化教育与科研600万元、国家队训练基地改造改善费用36742万元。

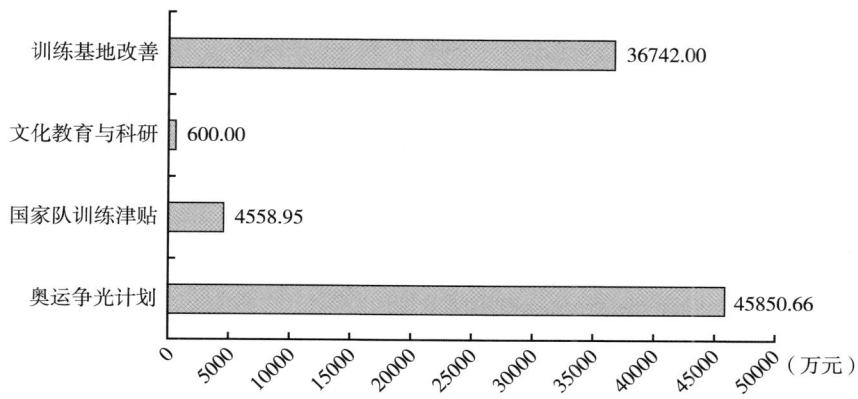

图21　2018年年体育彩票公益金支持国家队资金分配情况

4. 地方彩票公益金使用

地方使用的彩票公益金包含中央彩票公益金转移支付、两部委本级彩票公益金转移支付以及彩票公益金地方留成部分。地方留成彩票公益金与中央彩票公益金相同。2018年彩票销售总量为5114.72亿元，共筹集彩票公益金为1313.26亿元，提取率为25.68%，那么地方留成彩票公益金为656.63亿元，按照具体省（区、市）公益金留成情况，排在前五位的是广东、江苏、山东、浙江、河南。仅仅前三名就占据了地方留成公益金的半壁江山，西部地区彩票销售量比较低，公益金地方留成自然也就比较低。其中宁夏、西藏、青海尚不及广东一省的1/4。

由于地方留成彩票公益金由地方政府商同民政等部门确定使用方向，所以各省（区、市）情况不一，会根据各地情况投入社会福利等事业。2019年4月16日发布了《国务院办公厅关于推进养老服务发展的意见》（国办发〔2019〕5号），规定民政部本级和地方各级政府用于社会福利事业的彩票公益金，要加大倾斜力度，到2022年要将不低于55%的资金用于支持发展养老服务。多数省（区、市）随后制定了相应的实施办法，

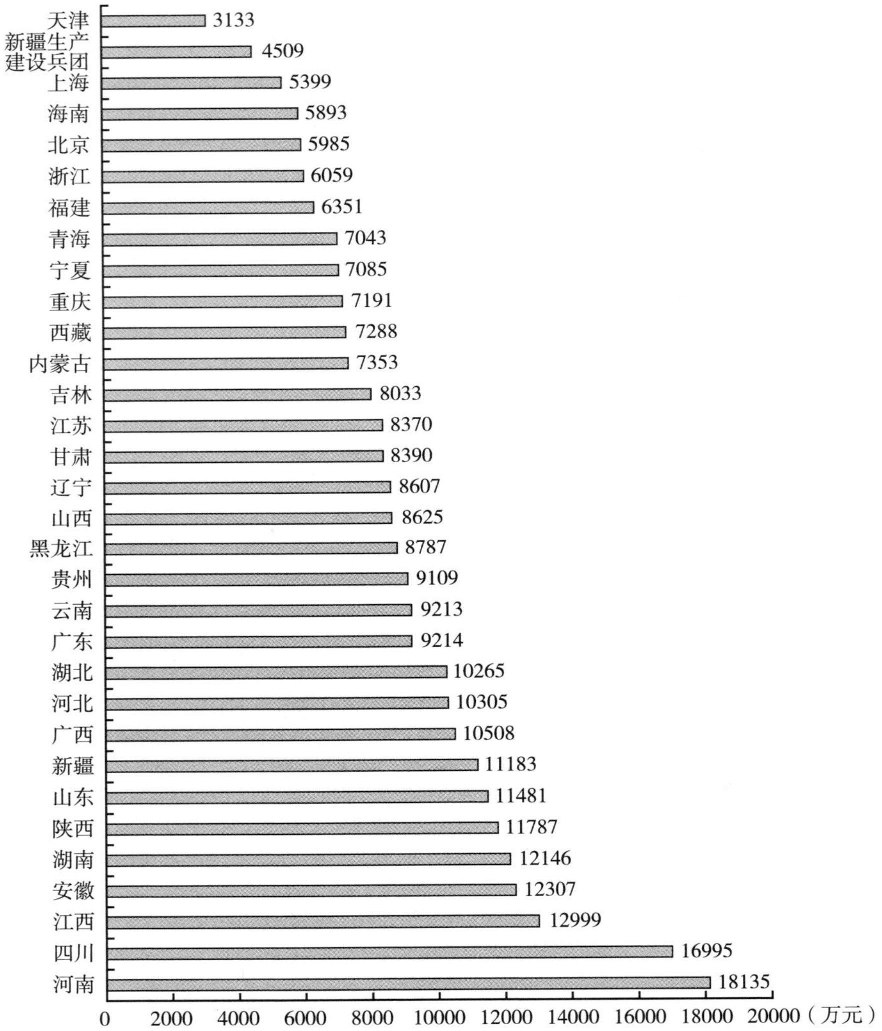

图 22　2018年民政部本级公益金转移各省（区、市）使用情况

少数省份如广东将实施年限提前到2021年。地方留成彩票公益金的使用逐步走向规范化。

中央转移地方彩票公益金被投入困难群众生活、扶贫、医疗救助等领域，由于有相对科学的绩效评价办法，资金使用比较规范。民政部本级彩票

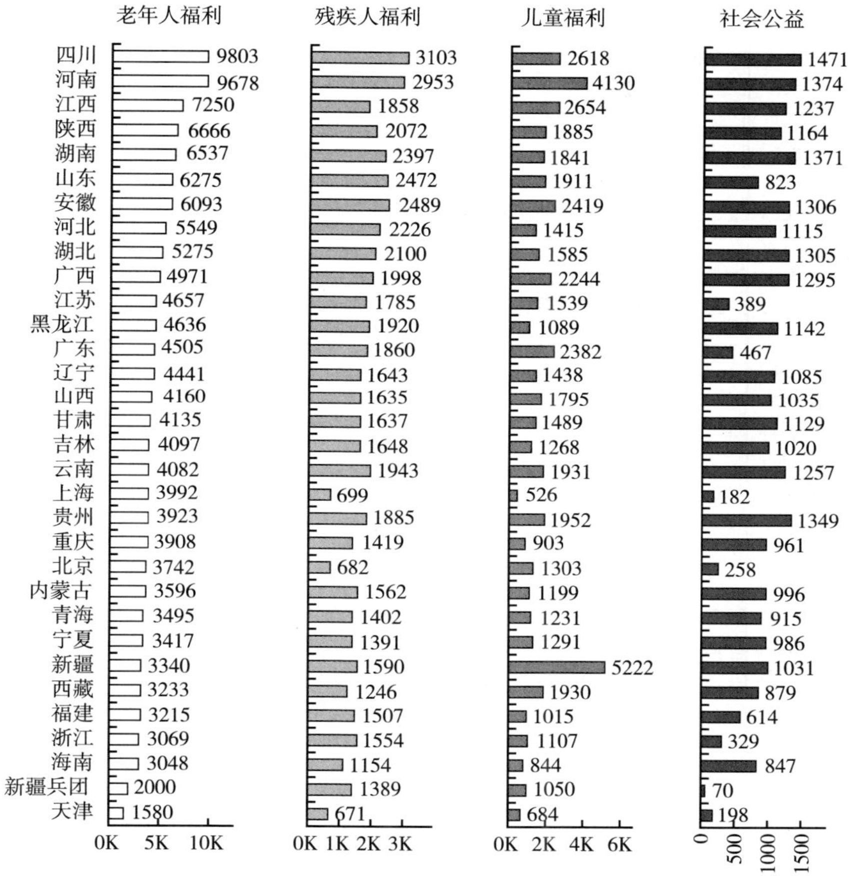

图23 2018年民政部本级公益金转移各省（区、市）分类使用情况

公益金也多数转移地方使用，对公益金的使用制定了规范的督导办法和审计办法。

社会公益部分最能体现彩票公益金与慈善的关系。在2018年民政部转移地方的公益金使用分类中，社会公益部分的两个领域涉及购买服务和志愿服务工作。未成年人救助保护中心功能建设及购买服务项目资金量为12132万元，社会工作和志愿服务项目资金量为4933万元。

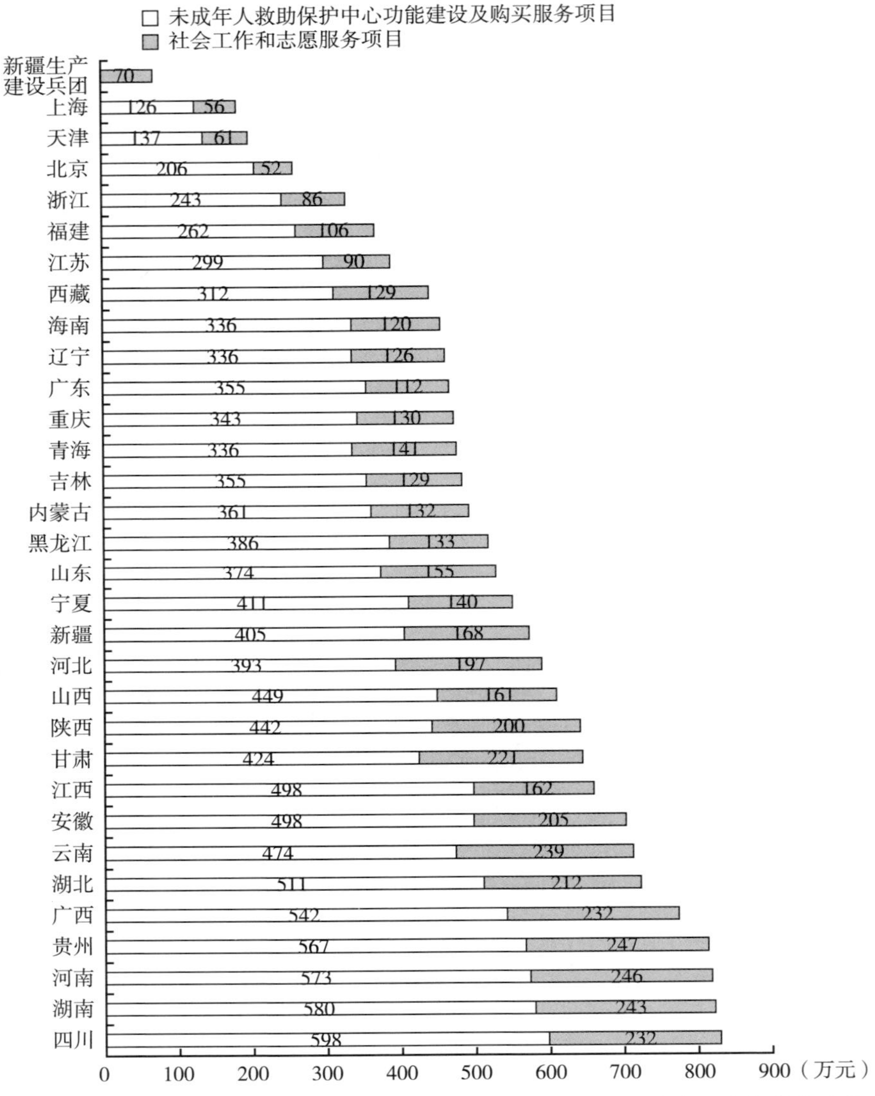

图24 2018年民政部本级彩票公益金转移各省（区、市）用于社会公益部分资金情况

三 彩票公益展望

彩票既是一种特殊的文化现象，为公众丰富娱乐文化生活提供了一种通

道，同时也是国家公共服务资金的来源之一，为国计民生的战略化设计提供必要支撑。经审计风暴、互联网彩票禁售、严格约束快开等游戏品种，2019年彩票销售尽管走向下滑，但是并不影响彩票事业继续向好发展的态势，财政部、民政部、国家体育总局等部门在彩票法制化的道路上步伐迈得越来越坚实，"放管服"改革继续开展，而一系列政策引导也让彩票的公益属性愈加明晰，公益金使用更加科学化。

1. 严格凸显彩票公益属性和社会责任

彩票诞生的初衷是筹集公益金解决社会问题，公益属性是彩票生存和发展的生命线。彩票发行、管理、使用三个环节分属于不同的运行机制，公众接触最广的是跟市场衔接较为紧密的发行环节，彩票在市场环节中尽管是国家信用背书的特殊商品，但是其营销手段、市场竞争等属于市场经济的特点较为凸显，跟公众生活场景的融合度较高，而公益金的管理和使用宣传不够，其透明度、知名度无法与发行端相提并论，因此其市场属性不良的一面容易为公众认知，而其公益属性的特点并未被公众熟悉。比如说多数公众并不知道彩票公益金对全国社保基金的贡献，不知道彩票公益金对于个人社会保障权益实现提供了多么大的作用。事实上彩票公益金使用的领域涉及民生领域的方方面面，在救灾、扶贫、医疗救助、困难群体保障、特殊群体保障以及包含慈善项目的政府购买等多个领域都发挥着巨大作用。

彩票的社会责任是什么？是通过发行筹集公益金，在推动经济发展、创造就业机会、增加财政收入等方面发挥重要作用；是让全体社会成员共享体彩公益成果，维护购彩者的权益；是严格发行政策，提高管理责任，增强公益金使用绩效。

2018年12月，中国体育彩票通过世界彩票协会责任彩票三级认证，2019年7月，中国福利彩票获得世界彩票协会责任彩票三级认证，这意味着我国彩票事业只是踏入彩票社会责任国际认证的门槛，也意味着彩票在履行社会责任的道路上踏上新征程。彩票发行机构出版社会责任报告、彩票公益金监管使用部门发布公益金使用公告，也只是信息公开的手段之一，彩票公益属性和社会责任，主要体现在彩票发行管理、彩票公益金使用的制度设计和服务细节中。

体彩提出了"建设负责任、可信赖、健康持续发展的公益彩票"的口号,而福利彩票也制定了工作思路,"防风险、抓创新、促改革、塑形象、强能力","积极探索福利彩票发行销售管理体制和运行机制改革""科学规划发行福利彩票,加强福利彩票市场监管,重塑福利彩票公益形象,促进福利彩票高质量发展"。期待两彩秉持公益属性,高扬公益属性,以行动呈现出老百姓喜闻乐见的公益形象。

彩票经营管理者在政策和社会舆论的引领和影响下,将彩票责任一步步落到实处。

2. 重大民生领域的投入继续强化

彩票公益金的公益属性更多地体现在公益金使用的名副其实、阳光公开、温暖实效上。在重大民生领域的强化投入为彩票公益金提供施展舞台。如前文所述,彩票公益金在全国社保基金上的投入逐年增加,总量已占财政投入的1/3。在脱贫攻坚领域,中央财政专项扶贫资金规模2018年达到1061亿元,连续三年保持200亿元增量。彩票公益金作为补充,2019年财政部下达中央专项彩票公益金8.4亿元支持贫困革命老区脱贫攻坚,加上2018年10月提前下达的18亿元,2019年中央专项彩票公益金支持贫困革命老区脱贫攻坚资金26.4亿元已全部下达,比2018年增长32%。"十三五"期间,中央财政共计安排该项资金100亿元,实现对397个革命老区县全覆盖,并对脱贫攻坚任务较重的深度贫困革命老区县和巩固脱贫成果任务相对较重的贫困革命老区县进一步倾斜支持。

2019年,财政部印发实施了《中央专项彩票公益金支持地方社会公益事业发展资金管理办法》,明确资金重点向"补短板"的社会公益事业项目倾斜,向困难行业和弱势群体倾斜,用于当地社会公益事业发展薄弱环节和领域。这一办法还对地方留成彩票公益金的使用提供了引导,各级财政部门应当加强社会公益事业资金与一般公共预算的衔接,加强社会公益事业资金与地方留成彩票公益金统筹安排。并且明确了禁止性事项,这对地方留成公益金的使用也起到限定的作用:因公出国(境)、公务接待、公务用车购置及运行等支出;行政事业单位的基本支出,如基本工资、奖金、津贴、补贴、绩效工资等人员支出及水电费等日常公用支出；对外投资和其他经营性活动；支付各种罚款、捐款、赞助、偿还债务等；与社会公益事业无关的支出，以及国家规定禁止列支的其他支出。

2019年7月29日，财政部、民政部、住房和城乡建设部、中国残联联合发布了《关于修改中央财政困难群众救助等补助资金管理办法的通知》，进一步加强中央财政困难群众救助、农村危房改造、残疾人事业发展等补助资金管理，明确资金实施期限和分配因素权重，强化预算绩效管理，尤其是进一步明确困难群众的范围，将残疾人事业发展补助政策融合其中，进一步优化了监控监管内容，为确保中央转移支付资金公益性的实现提供了法制保障。

将彩票公益金的使用与民生需求契合，体现了彩票公益金的真正内涵，可以预见的是，此类资金的应用会越来越广泛和精准。

3. 彩票领域"放管服"改革起航

截至2018年底，财政部已经精简80%的部本级行政审批事项，取消了财政部门全部行政审批中介服务事项和前置审批事项。2018年8月16日，财政部会同民政部、国家体育总局对《彩票管理条例实施细则》进行修订，一方面精简彩票管理审批事项，一方面加强彩票监管。

为贯彻落实国务院要求，该条例删除了"彩票销售机构开展派奖审批""彩票销售机构销售实施方案审批"和"彩票品种开设、变更所需的技术检测"等行政审批和审批中介服务事项的相关内容，巩固行政审批改革成果。对于继续保留的行政审批事项，按照"权责对等"的原则增加了审批责任追究条款，在赋予行政机关及审批人审批权的同时，明确其相应的审批责任。

根据《彩票管理条例实施细则》的修订情况与"放管服"改革精神，财政部还制修订了《彩票发行销售管理办法》《彩票监管咨询和评审专家管理暂行办法》《关于调整高频快开彩票游戏和竞猜彩票游戏规则加强彩票市场监管的通知》等一系列规范性文件，强化事中事后监管。在财政部的整体引导下，两彩改革面临新的起航，在彩种设计、线下销售、彩民关怀、公益金使用等多环节都广开言路，优化既有路径，革新服务手段。

比如在公益金项目的遴选上，虽然因素法的使用提升了公益金公平使用的效果，但公平并不意味着效率，公益金管理部门逐步改变单纯倾斜的方法，着手对彩票公益金支持领域工作成效明显的地区和领域予以支持，发挥试点榜样示范的引导带动作用。以民政部为例，在扶老方面遴选养老服务体系建设福利彩票公益金支持领域工作成效明显的北京、上海、湖北、吉林、广西和陕西等6个省（自治区、直辖市），发布《关于对养老服务体系建设福利彩票公益金激励名单进行公示的通知》，以此激励各地福利彩票公益金在老年人福利项目补助上倾斜。

除了监管，财政部还制定或修订相关政策对公益性提出进一步要求。2019年6月27日，财政部印发《中央专项彩票公益金支持地方社会公益事业发展资金管理办法》的通知，进一步规范和加强了中央专项彩票公益金支持地方社会公益事业发展的资金管理。

如此，彩票管理领域的一些细节进一步优化，关于彩票市场化的要素既有优化也有放松，关于地方彩票公益金使用进一步指明了使用方向。

B.8
2019年中国教育公益领域发展报告

韩嘉玲　宝丽格　刘月*

摘　要： 本文梳理教育公益领域资金来源，并从学前教育、教师支持、流动儿童、科技应用领域四个板块剖析2019年教育公益领域的热点、发展趋势以及重点问题。分析结果显示，教育领域的资金需要在政府关注较为欠缺的领域加大投入，如教师专业成长、社区教育文化支持、学生综合素养培养等。相对高等教育，学前、基础教育更应该加强投入。分析结果还显示，教师、校长支持领域，重视对校长及教师内驱力的激发与师资培养的优化提升；学前教育领域，关注度显著提升，未来发展空间较大；流动儿童领域，需求多元，各地因地制宜，各有侧重，出现回流儿童以及城镇留守儿童等新类型儿童群体，亟待关注；教育技术应用领域，促进教育公益组织联盟与教师自组织的出现，但需要关注教师角色的设定。

关键词： 教育公益　教师支持　学前教育　流动儿童　科技应用

2019年12月4日，经济合作与发展组织（Organisation for Economic Co-operation and Development，OECD）发布的国际学生评估项目2018（PISA 2018）结果[①]显示，除港澳台地区外，虽然中国大陆四省市（北京、上海、

---

* 韩嘉玲，博士，北京社会科学院研究员、21世纪教育研究院副院长，主要研究方向：教育公平、流动儿童教育；宝丽格，21世纪教育研究院兼职研究员，主要研究方向：教育制度创新、多元文化教育；刘月，21世纪教育研究院兼职研究员，主要研究方向：教育政策。

① 《PISA2018测试结果正式发布》，http://www.moe.gov.cn/jyb_xwfb/gzdt_gzdt/s5987/201912/t20191204_410707.html，最后检索时间：2020年4月20日。

江苏、浙江)学生阅读、数学、科学三项关键能力素养均居参测国家(地区)第一,但我国的校际差异以及学生的社会经济状况的差异与学生最终的学业水平仍具有较为明显的联系,即学生的家庭背景、性别、移民身份等先天因素显著影响学生最终学业表现。除此之外,师资短缺问题以及教师教学技能的地区差距也仍较为明显。① 总体上看,我国大陆在此次PISA成绩的分布上属于高质量低公平类别(见图1)。考虑到此次评估的大陆省市并未包括我国教育资源不占优势的中部以及西部地区的省(区、市),全国范围的教育公平情况可能并不乐观。2019年,中国的教育公平问题仍面临较大挑战。

本文将分为两部分:第一部分通过分析教育公益领域的资金状况,了解2018~2019年资金投入的重点以及趋势,帮助读者从侧面掌握教育公益领域近年来的关注点并分析教育公益领域资金在配置上存在的问题。第二部分将通过分析2019年教育公益领域的热点以及重点的分领域,即教师校长支持领域、学前教育领域、流动留守儿童领域、科技应用领域,从中观、微观层面分析教育公益在具体实施过程中的详细进展及困境。

一 教育公益领域资金现状

参与到教育公益领域的主体主要包括民办非企业单位、社会团体、基金会、企业、社会企业、境外非政府组织、政府间国际组织、个人等。根据2019年第4季度民政统计数据,中国社会团体为37.2万,民办非企业单位48.7万,基金会7580家。② 截至2019年12月31日,登记境外非政府组织代表机构511个,其中教育领域占比为12.33%。③ 本文将选取个人、基金会及企业作为代表性主体,描述教育公益领域资金分配现状及存在的问题。

---

① 李刚、辛涛、赵茜:《从四省市PISA2018结果看我国基础教育发展的经验与挑战》,《中国教育学刊》2020年第1期,第9~10页。
② 《2019年4季度民政统计数据》,http://www.mca.gov.cn/article/sj/tjjb/qgsj/2019/20200219 1755.html,最后检索时间:2020年4月20日。
③ 《年度报告:五百多家境外非政府组织代表机构依法登记》,http://www.chinadevelopmentbrief.org.cn/news-23747.html,最后检索时间:2020年4月20日。

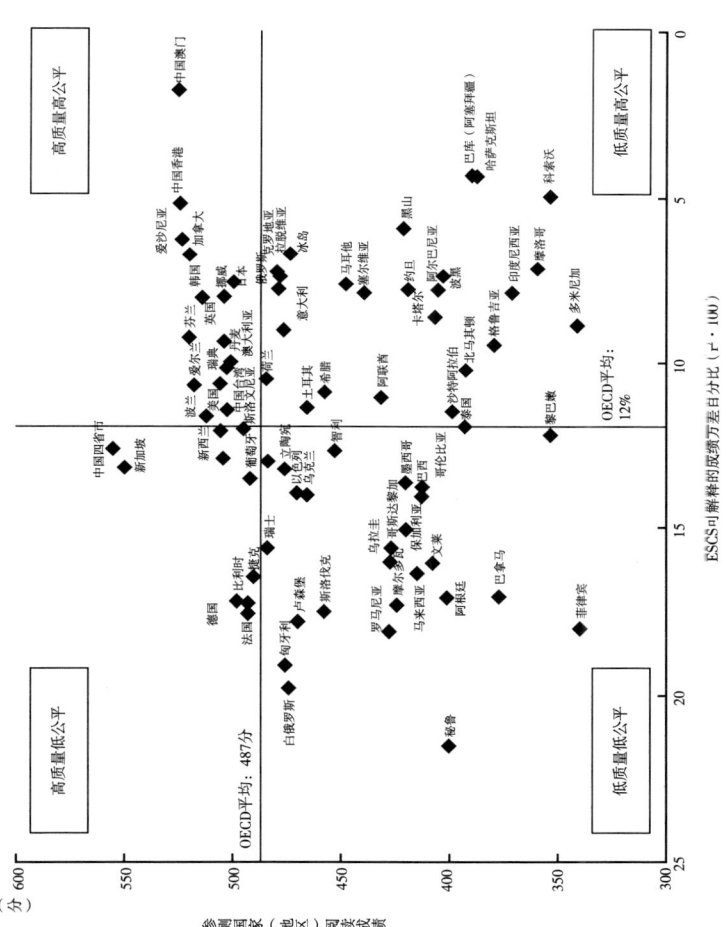

图1 参测国家(地区)学生阅读成绩及ESCS对学生阅读成绩的解释率

说明:根据OECD, PISA 2018 Database, Table Ⅱ_ESCS_Perf修改而成。

资料来源:赵茜,张佳慧,常颖昊,《"国际学生评估项目2018"的结果审视与政策》,《教育研究》2019年第12期,第30页。

（一）个人捐款现状

本文的个人捐款主要来自慈善家捐款以及网络公益众筹项目。根据 2019 胡润慈善榜，2018 年 4 月 1 日至 2019 年 3 月 31 日慈善家总捐赠额为 225 亿元，接收捐款最多的领域是教育，占 35%，但比上年减少 6 个百分点（见图 2）。① 其中捐资或成立各类助学基金会中捐款最多的是腾讯公司主要创办人之一陈一丹，共捐款 34 亿元，方式为捐赠腾讯股票并成立慈善信托。② 该项捐款未来主要用途：一是推进全球优质教育项目的有效对接；二是继续支持对中国教育发展及中国教育创新有开拓意义的项目等。

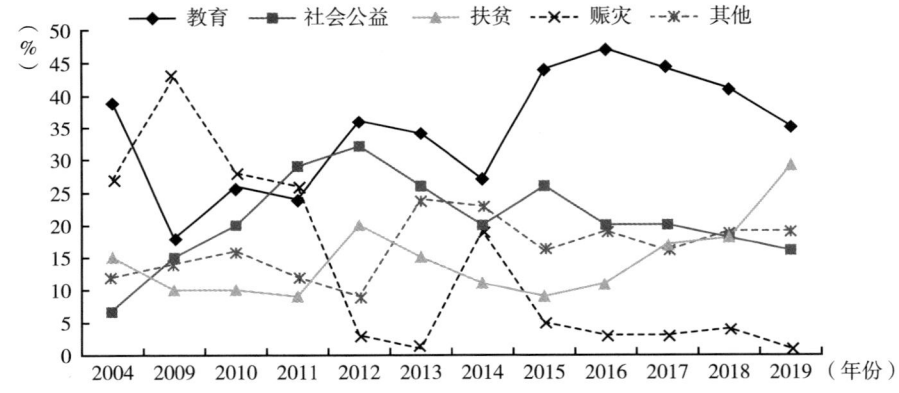

图 2　2004~2019 年慈善榜主要捐赠方向变化

资料来源：2019 胡润慈善榜。

在教育领域，慈善家倾向于将善款捐给自己的母校，尤其是对高等教育和职业教育的捐款最多。2019 年捐赠给母校的人比上年增加 3 位③，捐赠金

---

① 胡润研究院：《2019 胡润慈善榜》，https：//www.hurun.net/CN/Article/Details? num = EA96B4EB1E0F，最后检索时间：2020 年 4 月 20 日。
② 胡润研究院：《2019 胡润慈善榜》，https：//www.hurun.net/CN/Article/Details? num = EA96B4EB1E0F，最后检索时间：2020 年 4 月 20 日。
③ 胡润研究院：《2019 胡润慈善榜》，https：//www.hurun.net/CN/Article/Details? num = EA96B4EB1E0F，最后检索时间：2020 年 4 月 20 日。

额见表1。捐款主要用途包括校园建设或成立各类助学基金会、教师学生奖金、帮助困难学生等。

与此对应，慈善家对于基础教育（包括小学至高中阶段教育）及学前教育领域的资助并不充足，但此阶段相对高等教育更有资助需求。因为研究表明，我国教育投入结构仍是重高等教育、轻基础教育。① 比如与我国教育水平相当的国家，财政性高等教育生均经费成本指数一般是初等教育的1.661倍，但我国的指数为2.619倍。②我国基础教育阶段的投入仍需加强。

表1 2019年受捐赠高校名单

大学	北京大学	清华大学	深圳大学	中国科大	武汉大学	福州大学	南开大学	武科大	西安交大
受捐金额	9.6亿元	4.7亿	3.5亿元	2.2亿元	1.84亿元	1.7亿元	1亿元	1亿元	1亿元

资料来源：2019胡润慈善榜。

除慈善家捐款外，本文将以网络众筹平台③募捐情况为例分析普通公众捐赠近年来的变化。2014年，"轻松筹""腾讯乐捐""京东众筹""淘宝众筹"等捐赠式公益众筹项目上线以来，网络众筹平台资助引起了公益捐赠的热潮。2018年较2017年增长26.8%，募集善款总额超过31.7亿元。④ 2019年仅99公益日三天时间，4800万人捐出总计17.83亿善款。超过2500家企业配捐3.07亿元，加上腾讯公益慈善基金会提供的3.9999亿元配捐，

---

① 姚继军、马林琳：《"后4%时代"财政性教育投入总量与结构分析》，《教育发展研究》2016年第5期，第17~21、78页。
② 姚继军、马林琳：《"后4%时代"财政性教育投入总量与结构分析》，《教育发展研究》2016年第5期，第20页。
③ 发展基础最好的是腾讯公益平台、以蚂蚁金服公益平台和淘宝公益平台为主的阿里公益平台。其次为新浪微公益、京东公益、公益宝、新华公益、轻松公益、联劝网、广益联募、美团公益、水滴公益等平台，募款金额均达千万元级。
④ 《互联网慈善的"中国样本"正在形成》，http://www.gov.cn/xinwen/2019-04/05/content_5379888.htm，最后检索时间：2020年4月20日。

本次99公益日总共募得善款24.9亿元。① 老人救助、贫困地区送衣物等生活用品救助、学习教育救助、残疾人士救助是资助项目的热点。而教育领域接受的捐赠居历年首位（见图3）。

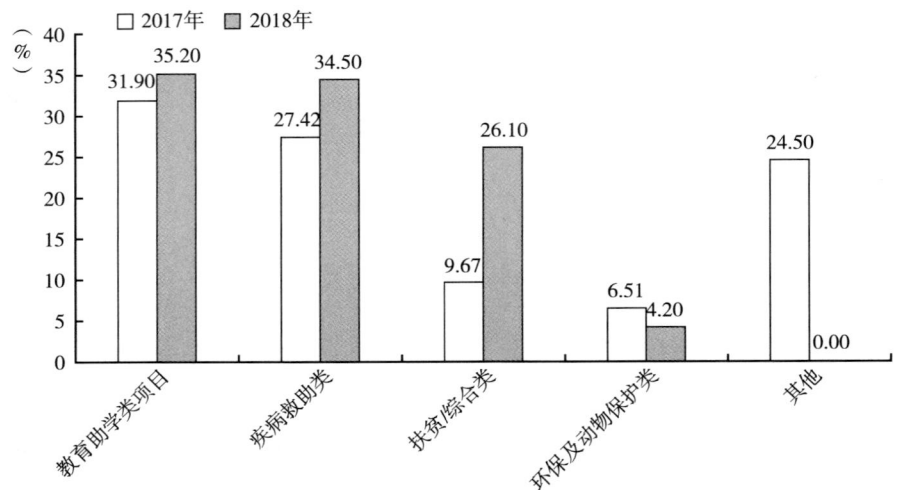

图3　2017年、2018年"99公益日"各板块筹款总额占比

资料来源：《腾讯汇报99公益日"战况"　1268万人次捐款8.299亿元，加配捐超13亿元》，2017年9月12日，http：//www.gongyishibao.com/html/yaowen/12462.html，最后检索时间：2020年4月20日；
《迈入"理性公益"时代　2018年99公益日捐款人次超2800万创新高》，https：//baijiahao.baidu.com/s？id=1611190060284964624&wfr=spider&for=pc，最后检索时间：2020年4月20日。

公益众筹平台的教育类项目主要包括贫困儿童营养改善、免费午餐，留守儿童，希望工程救助以及学习教育救助，即更倾向于硬件、物资的直接支持。② 对于提高教育质量的软件层面的支持仍较为欠缺。研究还表明网络捐助平台上捐款人多关注短期项目而对中长期项目关注较少。公众平台捐赠习惯的可持续性问题仍待关注。

---

① 《4800万人次捐款+上万场线下活动 99公益日全线绽放》，https：//gongyi.qq.com/a/20190919/004593.htm，最后检索时间：2020年4月20日。
② 王秋玲：《公益众筹善款参与社会救助研究》，沈阳师范大学硕士学位论文，2019。

(二)基金会捐赠现状

根据深圳国际公益学院(China Global Philanthropy Institute,CGPI)的《儿童教育领域行动现状研究报告》,基金会7成以上资金用于扶贫、教育和医疗领域。2017年基金会22.3%的公益支出用于儿童教育,支出额达112.8亿元。[①] 表2为具有代表性的基金会以及其代表性项目。数据显示,2018年基金会的教育扶贫项目多以助学金等形式的资助为主,近年来职业教育作为扶贫致富的手段备受重视。其中助学金中投入高等教育阶段的比例达53%。[②]

表2 儿童教育类公益项目代表性基金会

基金会名称	项目主要工作领域	代表项目
中国教育发展基金会	奖助学金,学校软硬件设施建设,体育运动	中央专项彩票公益金资助项目,全国职校技能大赛专项
中国光华科技基金会	图书等物资捐赠,科技、信息、环保等课外学习活动	书海工程,光华科技节
中国儿童少年基金会	奖助学金,儿童保护和权利倡导	春蕾计划,安康计划
中国青少年发展基金会	奖助学金,学校软硬件设施建设,体育运动,科技、环保等课外学习活动	希望工程,希望小学
深圳壹基金公益基金会	灾后学校重建,儿童防灾及安全教育,特殊儿童教育,儿童发展与保护	壹乐园,海洋天堂

资料来源:基金会中心网。

以上列出的代表性基金会各有侧重,但主要侧重于对奖助学金和学校办学条件的投入,以及部分用于课外教育、特殊儿童等方面的辅助。《儿童教育领域行动现状研究报告》还显示基金会近60%的儿童教育项目采取直接资助受益人的方式,包括为学生发放奖助学金、为教师发放奖学金、为学生提供

[①] 《中国基金会儿童教育领域探索与实践报告》,https://gongyi.sina.com.cn/gyzx/2019-06-12/doc-ihvhiews8331899.shtml,最后检索时间:2020年4月20日。

[②] 《数说基金会》,http://new.foundationcenter.org.cn/guanli/dt/content.aspx?cid=201911 21113417,最后检索时间:2020年4月20日。

营养餐，进行各类物资捐赠等。其中26.7%通过研发教育课程或教育产品并发动社群资源提供服务。资助第三方、传播推广、研究倡导的项目较少。①

同时该报告指出，在6756个儿童教育公益项目中，初步测算只有151个资助型项目，仅占项目总量的2.2%②，即大多数中国基金会既要开展筹款募捐，又要保证公益项目的实施。与此相反，以美国基金会中心网数据为例，2015年美国的86203个基金会中，仅有4%（3451个）为运作型基金会③，其余绝大多数均为资助型基金会，他们通过资助非营利组织开展公益项目，本身并不负责项目实施。

国际上，资助型基金会发展更成熟、占比更大的现状更符合基金会与公益服务组织之间的关系，保证机构各尽其能。④ 而中国资助型基金会太少的情形，据贾西津表示是因为"我国最早出现的基金会是为了筹款而产生的机构，大多有一定的官方背景。是为了弥补政府公共财政资源不足而出现的"⑤。也因此中国的基金会需要相应的转变时间，从"募财"到"用财"再到"散财"。而且公益领域现在的分工概念还不是特别清晰，相应的资助能力也需要提升。教育领域的资助作为其中一个专门板块，仍待专业性的进一步提升。

（三）企业CSR教育类资源配置现状

据慈善联合会《2018年度中国慈善捐助报告》，2018年我国社会捐赠主要流向教育（29.4%）、扶贫与发展（24.72%）、医疗健康（20.44%）

---

① 《中国基金会儿童教育领域探索与实践报告》，https：//gongyi.sina.com.cn/gyzx/2019 - 06 - 12/doc - ihvhiews8331899.shtml，最后检索时间：2020年4月20日。
② 《以退为进：中国基金会在儿童教育领域的探索与实践》，http：//www.cgpi.org.cn/Upload/file/20190618/20190618093757_ 6258.pdf，最后检索时间：2020年4月20日。
③ 《我国资助型项目所属基金会发展态势良好》，http：//www.cfforum.org.cn/content/1400，最后检索时间：2020年4月20日。
④ 杨义凤：《基金会如何向"资助型"转向——基于三个"能力建设"层次的解读》，《兰州学刊》2019年第3期，第141~143页。
⑤ 贾西津：《基金会就应该是给钱的，未来会更纯粹!》，http：//www.chinadevelopmentbrief.org.cn/news - 19879.html，最后检索时间：2020年4月20日。

等3个领域，合计超过总量7成。① 2018年，我国企业捐赠共890.84亿元，占社会捐赠总量的61.89%，比2017年下降7.53个百分点。② 据研究报告，传统的扶贫助困和教育助学仍是最受企业关注的领域，其次是环境保护和灾害救助。③

为了进一步分析企业在教育领域的捐助方向，了解企业对于教育公益领域的投入，本文选取了CSR中国教育奖④作为研究对象。2014年及2016年两届"CSR中国教育奖"，共有近200家知名企业参与申报，累计103个优秀企业社会责任项目获得表彰。⑤ 并且2015年，为进一步推动和支持社会力量支持大学生社会实践和中国教育发展，在团中央学校部积极倡导下和各相关单位大力支持下，"CSR中国教育联盟"⑥ 应运而生。

本部分的分析样本为2014年、2016年、2018年获奖CSR中国教育联

---

① 《2018年度中国慈善捐助报告》，http://www.charityalliance.org.cn/u/cms/www/201909/23083734i5wb.pdf，最后检索时间：2020年4月20日。
② 《2018年度中国慈善捐助报告》，http://www.charityalliance.org.cn/u/cms/www/201909/23083734i5wb.pdf，最后检索时间：2020年4月20日。
③ 李东瑶、熊炜伟、王睿：《2018年中国企业公益报告》，载杨团主编《中国慈善发展报告（2019）》，2019，第141页。
④ CSR为Corporate Social Responsibility（企业社会责任）的缩写。"CSR中国教育奖"是在团中央学校部倡议指导下，在教育部、工信部等相关单位支持下，由多家机构联合发起的中国教育领域唯一官方奖项，两年评选一届，以鼓励和表彰支持中国教育发展的优秀CSR项目，以及在CSR教育领域做出突出贡献的企业和组织。
⑤ CSR中国教育奖，http://www.zhixingjihua.com/CSR.asp?id=1，最后检索时间：2020年4月20日。
⑥ CSR中国教育联盟理事单位包括：安利（中国）日用品有限公司、陶氏化学（中国）投资有限公司、施耐德电气（中国）有限公司、壳牌中国集团、康明斯（中国）投资有限公司、卡特彼勒、佳能（中国）有限公司、汇丰银行（中国）有限公司、丰田汽车（中国）投资有限公司、阿斯利康投资（中国）有限公司、松下电器（中国）有限公司、阿克苏诺贝尔（中国）投资有限公司、ABB（中国）有限公司、诺维信（中国）投资有限公司、日立（中国）有限公司、日电卓越软件科技（北京）有限公司、斗山（中国）投资有限公司、三菱商事（中国）有限公司、孟山都公司、远洋地产股份有限公司、摩托罗拉系统（中国）有限公司、赛诺菲（中国）投资有限公司上海分公司、EMC易安信电脑系统（中国）有限公司、LG电子、伊顿国际教育集团、金光集团中国食品、霍尼韦尔（中国）有限公司、联合技术公司、中国麦当劳叔叔之家慈善基金、索尼（中国）有限公司、大唐电信科技产业集团、标致雪铁龙集团（上海）、英特尔（中国）有限公司等。

盟中的所有项目。逐年对比其服务对象，开展工作服务的内容以及所涉及的具体的服务领域并具体分析。

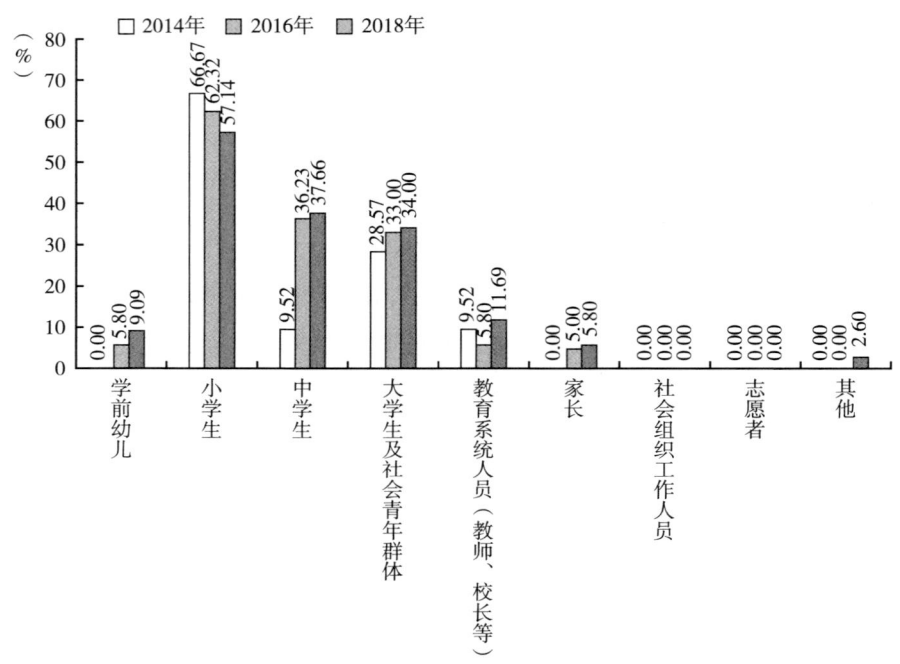

图4 2014年、2016年、2018年企业CSR项目面向的服务实施对象

根据图4分析，可以发现2014~2018年，学前幼儿服务的教育CSR项目从无到有，逐年增加。关于中学生、大学生及社会青年群体的教育公益项目也越来越多。为小学生服务的教育公益性项目有所下降，但从总体来看，为小学生服务的教育公益性项目仍占比最多。近两届也出现了为家长和其他一些少数群体服务的教育公益项目，教育公益项目服务对象逐渐丰富。

如图5所示，在课程、产品、活动的研发上，企业CSR主要以科技素养教育、职业规划教育、财商教育、信息素养教育为主，这也从侧面说明企业选择公益组织合作时，较多考虑项目与企业文化、企业特征的契合度。近年来出现教育类型逐渐丰富，如公民教育、安全教育、性教

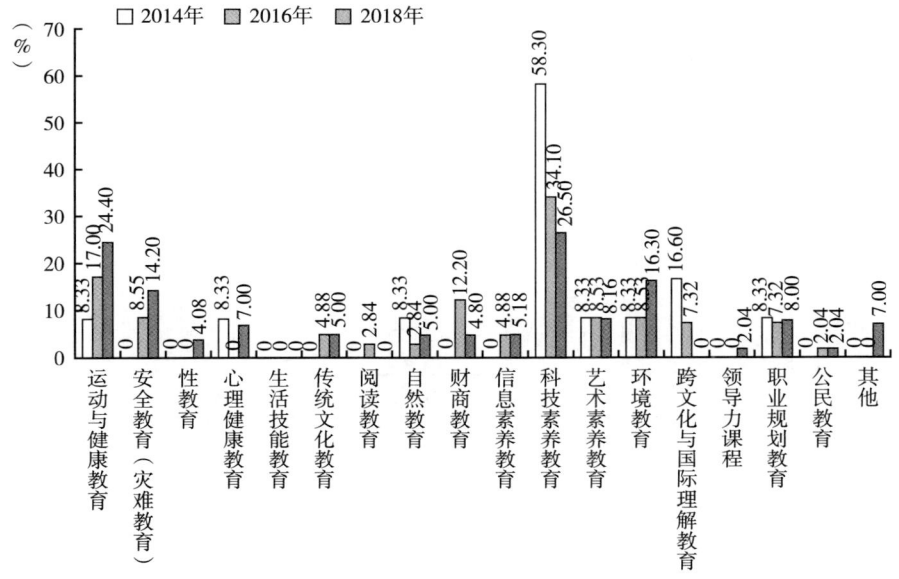

图 5　2014 年、2016 年、2018 年企业 CSR 组织开展工作或服务类型

育、跨文化与国际理解教育等，在种类上不断重视学生全面发展的综合素质的培养。

从图 6 可以看出，在各教育公益项目提供的服务中，首先课程、产品和活动设计研发占比最大且逐年增加，其次在硬件、物质上的支持逐年减少。资助到人的奖学金、助学金的项目，以及资助教师、校长成长的项目逐渐增多，体现了从物到人的变迁。但是可能因为企业 CSR 项项目活动的限制，在已选中的项目中并没有包括教育公共政策调研与倡导（研究报告、论坛等）类的项目。

（四）小结

我国教育经费的来源主要包括财政性教育经费（主要包括公共财政教育经费）以及社会与私人投入即非财政性教育经费（主要包括事业收入、捐赠收入、民办学校中举办者投入以及其他教育经费）。与世界主要国家相比，我国教育投入经费占 GDP 比例仍处于中等状态，与我国世界第二大经济体的持续增长形成一定的反差。我国 2016 年财政投入占比为 4.22%，低

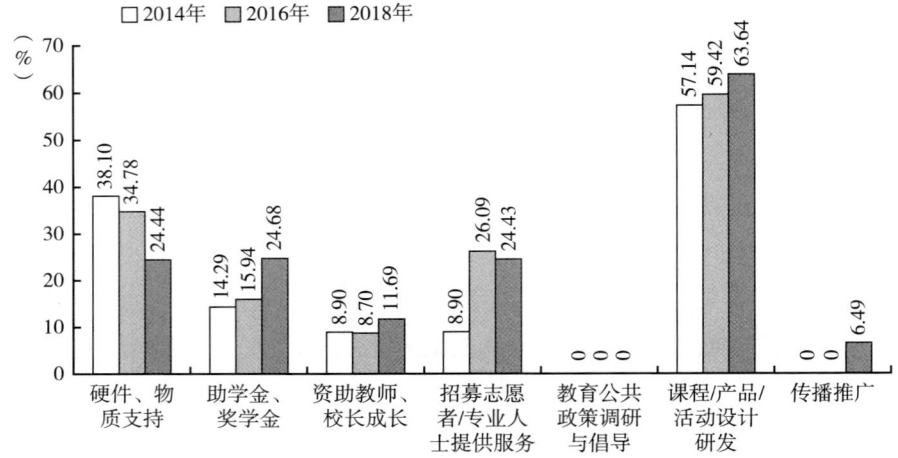

图6 2014年、2016年、2018年企业CSR提供过的课程/产品/活动设计

于经济合作与发展组织（OECD）国家的平均水平（4.4%）。同时如表3所示，我国社会与私人投入即非财政性教育经费在总教育经费投入中占比远低于美国、加拿大、澳大利亚、韩国等国家。

表3 教育经费投入占GDP比例的国家比较

单位：%

国家	教育经费投入占GDP比例	其中	
		财政投入	社会与私人投入
OECD国家平均	5.2	4.4	0.8
韩国	6.3	4.6	1.7
美国	6.2	4.1	2
澳大利亚	5.8	3.9	1.8
以色列	5.8	4.7	1.1
加拿大	6.2	4.5	1.6
墨西哥	5.4	4.4	1
中国	5.23	4.22	1.01

说明：中国的数据为2016年财政投入占GDP比例，其他国家为2014年数据。根据Education at a Glance, OECD 2017 修改而成。

资料来源：杨蓉、刘婷婷，《中国教育经费配置结构分析——基于历史趋势和国际视野的双重探讨》，《全球教育展望》2019年第6期，第50~51页。

当社会与私人投入的总量并不占优势时,如何提高其效用则较为关键。虽然不管是基金会、网络共筹平台等个人捐赠,还是企业 CSR 项目,教育类资助的占比都最大。但据上文分析可得出,其资金仍主要投入扶贫助学、硬件支持、图书捐赠、支教等与政府财政投入较重合的方向,其多样性较差。而且也着重在高等教育阶段,在基础教育、学前教育领域仍有待增加资金投入。相比而言,企业特别是外企的 CSR 项目种类较多,但是企业因为成本以及风险的考虑倾向于与大型公益组织合作,缺少与一些规模较小的机构合作的倾向,对教育公益领域多元性发展也构成一定的局限性。

本文对于教育公益领域内涵的探讨是对应中国教育领域存在的不同层面的问题,建议教育公益组织从小处入手,以较少的资源,在政府以及市场无法或者无力顾及的问题上协助解决,并且在政府并未注意到的教育创新层面起到引领作用,承担"倡导/探索/试错"的使命。现阶段的教育资助环境也许仍不利于教育公益领域真正达到以上的目的,仍需要引导教育公益组织向更为多元以及探索的方向发展。在减少教育的差距上,对于政府资金投入较为欠缺的教学层面、教师层面、社区教育文化支持,以及学前教育、基础教育方面,教育公益可以发挥自身独特的优势,利用小资金撬动大杠杆,保证教育资源公平、提升教学质量、促进教育体制改革。

二 教育公益领域项目热点、重点领域发展现状

(一)教师校长支持领域——重视对校长、教师内驱力的激发与师资培养的优化提升[①]

教育公益领域在近年来增加了其对校长、教师的支持,这种表现体现了其从关注硬件到关注内涵的转变。在此方面,涌现出的新的发展方向分别是民间教师奖、教育教学小额资助及教师队伍拓展。

---

① 此部分研究内容总结自21世纪教育研究院2019年报告《中国教育公益领域发展研究报告》中的《从物到人:教育公益领域重视对校长、教师内驱力的激发》。

1. 理念引领型教师奖

2013年以来，教育公益领域出现了一批带有鼓励性质的教师奖项目。此外，针对校长的培训、评奖等也纷纷出现。作为支持校长、教师的一种形式，各个公益项目内部设立教师奖，这已成为教师支持类公益项目一种常见的形式，例如全人教育奖，桂馨·南怀瑾乡村教师计划，TCL希望工程烛光奖，启功教师奖，马云乡村教师计划等。教师奖相关的活动，除了表示对获奖者工作成绩的肯定与鼓励，同时也是对其教育的理念与实践予以传播，有助于在群体范围内形成良好的示范效应，甚至更有助于志同道合者相互联合形成成长型自组织，以此引导更广大的教师群体向其倡导的方向努力。

对比历年奖项评选的标准可以发现2013~2019年的变化：从注重道德情操逐渐向注重教育理念转变。比如"TCL希望工程烛光奖"从第一届到第六届，评选标准从单一的"工作表现突出且生活困难"细化为"奉献奖、创新奖和引领奖"；"桂馨·南怀瑾乡村教师计划"评选标准注重教师的教育理想与追求，其获奖者均为在各自的教育教学领域有创新想法和实践的教师；再比如马云基金会的马云教师/校长计划，也是在评选范围内侧重选择教育理念先进且有实践成效者。申报渠道从体制内推荐转向教师自主申报，凸显出公益项目"自下而上"的影响力。奖励方式不仅有单纯的提供奖金，往往还会提供培训机会与其他各种支持。尤其对于乡村教师奖项目，其支持意义甚至超过奖励意义。

但在当前的教师奖项目中，尤其是乡村教师奖，也有两个值得思考的现象：一是"巨额奖金"对获奖者的影响，尤其奖金在10万元以上的教师奖，对于任何教师群体来说，都属于较为高额的奖金。而任何一位教师的成长与成就，基本离不开其所在平台与群体的支持，于是高额的奖金十分容易触发群体内部的矛盾，导致获奖教师陷入被孤立或者矛盾重重的处境。另一个现象是，一位教师"包揽"多项教师奖的现象层出不穷，因各大乡村教师奖的评选标准在一定程度上有重合，因而一些优秀的乡村教师几乎符合各类教师奖的评选标准，于是逐个摘取桂冠，成为民间教师奖专业户。这两种现象都是民间教师奖项目在自身设计与迭代过程中值得思考的问题。

有鉴于此，近年来也出现"教师教育教学活动小额资助"（以下简称"教师小额资助")类项目，如彩虹花教师实践基金会、小树苗计划、新公民小额教师基金、学愿桥小额资助项目等。教师可以申请这笔资金用于教育教学活动的探索尝试。在支持教师成长的公益项目中，相对于培训支持、奖金支持，小额资助是一种较为"新颖"的支持形式。出于对已有公益项目形式与内涵的反思，传统的教师支持类公益项目大多是公益机构向教师"主动输出"支持，教师"被动接受"支持。这种支持通常是对象由支持者选择，支持内容由资助者决定，被支持者在被动接受一切，其主观能动性被忽视。于是公益实践者转换思路，让教师变被动方为主动方，有意愿开展教育教学活动的教师会主动申请资助，在这一过程中自然会被筛选出来。这种支持模式能充分激发教师团队自主性，并充分挖掘其解决问题的能力，同时又能保证支持的资金能够更好地被使用，资助效果更好。

2. 师资优化提升

在教师队伍补充上，乡村学校教师数量不足表现为两种形式：一种是教师人数少于工作量所需人数的"绝对缺失"，另一种是缺少音体美英等某类教师的"结构性缺失"。随着政府对乡村教育支持力度的加大，绝对缺失的情况在偏远地区依然存在，但在逐渐减少，而结构性缺失逐渐成为乡村教师数量不足最显著的特点。弥补这个不足，以往在教育公益领域最为传统的做法是支教，但是在具体实践中发现，外部的支教只能起到补充与暂时性的作用，而不能发挥长期与可持续性的作用。它对于乡村学校整体以及长久改善方面并不能起到根本性的作用。因此有教育公益组织将关注点投向了对本地教育类专业毕业的大学生的培养。因其有一定的基础和能力从事乡村教育教学工作，而且其作为本地人，对乡土的了解/认同度更高，可以更快地在本地扎根工作和生活。

例如深圳市传梦公益基金会的"资教[①]工程"项目的设计正是基于这样

[①] 资教最初是"农村教师资助行动计划"的简称，2004年湖北最早实施资教计划，核心内容是通过政府购买阶段性服务岗位的方式，每年选拔一批优秀应届普通院校本科毕业生到农村乡镇学校任教（这类学生被称为"资教生"），服务期三年。这种模式现在可以理解为从资金方面支持乡村教育，依据就近原则选拔人才、提高乡村教师待遇，从而为乡村学校留住教师。具体实践单位还包括中国青少年发展基金会华萌基金、北京市永源公益基金会、父母心公益基金等。

的现实需求。教师招聘以当地应届及往届的师范专业毕业生为主体，在提供优厚的薪资待遇的同时，也为参加此项目的教师提供培训进修的机会。[1] 同时这一项目的深层价值在于引导当地教育资源的再分配，推进区域内的教育均衡。项目设计基于现有教育管理体制，因而也依赖于与当地教育管理部门的深度合作，在合作良好的情况下，能有效地推进本地教育生态环境的改善。具有同类功能的项目也包括马云的"乡村教育人才计划"中的"马云乡村师范生计划"，鼓励师范生到乡村任教，并且与地方的师范学校合作，连续任教至少5年可享受相应的资助。马云基金会表示2020年可能扩大师范生计划人数，从每年100人增设到300人[2]，从起点保证教育人才发展。另外为中国而教的"未来教育家项目"，通过两年时间的集中培训、社群学习支持、游学、线上学习反馈等形式，帮助签约在乡镇、农村学校执教的新教师得到更好的专业成长。

四川省广元市利州区的美丽乡村课堂，即在乡村学校之间进行教师资源的盘点和共享，由本地的优秀教师为本地乡村学校提供支持，这样的支持形式能最大程度保障语言沟通的顺畅和教师对学情、乡情的了解，并且也能在一定程度上保证师资稳定。同时，由于"支教"发生在同一区域，地理位置接近，方便进行线下的交流，可以进一步促进本地教师的成长与相互学习。

从以上案例中可以发现，教师校长支持领域从过去传统的支教到依据就近原则选拔人才、资助当地教师成长，依赖于与当地教育管理部门的深度合作，推进本地教育生态环境的改善；教师奖评选标准从注重道德情操逐渐向注重教育理念转变；从单次的颁奖到提供长期的培训机会；从教师作为被动选择者配合完成项目到教师自己主动申请项目。公益组织在组织教师校长资助的实践近几年更为重视教师主动性、当地教育环境的转变，具有更为长久的生长性。

---

[1] 《支教 or 资教》，善达网，http：//www.shanda960.com/zz/index.html，最后检索时间：2020年4月20日。

[2] 《2020年马云乡村教育人才计划开放申报》，http：//edu.people.com.cn/n1/2020/0330/c367001-31654439.html，最后检索时间：2020年4月20日。

（二）学前教育领域最新发展动态——提升学前教育关注度，未来发展空间较大

从儿童发展阶段划分，学龄前儿童指入小学前的儿童。而学前阶段的工作就是要确保推进针对儿童、父母及照养者实施的一系列综合性政策和项目，确保儿童的认知、情感、社会心理和身体潜能得到充分发展，以此保障儿童发展的权利。① 近年来学前教育获得了较多的关注。随着《国家中长期教育改革和发展规划纲要（2010～2020年）》以及三期《学前教育三年行动计划》的实施，县城、乡镇普遍设立了幼儿园，2018年全国学前三年毛入园率由56.6%提高到2018年的81.7%。② 2019年5月，国务院办公厅发布了《关于促进3岁以下婴幼儿照护服务发展的指导意见》，对儿童早期发展开展投资将成为消除贫困代际传递、缩小城乡和地区差距的国家反贫困重要战略举措。这是"农村贫困地区儿童早期发展"第一次被写入中央文件。

虽然近十年学前教育领域获得了更多的投入，但因为基础较薄弱，我国学前教育领域仍低于绝大部分经济合作与发展组织（OECD）的国家政府投入水平，"政府承担不足，家庭负担沉重，社会力量减弱"是我国学前教育领域的写照。③ 其中我国农村贫困地区与城市儿童早期发展的差距仍较为明显。我国3～6岁儿童中有近50%生活在农村，村一级学前教育资源十分匮乏，而针对0～3岁儿童的早期养育服务在农村几乎是空白。④ 特别是政府的监督和管理主要仍在园舍等硬件建设和安全检查上。而课程建设、教学和保育质量、师资培训、教师待遇、幼儿园管理等缺少实际的支持，大部分农

---

① Maggie et al, "Knowledge Network for Early Child Development", Analytic and Strategic Review Paper: International Perspectives on Early Child Development (2005): pp. 6 – 9.
② 《"儿童早期发展：从研究到实施"圆桌会在多哈举行》，https://kknews.cc/news/8gkqarl.html，最后检索时间：2020年4月20日。
③ 李芳、祝贺、姜勇：《我国学前教育财政投入的特征与对策研究——基于国际比较的视角》，《教育学报》2020年第1期，第43～54页。
④ 《"儿童早期发展：从研究到实施"圆桌会在多哈举行》，https://kknews.cc/news/8gkqarl.html，最后检索时间：2020年4月20日。

村和基层幼儿园小学化倾向严重，缺乏合适的课程和教学活动。教师流动很快，教师待遇很低，教师工作繁重、小学化倾向严重。① 在未来，农村地区的学前教育发展仍会是一个重点。

教育公益组织之前的行动领域主要集中在义务教育阶段，早期关注学前教育的组织较少。公益组织大约在 2000 年之后开始关注学前领域，主要开始于支持农村儿童和城市流动儿童的学前教育。② 具有代表性的项目包括创建于 2004 年的北京四环游戏小组，采取志愿者支持和农民工家长自助的方式解决流动儿童学前教育；2005 年北京西部阳光农村发展基金开始在甘肃办起了第一所公益性的农村幼儿园；互满爱人与人中国 2008 年在云南偏远山区创办村级幼儿班。

近年来教育公益组织对学前教育的关注度显著提高，现在则已经形成一定的规模，服务领域包括衣食住行等多方面（见表 4），教育层面集中在儿童早期干预、学前儿童家庭教育、亲子阅读、幼师培训等。③ 例如西部阳光现在开展阳光童趣园项目，包括硬件配给、教师培养和教材研发。互满爱现在则开展"未来希望幼儿班项目"，利用翻修后的村庄闲置房屋作为教室开办非营利幼儿班，从家长当中招聘初中以上学历年轻人并培训其成为合格的幼儿教师；中国发展研究基金会的惠育中国"山村入户早教计划"则是为 0~3 岁幼儿提供高质量的入户养育指导。同时其"一村一园"计划（3~6 岁儿童）也大部分（70%）采用闲置的小学教室以及一部分村级的公共场

---

① 姜蓓佳、尚伟伟：《学前教育倾斜政策的成效研究——基于 2010~2018 年中国教育统计数据精读》，《当代教育论坛》2020 第 1 期，第 52~64 页；沈有禄：《改革开放以来我国学前教育发展的主要成就与问题》，《河南师范大学学报》（哲学社会科学版）2020 年第 1 期，第 139~150 页。
② 中国教育公益组织工作领域分析报告——《儿童早期教育与成长》，http：//www.yifangfoundation.org/share/%E4%B8%AD%E5%9B%BD%E6%95%99%E8%82%B2%E5%85%AC%E7%9B%8A%E7%BB%84%E7%BB%87%E5%B7%A5%E4%BD%9C%E9%A2%86%E5%9F%9F%E5%88%86%E6%9E%90%E6%8A%A5%E5%91%8A.pdf，最后检索时间：2020 年 4 月 20 日。
③ 崔宇杰等：《我国儿童早期发展工作现状分析及策略建议》，《华东师范大学学报》（教育科学版）2019 年第 3 期，第 107~117 页。

所和党员活动室,经费前期由基金会向社会募集,后期地方政府接手保障项目运转,寻求学前教育发展的可持续模式。

表4 儿童早期教育公益组织实践领域

领域	内容	相关公益项目
健康	疾病预防与治疗、免疫接种与儿童保健,以及清洁水与环境等	"健康童行"儿童健康公益联盟凉山地区"儿童健康资源包"的定向捐赠等
营养	母乳喂养、微量与宏量营养素、辅食添加以及清洁水与环境等	安利公益基金会的"为5加油——学前儿童营养改善计划";救助儿童会开展的健康与营养项目等
安全与保障	减少负性经历(虐待与忽视、暴力等)、对弱势儿童(残疾、营养不良、孤儿等)的早期支持与干预	安全号列车——儿童安全社区共创计划;壹基金温暖包,儿童服务站等
回应性照顾	回应性喂养、提升育儿技能、照顾常规、对照护者的情感支持及持续的培训	中国发展研究基金会"惠育中国:山村入户早教计划"(0~3岁);童萌亲子园·家门口的普惠早教中心等
早期学习	提供充足的图书和玩具、家庭为儿童提供探索和学习机会、能获得有质量的托幼服务、早期学习持续至学龄阶段	互满爱人与人中国;千千树农村学前教育质量提升项目;互济基金会实施的"未来希望幼儿班一村一幼"项目;中国发展研究基金会的"一村一园"计划(3~7岁)等

教育公益领域也逐渐关注学前教育的教师培养,提升其服务的专业性。北京千千树试图针对农村幼儿教育的根本问题——课程质量和师资——提出专业的解决方案,为农村幼儿园研发一套适用的课程,以及在此课程基础上系统开展教师培训,帮助农村地区建设当地培训力量和幼儿教师队伍。创办于2018年的成都日敦社幼师学院,作为专注于幼师培训的创新型教育机构也备受瞩目,在理念引领层面也具有开拓性的作用,与其他学前领域的公益机构的合作较为紧密。该机构希望培养幼师的人文素养,以人文、艺术欣赏、哲学等领域为切入点推动教师成长,并且综合利用线上平台和线下课程活动,采用社群学习的方法,帮助学员在体验和互动中加深对内容的理解。

在未来的发展空间上,学前教育阶段也较具有外部环境优势及更大的探索空间。近年来国家逐步重视学前教育的公益性,现在的趋势是以国家项目为依托,鼓励社会组织积极参与,并推行兴办学前教育多渠道性,鼓励支持

民办幼儿园发展。教育公益组织对学前教育领域的重视，也在于其可以在农村后"撤点并校"时期，利用闲置校舍及教师资源兴建社区幼儿园，发展学前教育，合理利用农村教育资源，降低初期的资源投入。并且学前教育不受国家校本课程的规定限制，仍留有更多空间探索教育内容以及方式的创新。在此背景下，教育公益组织要积极地面对问题和挑战，在"缓解政府财政压力；提高资源利用效率；深入基层，满足教育多元化"① 等方面，共同寻求解决中国幼儿教育的社会公共服务之路。

（三）流动儿童领域——需求多元，各地因地制宜，各有侧重

截至2019年底，全国流动人口规模为2.36亿人，其中主要是从农村迁移到城市的人群。② 伴随着庞大的流动人口，被一起提及的就是热点不断的流动儿童教育问题。流动儿童教育问题自20世纪九十年代起就逐渐引起社会关注，近年来随着政府户籍制度管理的变化，部分地区如北京及上海流动儿童教育问题进一步凸显。资助者圆桌论坛、新公民计划、千禾社区基金会联合发布的《2018流动儿童教育领域扫描报告》显示，流动儿童面临五个关键问题：亲子分离、安全看护不足、大部分流动儿童无法进入城市公办学校、低收费民办学校的质量较差、缺乏可负担且有质量的校外教育。③

总体而言，根据不同社会组织的干预目的，可以将流动儿童相关机构的工作领域划分为保障入学型（保障基本入学权利）、提高教育质量型（提供多元化学习机会，保护身心健康）以及促公平社会化融入型（参与社区建设及权利平等倡导）。④ 在服务受众的参与程度上也包括从被动接受服务到

---

① 郑雅姿、王萍：《非政府组织参与农村学前教育治理的基本路径》，《陕西学前师范学院学报》2019年第6期，第21~27页。
② 《2019年国民经济和社会发展统计公报》，http://www.stats.gov.cn/tjsj/zxfb/202002/t20200228_1728913.html，最后检索时间：2020年4月20日。
③ 《2018流动儿童教育领域扫描报告》，公益时报，http://www.gongyishibao.com/html/yaowen/15415.html，最后检索时间：2020年4月20日。
④ 韩嘉玲、刘月：《NGO在北京、上海、广深、西北的流动儿童教育实践研究》，载韩嘉玲主编《流动儿童发展报告》，社会科学文献出版社，2020。

参与以及主导服务。

- 保障入学型的服务包括教学设备的捐赠、助学金、营养保障、教师资源供给、公益办学等。
- 提高教育质量型的服务包括校外教育，如课外兴趣班、社会情感教育、阅读活动、安全和营养健康教育、性教育、艺术教育、创造力课程、体育教育、环境教育、职业教育、社会融入教育和流动儿童冬夏令营活动等；面向流动儿童家长的安全和营养健康教育等；教师培训、教师刊物、教师行动基金，教师社群建设等。
- 促公平社会化融入型的服务包括政策倡导、公众倡导、社会融入服务等。

1. 分地域流动儿童公益项目概况

教育公益组织的实践根据当地流动儿童的特征、需求、政策环境、公益组织的发展阶段、公益组织与基层政府和学校的关系等因素开展相关活动，面临的挑战也各不相同。本文为了进一步了解流动儿童相关公益项目的开展情况，搜集中国不同地区项目实施情况的文本，对项目内容、服务模式、项目实施的地点进行比较以帮助大家了解其发展的不同形态。

表5　中国四地区流动儿童公益项目内容对比

	北京	上海	广州、深圳	兰州
流动儿童问题难点	集中于教育机会即入学问题方面	集中于教育机会即入学问题方面	集中于教育机会即入学问题方面	集中于家庭和课外教育资源匮乏、学前教育缺失、缺乏有质量的正式教育等教育质量方面；少数民族特殊性
项目内容	开始有较多的专注于某一领域的专业化机构介入；具有较大的丰富性与多元性；涉及学前教育	在朝着细分化、精细化的方向发展。具有较大的丰富性与多元性；涉及学前教育	更突出综合性，同类项目间的差异性不明显。对学龄前儿童的服务内容仅限于早期教育(0~3岁)；缺少保障入学型的项目	发展初期阶段，以提供基础性、传统性的服务内容为主，注重弥补社区公共服务的不足，专业化细化仍未实现

续表

	北京	上海	广州、深圳	兰州
服务对象	覆盖了流动儿童、流动儿童家长、打工子弟学校教师和流动儿童教育创新机构、公益组织四类群体	面向流动儿童、流动儿童家长、打工子弟学校教师群体，注重对学生、家长和教师三类人群的同步服务	主要服务于流动儿童和流动儿童家长这两类人群，缺少针对打工子弟学校教师或相关公益组织的服务	面向流动儿童、流动儿童家长、打工子弟学校教师群体，缺少针对相关公益组织的服务；少数民族流动儿童和妇女是当地NGO服务的重点人群
服务模式	倡导类最为突出，其中，面向政策制定部门的政策倡导活动尤为突出；以受助式项目为主，但一些NGO也较为重视服务受众的参与，对参与式和自管理式项目也进行了一定尝试	以公众倡导为主；当地NGO的项目以受助式为主，部分项目采用了参与式模式，还没有服务受众自管理式的项目	以公众倡导为主；以受助式项目为主，参与式服务、服务受众自管理式也有所涉及	主要与公立学校沟通进行倡导活动，较少有面向政策制定部门的倡导类活动；受助式项目居多，但在参与式和自管理式两类模式方面发展相对较好，注重服务受众的参与
项目实施地点	在社区和学校都有实施，社区项目略多于学校项目	在学校和社区实施的项目数量几乎各占半数	主要集中在社区实施，政府购买服务较多	主要集中在社区实施，主要集中在少数民族流动人口习惯聚居地；

韩嘉玲、刘月：《NGO在北京、上海、广深、西北的流动儿童教育实践研究》，载韩嘉玲主编《流动儿童发展报告》，社会科学文献出版社，2020。

可见我国流动儿童相关的项目，针对不同地区的需求以及问题、公益环境等开展了不同程度的服务，但以上项目内容、开展方式是否能够真正解决不同地区难点问题，其方式是为了适应现有环境还是打破僵局仍有待探讨。

近年来在特大城市严格控制人口的政策下，回流儿童规模加大及被迫提早回流，导致流动儿童群体出现了新类型，即"候鸟学生"或"回流儿童"。面对日趋严峻的形势，很多儿童离开父母回到家乡继续学业，由此带出的新问题需要引起关注。与普通流动儿童和留守儿童相比，这类群体往往面临更困难的生存状况与更严峻的心理问题。现在已经出现部分关注该类群体的项目，例如深圳市龙岗区龙祥社工服务中的"小候鸟往北飞"项目，将回流青少年作为服务对象，通过前期预防性介入及持续跟进机制，帮助回流儿童提升自我管理能力，缓解适应新环境的压力问题等。

2. 留守儿童公益项目现状

根据北京沃启公益基金会2019年调研报告《农村留守儿童保护的干预实践研究·留守儿童篇》，通过对国内专注留守儿童议题的88个公益项目进行统计分析，以及对23个具有代表性的个性化实践案例分析，笔者发现留守儿童的干预项目可被归纳为四个类别：留守儿童教育服务类（61个，70%）、家庭教育与亲子关系类（7个，8%）、乡村社会服务体系类（11个，12%）、资源资助类（9个，10%）。研究发现，只有极少数项目以留守儿童最直接相关的群体——家长、教师为目标对象，学校和社区是公益项目集中发力的目标对象。[①]

该报告指出留守儿童存在多样化的需求，需要机构根据不同情况提供相应的干预策略。比如留守儿童需求受年龄、性别、地域、民族和留守类型等五个因素的影响。例如在具体资助上有以下差异：云南省的留守儿童家庭经济条件一般比非留守儿童家庭好，留守儿童零花钱更多，需要理财教育，而湖南省和黔西北的留守儿童家庭却经济条件较差更需要直接的物资捐赠；留守男童对因意外和校园霸凌引起的人身伤害的预防需求更高，留守女童对情感交流的需求更高；少数民族留守儿童比汉族留守儿童更需要进行乡土文化教育等。

随着2019年新型城镇化的推进，全国取消城区常住人口300万以下的城市落户限制，随迁子女入学待遇同城化，不久的未来，可能部分解决流动留守儿童问题。但是不可否认的是，对于流动人口落户需求更大的特大城市以及超大城市仍有庞大的落户规模无法实现。2019年8月，教育部发布的2018年度教育统计数据显示，农村留守儿童数量逐年减少，2018年规模为1475万人，占义务教育阶段全国在校生比例为9.83%，而小学阶段进城务工人员随迁子女数量（1048万）首次超过了农村留守儿童（999万）。[②] 此

---

① 耿和苏、刘海英、曹阳、段俊英、王静：《农村留守儿童保护的干预实践研究·留守儿童篇》，载韩嘉玲主编《流动儿童发展报告》，社会科学文献出版社，2020。

② 《流动、留守儿童数量已经开始部分逆转》，http://www.xingongri.org.cn/? p=5147，最后检索时间：2020年4月20日。

次数据的变化值得引起注意。

以上的变化趋势意味着教育公益领域在未来具体的流动儿童入学、教育质量提升以及政策平权方面,仍可起到补充和引领的作用,在特大城市人口和教育政策收紧、公益办学难度与办学成本不断提升的情况下,帮助人口流动过程中形成的弱势儿童获得更多的教育公平机会,也需要机构根据人口流入流出数据新的变化,及时调整资助目标及策略,满足因地因时不同的个性化需求。

(四)教育技术应用领域——平台联盟与自组织的出现,教师角色的再设计

在全球化、信息化和互联网技术时代,知识的生产、传播和获取发生了巨大变革。随着各种搜索引擎、内容网站、在线图书、知识分享工具、学习工具、电子设备和终端、视频课程、虚拟课堂等在线学习形式的出现,以互联网、云计算、大数据、物联网、人工智能等为代表的信息技术在教育领域中的应用日益广泛,科技全方位"入侵"教育。互联网和人工智能技术的快速发展,更是引爆了"学习的革命"。教育技术对教育的改变,包括利用慕课、微课等手段改革课堂教学;通过科学设计优化教学资源的使用效果,注重满足学习的个性化、可视化、多元化的需求;通过大数据、虚拟现实、机器人技术等的应用,改变教育评价、教学管理,建设"智慧校园"。

随着互联网的出现,我们也目睹了中国教育公益事业的不断变化,如利用技术来扩大教学规模,提供更容易获得的教育内容和服务,促进跨越地理障碍的参与与合作。根据PISA 2018年的数据,我国四省市学校的硬件短缺程度低于63个国家(地区),学校的信息化程度已经超过OECD平均水平。调查的学校九成左右配有电子设备,并且提供相应技术支持,且使用程度较高。[①] 我国教育信息化程度较高,因此相对其他国家和地区,受到教育信息

---

① 李刚、辛涛、赵茜:《从四省市PISA 2018结果看我国基础教育发展的经验与挑战》,《中国教育学刊》2020年第1期,第7页。

化影响也较为明显。作为一个幅员辽阔，区域、城乡差异比较大的国家，中国的教育资源分布明显不均衡。教育资源通常很难到达那些偏远的农村地区。但较高的信息化程度有助于利用互联网的优势，在某种程度上解决教育资源分配的困境，催生了教育公益领域资源组织与分配的新形式，但同时，又因利用信息技术能力的差距，新的教育不公平现象出现了，下文将详细分析该新现象。

1. 大规模互动的平台组织及联盟出现

互联网和移动设备快速发展的特征之一是能够促进各种互动，组织人力、物力和财力，例如没有地域限制的同时链接多方参与者（如志愿者、受助者和捐赠者）。伴随着技术的发展，教育公益领域同时出现了网络社区、平台组织和联盟等的大规模互动，链接志愿者组织、学校和支持机构等。例如桥畔计划，其重点是支持初创期教育类公益组织，链接必要的资源以及为合作伙伴的互动创造环境。其他例子包括专注于在线支教的"有教无类"和链接并服务于小微农村学校的"农村小规模学校联盟"等。

以农村小规模学校联盟为例。它由21世纪教育研究院发起，旨在将遍布全国的小微型农村学校联系起来，同时在这些学校与非营利组织、基金会、企业、高校、媒体、当地的教育部门等其他社会资源之间架起连接的桥梁。针对联盟内部学校的困难和问题，成员学校共同努力解决。例如，为了解决最紧迫的艺术和体育教师短缺的问题，联盟从现有教师中选出一组教师，通过短期培训使之成为"兼职"艺术和体育教师，并通过在线学习平台在联盟内部进一步共享课程资源。在此基础上，合作扩展到其他学科。这使联盟学校的教师之间的关系更加紧密，也解决了缺少教师使小微型农村学校难以进行教学研究的问题并尽可能地提高了其教学质量。

这个联盟还有助于将"孤立的岛屿"变成"群岛"，这意味着在这些分散的学校的基础上形成了一个虚拟社区。农村地区小微型学校广泛分布和分散，尽管它们面临着同样的困难和问题，但大多数仍在自己的"孤岛"中挣扎，他们不知道在外面的世界有成千上万的合作伙伴。

例如,广元市利州区有14所小型乡村学校。校长和教师都面临学生流失增加和农村教育质量下降的困境。但是,这14所学校之间几乎没有沟通和联系。直到2014年12月19日,即"农村小规模学校联盟"成立一个月后,"利州区微型学校发展联盟"正式成立,这是中国最早的区域性农村小规模学校联盟。这个由14所学校组成的微型学校联盟不同于在中国通常被视为"强校带弱校"的学校联盟。相反,联盟14所学校的成员,带着互联网的"平等"性,无所谓强校弱校之分,通过联盟,他们探索了办乡村小学的方式,相互学习并发展各自的优势。①

这种联盟使社会和政府能够听到小规模学校的声音和要求,形成农村小规模学校的研究社区,并为学者提供了研究这些学校的平台。该联盟希望通过实现上述互动与协作,探索一条有效的途径,以促进农村地区小规模学校的发展并提高其教育质量。没有技术的帮助,这种多样化的互动很难实现。

2. 技术创设虚拟社区,促进教师群体分享、成长

使用互联网进行教育的另一个特点是,学习者能够在一个开放、扁平和互动的虚拟社区中学习,这鼓励参与的教师分享想法并创建相互信任的社区。社区可以促进相互联系,促进知识转移,为教师展示教学提供平台,从而克服教学困难,而这些困难是他们独自工作时难以解决的,相关项目如以集合社会影响力支持乡村青年教师成长的"青椒计划"。

置身于偏僻的农村地区,中国农村教师通常对学校的未来不抱太大希望。慢慢地,他们更容易失去对教学的热情。但是,互联网允许这些人加入社区,与志趣相投的人相互学习,探索并交流。受到新思想和方法的启发,边远地区的教师可能不会再感到孤单,他们的学习积极性将提高。这就是互联网产生的陪伴力量。

除此之外,我们也发现越来越积极的教师自组织。早年的教育公益组织项目必须通过行政系统来推进工作,如果没有与学校建立联系很难实现项目

---

① 韩嘉玲主编《小而美:农村小规模学校的变革故事》,教育科学出版社,2019,第10~12页。

落地。随着新技术和网络的发展，QQ 群和微信群中最活跃的教师正从学校的行政系统跳脱出来，有些教师甚至创建了自己的自组织，形成了另一种激励机制。代表性的案例有彩虹花读书会、浪漫物理小屋、教育行走等中国教师小组，像这样的组织可以创造一种环境，使教师不再是散布在偏远地区的孤独战士。每个人不仅是学习者，而且是自媒体，具有分享、表达和传播思想的能力和权利。这种策略极大地激发了教师在教学上探索的积极性。

3. 反思：技术利用与教师角色的再设计

当然互联网+教育对教师的影响相当复杂而深刻。在互联网+教育的逻辑下，根据教师教学与技术的关系的不同特征，公益组织提供技术的方式可分为以下几种：使用互联网作为数据库来提供教学内容/课程设计（无论是 PPT 还是视频），用技术实现教师与其他教师同时讨论的远程在线教研；双师课堂的尝试，即农村和城市的教师同时合作教授的远程在线课程。

这些表现可能有不同的影响。在第一种情况下，教师可以从丰富的教学资源中受益并丰富其课堂内容，但与此同时，也在制定一种相对固定的"最佳"教学过程来培训"标准化"教师。例如，许多农村教师只从互联网上下载了教学材料，而没有进行适当的修改。在此过程中，教师可能会失去其主观探索的意愿，或者在教学以及探索和创造的空间中失去其个性化。至于双师课堂，尽管农村贫困地区学生可以和发达地区的学生上同一堂课，但是现实中的一些实践让农村教师只是变为城市老师的辅助者。当地教师的价值观，师生之间有机的、丰富的生活联系很容易被忽略。

实际上，教师的工作可以分为两类，以教学设计/情感交流为代表的创造性工作，以及以纠正和反馈为代表的机械重复性工作。① 而其中只有机械重复性工作才能被更多的技术取代。既然我们都知道学习者的情感、心理、道德和其他非智力因素对提升学习效果的重要性，那么师生之间的情感互动

---

① 杨现民、张昊、郭利明、林秀清、李新：《教育人工智能的发展难题与突破路径》，《现代远程教育研究》2018 年第 3 期，第 30～38 页。

和教与学的创作过程就需要更多的探索空间。因此教育公益项目需要谨慎设计教师的角色。在课堂里，应进一步强调当地教师的地位，提高当地教师的能动性，因为只有现场老师而不是"网络"老师才知道学生的不同需求和特殊需求。

技术的应用为更快更好地改善教育公平、提升教育质量指出了一条道路。在2020年初，新冠肺炎疫情致使中国中小学停课，很多学校采用在线的方式授课，实现了全民上网课。但同时，应用技术开展教育的过程却暴露出了诸多问题，例如要应用技术去改善欠发达地区的教育质量，什么是需要重视的？是设备，是内容，是教师，还是其他的方面？如何应用技术以避免学生脱离于真实的生活？等等。教育公益领域应该对教育技术保持谨慎、乐观的态度，去迎接未来更多的挑战，去寻找更多的可能性。

三　总结

本文梳理了教育公益领域的资金现状，并从学前教育、教师支持、流动儿童、科技领域四个板块剖析了2019年教育公益领域的资助热点、发展趋势以及重点问题。教育公益领域仍将是社会资助的热点，但作为一个相对专业的资助领域，在具体资助的方向及设计上仍有较大的提升空间。教育领域的资金需要在政府投入较为欠缺的教学及教师层面、社区教育文化支持、综合素养培养等方面加大投入。相较高等教育，教育公益更应该加强其在学前教育、基础教育阶段的作用。

近几年，教育公益领域在组织教师校长支持领域的实践上，从单次的颁奖到提供长期的培训机会，从教师作为被动选择者配合完成项目到教师主动申请项目等，更为重视教师主动性、当地教育环境生态的转变，寻求更为长久的生长性。学前教育领域获得了明显的提升，教育类项目集中在儿童早期干预、学前儿童家庭教育、亲子阅读、幼师培训等领域，随着国家的重视以及推动，未来能够有更大的探索空间。流动留守儿童教育领域，不同地区发展出了不同的项目形式，尽可能满足不同需求。同时随着人口的发展变化趋势，回流儿童以及城镇留守儿童现象值得关注。教育技术的发展对于教育公益领域中大规模互动的平台组织及联盟、教师自组织的出现起到重要的推动作用，但对教育技术不能够盲目乐观，在具体实施过程的设计上需要保持谨慎。因内容有限，仍有诸多教育公益领域的问题包括职业教育，残疾儿童教育，社区学校/全面支持，社会情感学习，大规模教育项目复制等方面，有待获得持续关注及讨论。

B.9 防灾减灾救灾中的慈善参与

——2019年中国防灾减灾救灾慈善报告

张　强　佟欣然　季海燕　张心雨　张　元*

摘　要： 随着我国应急管理体制改革的进一步深化，慈善组织等社会力量参与防灾减灾救灾已经成为应急管理能力和体系现代化的重要组成部分。本报告致力于：（1）通过文献研究，回顾2019年慈善参与防灾减灾救灾的发展状况，梳理我国社会力量参与防灾减灾救灾的政策体制和相关领域进展。研究发现2019年我国慈善参与应急管理在顶层设计、技术应用、能力建设等方面都有了进一步推进，参与势头依然强劲。（2）采取案例研究法，结合2019年重大自然灾害应对实践，探讨新的应急管理体制机制下慈善参与应急管理的特点、挑战及趋势。研究发现整体上社会力量的动员组织和协同响应趋向"有序、高效"，但保障和激励机制、风险防范及跨区域协调能力还有待完善，信息递送和舆论引导、慈善行业自律亟待强化。（3）从行业枢纽型组织/平台、社会组织参与救援框架、志愿者发展体系等建设方面展望社会力量参与防灾减灾救灾领域的未来发展趋势。

---

* 张强，北京师范大学风险治理创新研究中心主任、教授/博士生导师，主要研究领域为应急管理、公共政策、志愿服务；佟欣然，北京师范大学风险治理创新研究中心减灾项目部副主任；季海燕，北京师范大学风险治理创新研究中心硕士研究生；张心雨，北京师范大学风险治理创新研究中心硕士研究生；张元，北京师范大学风险治理创新研究中心硕士研究生。

关键词： 防灾减灾救灾 慈善参与 社会力量

前 言

  由于人类活动及全球气候变化的影响，灾害发生频次及其复杂性以非线性的速度快速增长，这已成为全球发展不得不面对的新常态。仅2019年全球发生自然灾害361起，死亡人数约11719人，其中洪水为最多发的自然灾害，共170起，受洪水影响死亡人数达5100人。① 中国幅员辽阔，地理气候环境情况复杂，是世界上受自然灾害影响较为严重的国家之一，除火山活动造成的灾害外，每年自然灾害时有发生。据统计，2019年全国各种自然灾害共造成直接经济损失3270.9亿元②，但总体受灾情况有所好转，全国自然灾害因灾死亡失踪人数、倒塌房屋数量、直接经济损失占GDP比重较近5年均值分别下降25%、57%和24%。③ 除此之外，全国安全形势保持平稳，生产安全事故总量、较大事故和重特大事故保持"三个下降"，死亡人数下降17.1%。④ 尽管2019年我国受灾情况稳中有降，但在新时代新形势的要求下，我国防灾减灾救灾事业仍需立足当下、着眼长远，通过进一步深化改革不断提升防灾减灾救灾的能力与水平。

  近年来，随着各国在防灾减灾救灾领域的积极探索与实践，国际社会对

---

① OFDA/CRED International Disaster Database：Number of Reported Natural Disasters, EMDAT, 最后更新时间：2019年11月，https：//ourworldindata.org/natural-disasters，最后检索时间：2020年4月21日。
② 应急管理部：《应急管理部发布2019年全国自然灾害基本情况》，中国政府网，http：//www.gov.cn/xinwen/2020-01/17/content_5470130.htm，最后检索时间：2020年4月21日。
③ 《去年自然灾害造成直接经济损失较近5年均值下降24%》，中国政府网，http：//www.gov.cn/xinwen/2020-01/17/content_5469971.htm，最后检索时间：2020年4月21日。
④ 《去年生产安全事故起数下降18.3%》，中国政府网，http：//www.gov.cn/xinwen/2020-01/08/content_5467389.htm，最后检索时间：2020年4月21日。

防灾减灾救灾工作的认识上升到了新的高度，越来越多的国家的社会力量[①]以不同形式为防灾减灾救灾工作注入新的活力。联合国在第六届全球减少灾害风险平台大会期间发布了《减少灾害风险全球评估报告（2019）》，就2015年《2015～2030年仙台减少灾害风险框架》发布以来全球防灾减灾事业的进展及当前面临的机遇与挑战进行梳理，以整合全球各领域社会力量协同推进防灾减灾工作可持续发展。[②] 聚焦我国，在2019年11月29日中共中央政治局就我国应急管理体系和能力建设进行第十九次集体学习时，习总书记强调，应急管理是国家治理体系和治理能力的重要组成部分，他还特别指出，要坚持群众观点和群众路线，坚持社会共治，把社会动员能力作为以信息化推进应急管理现代化的五大能力之一。[③] 支持社会救援力量发展已经成为应急管理部的重要工作内容之一，例如2019年建立了全国参与抢险救援网上申报系统，举办全国首届社会应急力量技能竞赛等。[④]

慈善与灾害救助在宗旨和目标上具有一致性，因此社会力量参与灾害救助既能够使其自身能力得到发展，也有助于进一步推动建设多方力量协同治理的灾害风险管理体制。近年来，为了应对社会力量蜂拥而至致使灾害救助无序的现象，国家不断出台相关法律和政策支持引导社会力量有序、高效地加入救灾工作，在党和政府的高度重视下，社会力量参与灾害救助的专业性、组织性得到迅速提升。据统计，截至2020年4月，在全国各级民政部门注册登记的社会组织约87.1万家。[⑤] 有关部门分别对社会应急力量进行

[①] 本报告中的"社会力量"主要指社会组织、志愿者等主体，包含慈善组织等开展慈善活动的力量。
[②] 应急管理部信息研究院：《〈减少灾害风险全球评估报告（2019）〉解读与启示》，《劳动保护》2019年第9期，第53～55页。
[③] 习近平：《充分发挥我国应急管理体系特色和优势 积极推进我国应急管理体系和能力现代化》，中国政府网，http://www.gov.cn/xinwen/2019-11/30/content_5457226.htm，最后检索时间：2020年4月21日。
[④] 黄明：《深入学习贯彻习近平总书记关于应急管理重要论述 全力防控重大安全风险推进应急管理体系和能力现代化》，《中国应急管理报》2020年1月10日，第1版。
[⑤] 《中国社会组织公共服务平台》，http://www.chinanpo.gov.cn/search/orgcx.html，最后检索时间：2020年4月21日。

了初步统计,包括在全国各级民政部门登记注册的社会应急救援队伍,红十字会、工青妇等群团组织,以及各级政府部门管理或指导但未在民政部登记注册的社会应急救援队伍。统计显示,截至2019年7月31日,全国31个省(自治区、直辖市)及新疆生产建设兵团救援队总数为1709支,专职救援人数共计13905人,平均每支队伍8人;队员共计179119人,志愿者人数共计423475人。[①] 由此可见,应急救援力量的蓬勃发展使应急救灾体系日渐完善,成为我国应急救灾体系中不可或缺的重要组成部分。当然,随着灾害治理体系的逐渐发展,社会力量从单一的参与应急救灾逐渐向参与防灾减灾救灾的各个环节过渡。社会力量灵活发挥组织的专业能力,在擅长的领域内创新发展防灾减灾事业,提高全民应急意识,成为防灾减灾救灾体系中最新鲜的血液。与此同时,灾害事件带来的巨大冲击受全民瞩目,参与其中的社会力量在接收社会捐赠或深入一线时更易受到公众关注与监督,因此加强社会组织执行信息披露的透明化和救灾能力发展的专业化尤为重要,以便为社会力量更好地参与防灾减灾救灾创造良好的可持续发展空间。

本报告将从以下研究内容展开:(1)回顾2019年慈善参与防灾减灾救灾的发展状况,梳理我国社会力量参与防灾减灾救灾的政策体制和相关领域进展;(2)结合2019年重大自然灾害的应对案例,探讨新的应急管理体制机制下慈善参与防灾减灾救灾的特点、挑战及趋势;(3)未来社会力量参与防灾减灾救灾的展望分析,探索领域内未来宏观发展方向,为社会力量更好地发展自身能力、创新参与防灾减灾事业提供参考。

一 慈善参与防灾减灾救灾的发展现状

在我国,慈善参与灾害治理领域的社会愿望和发展势头越来越强劲。本报告试图对当下慈善参与防灾减灾救灾的现状进行简要地刻画分析。

---

① 资料来源于有关部门内部资料。

（一）政策体制

2019年是应急管理部门组建到位后全面履职的第一年，是应急管理体系和能力建设整体谋划布局之年，特别是在新时代风险社会的背景下，推动社会共治的各项体制机制也在不断完善。在防范化解重大风险专题研讨班上，习近平总书记发表重要讲话，强调坚持底线思维，增强忧患意识，提高防控能力，着力防范化解重大风险，并就防范化解政治、意识形态、经济、科技、社会、外部环境、党的建设等领域的重大风险做出深刻分析，提出了明确要求。① 这一关于风险治理的论述是新时代应急管理工作需要遵循的根本，也是社会力量参与防灾减灾救灾工作的基本出发点。总的来说，应急管理大的体制已经基本明确，新的机制逐步形成，应急力量体系初步建立，应急救援能力和效率显著提高，新部门、新机制、新队伍的优势日益显现。②

1. 应急管理体制改革的最新进展

（1）加强应急管理顶层设计

一是积极推动出台应急管理事业改革发展意见。从深化应急管理体制改革、健全风险防范化解机制、提升综合应急救援能力、加强应急管理法治建设、强化科技支撑和人才保障、推进社会共建共享共治等方面，推动形成统一指挥、专常兼备、反应灵敏、上下联动、平战结合的中国特色应急管理体制。③ 二是制定应急管理立法规划，逐步构建应急管理法律体系。研究拟定《应急管理法律体系建设方案》，并初步形成了"1+4"（《应急管理法》+《安全生产法》《自然灾害防治法》《消防法》《应急救援组织法》）应急管

---

① 新华社：《习近平在省部级主要领导干部坚持底线思维着力防范化解重大风险专题研讨班开班式上发表重要讲话强调 提高防控能力着力防范化解重大风险 保持经济持续健康发展社会大局稳定 李克强主持 栗战书汪洋王沪宁赵乐际韩正出席》，《党建》2019年第2期，第6~8页。
② 黄明：《深入学习贯彻习近平总书记关于应急管理重要论述 全力防控重大安全风险推进应急管理体系和能力现代化》，《中国应急管理报》2020年1月10日，第1版。
③ 新华社：《中共中央印发〈深化党和国家机构改革方案〉》，《人民日报》2018年3月22日，第1版。

理法律体系发展方案①,组织修订国家突发事件总体应急预案。此外,《生产安全事故应急条例》于2019年2月17日正式公布。

(2)加快应急管理大数据的应用

一是加强应急管理基础信息资源管理。构建全国应急管理大数据应用平台,接入各地区、各有关部门、各行业企业的风险和隐患信息以及灾害事故信息,逐步实现重大风险和隐患的在线监测、超前预警预报和灾害事故高效处置。例如,海南省对防灾减灾信息进行整合,既为省级相关厅局提供作为指挥决策依据的防灾预警,又为居民游客提供手机App及微信公众号等平台上的防灾减灾信息服务,平台"以防为主"的防灾减灾理念得到认可和好评。②

二是构建应急管理部大数据中心和云计算平台。预计未来5年达到千PB级数据存储及相应运算能力,为应急管理有关部门提供数据存储和计算资源。目前,北京主数据中心和云计算平台已经基本建成。

三是初步建成全国重点应急资源信息管理系统。梳理全国应急救援队伍、大型关键装备、应急救援专家等相关资源信息数据,构建应急资源数据库和应急资源调度一张图,实现重点应急资源的动态管理、快速查询和科学调用。③

四是社会力量参与抢险救灾网上申报系统投入运行。该系统使抢险救援行动更加有序、社会力量参与更加规范。最直接的作用是申报系统为应急车辆跨省抢险提供了公路通行保障,使救援更有效率,并且减少了往返通行费所带来的额外经济负担。申报系统开放的同时,有关部门也发布相关通知对申报系统的使用进行规定,以便在救灾过程中政府可以更加有效地发挥调控作用,避免资源浪费,保证救灾有序进行,也使政府与社会力量更好地分工

---

① 《应急管理部2019年全国人大代表建议和全国政协委员提案办理情况》,https://www.mem.gov.cn/gk/jytabljggk/jytablqk/201912/t20191213_3422 17.shtml,最后检索时间:2020年4月21日。

② 《海南省水务厅互联网+防灾减灾信息平台引国际外宾热烈反响》,http://swt.hainan.gov.cn/sswt/tpxw/201911/0590c753abb54a6199f1942504debba6.shtml,最后检索时间:2020年4月21日。

③ 陈小康、陈武、吉小燕、赵光辉:《大数据互联共享在海南省防灾减灾中的应用》,《中国防汛抗旱》2018年第9期,第7~12页。

合作，提高防灾减灾救灾效率。该系统已于2019年3月27日正式上线，可实现社会力量网上登记备案和审核、灾情信息发布、救援申请、抢险救援管理等功能。①

（3）扶持应急产业发展

政府推进应急救援新技术、新装备研发，相关部门设立了"公共安全风险防控与应急技术装备""自然灾害防治技术装备"两个重点专项，用于支持事故灾害防治和应急救援技术装备研发。目前有关部门正组织凝练相关领域重点科技项目，积极推动自然灾害防治国家重大科技专项立项。同时，有关部门正在推进应急救援技术装备标准制定，组织制定应急通信装备标准体系，包括总体标准、信息采集类标准等21个标准规范。政府还将推广先进应急救援技术装备的示范应用，根据实战需要，适时为智能救援、监测预警、工程抢险、应急防护等领域的先进技术装备提供实战应用的机会，加快先进适用技术和抢险救援装备的实战应用与推广。最后，政府继续加强应急救援技术装备的供需对接，下一步将升级系统，面向全社会开放共享，形成装备创新生态。②

（4）提升应急队伍能力

一是加强专业应急力量建设。应急管理部门在统筹规划地方专职消防、森林（草原）火灾扑救等专业应急力量建设的基础上，计划编制专业应急救援队伍体系建设方案，提升应急救援综合实战能力。回顾2019年，安全生产救援队伍出动18.8万人次，中国安能建设集团有限公司被纳入国家应急救援力量体系，应急管理部组建自然灾害工程应急救援中心，并制定实施国家航空应急救援体系建设方案。③

---

① 叶昊鸣：《社会应急力量参与抢险救灾网上申报系统上线运行》，新华网，http://www.xinhuanet.com/politics/2019-03/27/c_1124292458.htm，最后检索时间：2020年4月21日。
② 《关于政协十三届全国委员会第二次会议第0246号提案答复的函》，https://www.mem.gov.cn/gk/jytabljggk/zxwytadfzy/201912/t20191213_342240.shtml，最后检索时间：2020年4月21日。
③ 黄明：《深入学习贯彻习近平总书记关于应急管理重要论述　全力防控重大安全风险推进应急管理体系和能力现代化》，《中国应急管理报》2020年1月10日，第1版。

二是规范管理社会应急力量。应急管理部初步组织编写了社会应急力量能力分类分级测评标准和工作规程，目前正在浙江、广东两省开展试点工作，并在深圳和江门开展了国内首次社会应急力量能力分类分级测评，① 该活动为动员使用社会应急力量提供了科学依据，并为在全国推广社会应急力量能力分类分级测评工作进行了探索。②

三是推进社会应急力量专业化发展。应急管理部、民政部、共青团中央和重庆市人民政府共同举办了全国首届社会应急力量技能竞赛，由应急管理部救援协调和预案管理局、消防救援局组织实施。此次竞赛包括2部分内容，分别是有关法律法规和救援知识的理论考试和破拆、水域、绳索3大类12个项目技能竞赛。③ 该大赛为社会力量搭建了实战训练的比武台，有利于促进社会力量专业化、持续化发展，为社会力量的日常训练注入新力量，提高应急救援队伍实战水平，同时提高社会力量与综合性应急救援队伍、专业救援队伍协同应对的水平，使三方力量携起手来，共同构建大国应急体系。

2. 慈善参与防灾减灾救灾的相关政策

2019年，规范引导社会力量参与防灾减灾救灾的相关制度法规正在逐步完善和出台。按照党中央、国务院在2016年发布的《关于推进防灾减灾救灾体制机制改革的意见》中明确提出的要求，"坚持鼓励支持、引导规范、效率优先、自愿自助原则，研究制定和完善社会力量参与防灾减灾救灾的相关政策法规、行业标准和行为准则，搭建社会组织、志愿者等社会力量

---

① 《广东：组织开展国内首次社会应急力量能力分类分级测评》，应急管理部，2019年11月23日，https://www.mem.gov.cn/xw/gdyj/201911/t20191123_341511.shtml，最后检索时间：2020年4月21日。
② 救援协调和预案管理局：《应急管理部开展社会应急力量能力分类分级测评试点工作》，https://www.mem.gov.cn/xw/bndt/201912/t20191217_342383.html，最后检索时间：2020年4月21日。
③ 《应急管理部举行全国首届社会应急力量技能竞赛新闻发布会》，http://www.scio.gov.cn/xwfbh/gbwxwfbh/xwfbh/aqjgzj/Document/1654276/1654276.htm，最后检索时间：2020年4月21日。

参与的协调服务平台和信息导向平台。"① 我国在新的应急管理体制下对社会力量参与灾害救援救助的相关政策法规进行整合和完善，进一步加强慈善参与的实操性和规范性。

在立法推进层面，2019年有关部门贯彻落实了《法治政府建设实施纲要（2015～2020年）》中提出的相关立法工作，推进和开展了《社会组织登记管理条例》《志愿服务记录与证明出具办法》等规章的制定和修订工作，以此强化对社会组织发展的规范和引导。其中，《国务院2018年立法工作计划》提出的《社会组织登记管理条例》被列为六件待推进行政法规中的第一件。②《社会组织登记管理条例》的出台将进一步促进政府部门对社会组织监管的行政程序的整合和简化。

在志愿服务领域，党的十九大明确指出要推进志愿服务制度化，党的十九届四中全会要求健全志愿服务体系。此外，志愿服务记录与证明出具作为志愿服务中一项关键性、基础性工作的普遍共识已经形成。2012年以来，民政部先后出台了《志愿服务记录办法》和《关于规范志愿服务记录证明工作的指导意见》。2019年12月5日民政部公布《志愿服务记录与证明出具办法（征求意见稿）》，围绕志愿服务记录谁来记、记什么、怎么记，志愿服务记录证明谁来出、出什么、怎么出，以及怎么监管进行了规定，进一步为社会力量参与防灾减灾救灾等各个领域提供了制度保障。③

在灾害治理领域，社会力量参与得到了政策法规的进一步支持和肯定。在2019年4月1日实行的《安全生产事故应急条例》，标志着安全生产应急管理立法工作取得重大进展，开启了安全生产应急管理法制建设的新征程。《安全生产事故应急条例》明确提到国家鼓励和支持社会力量建立提供社

---

① 新华社：《中共中央 国务院关于推进防灾减灾救灾体制机制改革的意见》，中国政府网，http://www.gov.cn/zhengce/2017-01/10/content_5158595.htm，最后检索时间：2020年4月21日。
② 民政部：《〈社会组织登记管理条例〉今年拟提请国务院审议》，搜狐网，https://www.sohu.com/a/327762326_120067863，最后检索时间：2020年4月21日。
③ 民政部：《〈志愿服务记录与证明出具办法（征求意见稿）〉起草说明》，http://www.moj.gov.cn/news/content/2019-12/05/zlk_3237107.html，最后检索时间：2020年4月21日。

化应急救援服务的应急救援队伍,并加强建立应急救援社会化服务制度,使应急救援社会化、市场化服务工作具备了法规制度基础。①

(二)发展规模

近年来,我国社会慈善事业发展势头迅猛。据统计,2018年全国社会捐赠总额超过900亿元,民政部指定的20家互联网募捐信息平台上网民点击、关注和参与慈善超过84.6亿人次,一些基金会的网络募捐金额已经占到捐赠总收入的80%以上。截至2019年下半年,全国登记认定慈善组织超过7500个,净资产合计约1600亿元②。随着国家治理方式的调整和应急管理工作中社会力量的深度参与,社会物资捐赠被广泛投入到防灾减灾救灾工作当中,2018年灾害救助领域年度慈善投入金额为3.01亿元③。

从慈善捐赠方及服务机构的数量和力量分布来看,总体上灾害救助领域捐赠方和服务机构数量自2013年以来呈递减趋势(见图1、图2),全国社会力量分布不均,我国东部特别是东南沿海出资方数量明显多于中西部地区;服务机构则分布较为集中,其中四川、北京和广东数量最多④。这与慈善救援队伍分布相仿,按照2019年应急管理部对于社会应急救援队伍摸底统计情况,全国共有6个省的慈善救援力量在100支以上,其中浙江省共计225支,位列第一;其后依次为江西省136支,辽宁省124支,江苏省122支,福建省112支,广东省111支;力量分布较少的省区如西藏自治区10支,海南省10支,陕西省8支。⑤

我国防灾减灾救灾中的慈善参与行为主要集中在救灾阶段,灾害救助领域慈善投入与年度受灾程度成正比,有重大突发事件发生的年份慈善投入金

---

① 《专家解读〈生产安全事故应急条例〉立法的突出特点》,https://www.mem.gov.cn/gk/zcjd/201904/t20190412_245149.shtml,最后检索时间:2020年4月21日。
② 民政部:《全国登记认定慈善组织超过7500个》,新华网,http://www.xinhuanet.com/2019-07/30/c_1124816476.htm,最后检索时间:2020年4月21日。
③ 资料来源于易善数据相关统计资料。
④ 资料来源于易善数据相关统计资料。
⑤ 资料来源于有关部门内部资料。

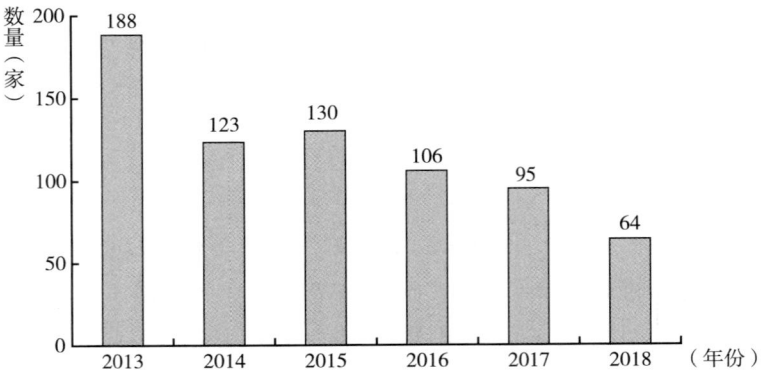

图1　2013～2018年灾害救助领域捐赠方数量

资料来源：易善数据，2019。

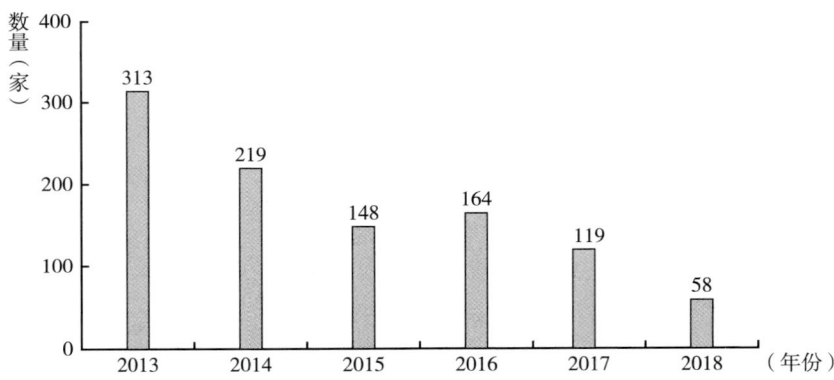

图2　2013～2018年灾害救助领域服务机构数量

资料来源：易善数据，2019。

额较高，如2013年芦山地震（见图3）。

同时，随着网络信息发展，慈善捐赠数额与媒体信息传播的广泛程度具有一定相关性。根据2013～2018年的灾害领域募捐情况来看，深圳壹基金公益基金会、中国扶贫基金会、中华慈善总会、中国青少年发展基金会、中国妇女发展基金会等捐赠金额较大，且募捐金额最高的10家机构占总募捐金额的比例高达53%（见图4）。

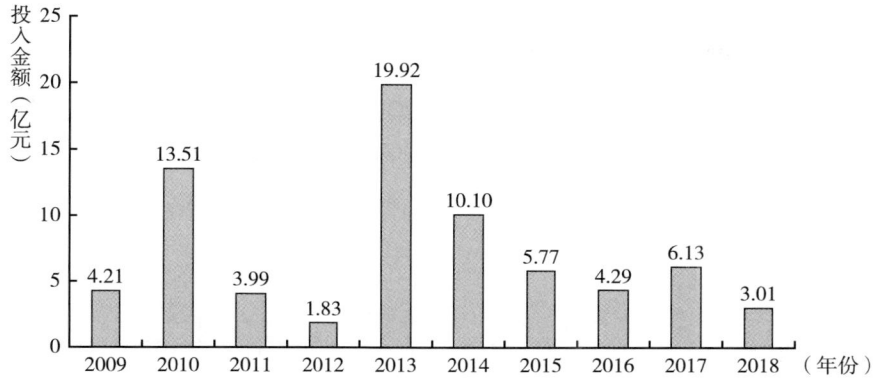

图 3　2009～2018 年灾害救助领域慈善投入情况

资料来源：易善数据，2019。

服务方名称	募捐金额（亿元）
深圳壹基金公益基金会	8.16
中国扶贫基金会	6.27
中华慈善总会	2.47
中国青少年发展基金会	1.82
中国妇女发展基金会	1.62
中国残疾人福利基金会	1.29
上海市慈善基金会	1.23
慈济慈善事业基金会	1.14
爱德基金会	1.05
中国红十字基金会	1.03

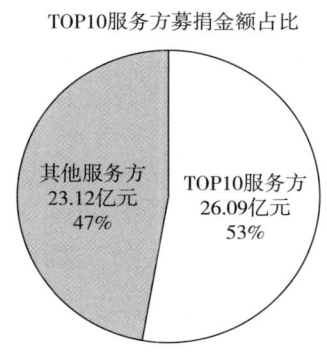

图 4　2013～2018 年灾害领域服务机构募捐金额 TOP10 及占比

资料来源：易善数据，2019。

二　慈善参与防灾减灾救灾的典型案例分析

近年来，我国社会力量在应急管理领域的参与度逐步提高、协同能力不断提升，社会力量广泛参与到防灾减灾、应急救援救助及灾后恢复重建等各

个阶段。同时，应急管理部的成立以及新的应急管理体制机制的调整，对于社会力量参与防灾减灾救灾的形式、内容和程序，也带来了新的变化。在此关口，研究团队选择 2019 年全国十大自然灾害中的长宁地震及利奇马台风开展了案例调研。本部分将结合两个实践实例对现阶段社会力量参与突发事件应对的现状、发展特点及趋势挑战进行阐述。①

（一）案例介绍

根据我国社会力量区域性发展的特点，综合代表性、可行性、科学性等因素，研究团队选择长宁地震应对及临海利奇马台风应对作为案例样本进行研究。一方面两个样本均为新的应急管理体制下的巨灾应对典型案例，便于观察体制机制转型期间社会力量参与的现实情况；另一方面，四川、浙江作为灾害多发、频发地区，相关社会力量发展蓬勃，且在一系列应对灾害的实践探索中积累了较为丰富的协同经验。此外，通过对两地地理、经济环境及其灾害类型的差异性观察能够更好地比较不同地区社会力量参与防灾减灾救灾的特点。

1. 长宁地震概要

2019 年 6 月 17 日 22 时 55 分，四川省宜宾市长宁县发生里氏 6.0 级地震，震源深度 16 千米。之后又在珙县和长宁县分别发生里氏 5.1 级和里氏 5.3 级余震，市内各区县均有震感，震中周边的长宁县双河镇、富兴乡、梅硐镇，珙县巡场镇、底洞镇、珙泉镇等 10 个乡镇受灾较重。② 据初步核查，截至 6 月 27 日，地震共造成 351969 人受灾，因灾死亡 13 人（其中长宁县 9

---

① 调研组分别在四川（成都、宜宾）、浙江（杭州、临海）两地，对应急管理相关部门和地方社会应急力量开展座谈和访谈，既包括地方各级应急管理部门和参与社会应急力量管理工作的其他省相关部门分管负责同志，如省民政部门、省群团部门、省公安部门、交通运输部门、建设部门、气象部门；也包括地方救灾类社会组织以及社会应急救援队伍等社会应急力量。同时调研组还对地方社会应急力量进行了实地调研，实地察看了社会应急力量的组织、建设和发展情况。感谢应急管理部、地方各级相关部门、中国灾害防御协会、各相关社会组织以及相关志愿者的大力支持。
② 《四川宜宾 6.0 级地震已致 13 死 199 伤 逾 14 万人受灾》，http：//www.chinanews.com/sh/2019/06 – 18/8868390.shtml，最后检索时间 2020 年 4 月 21 日。

人，珙县4人），受伤282人，紧急转移安置86958人；收治住院231人，已累计出院83人，在院治疗的148名伤员伤情总体稳定；倒塌房屋956户3198间，严重损坏房屋20336户47469间，一般损坏房屋45477户123845间。① 经过初步统计，限制和禁止使用房屋约占45%。同时地震还造成部分道路、通信、水电气设施和产业发展受损。

2. 利奇马台风概要

2019年第9号超强台风"利奇马"（Lekima）8月4日下午在西北太平洋洋面生成。"利奇马"具有登陆强度强、陆上滞留时间长、风雨强度大、北上影响范围广、造成灾情重等特点。"利奇马"于2019年8月10日1时45分前后在浙江省温岭市沿海登陆，于8月10日22时离开浙江。截至2019年8月14日，"利奇马"共造成1402.4万人受灾，56人死亡，14人失踪，1.5万间房屋倒塌，农作物受灾面积113.7万公顷，其中绝收面积9.35万公顷，直接经济损失515.3亿元。② 在通信方面，浙江省通信基站总数222044个，受台风影响，全省共有21237个基站退服。

（二）发展特点

作为应急管理部正式成立及地方应急管理系统建立之后发生的两次重大自然灾害，长宁地震救援及临海对于利奇马台风的应对充分反映出国家应急管理体系和救援体系整体建设的发展情况，同时也展现出新体制下慈善参与防灾减灾救灾的特点和趋势，既延续和发展了以往应急响应中的一些优点，也体现出了一些新的特征。为此，本研究将从组织层面及协同层面进行梳理和总结。

1. 组织层面

（1）慈善参与组织有序，响应迅速

社会组织在长期实践中逐步形成了快速评估、有序响应的机制。在新

---

① 资料来源于有关部门内部资料。
② 《关注！超强台风"利奇马"的影响评估出来了》，人民网，http://society.people.com.cn/n1/2019/0814/c1008-31295341.html，最后检索时间：2020年4月21日。

的应急管理体制中,在国家综合性消防救援队伍和专业应急救援力量覆盖的情况下,慈善参与整体进退有序,层次分明,对满足灾区群众各方面需求起到了辅助和补充的作用。从时效性来看,属地社会力量成为本次救援行动的一支重要力量,他们能够按照灾情现状进行快速评估、组织和响应。

6月18日0时,即长宁地震发生后一小时左右,宜宾蓝豹救援队出队,经富文乡排查灾情后,分两路前往双河镇和梅硐镇;筠连县筠爱义工协会/筠连县青年应急救援队和宜宾市酒都义工联合会于1:23抵达双河镇开始参与营地管理工作,并开展灾情和需求评估;珙县关爱留守儿童志愿者协会于18日早晨开始珙县的灾情和需求评估;重庆蓝天救援队(万州、綦江、黔江分队)、贵州蓝天救援队(省队、毕节及遵义分队)、眉山市丹棱雷电救援队、眉山市地震应急救援队在震后两至三小时出发,于18日早到达双河镇和珙县,开展灾情核查工作;洛阳神鹰救援队、浙江公羊会、凉山蓝豹救援突击队、镇雄蓝豹应急救援中心、遵义市红十字会虎鹰救援队于18日白天抵达双河镇开展废墟搜救、伤员救助以及灾情核查等工作。山东龙口公益应急救援队和四川南充猎鹰突击救援队于19日抵达,开展偏远村组的灾情排查工作。

社会力量在人员转移和物资发放方面开展了一系列工作。宜宾市红十字应急救援队受四川省红十字会调派,携帐篷、家庭包等物资出发前往双河镇。震后两到三小时,成都市登山运动协会山地救援工作委员会、泸州市红十字山地救援队、四川公羊会、四川省科技扶贫基金会直属熊猫救援队、成都授渔公益发展中心、宜宾春晖青少年服务中心等一批队伍连夜出发,于18日清早抵达震中双河镇、珙县等核心灾区,向镇政府报到后,配合政府委托或红十字会指令,迅速开展伤员转移、安置点搭建、安抚等工作。北京平澜公益基金会、壹基金和中国扶贫基金会的工作团队于18日早上从成都、雅安出发,当天抵达;爱德基金会、深圳市南山区义工联团体义工队小白兔义工队、中华慈善总会长期照护专业委员会从各自驻地出发，于6月19~20日抵达。这些组织在抵达前，均已通过地方合作伙伴评估了灾情和需求，启动了物资采购和调运。苏州弘化社慈善基金会、中国红十字基金会等则没有马上派出工作团队，先通过地方合作伙伴开展工作，随后派遣一线人员前往跟进。18日下午开始，社会力量提供的大宗物资开始陆续进入受灾地区，包括帐篷、彩条布、粮油、卫生用品、家庭包、儿童用品等。6月20日，长宁"6·17"地震珙县抗震救灾联合指挥部发布《关于进一步规范慰问捐赠工作的公告》。同日，各个基金会已采购物资并集中运抵灾区，开始大批量转运及发放。6月23~25日，各提供物资和社会服务的社会组织相继撤出受灾地区，预备评估安置期的需求并制定参与计划。

（2）参与结构多样化，社会服务类型多元化

新的应急管理体制对我国的救援力量做了重新整合及划分。灾害响应中的多元主体职责划分更为清晰明确，除国家统筹消防救援、森林消防、安全生产、医疗救助等国家和专业力量以满足灾区不同需求外，社会力量在专业服务领域展现出巨大优势。社会组织长期根植于社区和公众当中，具备基层优势。此外，社会力量组织结构多样，能够从特定需求出发，更加精细准确地为基层公众提供差异化的服务。

从案例中可以发现，社会组织不再扎堆"网红"灾区开展单一形式的救援救助，而是越来越关注少数群体的需求，对不同人群的服务类型更加多样。在响应过程中，地方的社会服务机构和专业社会组织在保障生命财产安全以及满足人民基本需要的前提下，立足社区，开展服务于不同群体的专业性工作，如针对儿童、老年人、残疾人等不同人群，开展心理抚慰、净水以及专业照料等服务。对于"空巢化"现象突出、留守老人儿童比例高的受灾社区，社会组织会立即做出对应性的调整，如筹款策略倾斜、发放方法调整以及增加针对特殊群体的服务等。相较以往，也更加注重"能做什么"而非"想做什么"。

参与长宁地震应急响应的社会力量中，除了18支社会救援队伍①、10家基金会外，还有15家社会服务机构②和5家专业机构③。④ 此次长宁地震救援中，授渔公益的队伍在需求分析后将关注点放在儿童，针对孩子们在安置区无人看管的现状，在省、市、县三级团委的支持和推动下，在双河中学操场上建起长宁地震震中双河镇的第一个"青青"儿童乐园，解决了灾区儿童无人看护的痛点。随后两天，授渔公益、壹基金等机构在双河镇和珙县安置点一共建立或者支持建立了4个儿童服务站点。截至6月20日，位于长宁县双河中学安置点和双河广场安置点的青青儿童乐园累计服务儿童240人次，23位志愿者参与其中。⑤

除社会组织外，社区自建队伍也在灾害响应中发挥了很大作用，社区队伍具备灵活性和自组织性等特征，已逐步发展成为一支重要的参与力量。

临海利奇马台风响应中，19个镇街共出动自建救援队伍3268支，共4709人次，提供车辆729台次、机械设备357台次，解救紧急群众4938人，处置灾情险情1843起。⑥ 8月19日，各社会力量陆续开展撤离工作，部分本地社会力量参与应急物资募集、发放、灾后重建等工作，外来社会力量根据现场情况有序收尾，并进行总结和撤离。

2. 协同层面
（1）政社间响应协同有序、对接高效
我国的治理方式逐步从"治理"向"善治"转变，社会力量越来越广

---

① 社会救援队伍属于社会应急力量中的志愿队伍。
② 基金会和社会服务机构都属于社会组织，其中专业从事灾害治理的称之为专制型救灾组织。
③ 如中科院心理所，不属于社会组织，属于专业机构。
④ 资料来源于有关部门内部统计资料。
⑤ 授渔公益：《青青儿童乐园：为灾区孩子找回快乐的天地》，搜狐网，https://www.sohu.com/a/321997009_737491，最后检索时间：2020年4月21日。
⑥ 防汛抗旱处：《临海市灾情及抢险救援情况（续报1）》，浙江省人民政府防汛防台抗旱指挥部网站，http://yjt.zj.gov.cn/art/2019/8/13/art_1228994791_41382526.html，最后检索时间：2020年4月21日。

泛地参与到社会治理的各个层面。汶川地震之后，随着社会力量在防灾减灾救灾领域的参与程度的深入，政社间协同及合作愈加紧密。各省（区、市）因地制宜建立政社协同机制，在平时和灾时发挥政社间协调和沟通的作用。

以四川省为例，四川省群团部门与地方社会力量长期建立起的协同机制在社会力量统筹协调方面发挥了巨大作用。自汶川地震开始，四川省群团部门在灾害处置过程中就扮演了重要角色。芦山地震发生后，四川省抗震救灾指挥部正式设立了以群团部门为主的社会管理服务组，在群团部门的领导下，进行社会力量的统筹和协调以及志愿者的管理。随后临时性机构根据地方实际情况设立常态化机制，在平时和灾时发挥服务及协调社会组织和志愿者的作用，如四川省社会力量参与防灾减灾救灾统筹中心以及雅安市群团服务中心等。2017年9月20日，"四川省社会力量参与防灾减灾救灾统筹中心"正式成立后承担全省社会力量参与防灾减灾救灾工作的日常协调、信息沟通和资源统筹等工作，成为全国第一家从省级层面统筹社会力量参与防灾减灾救灾工作的专门机构，为社会力量提供了重要的支持。四川有多年的应急管理工作建设经验，并且地方社会力量发展走在全国前列。四川依托政社协同机制，政府部门与社会力量在行动和制度层面进行协同，为长宁地震有序救援奠定了基础。

长宁地震发生后半个小时左右，四川省社会力量参与防灾减灾救灾统筹中心立即开展工作，通过微信群通知进入响应状态，发布备勤通知。18日上午，统筹中心转达省前线指挥部意见，通知属地外队伍未经批准不得进入灾区。6月18日下午，统筹中心授命宜宾协调站代表机构宜宾红十字救援队，在一线召集现场协调会，成立社会力量协调中心。现场社会力量协调中心在宜宾地区群团部门的指导下迅速开展行动，对进入震区的社会力量进行登记，结合震情灾情和社会力量专业特长，有序有度、统一调度。同时，省群团部门作为网络舆论引导和信息发布的重要口径，及时向相关方告知灾情并提供需求信息。6月18日下午四川共青团发布告志愿者书，告知属地外的社会组织和志愿者当前

不宜盲目进入灾区，已备勤的队伍建议终止备勤，已经在途的组织和志愿者建议返回。

作为四川应急管理体系典型性和特殊性的体现，群团带动协同的治理方式已成为四川省灾害协同治理的一大特色，并已经具备一定规模和形态。在其他省（区、市），以应急管理部门为统筹主体的治理体系正在逐步完善，也在逐步建立协调和引导各部门以及社会力量参与的协同机制。在应对利奇马台风的过程中，浙江省及台州市防汛抗旱指挥部组织武警、消防以及预备役部队开展救援工作，并与到来的社会力量进行对接，在广场建立了临时指挥机构，安排了专人负责对接属地外社会力量，通过扫描二维码的方式加入微信群，方便对社会组织进行统计和统一的协调管理。但在临海响应案例中，地方政府部门发布冲锋舟等设备需求信息后，政府公开口径的宣传导致了大量社会力量涌入，使得临海古城人员数量激增。同时，因任务分派和组织协调不及时，社会力量到达后各自为政，影响救援效率效果。由此可见，在新体制机制下政府与民间力量的结合仍需进一步加强。

（2）逐步建立主体间多元学习机制，促进能力提升

学习交流是提升社会力量能力与保障其发展的有效途径，随着政社以及社社间协同的深入，"知识共享"这一主题也成为协同的重要因素之一，包括社会力量间的沟通和学习以及政社间的学习机制。例如四川省应急管理系统聚焦"大应急、大安全、全灾种"任务，联合国家综合性消防救援队伍、专业应急救援力量及社会力量开展演习演练，还包括2019年全国首次省级及分片区地震灾害桌面推演以及2019年省级抗震救灾综合演练等，不断推动应急救援机制、专业队伍建设和战勤保障能力转型升级，提升应急处置能力，为长宁里氏6.0级地震发生后的应急救援工作奠定了基础。多元力量联合培训演练有利于提升社会力量能力并建立多元主体间信任关系。在此基础上，还应持续开展更多主题明确、针对性强、常态可持续的培训和演练，形成长期稳定的能力建设机制，构建融合发展的格局。

长宁地震发生后,应急管理部门向社会力量发出参与响应的通知,宜宾市社会力量接到相关通知后积极参与救援救助工作。宜宾的学习沟通机制源于日常联席会议制度的建立。2018年2月14日宜宾市安全生产监督管理局印发的《宜宾市矿山救援队伍队际联席会议制度(试行)》通知,开启了政府与矿山救援队伍的联席会议制度,由市安全监管局牵头,整合宜宾市的8支矿山救援队伍。其最初是为了提升矿山救援队伍的减灾救灾能力,实现宜宾区域矿山应急救援资源共享和区域事故联合处置。① 在新的应急管理体系建立后,宜宾市联席会议制度继续发挥作用并扩大规模,除涵盖专业救援队伍外,还吸收纳入了几支社会救援队伍,队伍总数增加至十余支,每季度召开一次联席会议,各救援队伍通过会议进行学习交流、信息共享、议题讨论、问题建议反馈等。

(3)社会力量间形成常态稳定、组织迅速的协同机制

经过十余年的发展,我国的社会力量协同网络日趋成熟和系统,社会力量能够快速响应并协同应对灾害。社会组织自身功能的多样性和参与的广泛性使得主体间分工合理、角色清晰,提升了协同效率。此外,社会组织尤其是属地社会力量的灵活性和专业性使得社会力量对于地方基础建设、城市发展、人口分布等情况了解更加深入,能够快速组织并迅速参与行动。从长宁地震案例中可以发现,在经历汶川地震、芦山地震、九寨沟地震等自然灾害后,四川省内社会救援力量已形成常态稳定、组织迅速、协同有效的救援网络,四川经验既是全国的典型经验,也凸显了地域特色。总体来看,我国社会力量间协同效率较高、响应速度较快、工作思路较为明确。

在信息协同方面,长宁地震发生后,信息服务类社会组织卓明灾害信息服务中心迅速完成研判并启动四级响应(18小时后提升至三级),并建立响应信息微信群和一线负责人群,与各社会力量进行信息互动和

---

① 陈为:《建立矿山救援队伍联席会议制度》,《四川工人日报》2018年4月2日,第2版。

行动信息共享。之后在应急管理部紧急救援促进中心和四川省社会力量参与防灾减灾救灾统筹中心的指导和授权下，建立信息工作组，配合前线协调中心进行信息统筹工作。信息工作组一方面联系社会力量，统筹社会力量信息，包括组织队伍信息（如报备、备勤、报到、行动等）和灾区信息，并通过对信息的分析评估为社会力量提供决策参考和行动指导；另一方面联系政府，向政府部门报送社会力量信息，将制作并发布的四期灾情信息汇编定期报送应急管理部及宜宾市抗震救灾指挥部，市指挥部根据汇编信息了解社会组织动态，做出决策和行动批示。

在行动协同方面，灾害发生后，政府部门和信息收集类社会组织迅速收集信息并号召各社会组织开展备勤及网上登记。宜宾红十字救援队在四川省统筹中心授权后在一线召集现场协调会，成立社会力量协调中心，进行一线社会力量行动协调，并在18日、19日、20日的三天救援时间里每日召开前线协调会，梳理一线救援救助社会力量的参与情况。参与救援的力量能够有意识地查漏补缺，在救援力量饱和时及时调整工作内容，如开展灾情排查、安置人员帐篷搭建等工作，有意识优先供给救助资源覆盖稍慢的偏远村庄，同时在行动过程中倡导以属地为主。

（三）挑战与趋势

1. 对于社会力量的保障、激励措施有待完善和提升

（1）对于社会力量保险/保障力度不足

目前新的应急管理体制刚刚建立，涉及社会力量的保险及保障措施还需要进一步完善和整合。社会力量越来越广泛地参与防灾减灾救灾工作，对于有效、有力参与的慈善行为，政府部门应提供相应的保障和支持。参与灾害响应的社会力量通常由本机构为成员购买保险，但保险险种的适用性并不强。灾害救援救助属于主动涉险，通常保险公司是不予参保的，故大多数地区的保险企业没有与之匹配的适用性险种，这为社会力量在救援过程中的安全保障带来了巨大的局限性。此外，不同类别的社会力量在参与过程中存在

缺乏资源、资金、装备、场地和培训等问题，政策支持和保障力度的不足极大限制了社会力量的发展和作用的最大化发挥。

(2) 对于社会力量奖励表彰的政策及措施缺乏

对于社会力量来说，参与灾害救援救助属于慈善公益行为，对于政府部门尤其是在应急阶段邀请社会力量参与救援的部门来讲，一纸证书或一个奖状都是对社会力量的帮助予以的回应和认可。由于目前我国并没有出台关于奖励社会力量参与救援的政策文件，地方政府在缺乏政策依据的情况下难以对有突出贡献的社会力量进行表彰奖励和资金补偿。对于社会力量尤其是"草根"社会组织来讲，在大量人力和物力消耗的基础上，既缺乏政策支持，又缺乏有效的持续造血能力，不利于组织持续性发展。

(3) 地方社会力量孵化力度不均衡

各省（区、市）社会力量发展的不均衡及对于社会力量定位的差异性，导致各地方社会力量支持孵化力度不均衡，如雅安群团服务中心长期进行组织孵化和支持，浙江省应急管理厅为社会组织提供了400万左右财政资金用于培育。调研资料显示，临海市明文提出孵化与培育专业型社会组织，强化对社会力量参与救灾的业务指导和协调服务。但落实到地方层面，临海市正式登记注册的社会组织只有两家。同时，潜在的队伍和组织力量缺乏。此次台风灾害发生后省民政厅出台《关于动员社会力量参与第9号台风"利奇马"救灾工作的紧急通知》，要求全面动员社会力量高效有序参与到救灾工作中来，充分发挥社会力量的重要作用，然而此次参与的社会力量大多为临近地市的社会救援队伍，属地可以动员的社会力量屈指可数。

2. 未知风险的防范能力及跨区域指挥协调能力有待提升

(1) 社会力量参与的预案及演练准备不充分、不具体

对于重大突发事件，不仅要关注可预测的风险，更要加强对不可预测的未知风险的警惕和预防，建立相应的管理储备制度，以备意外情况的发生。总体上，预案的设计和实施需要向"纵向到底，横向到边"的目标前进，地方应急管理系统在应急预案设计阶段应充分将灾害和相应的次生灾害以及地区内高风险灾害纳入其场景构建并进行模拟演练。目前，部分地区的应急

预案尚未对未知风险处置预备储备方案,未对基层镇街层面以及社会力量参与应灾工作做出具体规定,也未对可能发生的情况给出指导性意见。

(2) 跨地区指挥协调力量能力不足

应急预案中缺少应急现场的复杂状况预估及充分的预案演练、复盘、修订等过程,缺乏紧急情况下对外市(或外省)社会力量的需求分析和协同机制设立等问题的考虑和安排。对于社会力量,尤其非属地社会力量的队伍数量、专业人数以及多场景下应用的装备情况并未提前统计,也未提前制定不同情况和影响范围下的准入机制。以临海市对利奇马台风的应对实践为例,临海市地方未建立社会力量孵化扶持和沟通交流的机制和渠道,其对于临海市以外的社会力量,尤其是临近的台州、杭州、温州、宁波等地的救援资源了解不充分,关键时刻缺乏沟通渠道,无法建立协调关系。此次"利奇马"台风中受灾的不仅是临海市,还有杭州、宁波等省内城市,甚至省外地区。在这种跨行政区域的自然灾害中,更应该因势利导,建立枢纽型社会机构,甚至可以向职能性机构演化,在常态情境中负责掌握与统计本地社会力量的人员、装备与能力等情况,建立跨主体以及跨区域信息互动和组织交流渠道,在应急阶段则可以代表政府与社会力量群体进行对接。

3. 信息递送和舆论引导需进一步加强

一些具有吸引力的信息,从信息源头开始,借助信息渠道进行扩散,在某些舆论引导者以及群体或团体的参与下,形成在社会上的传播与放大,接着会造成民众态度的变化并最终导致社会行为的偏离。所以,在舆论的源头治理、信息渠道的监管以及在舆论影响放大阶段需要进行有效的处理,对涟漪效应的扩散程度予以控制。例如临海利奇马台风应对中,出现了部分来自微博以及微信朋友圈的谣言,如"仙居县开闸放水,淹了临海""仙居天台泄洪淹没临海"等。因此,对于可能存在的舆论问题,平时就需要注重与媒体、自媒体的关系,培育可在应灾过程中配合政府工作的自媒体或在舆论引导方面有影响力的社会组织。此外,应与市外的基层组织与机构(例如上游水库等)建立沟通机制,确保常态下与应急状态下信息渠道的通畅。

在"横向到边"的预案完善工作中,应进一步理清应急管理局、人武部和消防等部门的关系,在面临多灾种以及重大灾害情境下做到统一指挥、合理配置并取长补短。

4. 需进一步强化和引导慈善行业自律

从两次灾害响应案例中能够看出,社会力量自我定位意识明确,备勤队伍数量众多。由于应急管理系统的建立和整合,国家力量充分覆盖此次地震救援,社会力量在充分了解灾情和救灾信息情况下做出备勤或出队的决策,未盲目赶赴灾区。属地力量在启动响应机制并抵达灾区后,作为国家救援辅助力量,迅速帮助开展相关工作。经过长时间的发展,社会力量已经逐步理解和接受"备勤"这一理念,但仍然无法充分执行。一是灾情的动态不确定性导致对于人财物的需求难以精确统计;二是由于缺乏标准界定和准入门槛,加之参与灾害响应这一决策具有强烈的主观判断性,社会力量参与界限模糊;三是大部分社会力量尤其是专业救灾组织和社会救援队伍,为了发挥组织作用、彰显自身能力,不愿放弃参与的机会。从两次响应过程来看,投入的人力物力超出灾区需求和应对需要,力量投入存在冗余,一方面会造成资源的浪费,另一方面对于高效有序开展救灾带来了一些不便。

三 未来展望

社会力量已成为我国应急管理领域重要主体之一,这是我国灾害治理领域的既定事实,这一进程是逐步推进和不断发展的。因此,重要的是转变治理观念,明确新体制下社会力量的主体定位和参与场域,在现有的环境基础上,充分整合、合理引导并高效统筹。总的来讲,宏观层面上,立足公共治理体系的构建和应急管理体系发展,提出社会力量的发展定位、发展目标以及发展原则;中观层面上,对社会力量未来的发展方式和发展路径进行探索,提出构建多层级、多要素以及多维度的社会力量建设发展体系;微观层面上,在系统梳理体系框架基础上,明确可操作的工作任务和工作内容,指

导社会力量参与行为和社会力量组织建设。在这一系列工作中,重点把握以下几项宏观性工作内容建设。

(一)行业枢纽型组织/平台建设

枢纽型组织/平台在资源配置上,要实现对资金、人力资源、救灾物资以及信息等多种类型资源的充分考虑,确定完善的使用和配置制度。立足我国国情,明确协调平台参与各方的职责,将平台中的分工做实做细,并制定相应的激励和监管制度。借鉴 2005 年推出的联合国人道救援集群(Cluster)系统框架的分工系统设计,即根据水、健康、物流、教育、食物安全等不同需求将平台协同的各社会组织按照其专业技能和工作领域划分成不同的专业组群。①同时枢纽型组织/平台兼具合作、交流、协调和协作的作用,事前可以作为灾害预警、灾情发布及动员志愿者参与救援活动的重要载体,并作为中枢桥梁连接政府与社会力量,辅助政府做好统筹协调社会力量参与应急管理的工作,打破指挥部、政府部门与慈善组织之间的信息壁垒,解决信息获取效率低的问题。通过枢纽型组织连接政府和社会力量,共同制定适用于本地区实际社情、民情以及灾情的社会力量参与防灾减灾救灾体系。在此基础上,联合有代表性的全国型枢纽组织共同建立全国联络管理平台。由各平台机构联合相关的专家共同成立本系统的工作机制,报政府相关部门批准备案后实施。应急管理部门通过协会等枢纽型平台动员并连接各基金会、社团、救援队、企业以及志愿者等主体指导他们在全国开展防灾减灾救灾服务,同时收集建议和意见完善相应机制。此外,鼓励各工程机械类、交通运输类、建设施工类、食品类、电商类以及应急产业类企业积极加入各级社会力量平台,将各类社会资源的动态数据纳入平台,在各地发生突发灾害事故时,可以及时联络周边资源并快速投入。

---

① 张强:《从四川经验到中国模式,看 2008 年后我国灾害治理的十年演进》,http://www.yidianzixun.com/article/0J43fTpv,最后检索时间:2020 年 4 月 21 日。

（二）社会组织参与救援框架建设

目前国家对于社会组织参与防灾减灾救灾活动无明确标准限定，但我国已经逐步开展社会组织分级分类评定工作。在此基础上，未来可以探讨建立分层级、分类别，类似条块分割的社会组织参与救援体系，进一步规范慈善组织的参与行为。

纵向上，按照不同级别的组织由不同层级政府部门或协调机构协调。全国合法注册的社会服务机构、社团、基金会等社会组织以及企业、科研院所等专业机构均可以通过全国社会力量信息服务平台/系统申请登记，接受各级应急管理部门的指导。横向上，社会组织细分服务类别众多，因此对于不同类型的社会组织可分为适应型和专业型，专业型指专门从事灾害领域救援的组织，如专业基金会、救援队伍、灾害教育以及灾情信息服务类的组织；适应型指日常进行其他类别的专业服务项目，但在灾中和灾后可以发挥重要作用的社会组织，如心理抚慰、生计恢复以及针对儿童、老人、妇女等特定群体提供专业服务，按需、有序，依照专业性进行整合，保障社会组织高效参与应急管理。

（三）志愿者发展体系建设

在研究和调研中能够发现，目前我国防灾减灾救灾类慈善组织中，专职人员占比很少，大部分是志愿者。而组织能力最终依赖的是人的能力，但是社会组织中人员流动性大，志愿者的基本保障和长期发展也存在问题。所以培养人的能力，也是广泛提升社会组织能力水平的方式。为此，提出建立志愿者发展体系，构建以人为依托的专业化、常态化和体系化的全国性志愿者队伍至关重要。全国建立区分不同年龄段以及不同专业的统一管理系统，加强志愿者队伍和能力的建设，宏观构建志愿者参与的体系框架，逐步开展志愿者发展工作，包括完善发展制度、明确提升方式、提供专业保障以及制定培养计划。

良好的志愿者发展体系需要具备以下几个条件。一是建立结构化的志愿者参与体系。通过建立在行政支持下的志愿者发展体系，将各地的志愿者、志愿队伍和行政力量联合起来，使零散的公民行为向高效、有序和协同的方向转化。

二是建立长期稳定的资金资源支持体系。这种支持体系通过志愿组织与政府应急救援有关部门的合作与协调（包括政府外包、税收减免以及签订服务协议等方式）来实现。通过政策优惠和资金支持促进志愿组织的发展，比如通过向志愿服务组织划拨专门经费以及提供场所等政策手段来鼓励志愿者参与应急管理，或以签订合作协议或灾前合同等方式，减轻政府负担的同时，有效地保证了应急资源的整合，促进志愿者参与。三是政府开放网络资源搭建应急信息沟通平台。志愿者想要有效地参与应急行动，就必须在志愿组织和政府应急体系之间以及各志愿组织之间建立日常工作与紧急应变的应急信息平台，使危机信息得到及时传递和沟通。可运用现代通信、网络等信息技术，建设科学的应急管理信息系统以作为志愿者的信息沟通机制。四是建立完善的志愿者参与制度保障体系。所有的经验证明，志愿者的有序参与需要建立一个完善的制度保障体系，通过不断完善的应急志愿服务法律及制度，为社会力量发展体系框架下的志愿者/队伍参与提供明确法律依据和良好的制度环境。

当然这些工作还需要系统的政策框架支撑（见图5）。建议相关部门尽快将社会力量参与防灾减灾救灾工作纳入十四五规划，出台推进社会力量发展的相关文件，推动各地区在社会力量自身管理、协调调用以及政策保障等方面建立措施并抓好落实。研究完善社会力量能力测评标准及配套实施细则，推动各地有计划、有步骤地开展能力测评并提升工作水平，开展社会力量能力培训，提升社会力量的专业能力。

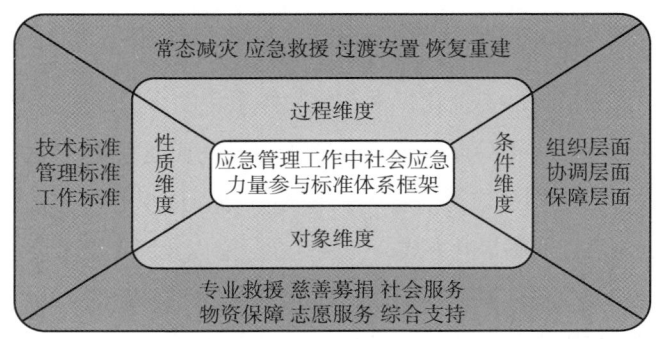

图 5 社会力量标准体系框架

专题篇
Special Reports

B.10 社会工作人才培养与乡村振兴发展报告

王思斌*

摘　要： 乡村振兴是党中央建设中国特色社会主义现代化国家的重大战略部署，社会工作人才队伍建设是党中央建设社会主义和谐社会的重要战略措施，社会工作人才队伍建设与乡村振兴有着密切联系。我国农村工作人才比较缺乏，农村社会工作的实践方式主要是：高校教师领办社会工作机构或带领学生以实习等方式进行；全覆盖的农村社会工作在广东、湖南两省得到发展，但两省做法不同，广东更重视专业性服务，湖南更关注做好民政工作。我国农村社会工作既取得了重要成绩，也有明显不足。主要问题是，高校培养的社会工作专业人才较少去农村工作，他们在农村留不住、知识不全面、综

---

* 王思斌，北京大学社会学系教授，主要研究方向：社会工作、社会政策、农村社会学。

合作用发挥不足。在这方面，广东、湖南在做积极探索。在培养农村实用专业人才方面，综合农协的禾力计划着力培养综合性、本地化乡村实用人才，其"乡工"与社会工作者有一定相似性。面对乡村振兴的历史任务，我国的农村社会工作需要进一步发展，尤其需要在制度上特别是人才培养制度上有所突破。

关键词： 乡村振兴　农村社会工作　人才培养

改革开放40年，我国农村经济和社会发生了重大变化。经济的快速增长使农村居民的物质生活显著地改善，而社会发展很不平衡，经济社会发展中的矛盾也在不断积累。进入21世纪以来，在新的国际国内形势下，中央开始实施统筹城乡发展的战略，大力推进新农村建设，中共十八大以来又提出"乡村振兴"的重大战略部署，我国的乡村发展面临着新的机遇和挑战。乡村振兴、农村发展涉及产业结构、生态环境、社会发展等诸多方面的问题，但是，人才是乡村振兴不可忽视的核心内容，社会工作人才是专业人才的一种，对和谐社会建设、促进经济社会发展具有重要意义。本文对我国农村社会工作人才队伍的发展和培养情况做一梳理和分析，文中的"乡村"与"农村"有同样的含义。

本文采用文献研究、实地访问座谈、专家访谈、参加相关研讨会等收集资料的方法。近年来，我国的农村社会工作不断发展，笔者参与了大量与农村社会工作发展相关的实地考察、学术会议、专题调研和专家访谈，积累了部分资料。同时，国内关于农村社会工作发展的学术研究也在发展。笔者将二者结合起来，对社会工作人才培养与乡村振兴的发展进行分析。虽然依据这些资料不能完全描述我国农村社会工作发展的全貌，但是，这些资料反映的是一些典型案例的情况，所以还是能够大体上说明我国农村社会工作人才培养的状况及其与乡村振兴的关系。

一 乡村振兴与社会工作人才培养的关系

《国家中长期人才发展规划纲要（2010~2020年）》指出，大力开发经济社会发展重点领域急需紧缺专门人才，统筹抓好党政人才、企业经营管理人才、专业技术人才、高技能人才、农村实用人才以及社会工作人才等人才队伍建设。在这里，农村实用人才和社会工作人才的培养同时被列入国家重点人才工程。人才是指具有一定专业知识或专门技能，进行创造性劳动并对社会做出贡献的人，是人力资源中能力和素质较高的劳动者。人才是我国经济社会发展的第一资源。

长期以来，"三农"问题一直是我国社会主义现代化建设的难题。全面实行市场经济体制改革以来，"三农"问题以新的形式突出地表现出来。在不少中西部农村，农业萧条、经济落后、村庄散乱、缺乏活力的现象比较突出。中国不能没有农业，不可能没有农村，也不可能没有农民。于是，振兴乡村就成为我国全面建设现代化的必然选择。

《中共中央 国务院关于实施乡村振兴战略的意见》是在"决胜全面建成小康社会、全面建设社会主义现代化国家"的背景下提出的。我国发展不平衡不充分问题在乡村最为突出，农民适应生产力发展和市场竞争的能力不足，新型职业农民队伍建设亟须加强；农村基层党建存在薄弱环节，乡村治理体系和治理能力亟待强化。实施乡村振兴战略，就是要解决人民日益增长的美好生活需要和不平衡不充分发展之间的矛盾。农业全面升级、农村全面进步、农民全面发展，让农业成为有奔头的产业，让农民成为有吸引力的职业，让农村成为安居乐业的美丽家园，这些成为"乡村振兴"的基本目标。

"乡村振兴"的基本问题是在以城市市场经济为核心的经济生态系统中，"三农"被边缘化的问题。[①] 乡村振兴需要更加公平的城乡关系、需要

---

① 王思斌：《社会生态视角下乡村振兴发展的社会学分析》，《北京大学学报》（哲学社会科学版）2018年第5期。

城市对农村的反哺，也需要农村的自我发展，而核心是高质量的农村发展人才。习近平总书记在十九大《决胜全面建成小康社会 夺取新时代中国特色社会主义伟大胜利》的报告中，在谈到"实施乡村振兴战略"时指出，要"培养造就一支懂农业、爱农村、爱农民的'三农'工作队伍"，这是十分重要的。同时还指出，要优化农业从业者结构，加快建设知识型、技能型、创新型农业经营者队伍。从经济社会政策和人才队伍入手，是解决"三农"问题的关键。除了工作队伍、新型农民之外，农村还需要多种类型的专业人才，其中包括懂经济和经营、能处理乡村社会问题、能提供较好社会服务和从事社会治理的社会工作人才。《中共中央 国务院关于实施乡村振兴战略的意见》指出，要大力培育服务性、公益性、互助性农村社会组织，积极发展农村社会工作和志愿服务。中共中央、国务院印发的《乡村振兴战略规划（2018~2022年）》在"加强农村社会保障体系建设"方面提出，要推动各地通过政府购买服务、设置基层公共管理和社会服务岗位、引入社会工作专业人才和志愿者等方式，为农村留守儿童和妇女、老年人以及困境儿童提供关爱服务；加强和改善农村残疾人服务，将残疾人普遍纳入社会保障体系予以保障和扶持。

此外，中央在一系列政策文件中提出要发展农村社会工作和培养社会工作人才。《中共中央 国务院关于加强和完善城乡社区治理的意见》（中发〔2017〕13号）提出，要推进社区、社会组织、社会工作"三社联动"，完善社区组织发现居民需求、统筹设计服务项目、支持社会组织承接、引导专业社会工作团队参与的工作体系。《中国共产党农村工作条例》（2019年9月1日发布）指出，要支持引导农村社会工作和志愿服务发展，鼓励社会各界投身乡村振兴。中办、国办发布的《关于加强乡镇政府服务能力建设的意见》（2017年2月20日发布）指出，积极健全城乡社区治理机制，完善社区服务体系，充分发挥社会工作专业人才在乡镇公共服务提供中的作用。在一系列关于农村脱贫攻坚、扶贫开发的文件中，更是直接强调社会工作服务的重要作用。社会发展是"三农"问题中的短板，缺乏综合性的社会工作人才更是短板。乡村振兴要补人才的短板，包括要补农村社会工作人才的短板。

二 我国农村社会工作的发展与农村社会工作人才培养

人才与教育培养密切相关。20世纪80年代中后期我国的社会工作专业教育开始重建，但发展缓慢。1999年，教育部开始实施《面向21世纪教育振兴行动计划》，大力发展高等教育，社会工作教育快速发展，至2018年底，中国大陆有348所高等院校招收社会工作专业本科生，150家高校招收社会工作专业硕士研究生（MSW），有十多所大学培养社会工作与社会政策方向的博士研究生，约80所高等院校招收社会工作专业大学专科生。[①] 上述设置社会工作本科专业的院校中，有农业院校15家，这些院校在发展社会工作专业时，都会有一个农村的面向，即培养为农村服务的社会工作人才。但是，大学生毕业后很难去乡镇、村庄工作，所以，社会工作毕业生直接从事农村社会工作的很少。

那么，本来应该作为我国社会工作发展最重要方面的农村社会工作，怎样才能得到实际发展呢？从我国农村社会工作发展的实践来看，有如下几种做法。

第一种，高校在乡村建立社会工作基地服务乡村发展。改革开放以来我国的社会工作是"教育先行"的，所以出现了一些高校教师在农村建立社会工作基地促进乡村发展的实践。在这方面，云南大学在香港理工大学的支持下建立的云南平寨基地和后来形成的"绿耕经验"是突出代表。平寨基地由社会工作专业师生直接经营和推动，秉持社会工作理念、运用社会工作专业方法，从乡村文化挖掘传承和村民生计发展入手，动员当地农民发展团结经济，参与社区发展。平寨的做法后来被推广到广东从化、四川映秀等地。"绿耕"中心在专业发展上比较用力，坚持扎根农村、赋权村民、以农民为主体，促进村民组织起来发展生计项目、参与乡村社区治理，取得了明

---

① 中国社会工作联合会：《2018年度中国社会工作发展报告》，《公益时报》2019年3月21日。

显成绩,绿耕实验也积累形成了"社区为本的整合社会工作模式"①。

第二种,高校师生通过社会工作实习为农村居民服务。这种情况比较多。有的社会工作院校利用学生社会工作专业实习的制度,安排学生到农村进行社会服务,比如华中农业大学,要求高年级社会工作专业的学生(包括研究生)到固定的农村服务点去,实行接力式服务,每个学生(小组)要在服务点有三个月的实际服务,主要是做留守儿童和留守妇女方面的服务,这种做法解决了服务人员的来源问题,也使学生获得了实践经验和进行研究的素材,当地农村居民和政府的反映也比较好。② 全国的许多社会工作院校,特别是社会工作专业硕士研究生(MSW)培养院校,在农村地区建立了社会工作实习基地,或者在教师的组织下,以高年级学生和研究生为主,开展与农村社会问题和社会发展相关的研究课题,同时开展一些社会服务。但是,这种农村社会工作在服务时间和持续性、深入性上还普遍存在问题。

第三种,高校教师通过领办社会工作机构,带动农村社会工作的发展。2008年汶川5·12地震后,中国青年政治学院教师与当地合作创办了以服务残疾人为主的社会工作机构——四川绵竹青红社工服务中心。该机构联合北京和四川当地高校的社会工作教师,并组织社会工作研究生和高年级社会工作本科生,协助因地震致残的当地人士恢复正常生活,并用发展性社会工作的方法,促进当地农村残疾人社会工作的发展,10年来一直坚持,取得了多方认可的成绩。③ 中国青年政治学院教师还用这种方式在北京市大兴区农村支持兴办了北京大兴益民农村社工事务所,其基本架构是由获得社会工作职业资格证书的村党支部书记任理事长,聘用社会工作专业毕业生,同时鼓励当地年轻人考取社会工作师证书,以立足社区、救难解困、助人自助、

---

① 张和清、杨锡聪:《社区为本的整合社会工作模式》,社会科学文献出版社,2006,第19页。
② 熊景维、钟涨宝:《新时期我国农村社会工作的典型实践、经验与挑战》,《华东理工大学学报(社会科学版)》2016年第5期。
③ 陈锋、陈涛:《发展性社会工作在地震灾后应对中的应用探索:基于汶川地震后绵竹青红社工服务之经验》,《阿坝师范学院学报》2018年第2期。

共建和谐家园为宗旨，面向本村和邻村社区开展社会工作专业服务，同时致力于探索农村社会工作的本土化（本地化）①。

第四种，高校和社会工作机构培育贫困农村的社会工作人才。为了落实《中共中央国务院关于打赢脱贫攻坚战的决定》，民政部等部门出台了《民政部 财政部 国务院扶贫办关于支持社会工作专业力量参与脱贫攻坚的指导意见》，其中包括社会工作教育扶贫和社会工作机构扶贫（实施"牵手计划"）两项基本内容。该意见要求：发挥中国社会工作教育协会的推动作用，支持和鼓励高校社会工作专业院系与贫困地区合作建立社会工作专业培训基地，帮助贫困地区培养社会工作专业人才。到2020年，促成至少200所高校与贫困县建立社会工作专业培训、教师实践和学生实习实训基地。从发达地区共选择300家管理规范、服务专业、公信力强的社会工作服务机构，与贫困地区社会工作服务机构和当地社会福利机构结对帮扶，通过人才支持、项目支持、督导支持、培训支持等方式，将受援地区的社会工作服务水平提升到一个新高度。这两个方面的工作在面上都取得了明显进展。2019年3月中国社会工作联合会发布《中国社会工作发展报告》，指出通过组织实施社会工作专业人才服务"三区"计划②、社会工作服务机构"牵手计划"、社会工作教育对口扶贫计划，为贫困地区选派了6000名、培养了3000名社会工作专业骨干，协调东部地区和发达城市的332家社会工作服务机构结对帮扶贫困地区的社会工作服务机构和民政事业单位，支持202所社会工作高等院校在118个贫困县建立151个社会工作实习实训基地，有力地推动了贫困地区社会工作的发展③。

第五种，广东双百计划。为了全面推动广东社会工作事业的发展，特别是解决粤东西北地区社会工作缺人才、缺资金、缺路径等方面的问题，广东

---

① 陈涛、徐其龙：《社会工作介入乡村振兴模式研究——以北京市Z村为例》，《国家行政学院学报》2018年第4期。
② 这里的"三区"计划是指民政部推动实施的"社会工作专业人才服务边远贫困地区、边疆民族地区和革命老区计划"。
③ 中国社会工作联合会：《2018年度中国社会工作发展报告》，《公益时报》2019年3月21日。

省民政厅于2017年开始实施推动社会工作发展的"双百计划",即在粤东西北地区的200个镇(街)各建立一个社会工作服务站,设立约1000个专业社会工作岗位(每个服务站配备5名左右社会工作人员),开展面对当地民政救助对象、贫弱群体和广大居民的社会服务。2019年将建立社会工作服务站的街道乡镇增加到407个,即实现社会工作服务站在镇街级全覆盖。社会工作者由镇(街)在全国范围内直接聘用,本地人优先。被招聘者须持有通过全国考试获得的社会工作师职业资格证书,或现在虽无证书,但在应聘两年后必须考得证书。社会工作者的任务是立足镇街、深入村居,直接为有需要的群众、家庭、社区提供民政服务和专业社会服务。为了保障服务的专业性,整个项目由以中山大学社会工作专业教师为主的不同学校和机构的资深社会工作者做督导(项目称为"同行者")。该项目建有地区中心,负责与当地有关部门沟通协调,确保"双百计划"有关政策落实;负责统筹及落实当地社工站督导工作,以持续、贴身的专业服务支持、陪伴社工成长,培育一批稳定的、本土的专业社会工作人才队伍;负责协助做好当地社工站建设和服务工作;负责行动研究,探索、总结适合本地区的社会工作服务模式。

该项目有以下几个突出特点:(1)资金来源多元化。"双百计划"的专业社会工作者的工资来自省、市、县民政部门共同投入,每年递增5%,省民政厅每年投入1700万督导经费和1200多万社会工作站活动经费。(2)社会工作本土化。主要录用本地社会工作者或者鼓励已在外地从事社会工作的人才回家乡开展服务,建立稳定的、本土的一线社会工作服务队伍,探索本土社会工作服务模式。(3)督导培训专业化。一方面,"双百计划"组建督导团队,以贴身督导的形式协助各社工站开展需求评估、明确服务领域、协同社会工作者制定站点的服务规划和年度计划,贴身跟进当地社会工作服务的开展。另一方面,建立培训体系,对近两千名镇街社工站的社会工作者、社工站所在镇(街)的党政领导以及市县民政相关干部等实施系列培训,以提升社会工作服务的专业性。(4)为民服务统筹化。建立社区为本、以家庭为单位,统筹面向困境老年人、妇女儿童、青少年、残疾人、城乡低保对象、农村留守人员的服务模式；聚焦村居的困难群体和脆弱群体。（5）管理手段信息化。建立信息管理系统，为每名社会工作者建立人事档案，确定薪酬待遇，准确掌握社会工作队伍信息和工作情况，实施项目管理。①

笔者在实地考察中了解到，省级民政部门的该项目推动者建立该项目的出发点是：（1）引导和促进社会工作者为最需要帮助的不发达地区的村居困难群体、脆弱群体提供服务，切实落实党和政府为民服务的政策，实现"雪中送炭"。（2）造就一支留得住、干得好、以不发达的农村地区（镇街及所辖村居）为基本服务场域的专业社会工作者队伍。为了实现这一目标，该项目着力招聘当地社会工作者，并把第一项目期扩展为5年。（3）真正实现社会工作者为有需要的人群、村居服务。为了实现这一目标，该项目的所有社会工作者必须经常进入村居开展服务，而不是在乡镇政府、街道办事处坐班工作。主持该项目的专家学者称之为"不是下乡，而是进村"。

第六种，湖南省农村社会工作发展模式。湖南省根据自身的省情，实施了另一种农村社会工作发展模式——被称为湖南禾计划的湖南省乡镇（街道）社工站项目。鉴于农村民政系统任务繁重、人员不足的情况，湖南省将农村社会工作的发展与促进民政工作结合起来，在乡镇（街道）设立社会工作站，并将社会工作站的工作首先引进民政系统，民政系统则通过整合多项经费和资金支持社会工作站的工作，从而实现民政工作与社会工作的共同发展。从2018年下半年开始，湖南省乡镇（街道）社会工作服务站建设全面铺开，最终确立了全省建立1929个镇街社工站、设置3000个专业社会工作岗位、培育10万名社会志愿者的计划目标。在工作上，乡镇（街道）社会工作服务站以民政工作为主线，以社会工作为专业支撑，从民政兜底性服务延伸至有专业特色的社会工作服务（湖南省民政厅，2019；徐蕴，2019）。

以株洲市云龙示范区为例，该区乡镇（街道）社工站探索建立了"综

---

① 颜小钗、李卫湘：《双百计划：加速全粤社会工作专业化、均衡化进程——访广东省民政厅厅长卓志强》，《中国社会工作》2017年第3期。

合+专项+730"的政社协同的模式。其基本做法是:在乡镇(街道)社工站建立的第一阶段,镇街社工认真做好民政综合性兜底服务,提升基层民政服务能力,共同有效满足广大基层民政对象的需求。同时,镇街社工要走进群众,发现民政对象的个别化、特殊性需求,据此开发设计个性化专项服务项目,以此精准化满足群众需求,后者实际上属于第二阶段的任务。在具体工作的安排上,该区社工站确立了"综合+专项"的"730"分配模式:在初期阶段,镇街社会工作者70%的时间用于开展综合性民政服务工作,30%的时间做入户走访,靠近群众,深入基层发现需求,在完成综合性民政服务的基础上,再做专业社会工作服务①②。

按照湖南省民政厅发布的《湖南省乡镇(街道)社会工作服务站项目实施方案(试行)》,社会工作者的服务内容包括以下几个方面:社会救助领域的社会工作服务,农村留守儿童关爱保护领域的社会工作服务,城乡社区建设领域的社会工作服务,其他民政领域的社会工作服务。该实施方案还指出,未经省级民政、财政部门批准,基层不得自行扩大服务范围,增加服务事项。

为了推进全省社会工作的发展,湖南省成立湖南现代民政研究院,建立了省级社会工作机构孵化基地,建立培训专家库,一年多时间通过线上线下培训社会工作人才6300多名。在人员招聘上,该实施方案要求:驻站社工年龄在40岁以下,大专及以上学历,专业不限,具有社会工作专业资质人员优先,同等条件下本地户籍人员优先。社会工作专业资质指社会工作及其相关专业毕业,或持有全国社会工作者职业资格证书。

还有一些农村社会工作的探索,比如在江西万载,乡村与高校合作,通过建立联合的志愿服务队伍,服务农村老人和儿童,等等。

---

① 湖南省民政厅:《湖南省乡镇(街道)社会工作服务站项目实施方案(试行)》(湘民发〔2018〕16号),http://mzt.hunan.gov.cn/xxgk/zcfg/wj/201810/t20181024_5148046.html,最后检索日期:2020年4月20日。
② 徐蕴:《破土而出的"禾计划"——湖南省加强基层民政能力建设纪实》,《中国社会工作》2019年第25期。

三 对上述农村社会工作及人才培养的评价

（一）关于农村社会工作发展及服务的评价

上述农村社会工作的发展基本上是由政府和学校推动的，是社会工作教育系统和主管社会工作人才队伍建设的行政部门，在中央 18 部门（2011年）、19 部门（2012 年）关于发展社会工作人才队伍的文件指导下进行的专业建设、专业队伍发展的体制内行动。这些项目和行动有如下特点。

第一，有上级相关文件作为相关行动的依据。社会工作专业（专业社会工作）的发展是因应现代社会问题而产生的。我国社会工作专业的恢复重建是在国家实施一系列改革和走向国家现代化的背景下开始的，社会工作专业的发展服从于和服务于国家发展战略。所以，社会工作及教育的发展是在政府政策指导下进行的，属于国家政策行为，是"体制内"的。

第二，农村社会工作的实践密切配合政府相关政策导向。虽然我国农村社会工作并不发达，但是社会工作实践还是尽可能地满足着国家发展的需要。在为农村服务方面，社会工作主要在反贫困、社会救助、社区发展领域发挥作用，而这些大多是由政府的政策（项目和任务）驱动的。或者说，我国的社会工作是在为政策服务，为承认和使用社会工作的部门服务。

第三，农村社会工作基本遵循了专业原则。参与服务的主要是高等院校培养的专业人才，所以，社会工作者服务于农村基本上遵循了社会工作的专业价值观，使用社会工作专业方法。这些价值观与方法对于我国中西部农村来说，是较为现代化的理念和方法。

第四，农村社会工作的服务对象基本上是传统的服务群体。在传统上，社会工作的服务对象是社会上最困难的人群。我国的农村社会工作基本上遵循了这种服务取向，参与反贫困和社区发展，面对的是农村的困难群体和贫弱群体。方法是在政策标准下的社会救助、社会帮扶，部分地实施面对服务对象的能力建设。

第五,农村社会工作得到了政府部门的认可。社会工作是在政府政策的指导下,以落实政府的政策或实施社会项目为工具性目标而进行的,所以,社会工作得到了政府部门的认可。不论在城市还是在农村地区,现在社会工作的服务活动基本上是在政府项目制的引导下进行的,服务经费、服务内容、服务目标都由发包项目的政府部门确定,社会工作者(机构)则有专业理念和专业方法,所以,社会工作服务基本上是政策与专业方法的结合。

第六,农村社会工作发展不平衡。从社会工作在农村的服务实践看,主要是高校教师带领学生、政府组织城市的社会工作人员到农村开展服务活动,这些服务主要在一些项目点上,广大农村很少有社会工作服务。就行政区域而言,现在只有广东省、湖南省在全省农村地区普遍实施社会工作服务,服务点大多设在乡镇一级。所以,农村社会工作的发展在我国是滞后的,发展是不平衡的。

(二)关于农村社会工作人才培养的评价

农村社会工作的发展和发挥作用的关键影响因素在于农村社会工作队伍的存在形式和发挥作用的机制。现行制度在农村社会工作人才培养上有如下特点。

第一,培养了一大批社会工作人才,为社会工作的较快发展准备了条件。30多年来,我国高等院校培养了一批社会工作专业人才,通过举办全国社会工作师职业资格考试,转化了一批社会工作人才。根据《2018年度中国社会工作发展报告》,我国每年培养社会工作专业人才近4万名。截止到2018年底,全国有助理社会工作师和社会工作师共439266人。仅2018年全国就有135.2万人参加各领域、各类型社会工作专业培训[①]。这就为包括为农村服务在内的社会工作人才队伍建设准备了条件。

第二,社会工作人才真正扎根农村的很少。笔者认为,我国最需要社会

---

① 中国社会工作联合会:《2018年度中国社会工作发展报告》,《公益时报》2019年3月21日。

工作的地方是农村，特别是不发达农村地区。但是，30年来，我国社会工作者真正扎根农村、服务农村的数量很少。上述悖论看起来是培养与使用之间的脱节，实际上这与政府的政策引导、市场化用人制度，以及某些社会工作人才的价值观和职业理念有关。我国的社会工作基本上是官办的，但是政府没有出台把社会工作专业人才引向农村的有效政策，这又与改革中人才使用的市场化机制有关。对于某些社会工作专业学生来说，不能否认学生本人和家长的想法就是考大学、留城市。这些因素导致社会工作专业毕业生流向农村的较少，影响了农村社会工作的发展。

第三，农村社会工作人才培养是短板。在国际上，社会工作主要是面向现代化和城市社会问题的，农村社会工作不是主流。这就形成了一系列关于解决现代城市社会问题的知识。我国的社会工作知识体系也受到国际学科知识体系的影响。笔者十分关心农业院校的社会工作专业课程设置，发现他们的课程体系中有关农村、农业的知识不足。至于非农业院校的课程设置更是可想而知。再加上学生就业方向的城市化导向，学生对农村、农业的知识缺乏应有的兴趣。这样，从高校的角度来说，农村社会工作人才培养成为短板。

第四，社会工作学生有关农村、农业的实际操作能力不足。社会工作被看作是以专业价值观为指导的一套助人的社会技术，这是一套用以与不同背景、不同生活经验和不同需要的人打交道并实施有效帮助的社会技术。社会技术是处理人际关系、增进相互信任、进行合作或协作，以达至社会性效果的工作模式和技术。这套技术主要与解决服务对象的经济上、社会关系上、心理上的困境有关。在农村，特别是我国中西部农村，虽然困难群体、贫弱群体的社会性需要是明显存在的，但是他们的基本生活方面的问题可能更加突出，甚至他们的困境与家庭状况不佳直接相关；有些问题则受到社区文化的影响。另外，不发达农村地区居民所遇到的、希望别人帮忙解决的问题往往是比较严重的问题。但是，一直生活于城市和比较封闭的校园中的社会工作专业学生，比较缺乏现实的社会生活经验，他们对农村了解不足，也缺乏切实解决农村困难群体、脆弱群体的经济－社会－心理问题的实际能力。

第五,社会工作者随着项目"被嵌入"农村,在农村工作是暂时性的。在主要通过政府购买服务发展社会工作的格局下,一些从事农村社会工作的人员是随着各部门的阶段性项目进入农村开展服务的。项目制有时间较短和任务明确两个特点,项目结束后,社会工作者也就撤离农村。在项目制下,特别是时间比较短的项目,社会工作者除了与项目任务直接相关的事情外,不会过多地参与村庄中的其他事务,项目的时间性使他们不能在农村"陷得"太深,这也使得许多复杂问题难以解决。

(三)对照乡村振兴的任务发现现有农村社会工作的优势和不足

我们把农村社会工作的发展现状与乡村振兴的大战略实施进行对照,看看社会工作可以有哪些作为和需要弥补的短板。

农村社会工作的发展对乡村振兴的可能贡献在于:社会工作的服务能力的积累及其基本能力与乡村振兴赋予任务的一定程度的契合。我国现在已经积累相当大数量的社会工作专业人才,其中绝大多数有比较强的社会工作价值观,只要政策和服务需求适当,他们可以以不同形式参与乡村振兴事业。

关于社会工作在乡村振兴的职能和责任,中共中央、国务院《关于实施乡村振兴战略的意见》等相关文件主要是从强化公共服务、社会服务和基层社区治理的角度着眼的。具体包括:关怀和保护留守儿童和妇女、老年人以及困境儿童,改善农村残疾人服务;参与完善社会救助、社会福利、慈善事业和制度,参与对贫困农户的帮扶,等等。按照这种政策安排,社会工作在政府的科学务实的政策指引下,较高质量地提供服务应该没有困难,而且由于有明确的社会工作价值观,受过科学的专业方法训练的社会工作者可以实现公共服务、社会服务创新,并使这些服务达到较高水平。问题在于政府为此所能提供的政策条件,要使社会工作者有在农村施展工作才能、实现专业价值的空间,也不会太伤害他们的职业发展和现实生活。这一点可以参照医务工作者、教育工作者等专业人才去农村工作的条件进行制度安排。

现有的社会工作要适应乡村振兴事业的发展，其不足也是明显的。改革开放以来，我国农村特别是中西部不发达农村的社会问题十分突出，需要大量社会工作者参与解决、促进乡村建设，但是我国的社会工作者很少扎根农村，与农村干部群众一起，在深层次上解决这些问题。一部分社会工作毕业生去农村地区工作，服务农民、建设农村，值得称赞，但他们最后一般会落在县城，直接服务农村困难民众、帮助贫弱人群解决其日常的、基本生活中的困难的机会并不多。还有一点是比较重要的，即社会工作者缺乏在农村实施综合性服务的能力，这种综合能力包括：帮助村民特别是困难家庭发展经济和生计的能力，向特殊困难村民提供适宜、深入服务的能力，与当地干部群众一起团结协作解决村中公共问题、建设平安和谐村庄的能力，等等。

上述问题由多种因素造成。中共中央十六届六中全会（2006）做出的《中共中央关于构建社会主义和谐社会若干重大问题的决定》是发展社会工作的重要文件，该决定指出，要造就一支结构合理、素质优良的社会工作人才队伍，为此，要建立健全以培养、评价、使用、激励为主要内容的政策措施和制度保障。实际上，对发展农村社会工作来说，培养、评价、使用、激励几个环节都有明显的政策措施和制度安排不健全、不到位的问题。在现有政策和制度安排下，广东的双百计划、湖南的禾计划都是当地在发展社会工作上的积极探索，不过他们也还有需要进一步考虑和完善的方面，包括：社会工作者（机构）怎样在完成政府交办工作的同时，更加开放，更加系统化地处理农村问题；怎样避免行政化倾向，在服务中实现专业化与本土化的结合；怎样与镇村党政组织和其他社会组织合作，进而从总体上推进乡村发展；怎样巩固社会工作力量，在地化扎根更深，更全面地融入当地的经济社会生活，开展服务。下面，我们从政府推动的社会工作，转向民间创造的另类"农村社会工作"——禾力社区工作，了解它对发展我国农村社会工作的启示意义。

四 禾力计划及其乡村社会工作人才培养

(一)禾力计划的基本情况

禾力计划是由在香港施永青基金和中国招商局慈善基金会支持下的农禾之家综合农协研究组(成员以中国社会科学院的研究人员为主)创立的服务农村的项目。综合农协是信用合作、供销合作、农技服务、社区服务"四位一体"的综合性农民合作组织,在经济服务的基础上开展社会服务①。建立综合农协被创始人看作是"中国'三农'改革突破口"②。禾力计划是倡导和实验综合农协的组成部分,是面向全国乡村在地及返乡青年、妇女、合作社带头人等,进行针对性、体系化培训,以培养爱农村、爱农民、懂农业、会经营的本土社区型人才队伍的农村发展项目。

该项目的主持机构——综合农协研究组,集中了一批多年从事"三农"理论研究和政策研究,对于国家发展战略、乡村振兴战略、"三农"领域重大理论和实践问题有深入研究,并对合作社理论、农村经济发展大局有深入把握,对于地方乡村振兴战略、脱贫攻坚战实践有深刻认识和研究、对振兴农村有责任担当的学者,力图通过形式多样的培训,造就一批农村发展所需要的实用人才。这些人才主要包括:农村基层党组织干部、村民委员会干部、农民经营管理人才、农民技术人才、农民合作社人才、家庭农场人才、乡村社区工作人才。禾力计划在培养乡村社区工作人才等实用人才方面进行了全新探索,形成了自己的培训模式③。

与本研究课题相近的是该项目对乡村社区工作人才的培养。乡村社区工作人才在该项目中简称"乡工",是兼有社会工作者、社区工作者和村庄社会事务处理员的角色,以处理合作经济领域内的社会关系、促进会员之间合

---

① 杨团:《综合农协》,北京农禾之家咨询服务中心(内部版),2014,第17~19页。
② 杨团、孙炳耀:《综合农协:中国"三农"改革突破口》,社会科学文献出版社,2013。
③ 孙炳耀:《农禾之家:探索"乡工"培训新模式》,《中国社会工作》2013年第1期。

作为职责、有一定专业能力的人员。通过与禾力计划负责人的交流，笔者了解到，"乡工"在职能上类似于通过国家考试的助理社会工作师，但是，这些人员没有国家要求的、参加助理社会工作师考试的中专以上的文凭，所以不能参加国家统一考试并得到专业认定。鉴于这些人员在乡村建设中的重要作用，禾力计划的专家委员会通过一定程序，对他们进行评审认定，使其成为类社会工作者的"乡工"。

按照项目主持者的设计和实践，禾力计划通过多种形式的培训和评价，打造乡工学员——品牌乡工——初级乡师——中级乡师——高级乡师的列的乡村社区工作人才，使其成为乡村发展、乡村建设留得住、能经营、会办事的有一定专业素养的乡土人才。他们将在乡村振兴中发挥积极的作用。

（二）"乡工"的培养[①]

1. 培养对象

禾力计划是以乡村在地及返乡青年、妇女、合作社带头人等农村人为对象，以农村合作组织为基本组织支撑的人才培训和乡村发展项目。培养目标是爱农村、爱农民、懂农业、会经营的本土社区型人才队伍。2011年成立以来，禾力计划已经培养来自全国20多个省、区、市的300多家机构的500多名乡村发展带头人；在农禾之家的陪伴和扶持下，有67人通过认证，获得品牌乡工称号，16人获评初级乡土培训师，10人获评中级乡土培训师、2人获评高级乡土培训师，另有8位大专以上学历者获品牌乡工并申请乡师，经专家组认证被赋予禾力讲师称号。

2. 乡工的培养模式

禾力计划培养的是农村实用人才，根据培养对象的实际和发展要求，形成了"线上线下课堂+基地或项目实训+外出游学+持续陪伴"的培养模式。

---

① 关于禾力计划的资料，参见瑞森德《乡村社区工作者培训："禾力计划"项目终期评估报告》，载杨团、孙炳耀《综合农协：中国"三农"改革突破口（2016年卷）》，中国社会科学出版社，2016。

依托农禾之家研究团队，该项目开发了农民合作社组织建设及运营管理、社区公共服务、信用互助、农技推广、乡村文化、财务管理、工作方法等包括理念、业务、技能、方法在内的系列课程，编写了十本配套教材。每门课程都制定了课程目标、内容、案例、教学方式、作业和评估标准。

禾力计划目前有约百人的师资团队，包括来自高校、科研单位的偏理论型的讲师，来自企事业单位、合作社、社会组织的具有实践经验的讲师，也包括有丰富实操经验、可开展本地指导互动与示范带动的乡土培训师。这些师资的基本特点是：了解农村、在本领域有丰富的知识和经验，能做到理论与农村发展实际相结合。

禾力计划在农村设有综合发展类与专项类培训基地。综合发展类基地是在经济、社会、教育、文化等方面都有涉及并有成熟的发展和运作经验的镇村，专项类基地则是在生产、金融、供销、社区服务中的某一方面有突出发展成绩且具有较广泛借鉴意义的乡村发展项目。

禾力的培育方式主要采用课堂知识传授、启发式、案例分析、实地观摩、项目实操等。针对不同的人群和目标，采用不同的培养模式，包括单次培训、系列型培训、中长期培养。在中长期计划中，除包含多次的集中培训之外，还可能有境内外游学、基地实训、持续陪伴成长等环节。

3. "乡工"人才的评定

禾力计划培养乡村社区工作者，属于社会组织的公益性培训。这种培训没能进入国家的正式教育和培训体系，项目组又想建设一支有能力、有发展潜力和发展前景的人才队伍，所以形成了自己的评价认定标准和机制。

禾力计划成立了由国内做农村社区工作的领军人物组成的专家指导委员会，专门为禾力计划的学员提供人才评价工作。该委员会制定了一套学员成长与支持的课程体系，规定了学员升级品牌乡工、各级乡师的各项标准，促进学员的成长及社会对他们的认可。同时建立人才信息库，为育人、用人、服务等提供基础性建设。

（三）"乡工"的作用与社会地位

按照《禾力规则》，具有一定资质（知识和实际能力）者为品牌乡工，他们是在合作组织中从事基层管理、联系和直接从事有科学内涵的其他实务工作者；乡师是可以充当教师角色的比较资深的乡村社区工作者，又可分为初级、中级和高级；级别不同，他们在农村人才培养中的地位也不同，他们在农村合作组织中一般处于管理阶层，但是，他们在国家的身份系列中是"农民"。

这也就是说，"乡工"的培养采取了类似于国家的职称系列的模式和评定办法，只不过他们的身份是农民，他们的"职称"没有得到国家的承认。于是，这些"职称"就标志着农禾系统或合作组织的"内部专业地位"。它基本上还是一种技术、能力级别的象征，也是对这些专业技术人才的承认标志。[1] 这种"职称"有时可以在合作组织的聘任、分工和员工发展中发挥作用，这种"职称"持有者在乡村社区有一定的身份地位。但是，由于各合作组织及其经营上的相对独立性，这种"职称"还缺乏合作组织之间的、比较广泛的制度上的承认。

"乡工"在农村经济社会发展的实践中，特别是在合作经济中发挥着重要作用，有的还被推举为人大代表，参与公共事务的咨询和处理。"乡工"的重要作用来自他们的几个基本特点或优势：（1）本地化。他们都是当地人且对发展乡村有高度认同，本土情结、乡村发展认同使他们愿意在乡村奋斗，并期望有所作为。（2）具有一定的专业技术和综合素质。由于有一定的理想，加上受过禾力计划的综合培训，他们具有比一般农民高的经济经营和管理的技术与素质，在当地有一定影响力。（3）持续发展的机会。他们的成功一定程度上来自禾力计划的持续支持、半组织化的交流学习，这使他们有一定的发展意识和发展空间。

禾力计划是在国家的培训和职称系统之外，面向没能进入国家评价体系

---

[1] 杨团、郑冰：《乡工职业》，北京农禾之家咨询服务中心（内部版），2014，第23页。

的乡村建设者，创新性地建构的一套培养新型农民、农村经营和管理者的"准制度化"做法。这套做法及其效果与中央关于乡村振兴要培养新型乡村人才的战略是完全一致的，因此，应该具有可期望的发展前景。但是，其实行遇到的挑战也是不可忽视的：（1）它至今没有得到国家制度上的承认。政府鼓励和支持社会力量参与乡村人才培训，但至今对于农民的职称评定没有实质性推动，这就会影响禾力计划的"准制度化"做法的进一步发展。（2）禾力计划的乡村人才培训与地方政府的人才培训计划关系不甚紧密，较少纳入地方政府（区县）的人才培训计划，从而使得"乡工"难以进入地方政府的人才视野并得到使用。禾力计划管理者已意识到这方面的问题，并在山东莱西市尝试推进这方面的工作。（3）乡村经济合作组织之间的"低共约性"不利于"乡工"的流动和晋升。

五　面向乡村振兴的农村社会工作人才的培养之路

（一）对现行社会工作专业人才培养方案的改造

乡村振兴需要社会建设人才，从实施乡村振兴战略的角度看，我国现行的社会工作人才培养模式需要改革和创新，即要切实培养一批爱农村、爱农民、懂农业、在农村、善服务、会管理的社会工作人才。要达此目的，需要在如下几个方面做出重大改革：（1）政策倾斜。实施人才倾斜计划，与对待农村教师、医生等其他支农人才一样，以较优惠政策鼓励和支持去农村工作的社会工作者。（2）改革和完善农村社会工作课程体系。扩大农村社会工作方向课程的知识面，农业院校社会工作专业学生要兼修与农村产业和技术相关的课程，特别是农业技术推广、生计发展方面的课程。可以实行社会工作与其他相关专业的双学位制度，使学生有较丰富的知识储备；强调学生要有农村生活经验。（3）实施定向招生制度。农业院校要招收定向班，如中西部农村发展计划班、乡村振兴计划班，可以是中专、大专层次，发展成人教育。（4）改进大学生"村官"培养制度。进入"一村一个大学生计划"的学生必须学习一定的社会工作专业课程。(5)实施"大农村社会工作"设计①,办学层次和培养方式多样化,培养通专结合的人才。

(二)强化农村社会工作人才培训

广东和湖南是在农村全面推进社会工作人才队伍建设的两个省份,它们有不同的省情,也有不同的做法。据调查了解,广东的做法更制度化,队伍的专业化程度较高,而且根据政策规划,双百计划的社会工作将来可望纳入地方政府财政计划,以稳定农村社会工作专业人才队伍。现在广东双百计划的社会工作人才来自多专业、多方面,要加强社会工作专业培训,也要加强与乡村经济社会发展相关的知识培训,以更好地适应乡村振兴的要求。湖南是在经济不甚发达省份全面推进社会工作事业发展的先行者,现在的社会工作站设在镇街,以协助政府完成民政业务为主,新进农村社会工作者的专业知识水平和素质还较低。然而由于社会工作与民政工作的亲和性,也不能否认当前做法对于发展农村社会工作的积极作用。但是,从制度建设上来看,湖南实践中的社会工作人才还需要专业价值观的强化和服务方法的专业化培训,民政部门应该切实明了专业社会工作的特点和要求,为专业社会工作的发展创造机会,做实专业社会工作的"从嵌入到融入"②。实现专业化与本土化的相互促进,或许可以从另一个方向(本土经验的角度)出发,探索我国的农村社会工作发展之路。

(三)"乡工"培养方案的发展和提升

禾力计划在为乡村振兴培养实用人才方面做出了有益探索,该模式可以在以下方面尝试进一步发展。(1)争取国家的政策支持,加强与地方政府

---

① 王思斌:《我国农村社会工作的综合性及其发展——兼论"大农村社会工作"》,《中国农业大学学报》(社会科学版)2017年第3期。
② 周碧霞、苑芳乐:《乡镇(街道)社工站的建设与推广——以湖南省株洲云龙示范区乡镇(街道)社工站为例》,http://www.shegonghn.com/NewsNotice/NewsListDetial?NewsId=4035&m=0&bigClass=&MenuBar=0,最后检索日期:2020年4月20日。

合作。中央的《乡村振兴战略规划》指出要"支持农民专业合作社、专业技术协会、龙头企业等主体承担培训"。禾力计划依靠农民合作社联盟，可以在培养乡村建设人才上密切同政府的合作。一是可以获得更大合法性，二是可能获得经费支持，三是在学员使用发展上可以开辟更大空间，四是有利于满足乡村在社区服务、社区治理方面的迫切要求。据悉，禾力计划已经开始这方面的努力，需要进一步扩展。（2）促进有关部门实行乡村技术人员职称评定制度。中央的《乡村振兴战略规划》指出，鼓励各地开展职业农民职称评定试点。禾力计划可以进行探索，推动涉农部门组织乡村专业人才的职称评定，促进"乡工"系列的合法性认可。（3）尝试建立乡村社会工作员制度。乡村社会工作者（包括"乡工"）是乡村社会建设领域的专业人才，鉴于国家层次上社会工作专业人才评价制度难以突破，可以在某些省市县试行"乡村社会工作员制度"，培养本地的社会工作者，对获得资格证书者给予承认和待遇上的鼓励。

结　语

乡村振兴是中国特色社会主义现代化的重要组成部分，乡村发展是保障我国经济社会稳定持续发展和社会稳定的"压舱石"，包括社会工作人才在内的农村专门人才、实用人才的大量培训是实现乡村振兴的基础。政府、教育部门和社会力量应该进一步明确思路，凝聚力量，加强协作，在农村综合性专门人才培养方面，做出更加切实的努力。

B.11
境外非政府组织境内活动发展报告

贾西津*

摘　要：《境外非政府组织境内活动管理法》（简称《境外NGO法》）2017年1月1日生效，至2019年12月31日实施整三年。本文回顾了境外非政府组织在中国发展的历程，从法律特征、法律实施、业务主管单位履职三方面梳理了该法三年来的施行情况，重点基于"境外非政府组织办事服务平台"的公开数据，对境外非政府组织以登记代表机构和临时活动备案两种形式在境内活动的现状做了分析，并给出综合性的判断、评述和相关建议。研究指出，境外非政府组织在境内活动的发展，在《境外NGO法》后时代，发生了根本性的变化，从非官方的、非正式的、实践者决策的环境，转变为法制化、规范化、统一管理的模式。在新法时期，境外非政府组织合法性的获得，对于不同类型、地域、业务主管单位，均表现出很大差异性。存在的问题主要有：对于获得代表机构登记的组织，主要表现在运作层面，特别是运作成本、合法性边界界定和自主性方面；对于临时活动备案，面临常规化的挑战；业主主管单位仍将是核心难点。未来境外非政府组织和政府的交互影响将是最值得观察的现象。

关键词：　境外非政府组织　境外非政府组织境内活动管理法　境外NGO

---

* 贾西津，博士，清华大学公共管理学院副教授，清华大学公益慈善研究院副院长，研究方向：公共伦理，公民社会与治理。

境外非政府组织和中国本土社会组织，共同构成中国社会部门发展的力量。截至2019年底，按照2017年1月1日实施的《境外非政府组织境内活动管理法》注册登记在华活动的境外非政府组织代表机构524家，备案临时活动2441件。本文梳理境外非政府组织在华活动的历程、《境外NGO法》实施后境外非政府组织在华活动现状，并总结境外非政府组织在华活动的成效、挑战与前景。

一 境外非政府组织在中国境内活动的发展历程

境外非政府组织，简称境外NGO，在中国语境中特指在境外设立的非政府、非营利性的社会组织。境外NGO在中国的活动，至少自20世纪初中国在活跃接触西方文明的过程中就已开始。最早有记录的如洛克菲勒基金会、福特基金会，北京协和医学院即1916年洛克菲勒基金会资助建成的，在1950年代的美国中国研究受到"麦卡锡时代"的白色恐怖笼罩，福特基金会逆流而上战略性地支持了中国学研究，对于二十年之后中美恢复交流提供了非常难得的支持。

1970年代以来，随着中国自身的改革开放进程开启，中国和世界的关联日益加深。除了政府间关系的发展，非政府组织也在国际关系、经济促进、社会发展、公益慈善等各方面，扮演了活跃的角色。改革开放早期境外非政府组织在华的活动，大多数以政府邀请的方式进入中国。最早在1972年，美中关系全国委员会和美国乒乓球协会邀请中国乒乓球代表团访美，构成中美关系破冰行动的"乒乓外交"。1978年美国福特基金会开始中国项目，是中国社会科学院时任院长访美的后续，1988年福特基金会在华设立首家办事处，亦是国务院签发文件委托中国社会科学院代管；1979年亚洲基金会支持国务院科委召开中国第一次计算机国际研讨会；1980年世界自然基金会（WWF）成为第一家受邀来华的国际环保组织；1985年商务部中国国际经济技术交流中心成立国际民间组织联络处，次年与英国乐施会、德国农业行动、荷兰国际开发行动等签署的第一份援助协议生效；1994年美国共和研究所（IRI）就与中国民政部合作到福建、广西进行村民选举观察；1998年卡特中心受全国人大外事委员会邀请首次观摩重庆乡镇人大换届选举，此后在政府合作协议下该中心为中国基层选举提供程序技术支持；1995年联合国世界妇女大会在北京召开，3000多家境外非政府组织出席了按照联合国要求"同时同地同主题"召开的非政府组织论坛，举办地怀柔也成为中国本土非政府组织的孕育地。几乎可以看到境外NGO活动的开展及深入伴随着中国改革开放的脚步，领域涉及教育、健康、扶贫开发、环境保护、国际交流，也涉及基层民主、法官培训、政策立法。

21世纪之初苏东"颜色革命"之后，受国际环境的影响，中国对于境外非政府组织的认知，与对"境外"敌对力量的重新认知相关联，逐渐从发展视角转向国家安全的视角。2009年国家外汇管理局下发《关于境内机构捐赠外汇管理有关问题的通知》，加强对进出境内外捐赠资金的管理。2013年十八届三中全会《关于全面深化改革若干重大问题的决定》明确指出"加强对社会组织和在华境外非政府组织的管理，引导它们依法开展活动"。2014年6月中国国安委部署对境外NGO摸底调查，2015年5月《境外非政府组织管理法（草案二审稿）》向社会公开征求意见，2016年4月28日更名为《境外非政府组织境内活动管理法》，经全国人大常委会通过颁发，于2017年1月1日正式施行。

二 《境外非政府组织境内活动管理法》实施三年情况

1. 新法实施后境外非政府组织在境内活动的法律环境

《境外NGO法》的实施，标志着中国对境外非政府组织的管理进入一个新时期。其一，从不做判断到明确规范。它终结了改革开放以来中国政府在实践中摸索出的对境外非政府组织"不承认、不取缔、不接触"的"三不"政策，将所有境外非政府非营利组织在华活动统一纳入法律监管，法律明确规定，任何境外非政府组织在华活动，只可能以两种合法形式开展：登记代表机构和临时活动备案，除此之外的任何组织形式或活动形式，均为非法，有明确的法律处罚条款，且境外非政府组织和中方合作单位均承担责任，双向处罚。其二，从实践者决策到全国统一管理。改革开放以来至《境外NGO法》生效为止，据官方统计或学者估算，在华活动的境外非政府组织有4000~6000个，多则上万。①它们的存在形式非常多元，上至国务院，下至县、村，在不同政府部门的管理领域，都可能依据政府协议或管理办法，依托中方合作伙伴开展活动，也有在工商登记注册，或者完全依托中方合作伙伴的。《境外NGO法》实施后确立的，则是全国一个平台、一个系统、公安部境外非政府组织管理办公室统一负责的体系。

在《境外NGO法》实施之前，对于境外非政府组织的登记管理有很多创新和试点。其中最重要的有：2004年《基金会管理条例》开放境外基金会在华设立代表机构的登记，但十二年间依条例登记的境外基金会代表机构只有29家。同年，上海市民间组织管理局试点将外国商会和境外公益类民间组织登记为民办非企业单位，批准成立涉外民非，并接受民政部委托起草了《涉外社会团体登记管理办法（草案）》。2008年，云南作为民政部社会组织改革创新观察点之一，承担境外民间组织登记观察的试点工作，2009年出台《云南省规范境外非政府组织活动暂行规定》，在省内登记境外非政府组织代表机构。《境外NGO法》的制定，既借鉴了国内社会组织管理制度及境外非政府组织管理政策试点的一些模式，如双重管理体制等，也有自己的创新，法律设立的登记管理制度具有以下几个特点。

第一，唯有两种合法途径。境外非政府组织在中国境内开展活动，只有两种合法形式：由境外非政府组织登记设立代表机构，或者由四类符合资格条件的中方合作单位进行临时活动备案。除上述两种途径外，任何在中国境内的活动或委托活动均是非法的。

---

① 王存奎《辩证看待境外非政府组织》，《中国社会科学报》2014年第595期；韩俊魁：《境外在华NGO：与开放的中国同行》，社会科学文献出版社，2011，王名"代序"。

第二，双重管理体制。境外非政府组织设立代表机构，需要首先获得业务主管单位的同意文件，与中国本土社会组织管理模式类似，是非正式的前置审批，而不是正式的行政许可，从而没有明确的责任主体；比本土社会组织管理略清晰的是，公安部境外非政府组织办公室发布了《业务主管单位名录》，并不定期更新，给境外非政府组织寻找业务主管单位和相应政府部门履行职责圈定了一定指向范围。对于临时活动备案，则是由中方合作单位依相应规定获得批准文件。

第三，活动预审制度。设立境外非政府组织代表机构的，每年在年底之前将下一年度的活动计划报业务主管单位批准，包含项目实施、资金使用等内容；如果在年中，对活动计划有调整，需要特殊报备；年后将年度工作报告交业务主管单位出具意见，再行年检。对于临时活动备案，要在活动前十五日获批并备案；活动结束后三十日内将活动情况、资金使用情况等书面报送登记管理机关。

第四，联合监管模式。《境外NGO法》规定的监管部门包括四类：登记管理机关，指国务院公安部门和省级人民政府公安机关；业务主管单位；监督管理的执法主体，是县级以上人民政府公安机关；监管工作协调机制及其他有关部门，包括国家安全、外交外事、财政、金融监督管理、海关、税务、外国专家等部门，以及国务院反洗钱行政主管部门等。这与中国本土社会组织四级登记、四级监管的分层监管模式具有不同结构。

第五，双向责任体系。如果境外非政府组织未经两种合法途径而开展活动，那么该境外非政府组织以及与之合作的中方合作单位，均承担违法责任，并有相应处罚条款。

第六，港澳台地区与国外非政府组织，在《境外NGO法》中处于完全一样的法律地位。此前国外非政府组织在香港注册到内地开展活动的模式，不再具有可行性。

2.法律实施情况

自2016年4月28日《境外非政府组织境内活动管理法》公布起，11月28日公安部发布《登记和临时活动备案办事指南》，同年12月20日公安

部发布《活动领域和项目目录、业务主管单位名录（2017）》，并在法律生效前开通了境外非政府组织办事服务平台（http：//ngo.mps.gov.cn），作为全国统一面向境外非政府组织的网上办事平台，从而实现各省登记、一套流程、信息总汇、统一管理。

2017年1月1日《境外非政府组织境内活动管理法》正式实施。1月9日公安部发布《设立登记网上操作手册（V1.0）和临时活动备案网上操作手册（V1.0）》，分别指导代表机构登记和临时活动备案的工作流程；1月19日国家税务总局发布《税务登记办理有关工作的通知》；3月16日公安部公布了有关业务主管单位联系方式，共有业务主管单位43家；5月中国人民银行、公安部联合发布《人民币账户管理有关工作的通知》；8月国家外国专家局、公安部联合发布《外籍工作人员工作许可》等通知；2019年3月公安部更新发布了活动领域和项目目录、业务主管单位名录（2019），名录中的业务主管单位有增有减，主管领域也有所调整，反映了在实践中的磨合；2019年11月财政部公布《民间非营利组织会计制度解释第1号（征求意见稿）》，其中明确将"境外非政府组织代表机构"纳入适用范畴。这些共同构成《境外NGO法》的重要配套政策法规。

从境外非政府组织办事服务平台上32个办事服务大厅的链接情况看，在法律生效后的第一个月底，开通链接的18个省级行政单位，未开通链接的14个；法律实施半年时，未开通链接的还有4个省级行政单位；有意思的现象是，至2019年底，能够链接省境外非政府组织管理办公室网页的只有10个省级行政单位，丢失链接的15个，其他则链接省公安厅或政府网站。这从一个侧面反映《境外NGO法》在动态实施调整中还有很多需要协调的环节。

在地方境外非政府组织管理办公室的互联网窗口中，广东的更新内容较为及时丰富，不仅有国家更新的相关目录，还发布了在粤活动领域和项目目录、业务主管单位名录（2019年），中方合作单位与境外非政府组织合作协议参考模板、境外非政府组织代表机构设立后相关事项告知书、境外非政府组织临时活动备案告知书等流程事项。从境外非政府组织登记备案数据看，也是少数省承担了大部分登记备案功能。

3. 业务主管单位履职

在业务主管单位方面，2017年9月，林业局出台了《国家林业局司局单位与境外非政府组织合作与交流管理办法》，制定了《境外非政府组织申请国家林业局担任在华代表机构业务主管单位程序规定》，初步拟定了《国家林业局关于涉林境外非政府组织在华突发事件应急预案》，林业局的积极态度与其一直与境外非政府组织之间的合作不可分开，早在2014年4月9日国家林业局就曾印发《林业单位与境外非政府组织合作与交流管理暂行办法》，可见在新法实行后合作基础和互动经验会对业务主管单位承担职责产生重要影响。地方的林业部门也有制定类似办法，如2018年12月新疆林业局发布《新疆维吾尔自治区林业单位与境外非政府组织合作和交流管理办法（暂行）》。

其他业务主管单位针对境外非政府组织管理制定专门办法的例如2017年8月国务院扶贫办发布《关于受理境外非政府组织业务主管单位申请等事宜的操作办法（试行）》；2018年3月教育部国际合作与交流司发布《教育部关于境外非政府组织临时活动备案等事宜的操作办法（试行）》；2018年6月《民政部受理境外非政府组织设立代表机构业务主管单位申请工作办法（试行）》；2018年8月体育总局发布《境外非政府组织在境内开展体育活动管理办法》等。还有大学制定了专门管理办法，如上海的东华大学校办2017年7月印发《东华大学境外非政府组织活动管理办法》等。

三 境外非政府组织在境内活动现状

《境外NGO法》实施三年，效果如何？境外非政府组织在中国境内活动现状如何？基于公安部境外非政府组织管理办公室信息公开的数据，本研究分别对登记代表机构和临时活动备案的情况进行分析。①

---

① 原始数据来自"境外非政府组织办事服务平台"，https：//ngo.mps.gov.cn/ngo/portal/toInfogs.do，感谢陶泽及其"易善数据"的技术支持。

1. 境外非政府组织代表机构

（1）登记数量及变化趋势

《境外NGO法》实施第一个月，上海、广东、北京三地首批登记的境外非政府组织代表机构共31家，其中21家是原民政部登记的境外基金会代表机构，其余10家全部为经济类工商业协会。

《境外NGO法》实施一年，全国26个省级行政单位共登记来自30个国家及地区的代表机构305家，有六地在第一年为零登记，包括：河北、宁夏、海南、山西、新疆、新疆生产建设兵团。登记数量最多的两地是：北京106家，上海70家。来源地分布最多的是：美国71家，中国香港58家、日本42家。登记类别最多的是经济类代表机构，138家，占到总数的45%。

《境外NGO法》实施三年，截至2019年12月31日，共登记境外非政府组织代表机构524家，注销13家，现存511家。登记地分布在全国29个省（区、市），宁夏、新疆、新疆生产建设兵团三地仍处于零登记状态。登记地最多的前五位是：北京165家、上海105家、广东37家、云南28家、四川24家，这五地加起来共登记359家，占全部登记代表机构的68%（见图1）。其中，来源地分布在43个国家及地区，前五位是：美国127家、中国香港95家、日本56家、韩国41家、德国26家。业务主管单位分布在46

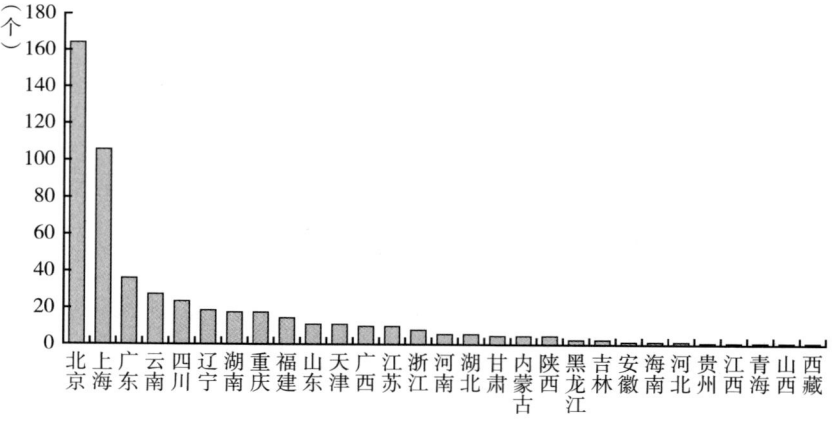

图1　境外非政府组织代表机构登记地分布

个系统，最多的是商务部门，有 223 个，占总数的 42%，继而其他数量过十的依次是教育、民政、卫生、友协、林业、科技、环境、农业，这九个系统加起来主管的组织数量占到总数的 81%。

如图 2、图 3 所示，2017~2019 年的登记数量是逐年递增的，但增速是逐年递减的，第二年增长率为 44.6%，第三年的增长率 18.8%，总增长趋缓。从月度登记数量看，2017~2019 年登记数量呈现明显的锯齿样增长轨迹，最多的月份如 2017 年 5 月新增 47 家，最少的如 2017 年 2 月新增 1 家。

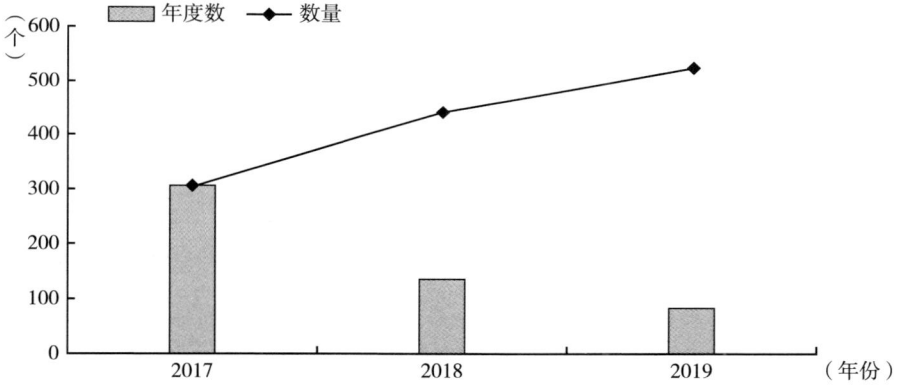

图 2　2017~2019 年登记代表机构数量的变化趋势

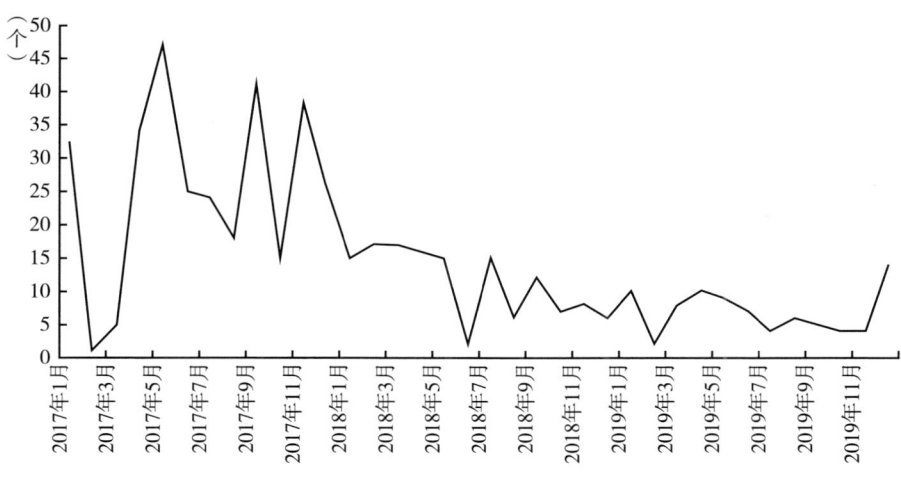

图 3　登记代表机构数量的月度分布

2017～2019年平均每月登记14家,标准差11.8;其中,2017年平均每月登记25家,标准差14.0;2018年平均每月登记11家,标准差5.2;2019年平均每月登记7家,标准差3.4。趋势渐趋低平。

另外,2017～2019年有13个代表机构被注销登记,其中2018年注销2个,2019年注销11个。这些注销的组织中,有7个是经济类非政府组织,分别来自韩国、日本、加拿大等8个国家和地区,在北京、上海等五地登记。总体看,这是一种正常的变动,但也显示出在2019年法律执行的力度加大了。

总结2017～2019年境外非政府组织代表机构登记数量变化趋势的特点:第一,登记数量三年合计524家,远高于依2004年《基金会管理条例》登记的境外基金会代表机构数量,该条例实施12年只有29家境外基金会得以在华设立代表机构;但这个数量相比预估的曾在华活动的境外非政府组织数,大约只有1/10。第二,登记代表机构的增长趋缓,预期未来不会有大规模增长。第三,登记代表机构的聚集现象明显,包括:地域聚集效应,登记最活跃的五省市登记了总量的2/3;领域聚集效应,经济类占总量的42%;业务主管单位聚集效应,九个系统承担了81%的业务主管单位工作。第四,登记特点与最初实行时保持了延续性,在活跃的登记地、活动领域、业务主管单位等方面,三年实施情况和第一年乃至实施最初的特点,基本一致,并没有呈现"先发带后发"的景象。

(2)登记代表机构特征及其活动

设立代表机构的境外非政府组织,其来源地分布见图4。其中,美国127家,占全部的24.2%,日本、韩国、德国、英国分别占到总量的10.7%、7.8%、5.0%、4.6%。中国香港、台湾、澳门,分别有95家、23家、14家,一共占到总量的25.2%。可以看到,从第一年登记起,港澳台的境外非政府组织代表机构就一直占到总登记量的1/4左右。值得注意,港澳台,特别是香港的境外非政府组织,对于内地的社会发展具有特殊意义。此前有不少国外非政府组织落地香港登记,作为在内地开展活动的联结,新法实行之后这个路径在法律便利性上已经失去意义。目前登记的港澳台非政府组织,其中不少就是其本地设立的企业家基金会等,以支持内地的公益事

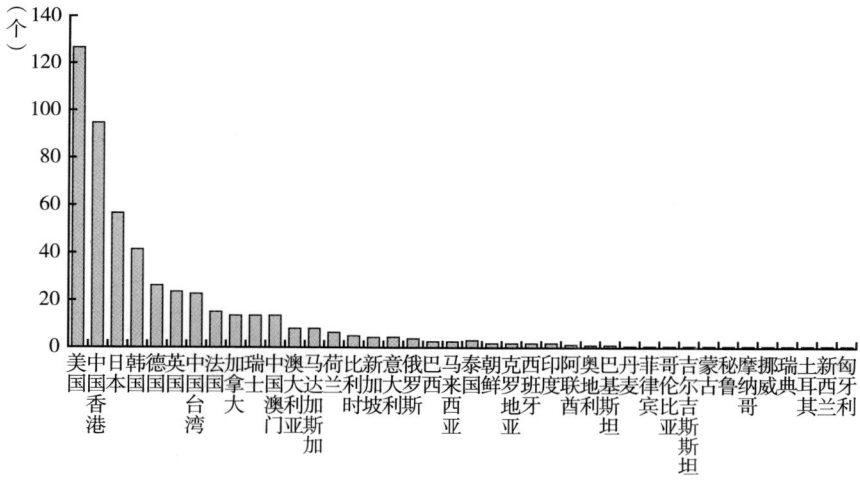

图4 设立代表机构的境外非政府组织来源地分布

业，体现了较多的本土性。

境外非政府组织代表机构的活动领域，从业务主管单位的分布可以看出来（见图5）。商务领域占到总量的4成，教育、民政、卫生领域也分别占到9.9%、8.4%、6.9%。在比较活跃的部门中，从前述出台业务主管单位管理文件的梳理可以看到，林业、教育、民政、扶贫，也是专门出台了非政府组织管理办法的部门。这些业务主管单位的积极态度有几方面因素：一是思路方向，经济类非政府组织一直是社会组织里宏观政策最开放、政府促进发展的领域，商务部门与社会组织的交往经验也最为丰富，在境外非政府组织代表机构登记中，商务系统总体上在各省级行政单位都是做业务主管最开放的部门。第二，合作基础与历史经验，除商务部门外，民政部按照2004年《基金会管理条例》登记境外基金会代表机构，在最开始登记的组织中，就有一批是由民政部转登记组织，民政部与其有合作基础与历史经验。林业部门也是与非政府组织有密切合作的典型的部门。教育、环境、扶贫管理部门，均有类似经验。第三，新生业务主管部门，在这些业务主管部门中，中国人民对外友好协会最具有特殊性，它原本不在公安部公布的业务主管单位名录中，但是在实践中，经多方因素互动，友协承担起了重要的综合性基金会的业务主管单位工作，包括福特基金会、亚基会、赠与亚洲以及阿登纳等三家德国政党基金会等对中国具有特殊意义或特殊属性的境外非政府组织，目前一共主管17家，占总量的3.2%，在公安部2019年更新的业务主管单位名录中，友协已经被正式增补入名单。友协是非基于历史合作经验而承担重要业务主管单位职能的案例，对于延续与中国有深厚交往的境外非政府组织的在华法律地位，以及法律实施在国际上的宏观政治影响，起到了关键作用。

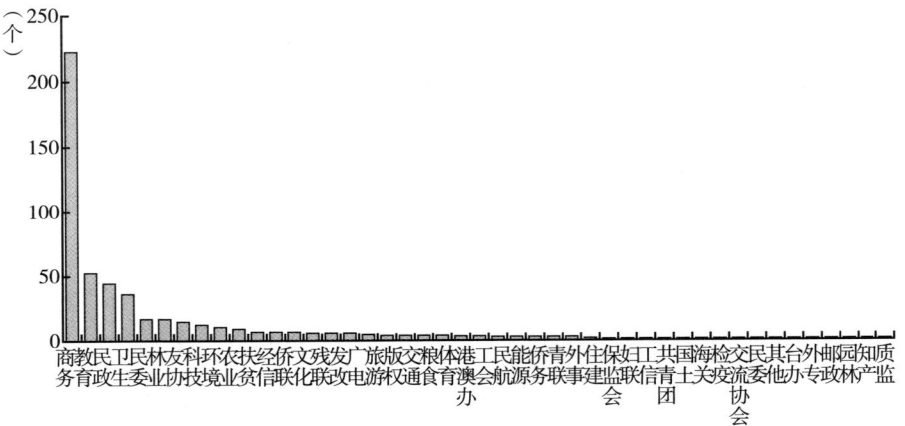

图5 业务主管单位的部门分布

从单个业务主管单位看，在全国履职的共173个业务主管单位中，主管非政府组织数超过十个的有七个，分别是：上海市商委（88家），北京市商委（39家），辽宁省商务厅（17家），中国人民对外友好协会（14家），广东省商务厅（13家），国家林草局（11家），民政部（11家）。可见，除友协、国家林草局、民政部三个国家级业务主管单位外，其余四个都是省级商务部门，即北京、上海、辽宁、广东的商务主管部门。在全国级的业务主管单位中，排在第一位的是中国人民对外友好协会，主管境外非政府组织14家。

从业务主管单位的层级看，在524家登记代表机构中，103家是国家级业务主管单位管辖，占20%，421家是省级业务主管单位管辖，占80%。

另外，在活动地域上，活动地域为全国的181个，占34%；跨省活动的162个,占31%;省内活动的182个,占35%。可见,全国活动的登记代表机构比例大约是国家级业务主管单位比例的1.5倍,也就是说,省级业务主管单位批准全国性活动并不少见。不过这一情况主要是商务部门批准经济类非政府组织的活动范围比较广泛。在全国、跨省、省内活动的分布比例上,2017年分别为35%、36%、28%,2018年为29%、27%、44%,2019年为41%、18%、41%。可见全国和省内活动的比例是增高的,跨省活动的比例降低了。

2. 临时活动备案

截至2019年12月31日,783家境外非政府组织共备案活动2441件,全国32个登记备案地均有备案临时活动。临时活动备案地分布见图6。其中,广东备案558件,占总量的22.9%;北京468件,占19.2%,两地加总占到全部备案数的4成以上。其他备案数超百件的地区依次是:上海、云南、贵州、四川、浙江。

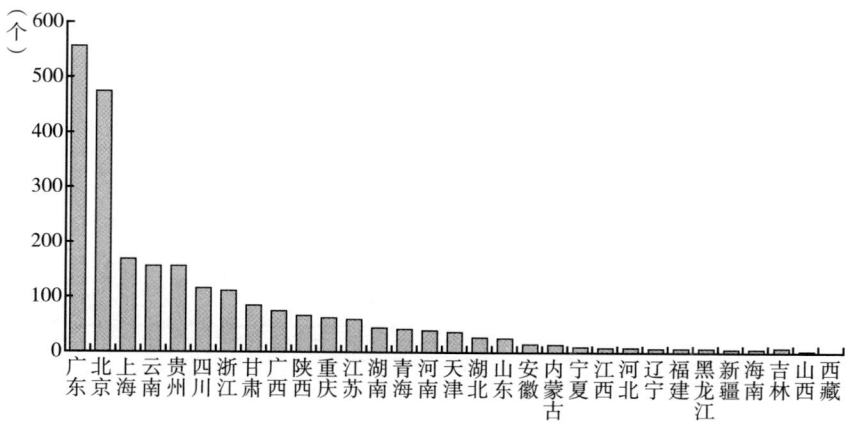

图6 境外非政府组织临时活动备案地分布

临时活动备案的件数,其年度分布如图7所示。将之与代表机构登记的数量放在一起比较,可以看到相反的变化趋势:登记代表机构是逐年递减的,而临时活动备案是逐年增长的,2019年已达到千件以上,可见临时活动备案越来越成为一种常见的活动方式。

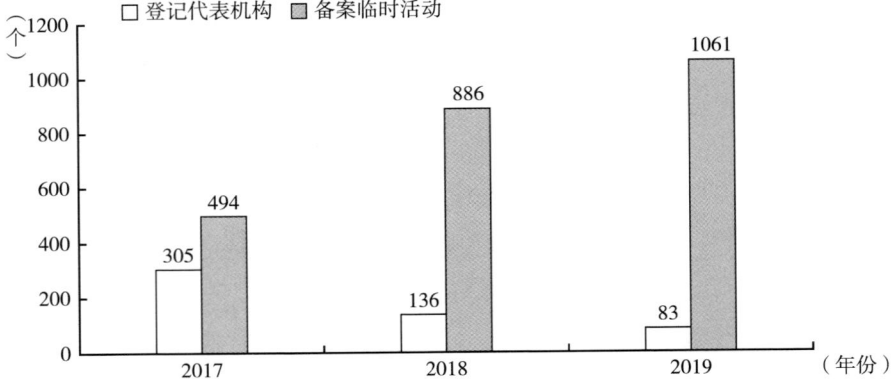

图7　2017~2019年临时活动备案和代表机构登记变化趋势比较

按照备案活动的起始时间，月度时间分布如图8所示。可以看到，临时活动数在一年中的不同月份中，分布比较分散。

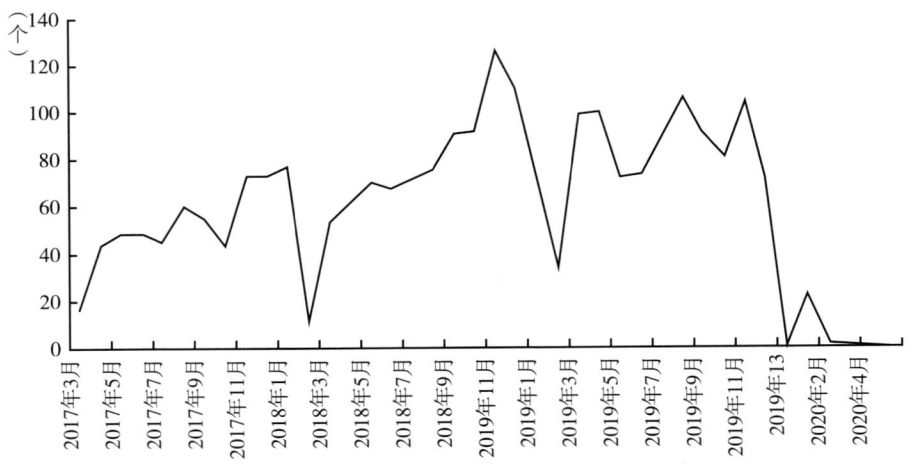

图8　2017年3月至2020年4月临时活动备案的活动时间月度分布

临时活动备案的活动时间跨度，则从1天到1年不等，从开始到结束平均时长是200天。

在备案活动的活动地域上，跨国或跨境活动8件，占0.3%；全国活动19件，占1.2%；多省活动189件，占7.7%；其余90.8%为省内活动。可见，临时活动备案虽然比登记代表机构更为常见，但九成以上均为省内活动，而代表机构65%为全国或跨省活动，登记和备案的活动特性还是鲜明的。

四　境外非政府组织在境内活动现状评述

境外非政府组织在境内活动的发展，在《境外NGO法》后时代，发生了根本性的变化。前改革开放的近四十年时间里，境外非政府组织在华活动，同中国改革开放的路径相仿，是地方探索，"摸着石头过河"，法律合法性是在社会合法性基础上综合作用的。《境外NGO法》开启了一个新时代，这个时代是以法制化、规范化为特点的，合法性的维度更加凸显，法律合法性变成一种制度刚性，将对境外非政府组织的管理统一在一个法律、一个管理结构、一个主体之下。

在新情境下，获得法律合法性的境外非政府组织数量大大增长，从四十年间只有不到30家登记，到目前为止已有超过500家。这种法律合法性替代了原有的各种合法性基础，比如政府间协议、企业法人、合作伙伴依托等路径，统一归向法律合法性。经过管理方式转轨之后，原来在中国活跃的境外非政府组织，部分获得了合法性更新，部分终止活动离开了中国，也有部分处于停顿或重新定位状态，个别前期有基础的组织开始不再与境外关联、延续宗旨尝试本土化发展。《境外NGO法》规制对象仅针对境外合法成立的非政府非营利性的社会组织，也有部分组织因境外的复合主体身份，暂未成为法律规制对象。无论如何，基金会等典型的境外非政府组织，再期求在《境外NGO法》规定的两种合法形式之外，在中国境内开展活动，几乎不再具有可行性。

境外非政府组织代表机构的合法性获得，具有很大的差异性。一是类型差异，最容易获得登记的是经济类境外非政府组织，各地的商务部门对它们普遍持有比较开放的态度，它们在合法性获得、活动地域广泛性等方面均有较大优势。对于其他活动领域的组织，特别是开展综合性活动的组织，业务

主管单位是其获得登记的关键门槛。二是地域差异,北京、上海、广东、云南、四川等此前对境外非政府组织较有合作经验的地区,登记相对活跃,但很多省(区、市)都只登记有个别组织,还有少数省份三年后仍然零登记。这与境外非政府组织的运作区域特点和当地政治环境均有关系。三是业务主管单位差异,少数业务主管单位承担了大部分的职能履行工作。

从法律实施结果看,新法实施之前,已经在民政部门登记代表机构的基金会、在工商部门注册企业开展非营利活动的境外非政府非营利性组织、有政府间协议伴随中国改革开放长期活动的代表性基金会等境外非政府组织,已经基本经过转登记,过渡到新法监管之下。不过仍有部分不再在中国开展活动,离开的原因包括组织自身对环境重新评估后的重新定位、主动在国际上进行的国别战略调整和战略转移、资助方的撤出、尝试寻找业务主管单位后无限期停滞等。除经济领域外,在中国没有合作基础的境外非政府组织,完全重新寻找业务主管单位和获得代表机构登记,具有相当难度。

当前,《境外NGO法》实施的困境主要有三个方面:第一,获得代表机构登记的组织,主要挑战在于运作层面。其一,运作成本高,特别是与政府沟通的成本。法律对境外非政府组织的运营规范,包括活动的时限、活动领域、活动地域、资金来源、账号管理等,均做出了具体规定;同时,采取年度活动计划预报预审、年度活动报告和财务及时审计、临时变更申请、日常与业务主管单位和登记管理机关密切沟通的模式,境外非政府组织大多在工作进度、工作流程、资金支付方式、全面双语等方面,进行了相应的调适,并由中方合作伙伴做出同步调适。但这种密切与政府主管部门商议日常运作的模式,带来了高运作成本,特别是政府沟通成本。其二,合法性边界不明确。这是境外非政府组织反映比较普遍的问题,这与境内外对于法律的理解和运用观念有关,也因法律文本本身留下了较多解释空间。其三,自主性受限,由于业务主管单位和登记管理机关介入具体的组织管理和项目运作,组织的规范性大大增强,而灵活性和自主性降低。这些运作机制继而可能影响人才激励机制,有些专业的高级管理人员有流动、流失现象。流程顺畅化、法治化,是对已登记代表机构组织管理中最需要完善的。

第二,临时活动备案的常规化问题。大量校友会、海外华人社团以及并不在中国开展活动,但偶尔会与中国境内发生资金、活动关联的组织,必然寻求临时活动备案的方式;登记代表机构数量可能不会再大幅度增加,其他不具备在中国境内设立代表机构的可行性,或者暂不能找到业务主管单位而有活动需求的组织,以临时活动备案的形式开展活动,也将成为一种常见的方式。从而,临时活动备案程序的常规化、简捷化与原始文件在全系统中的共享等,都显得更加重要。

第三,从登记管理机关的角度看,一方面是继续协调业务主管单位,不过经过三年的努力,这方面可以进展的余地将比较有限;另一方面,公安部门也加大了执法力度,这就要求对法律边界梳理清晰,更要提上日程,以便境外非政府组织及其中方合作伙伴在行动中做到心中有数。对于在法律实施前期,未能严格遵照法律履行登记备案程序的组织,执法部门应基于法律从制定到实施时间较短,业务主管单位等政府主管部门也在摸索之中,前期政府处于准备不足的状态等因素,执法应放眼未来,不宜一味严格追溯执法。

总之,《境外NGO法》实施以来,境外非政府组织在华生存发展环境发生了变化,这种变化与中国国家治理、以法治理的大方向是一致的。未来境外非政府组织生存发展的宏观生态,需要看到三个方面的因素:第一,政府对境外非政府组织活动的影响在加大,境外非政府组织和政府之间互影响、交互作用,逐渐形成一种新常态。未来境外非政府组织登记数量可能不会发生太大变化,但其在与政府互动中,发挥作用,可能成为境外NGO战略定位中需要考量的重点。第二,基于经济的"新常态",对于非政府组织的资金来源、作用定位、作用机制,都需要不断审视衡量,这与经济快速增长期的社会组织情况不同。第三,在2020年新冠肺炎疫情持续蔓延全球的背景下,全球化面临巨大的新挑战。世界更加联通,同时世界也可能更加分隔。2018年8月中办、国办联合发出《关于改革社会组织鼓励制度促进社会组织健康有序发展的意见》,鼓励中国的社会组织"走出去",在国际事务和民间外交中发挥平台作用。一些境外非政府组织也在参与帮助中国社会组织走出去和共建"一带一路"国家倡议,在全球疫情发生并可能较长时

间持续影响社会经济生活的情况下，社会组织在国际平台中既面临机遇也面临挑战。境外非政府组织，如何与中国政府以及中国本土社会组织，包括草根组织，进行互动协作，探索解决人类可能将共同面对的挑战，是未来不可避免的方向。

境外非政府组织在中国的发展，一方面需要《境外 NGO 法》实施流程上的改进，以促进法律的运作顺畅；另一方面，境外非政府组织在变化的环境中，面临重新思考自身在中国的战略定位，以及中国在其总体战略中的定位，以真正发挥非政府组织机制在变动时代的跨界作用。

B.12
成都市社会组织发展报告

郭 虹 王忠平 钟金秀 任大林*

摘 要： 本报告重点关注成都公益慈善类及社会服务类组织，通过定量加定性的研究方法，梳理总结了其发展现状、特色、启示及所面临的挑战。研究发现成都社会组织在数量、从业人员、组织类型、组织生态、党建及政策体系建设方面均取得一定成效，并呈现出社区化、志愿化、专业化、资源多元化、多级孵化支持、社企发展明显等特点。成都社会组织发展的成效主要得益于将社会组织发展充分融入城市发展及城市文化，为其提供全方位制度保障，鼓励社会参与，重视人才培养及注重行业交流。与此同时，成都社会组织也面临如数量与质量并举、减少对政府资金依赖、区域发展有待均衡等挑战。

关键词： 社会组织 成都社会组织 社会治理 社区发展

党的十八大明确提出"引导社会组织健康有序发展，充分发挥群众参与社会管理的基础作用"。十九大明确"发挥社会组织的作用"，十九届四中全会更是把社会组织纳入现代化治理体系之中，并且明确社会组织是社会治理共同体之一。

---

* 郭虹，四川省社会科学院社会学所原所长、研究员，主要研究领域：城乡社区发展及基层治理；王忠平，和众泽益主任，北京林业大学经济管理学院副教授，主要研究领域：志愿服务、企业社会责任、公益服务等；钟金秀，和众泽益志愿服务与社会创新研究院执行院长；任大林，和众泽益志愿服务与社会创新研究院高级研究员。

随着社会组织成为国家现代化治理体系的重要组成部分，社会组织的范围及类型也日趋扩大与多样。本文采用2018年民政部发布的《社会组织登记管理条例（草案征求意见稿）》中社会组织的定义，即社会组织包括社会团体、基金会、社会服务机构。不过同时考虑社会上也存在着大量未登记，或仅仅是备案的组织或团体，在社会治理中发挥着日益重要的作用。比如2017年《志愿服务条例》规定志愿服务组织可以采取社会团体、社会服务机构、基金会等组织形式。2017年《民政部关于大力培育发展社区社会组织的意见》指出社区社会组织是由社区居民发起成立，在城乡社区开展为民服务、公益慈善、邻里互助、文体娱乐和农村生产技术服务等活动的社会组织等。为此，本报告重点关注公益慈善类及社会服务类社会组织，包括登记注册的社会团体、基金会、社会服务机构，登记备案或未登记备案但活跃于成都的志愿服务组织、社区社会组织。

为了立体式呈现成都社会组织发展现状及特点，课题组采取了定量加定性相结合的研究方法。一是文献分析，查阅国内外学术网站获取关于成都社会组织及社会组织发展的相关资料，认真研究、梳理、总结过往成果；查阅成都政府官方网站，收集社会组织相关政策、法规、统计数据。同时，向各区市县收集社会组织相关资料。二是实地调研及访谈，走访成都市与社会组织、社会治理相关单位，抽样调研了17个街道、19个社区、30家社会组织、3家企业。三是问卷调查，通过成都市民政局向成都市各社会组织发布调查问卷，重点针对社会组织类型、规模和从业人员情况进行调查，共回收有效问卷291份。

一 现状

（一）党建引领

成都社会组织以党建为引领，成为党的基层组织培育建设和践行社会主义核心价值观的重要领域。

1. 成立社会组织党建部门，指导全市社会组织党建工作

成都市委组织部成立非公有制经济与社会组织处，指导全市社会组织党建工作，并设有成都市社会组织第一、第二、第三综合党委。第一综合党委

组成单位主要包括非脱钩的行业协会，第二综合党委主要负责统辖和管理无业务主管单位的成都市社会团体（包括与行政机关脱钩后的行业协会商会）、民办非企业单位、基金会以及民政局直管的社会组织的党组织和党员。第三综合党委主要负责商会组织的党建工作。各党委按照类型、区域等设置党委、党总支、党支部，理顺市级直接登记的社会组织党组织关系，将党建与登记管理、业务指导全程融入，推进党的组织、工作、活动"三个覆盖"。2019年8月30日，成都市社会组织第二综合党委正式换届，标志着市级直接登记类社会组织党建工作进入新的阶段。此外，各区（市）县组织部部门和民政部门，纷纷通过成立区级第二综合党委、选派党建指导员、区域化党建、楼宇党建等方式推动党建工作发展。

2. 研究和落实党建双轨推进

2016年3月10日，成都社会组织党建研究学会正式成立，这是全国首家专门从事社会组织党建研究的社会团体。同年，成都市出台《关于加强社会组织党的建设工作的实施意见》，提出要构建"条块联动、横向到边、纵向到底"的社会组织党建工作管理体系，动态保持全市社会组织党组织覆盖率不低于80%。为此成都采取了"五双"措施。一是"双孵化"，在孵化社会组织的同时孵化党组织、党务干部和党员；二是"双登记"，社会组织登记注册时应同步登记党组织和党员信息，对具备党组织组建条件的，要督促推动其同步建立党组织；三是"双年检"，社会组织年审时应同步更新党组织和党员信息、同步检查党建工作；四是"双评估"，社会组织评估定级时，应同步对党建工作进行评估；五是"双变更"，社会组织变更、撤并或注销时应同步做好党员组织关系转移等党建工作。"五双"措施保证了成都市社会组织党建工作的落地扎实。

数据显示，截至2019年3月，成都市录入四川两新党建平台的社会组织总数为8762家，已经建立党组织1732个（含单建党组织和功能性党组织），覆盖社会组织6948家[①]。

---

① 资料来源：成都市社会组织管理处。

（二）政策体系及机制建设

1. 政策体系

成都市在培育和扶持社会组织方面进行了长期探索，自 2009 年以来出台了多项与社会组织相关的政策，逐步形成全方位的社会组织培育扶持政策体系（见表1）。

表 1　成都市社会组织相关政策

年份	发文单位	文件名称	文件主要内容
2009	成都市人民政府	《关于建立政府购买社会组织服务制度的意见》	培育支持社会组织发展
2010	成都市人民政府	《关于开展社会组织登记管理体制改革试点工作的意见》	登记管理
2010	成都市民政局	《社区社会组织备案管理暂行办法》	登记管理
2011	中共成都市委办公厅,成都市人民政府办公室	《关于深化社会体制改革加快推进城乡社会建设的意见》	培育支持社会组织发展
2011	成都市人民政府	《关于加强培育发展社会组织的实施方案》	培育支持社会组织发展
2012	成都市民政局	《成都市社会组织评估管理办法》	评估监督
2014	成都市财政局、民政局	《关于印发成都市培育发展社会组织专项资金管理办法的通知》	资金支持
2014	成都市民政局	《成都市民政局关于深化社会组织登记制度改革有关情况的报告》	登记管理
2015	成都市人民政府	《成都市政府购买服务暂行办法》	培育支持社会组织发展
2015	成都市民政局	《成都市民政局关于加强民办非企业单位监督管理工作的意见》	评估监督
2015	中共成都市委非公有制经济组织和社会组织工作委员会办公室	《关于印发〈成都市社会组织党建工作任务及职责分工〉的通知》	党建引领
2016	成都市民政局	《成都市民政局关于加强和规范社会组织监督管理工作的意见》	评估监督
2016	成都市人民政府	《成都市人民政府关于推动慈善事业健康发展的实施意见》	培育支持社会组织发展
2016	成都市民政局、成都市财政局	《成都市社会工作服务项目资金使用管理办法》	评估监督

续表

年份	发文单位	文件名称	文件主要内容
2017	成都市财政局、成都市民政局	《成都市政府向社会组织购买服务实施意见》	培育支持社会组织发展
2018	成都市民政局	《成都市民政局关于印发〈社会组织参与推动区域协同助力产业发展实施意见〉的通知》	培育支持社会组织发展
2018	成都市民政局	《成都市社会组织评估管理办法》	评估监督
2019	成都市民政局等25个部门	《关于印发〈关于加强社会组织综合监管的实施意见〉、〈成都市社会组织管理综合执法暨社会工作专业人才队伍建设联席会议制度〉的通知》	评估监督
2019	成都市人民政府	《成都市人民政府办公厅关于印发〈大力推进政府向社会组织购买服务提升公共服务水平三年行动计划（2019~2021）〉的通知》	培育支持社会组织发展

2. 资金体系

成都对社会组织的资金支持体现在三方面。一是加大政府采购。2009年，成都市政府出台《关于建立政府购买社会组织服务制度的意见》，提出到2010年底，在全市范围内初步形成政府购买社会组织服务的制度框架。"2010年全市购买服务金额为14.1亿元，2014年全年达49.71亿元。"①"2016年成都市政府购买服务改革工作稳步推进，全年政府购买服务项目9058个，购买金额达117.13亿元，首次突破百亿元大关。"② 2019年1月成都市出台《大力推进政府向社会组织购买服务提升公共服务水平三年行动计划（2019~2021）》，首次提出购买社会组织服务占比目标，强调政府新增公共服务支出通过政府购买服务安排的部分，向社会组织购买的比例不低于30%。二是财政预算中设专项资金。2014年成都市财政局、民政局发布《关于印发成都市培育发展社会组织专项资金管理办法的通知》，成都在

---

① 王琳黎、王伶雅：《1~8月全市政府购买服务规模超50亿元》，《成都日报》2015年12月4日，第2版。
② 《成都：政府购买服务金额首超百亿元》，四川省人民政府网，2017年4月19日，http://www.sc.gov.cn/10462/10464/10465/10595/2017/4/19/10420380.shtml，最后检索时间：2020年1月8日。

财政预算中设立"培育发展社会组织专项资金",在全国属首创。专项资金旨在推动经济社会发展总目标落实,充分发挥社会组织在公共服务和社会治理中的作用。三是其他支持类资金。比如2012年成都市成立社会组织发展基金会,拟投入5亿资金支持社会组织发展(后因故调整为在成都市慈善总会设立总额为3亿元的"社会组织发展专项基金")。2018年成都市委市政府发布的《关于创新城乡社区发展治理经费保障激励机制的意见》,强调分级整合公共服务和社会管理专项资金,含"公共服务资金""村公资金""社区保障资金""社区激励资金"等。

3. 管理机制

2017年,中共成都市委城乡社区发展治理委员会(简称市委社治委)正式成立。在地方党委中专门设立一个负责统筹推进城乡社区发展治理的职能部门,乃全国首创。市委社治委负责组织、指导、协调全市社会治理工作,包括城乡社区社会组织、社会企业的培育发展,社区服务工作站运营,社区志愿服务工作体系建设及社区人才队伍建设。

(三)社会组织数量持续增长,从业人员规模不断扩大

1. 组织数量

首先,成都社会组织总体数量全国领先。2009年成都全市登记社会组织5311个,2016年组织数量突破万级大关,达10445个。截至2019年底,成都全市社会组织数量高达1.2万个[①]。从全国层面来看,成都社会组织数量与北京持平,2019年北京社会组织数量12789个。从全省层面来看,2019年四川全省社会组织总量4.5万个[②],成都数量所占比例超1/4。从城市层面来看,按成都常住人口1633万人计[③],2019年成都市每万人拥有社会组织数量7.3个,处于全国领先地位。其次,部分区(市)县社会组织数量优势渐显。成都市民政2017年统计数据显示,所登记注册的社会组织

---

① 资料来源:成都市政府公开信息。
② 资料来源:2019年4季度民政统计数据。
③ 资料来源:成都市统计局。

中，除市本级的外，部分区（市）县社会组织数量优势也逐渐显现。比如武侯区2017年社会组织数量854个，明显高于其他区县。成华区、青羊区2017年社会组织数量均超600个，龙泉驿区、郫都区500个左右（见图1）①。

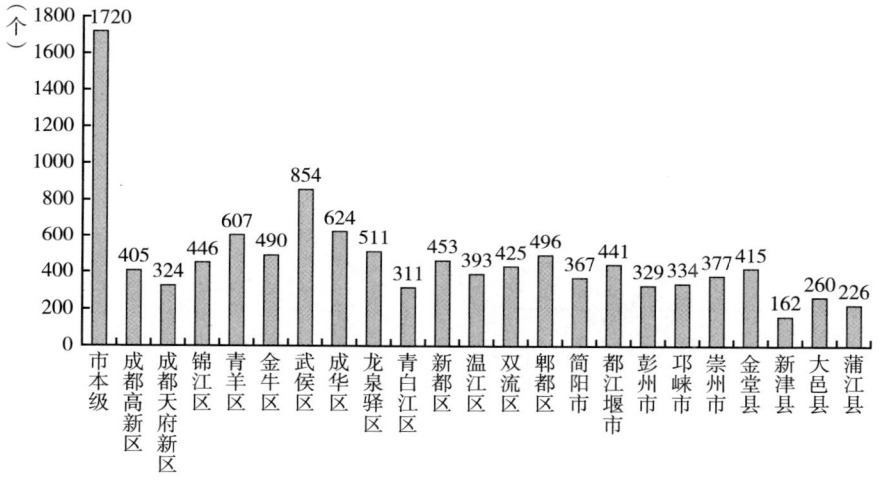

图1　2017年成都市本级及各区（市）县社会组织数量分布

2. 从业人员

首先社会组织从业人员总体数量增加，机构人员规模扩大。以社工人员为例，2016年，成都持证社工专业人才达5925人，2018年底增长至1.3万人，三年增长近120%。持证社工及其他社会工作专业人才是社会组织主要的从业力量，民政局数据显示，截至2019年底成都全市社会工作专业人才达6.7万②。与此同时，成都市各社会组织规模也逐渐扩大。调研显示，67.70%的社会组织人员规模10人以下，27.84%的社会组织人员规模在11~50人之间。有4.46%的机构规模已达50人以上。其次社会组织从业人员从业年限逐渐加长，人员数量稳中有增。291家受访机构共有4320名员

---

① 资料来源：成都市民政局。
② 资料来源：成都市政府信息公开。

工，从业人员中工作年限一年以内占比37.59%，1~2年的占32.73%，3~5年的占21.30%，6年及以上的占比8.38%。最近三年，从业人员数量增长或从业人员稳定的社会组织超九成，只有不到一成社会组织从业人员数量下降。其中53.61%的社会组织人员逐年增加，39.52%的社会组织人员稳定（见图2）。

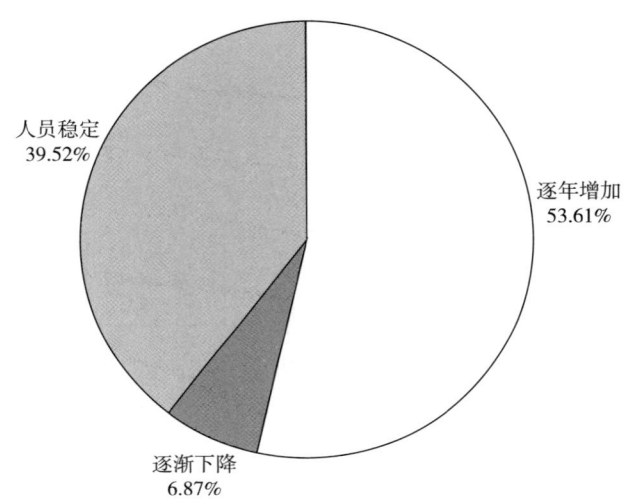

图2　2017~2019年成都市社会组织从业人员数量情况

（四）社会组织类型逐步扩展延伸

随着社会组织在社会治理中的角色日益突显，成都社会组织除了传统的社会团体、基金会、社会服务机构外，社会组织的类型也在逐步丰富、完善。

1. 针对社会组织的培训类机构

比如2014年，成都成立了全国第一家由党委政府主导的为社会组织及其工作者提供培训的专门机构：成都社会组织学院。该学院围绕基层社会治理需要，培养优秀的社工人才，培育健康的社会组织。同年11月21日，成都城市社区学院在成都金牛区正式成立，聚焦城市社区工作者和专业社工人才培训。2019年3月27日，成都市锦城城乡社区发展治理培训学院开始试运营，围绕基层社会治理创新探索、党建引领城乡社区发展治理方面开展教学活动。此外，成都市的各区（市）县也成立了各具特色的社会组织培训机构，如青羊区的院落治理学院、都江堰市的村政学院、郫都区的乡村振兴学院、大邑的非公企业学院等。

2. 类型丰富的基金会

成都市锦江区社会组织发展基金会（锦基金）是全国第一家在区县建立的专门为社会组织发展提供支持的地方性公募基金会，通过公益基金的募集和使用，实现对社会组织的扶持和引导，促进社会组织能力建设不断完善，增强社会组织"造血"功能。2018年以来成都市的社区发展基金会也纷纷建立。截至2020年3月，成都已注册的社区发展基金会有7家，分别为武侯社区发展基金会、成华社区发展基金会、青白江社区发展基金会、麓湖社区发展基金会、金堂社区发展基金会、邛崃社区发展基金会、新都社区发展基金会。社区发展基金会通过整合社区资源，支持社区组织开展各类公益项目或服务，回应所在社区多层次、多样化的需求。

3. 社区社会组织

早在2009年成都市民政局即发布《成都市社区社会组织备案管理暂行办法》，旨在发挥社区社会组织在统筹城乡发展中的作用，加强社区社会组织管理。2011年始锦江区、高新区、郫县、都江堰市、青白江区红阳街道等不同区（市）县、街道先后印发社区社会组织管理暂行办法、通知等文件，进一步细化培育措施及管理细则。2012年武侯区率先成立社区社会组织孵化中心，同时成立社区社会组织居民服务中心，为居民提供如疏通管道、代为送货、养老助残等方面的志愿及公益性服务[①]。2017年成都市召开城乡社区发展治理大会，强调要进一步"大力发展社区社会组织"。同年12月民政部发布《关于大力培育发展社区社会组织的意见》，指出力争到2020年，社区社会组织培育发展初见成效，实现城市社区平均拥有不少于10个

---

① 资料来源：成都市政府信息公开。

社区社会组织。在多方的大力推动下，成都的社区社会组织发展迅猛，数量和质量都进步明显。

4. 社会企业

2018年4月成都市人民政府办公厅发布《关于培育社会企业促进社区发展治理的意见》，鼓励社会团体、公益基金会、城乡社区（居委会、村委会）、有志于公益事业的企业和个人创办社会企业，以协助解决社会问题、改善社会治理、服务于弱势和特殊群体。① 同时成都建立社会企业评审认定制度，建立社会企业的培育孵化机制，2018年底认证了首批12家社会企业②。2019年底拟认定的社会企业达27家，覆盖了社区服务、生态环保、农村发展等多个领域③。

（五）社会组织生态链逐渐完善，服务领域日趋多元

1. 社会组织生态链逐步完善

社会组织生态链逐步完善，根据社会组织的职能将社会组织划分为枢纽型、资助型、平台型、实操型等。枢纽型的如成都市社会组织联合会，为成都市各大社会组织搭建枢纽分享平台，整合资源，聚合力量。资助型的如成都市慈善总会，每年提供专项资金支持助学、助医、扶贫类项目。成都市锦江区社会组织发展基金会连续多年发起的"种子计划""社工成长营"为社会组织培育及人才发展提供支持。平台型的如成都公益组织服务园，为成都社会组织，尤其是公益慈善类组织提供场地空间、登记注册、能力建设、资源对接等服务。实操型的如在社区、农村、医院、服务站、公共文化设施等开展直接服务的社会服务机构，社区社会组织，志愿服务队伍等。

---

① 参见《成都市人民政府办公厅关于培育社会企业促进社区发展治理的意见》（成办函〔2018〕61号）。
② 《成都认定首批12家"社会企业"》，成都市人民政府网，http://www.chengdu.gov.cn/chengdu/home/2018-12/26/content_e4ce795e55464f668e859434543b1b03.shtml，最后检索时间：2020年1月8日。
③ 《成都公示27家社会企业拟认定名单》，《川报观察》，https://cbgc.scol.com.cn/culture/187815?from-related-news，最后检索时间：2020年1月8日。

2. 服务领域日趋多元

调研发现，成都社会组织服务领域分布多元，涵盖社区治理、教育及社区服务领域等。其中涉及社区治理及社区服务领域的比例为81.10%，儿童及青少年服务领域（含学校社工）为53.61%，慈善及志愿服务领域为32.99%，残障康复领域为13.75%，社会救助领域为25.43%，社会福利领域为20.62%，其他（如组织培育、平台运营、行业协会等）为23.02%（见图3）。多年来成都社会组织的培育发展政策集中在推进社会组织参与社区服务和基层治理，在一定程度上引导了服务领域的集中与多元并存。数据同时显示，社会服务机构跨领域经营明显。仅仅服务于一个领域的比例为18.56%；服务于两个领域的为21.31%，服务至少三个领域的比例为60.13%。

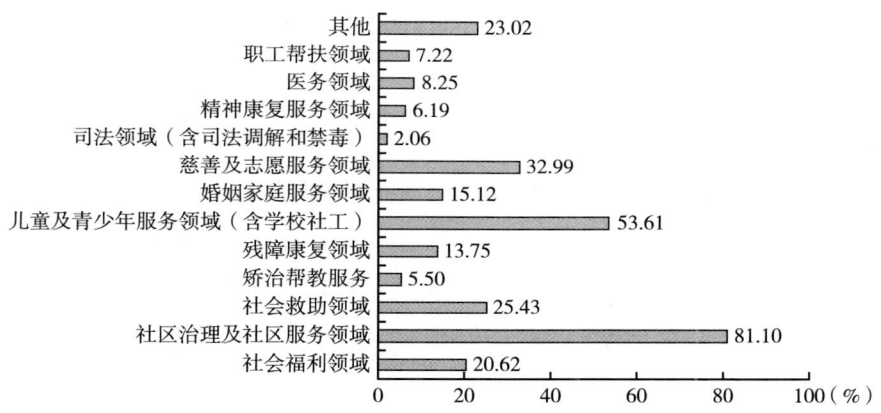

图3 成都市社会组织服务领域分布

（六）境外组织、全国性组织成都驻点

成都作为西南中心城市，成为众多境外组织及全国性组织西南驻点的城市，他们纷纷在成都设立办事处。境外组织如国际乐施会，致力于消除贫困、救灾及人道主义援助。2008年5·12汶川地震后，乐施会工作人员迅速到达受灾现场，开展了大规模紧急救援及灾后重建，并于2008年6月正式成立乐施会成都办公室，由成都延伸覆盖四川、陕西、甘肃，直至2010

年撤销。美国国际小母牛项目组织，通过在欠发达地区扶持小规模农户发展畜牧养殖业以消除贫困。其中国项目办也在2011年之前设在成都，并由成都辐射重庆、江苏、新疆、青海、云南、贵州等国内其他省（区、市）。其他的境外组织还有如关注乡村可持续发展的英国农村发展组织、关注麻风病患者康复的香港地区清风福康计划有限公司、关注赈灾与公共健康的美国心连心国际组织等，他们均曾在成都设立办事处。全国性组织如壹基金、中国扶贫基金会、和众泽益等也陆续于成都设立办事处，提供覆盖防震减灾、扶贫济困、公益支持等服务，立足成都，辐射整个西南区域。目前在成都设有办事处的国际NGO有仁人家园、互满爱、香港救世军、农村发展等。

二 特色

（一）社会组织孵化及支持体系较健全

1. 区－街－社区三级社会组织孵化体系建设基本完成

2011年中共成都市委办公厅、成都市人民政府办公厅出台的《关于加快培育发展社会组织的实施方案》提出，2012年1月底前市社会办、团市委、市民政局等初步建成社会组织孵化园。2012年底前，中心城区、近郊区（市）县和有条件的远郊区（市）县分别建成社会组织孵化园；市级人民团体建立本系统（领域）社会组织指导服务中心。社会组织孵化园的主要职能是：为建立初期的社会组织提供场地、资金、信息、推介等支持；积极开展服务项目设计和社会组织人才培训。

成都市各区（市）县已基本完成"区级、街道级、社区级"三级孵化体系建设，通过社会组织孵化培育技术输出，助推社会组织发展，推动社会组织参与公共服务和社会治理。孵化园按照人才、项目、组织、平台建设"四位一体"的运营思路，创新服务模式和培育机制，探索建设政府、市场、社会组织三方互动参与的社会管理平台和公共服务平台，以规范社会组织的运行和发展，培育挖掘本区优秀社工人才。

2. 多部门多层级支持社会组织发展

一是成都市委社治委的支持。成都市委社治委大力扶持社会组织参与社区治理等重要工作，同时各社区在社区保障资金中亦支持驻社区专业社会组织、社区社会组织参与社区事务。二是团委系统引进专业社会组织参与工作管理。成都市团委系统在青年之家、团委青年社会创新中心的管理与运营工作中，依托社会组织为青年群体提供"量身打造"的专业服务。三是社会组织承接市文明办以及各区（市）县文明办的志愿服务项目。成都公益组织服务园、成都云公益发展促进会等运营的成都市志愿者服务活动中心，为市内各志愿服务组织、社会组织提供专业的孵化、支持服务。四是市禁毒办、市妇联、总工会等其他职能部门与群团组织对成都市社会组织发展的大力支持。以项目促发展推动社会组织涉足专业领域服务，包括精神健康、禁毒、司法等领域，打开了成都市社会组织的专业、精深发展路径。

（二）成都社会组织发展社区化趋势明显

成都社会组织的社区化体现在三方面。一是自上而下对社区社会组织及社会组织支持社区发展的重视。早在2011年，成都就把社区社会组织的培育纳入社区的考核指标并提供专项资金支持。2016年城乡社区营造行动中，明确鼓励社区居民成立自组织，支持自组织向社区公益组织转变。2017年城乡社区发展治理大会上，成都进一步提出"大力发展社区社会组织、社工组织和居民自组织"[1]。2018年7月四川省第一家社区基金会——武侯社区发展基金会成立。基金会旨在回应社区需求，解决社区问题，资助社区服务项目。随后成华、青白江、邛崃等区也陆续成立社区基金会。二是自下而上，成都居民自组织扎根社区，助力社区发展。数据显示，截至2019年，成都市辖区范围内共有备案类组织超过2100个[2]。这些组织的领袖多来源于社区骨干或社区能人，了解社区需求，服务接地气，低成本，在社区发展中体现极强的

---

[1] 《关于深入推进城乡社区发展治理建设高品质和谐宜居生活社区的意见》，《先锋》2017年第9期，第19~21页。

[2] 资料来源：成都市民政局。

凝聚力和生命力,如入选中国好人榜的武侯区簧门街居民刘道笠发起的"奶奶厨房"助老服务;如温江区岷江村,由社区居民发起深度参与社区发展治理的"院落管理互助协会"。三是双向互动,社会组织与社区需求紧密对接。比如龙潭街道举行"龙潭街道21社区社会组织项目对接会",以"路演"和"相亲"的方式将社会组织的项目及运营模式与龙潭街道21个社区的日常工作及居民需求结合,最终实现"配对"①。建设路街道培华路社区将16家平日在社区里从事公益服务的社会组织及其服务成果以图文并现的形式于法治广场——展览,来自社区的居民,用自己手中的选票,选出自己最满意的社会组织。②

(三)志愿服务精神普及化程度较高

成都市社会组织发展的另一显著特色是志愿精神的普及,这主要表现在三方面。一是大量市民通过志愿者的方式参与社会服务项目,助力社区发展及社会治理。数据显示,成都市注册志愿者数量持续增长,2018年较2012年增幅达到58.52%。截至2019年底,成都市注册志愿者人数近230万人,占常住人口比例超14%③。二是志愿精神融入社会组织基因,志愿者成为社会组织发起人或负责人,并持续将志愿精神内化为组织文化。典型的如2009年成立的成都爱有戏社区发展中心,最初由十多位宣传无偿献血的志愿者发起。而今志愿服务不仅是爱有戏内部文化建设及机构管理的关键部分,更是其外部业务发展及品牌传播的重要工作方法之一。三是志愿服务组织数量不断上升,服务领域不断扩大,成为成都社会组织的重要后备力量。数据显示,截至2019年底,成都注册志愿服务队伍超2.5万支,志愿服务活动总次数近33万次④。在服务领域,成都志愿服务组织重点关注助老、

---

① 钟帆:《助力社区发展治理 成都成华龙潭街道集合千万元资金引合作》,四川在线,https://sichuan.scol.com.cn/fffy/201903/56839553.html,最后检索时间:2020年1月8日。
② 吴浩:《成都市社会组织参与社区治理三问》,四川在线,https://sichuan.scol.com.cn/cddt/201607/55594904.html,最后检索时间:2020年1月8日。
③ 资料来源:成都志愿者网。
④ 资料来源:成都志愿者网。

助残、宣传、劝导、环保、劳动服务、陪伴服务、文化艺术、体育活动、抢险救灾等十大领域，同时覆盖心理咨询、法律援助、幼儿照顾、网页设计、翻译、摄影等其他社会领域。

（四）社会企业培育发展促进机制日益完善

成都的社会企业发展也是一大特色。一是率先启动社会企业认证，支持社会组织发展。2018年4月成都市人民政府办公厅发布《关于培育社会企业促进社区发展治理的意见》，鼓励通过创新商业模式，以市场化方式解决社会问题，确定了建立社会企业培育发展促进机制，含登记、投资、认定、孵化等[1]。成都市工商局随即出台《成都市社会企业评审认定管理工作试行办法》配套文件，成都成为国内最早出台社会企业认证办法的省会城市。与此同时，部分区（市）县制定出台了区级关于支持及发展社会企业的文件，如成华区印发《成华区社会企业培育扶持办法（试行）》，金牛区发布《金牛区培育社会企业促进社区发展治理实施意见》。二是认证社会企业数量增加。在全市、各区、各部门的大力推动下，2018年底，成都认定了首批12家社会企业，如成都创女时代科技有限公司、学境教育咨询成都有限公司、成都童萌早启教育科技有限公司、成都朗力养老产业发展有限公司等[2]。2019年10月，成都市拟认定社会企业27家，覆盖社区服务、生态环保、教育、文化、养老、助残、农村发展、医疗健康八大领域。部分区（市）县发展迅速，武侯区、青羊区社会企业认定数量均超10家[3]。

（五）社会组织发展的专业化程度不断提升

成都的社会组织不仅在数量上全国首屈一指，在专业化方面也颇为领

---

[1] 参见《成都市人民政府办公厅关于培育社会企业促进社区发展治理的意见》（成办函〔2018〕61号）。
[2] 《成都评审认定首批12家社会企业》，《成都晚报》，https://baijiahao.baidu.com/s?id=1620875315281417164&wfr=spider&for=pc，最后检索时间：2020年1月8日。
[3] 《成都拟认定27家社会企业名单公示》，成都全搜索新闻网，http://news.chengdu.cn/2019/1023/2078896.shtml，最后检索时间：2020年1月8日。

先。主要表现在两方面，一是社会组织服务的专业化。以应急救灾领域为例，因2008年汶川大地震成立的成都天虎防灾减灾公益服务中心，随着机构的发展壮大和应急服务的发展，业务范围扩展到应急救援、灾害救援、安全培训、救援技能培训等服务。2008~2018年，天虎共为50万人次提供了各种救援救助和社会公益服务①。与其同时，针对应急防灾不同阶段不同需求，各组织术业有专攻，如专注于灾后农村产业发展的成都高新区益众社区发展中心，专注于灾区应急水处理和帐篷妇女儿童活动中心的成都授渔公益发展中心，以及专注于灾区社区治理的彭州市中大绿根社会工作发展中心。二是社会组织从业人员的专业化。以成都市锦江区社区组织发展基金会为例，秘书处下设综合服务、项目发展、专项基金发展三大部门，各部门职责明确，专业分工。以社会工作机构为例，调查显示，社工员占11.95%，助理社工师占55.72%，中级社会工作师占12.18%，所调研的社会服务机构中只有非持证社工的仅占两成。以志愿服务组织为例，聚焦于法律领域的双流区法律服务志愿者协会专职工作人员13名，主要由法学专业大学毕业生、长期从事法律相关工作者、财会工作人员构成。协会志愿者大多数来自法律专业人士，含法治人物及行业专家30人、法治宣传讲师50人、律师125人、政法干警76人、法学专业大学生志愿者800余人。

（六）社会组织发展资源多元化

成都社会组织发展还表现为资源的多元化。这主要体现在三大方面。一是政府资源多元化。比如在市财政预算中设立了"培育发展社会组织专项资金"，加大支持社会组织开展服务，且资金体量逐年上升。社治委设立社区保障激励资金，通过社会组织及志愿服务组织重点投入社区微细公共服务项目，鼓励基层治理创新。市民政局制定三年城乡社区可持续总体营造行动计划，投入15亿元支持社区公益组织、居民自组织以帮助社区营造。同时卫计、残联、老年、教育、工、青、妇等单位，以及街道、社区也都在各自职能范围

---

① 资料来源：成都天虎防灾减灾公益服务中心。

内安排相应资金预算支持社会组织开展社会服务,形成强大合力。二是企业资源多元化。企业资金支持的案例,如成都万华新城发展股份有限公司捐赠800万元成立成都市麓湖社区发展基金会;锦江区督院街道撬动十余家企业、270余家商户募集社区基金,吸引了7个市级社会组织项目落地,引入项目资金180余万元。企业既出资金又出志愿者的案例,如成都宜家社区中心,社区提供场地,宜家出资设计装修,企业和社区共同购买社会组织日常管理服务,同时定期组织企业员工志愿者、居民志愿者到社区中心开展服务。另外还有企业冠名"社区公益微基金",企业认领社区服务项目,企业与社会组织联合参与社区项目等。三是基金会资源多元化,如成都市慈善总会下设的慈善事业发展、儿童社会保护、抗震救灾等种类丰富的专项基金;如为社会组织发展提供支持、培育社会组织人才、增强社会组织"造血"功能的成都市锦江区社会组织发展基金会以及各区(市)县陆续成立专注扶持社区自组织、社会组织,培养社区公益人才,支持社区发展治理的社区基金会。

三 启示

(一)将社会组织发展融入城市发展及城市文化

首先,将社会组织发展纳入城市经济和社会发展规划。2011年《成都市国民经济和社会发展第十二个五年规划纲要》提出充分发挥群众组织和社会组织作用,完善社区治理机制。加大社会组织培育扶持和依法管理社会组织,支持、引导其参与社会管理和服务。2016年十三五规划纲要更是进一步将社会组织纳入创新社会治理的重要部分,提出形成现代社会组织体制,创建全国社会组织建设创新示范区。重点培育和优先发展公益慈善类、城乡社区服务类社会组织。其次,将社会组织发展与城市文化融合。2017年中国共产党成都市第十三次代表大会提出"传承巴蜀文明,发展天府文化",重点发展"创新创造、优雅时尚、乐观包容、友善公益"的现代天府文化,以公益、慈善、志愿精神铸城市之魂。

（二）从制度到体系全方位保障

首先，社会组织层面，出台了如《关于开展社会组织登记管理体制改革试点工作的意见》《社区社会组织备案管理暂行办法》《成都市社会组织评估管理办法》《成都市政府购买服务暂行办法》《关于推动慈善事业健康发展的实施意见》等从登记注册、备案管理、社会组织党建、评估，到政府购买、社会体制改革、慈善事业发展等一系列规章制度，为社会组织的发展提供坚实政策基础。其次，志愿服务组织及居民参与层面，陆续出台了如《成都市志愿者和志愿服务组织激励回馈制度（试行）》《成都市志愿服务供需对接制度（试行）》《成都市志愿服务记录办法（试行）》《成都市社区应急志愿服务队管理办法》《成都市志愿服务激励办法（试行）》等覆盖志愿者登记、管理、供需对接、保障及激励等方面的政策文件，规范及激励更多居民参与社区治理、社会建设。再次，社会企业层面，为了推动社会组织创新及可持续发展陆续发布《关于培育社会企业促进社区发展治理的实施意见》《成都市社会企业评审认定管理工作试行办法》，明确了社会企业发展方向、认定标准，推动了社会企业发展。在管理机制上，在市委设立社治委，统筹推进城乡社区发展治理改革工作。规范志愿服务组织管理，由市文明办统筹协调，其他单位和部门多维共同参与。

（三）多元化社会参与

成都积极发动及鼓励政社协同，多方力量共同参与社会组织发展及社区治理。首先，企业力量参与。比如成都万华新城发展股份有限公司捐赠成立成都市麓湖社区发展基金会，推动社区自组织、社会组织、社会企业发展。成都现代物流投资发展有限公司、成都市青白江区国有资产投资经营有限公司捐赠发起成立成都市青白江区社区发展基金会，全方位推动社区发展治理。国家电网四川电力公司成立"成都高新连心桥"共产党员服务队，协助社区用电、扶贫济困、应急抢险。成都星巴克咖啡有限公司在成都成立两支区域大团队，助力社区服务，截至2019年注册志愿者超600名。其次，居民力量参与。比如都江堰灌口街道柳河社，三个普通居民志愿者刘清容、何敏、严红三人发起成立"都江堰市柳河之家社会治理服务中心"，以改善和提高社区居民生活环境质量。青羊区府南街道石人北路社区普通"全职妈妈"创办"成都金葵花社会工作服务中心"，以助力社区少年服务。再次，学生力量参与。比如2018年成都市教育局联合社治委、文明办、团委等机构启动"天府学堂·金丝带计划"，将每月的11日定为成都市中小学生志愿服务日。成都公益组织服务园持续打造"高校交流平台"和"成都高校公益社团联合会"，助力大学生参与社会公益。

（四）重视人才培养

首先，重视公益行业人才培养。2011年成都市政府发布《关于加强培育发展社会组织的实施方案》，提倡大力发展社会组织。2014年市财政局、民政局印发《成都市培育发展社会组织专项资金管理办法的通知》，进一步明确从组织、项目、人才等重点领域支持社会组织发展。2016年成都市慈善总会启动公益慈善专业人才培养计划。连续三年分别从财务、传播、项目管理、综合管理等不同维度提升从业人员能力。其次，重视社会工作专业人才培养。2012年成都市委组织部等19部门《成都市社会工作专业人才中长期发展规划（2011~2020年）》《加强社会工作专业人才队伍的实施意见》出台，提出要完善社会工作专业人才培养、评价、使用和激励机制，重点提升职业能力、管理能力、领导能力，并鼓励建设社工专业人才培育基地。成都市民政局在2015~2016年先后印发《成都市社会工作专家库成员管理办法》《成都专业社会工作优秀人才遴选培养实施办法》等文件，进一步加大对成都市社会工作专业人才、社会组织人才的培育和支持，深化社会组织发展的专业人才保障。再次，重视社会企业家培养。2018年成都市政府《关于培育社会企业促进社区发展治理的意见》，强调需支持社会企业能力建设。倡导通过合作交流、购买培训服务等方式，"培养一批熟悉国际规则、具备国际视野的社会企业家和社会企业创业

者"。同时鼓励技工院校、高技能人才基地、专业技术人才继续教育基地开发针对社会企业和社区发展治理的培训服务，重点提升社会企业从业人员的专业知识和服务技能。

（五）搭建交流平台

在社会组织的发展过程中，成都也逐渐搭建起了促进行业发展的交流平台，同时加强全国及国际合作与交流。首先，成都市内行业交流。比如2015年开始持续举办了5届的成都公益慈善交流会，搭建公益慈善行业交流展示平台，拓展社会服务边界，提升行业影响力；2018年设立的"社区志愿服务日""社区志愿服务周"，助力社区志愿服务氛围营造，为社会组织的蓬勃发展创造契机。其次，全国交流比如对外赛会交流，参加中国公益慈善项目交流展示会、中国青年志愿服务项目大赛等；对外参访学习，举办"跨界品牌异地参访"游学计划，到深圳、广州、佛山等地交流学习；外部专家指导，举办"603社区基金"论坛、"志愿服务组织大讲堂"，吸引全国专家到成都培训交流。再次，国际交流。比如从成都走向国际，成都大熊猫繁育研究基金会通过对大熊猫等濒危珍稀动物研究及保护，促进国内外合作及交流；开展国际合作交流项目，中欧应急管理合作项目成都试点，通过活动、培训、互访、研讨等共同推动应急管理组织体系建立。

四 挑战

（一）社会组织质量需进一步提升

成都市社会组织数量虽已具备一定规模，但整体发展质量还需进一步提升。首先，社会组织整体规模较小，成立年限较短。此次调研问卷覆盖的291家机构中，近七成社会组织人员规模在10人以下，规模50人以上的机构不足5%。同时，绝大多数机构成立年限在1~6年，其中成立1~3年的比例为35.40%，4～6年的为41.58%，机构成立年限在10年及以上的仅占5.84%。其次，多数机构以基础性工作为主，专业性不足，且在全国有影响力的机构偏少。成都社会组织直接服务型机构占绝大多数，以基础工作为主，资助型、研究型、中介服务型较少。与上海相比较，截至2019年8月底，上海市已有80家社区基金会①，成都截至2019年底仅有6家社区基金会，尚处于初步发展阶段。在全国影响力上，近几年各城市逐渐建立了立足当地影响全国的机构，如深圳的壹基金、桃源居公益发展基金会、国际公益学院，杭州的敦和基金会、阿里巴巴公益基金会，广州的启创社会工作服务中心、母乳爱公益服务中心、千禾社区公益基金会。相较其他城市，成都有全国影响力的机构较少。

（二）资源需进一步多元化

首先，成都市社会组织资金主要依赖于政府，社会的资源整合不足。以公益创投为例，成都市民政局在2014年投入500万元开展首届社区公益创投活动，旨在支持和鼓励公益性社区服务类社会组织发展，其中活动资金以政府来源为主，采取市级民政资助，县级民政配套的方式②。同年广州民政投入1500万元开展首届公益创投，要求社会组织借公益创投整合政府、企业、社会等多方资源，并在申报中体现自筹资金比例。从2014年到2019年，民政资助从第一届的1500万元到2240万元，累计撬动社会配套资金6438万元③。其次，成都企业的公益参与不足。以企业志愿服务为例，数据显示，截至2018年底，在已登记志愿者职业信息的357925人中，学生志愿者人数最多，占63.35%，专业技术人员、职员占比不足10%，分别为9.47%、6.32%④。上海早在2012年即成立上海外企志愿服务联盟，搭建平

---

① 资料来源：上海市民政局。
② 资料来源：成都市民政局。
③ 资料来源：广州市民政局。
④ 资料来源：成都志愿者网。

台鼓励外企员工通过志愿服务参与社会公益。[①] 成都 2019 年底成立成都企业志愿服务联盟，成都企业常态化、可持续参与公益尚在起步阶段[②]。

（三）区域发展需进一步均衡

成都社会组织也面临区域发展不均衡的挑战。以社会组织数量为例，2017 年底，青羊、成华、武侯三地共登记社会组织 2085 家，约占全市的 18.99%，而新津、蒲江、大邑等远郊县，社会组织登记数分别为 162、226 和 260 家，三区县总数量仅占全市的 5.00%[③]。中心城区登记在册的组织数量明显高于其他区（市）县。以志愿服务团队为例，中心城区志愿服务组织数量多且发展较成熟，郊区新城的志愿服务组织数量较少，组织发育程度低。比如新都区共有 1793 支志愿服务队伍，占到成都市整体的 8.04%，蒲江县、金堂县、新津县志愿服务队伍均不足 500 支，分别为 486、449、249 支[④]。各区（市）县志愿服务团队的数量存在较大差异。

参考文献

成都市慈善总会 & 成都市和谐社区发展促进会：《2018 年成都市社区慈善基金报告》，http：//www. 360doc. com/content/19/0417/18/31703872_ 829468737. shtml，最后检索时间：2020 年 1 月 8 日。

黄晓勇：《中国社会组织报告（2019）》，社会科学文献出版社，2019。

李友梅：《新时期加强社会组织建设研究》，中国财经出版传媒集团经济科学出版社，2017。

民政部民间组织管理局调研组：《成都社会组织创新管理六问》，《中国社会报》2012 年 9 月 19 日。

---

① 资料来源：上海志愿者网。
② 《成都企业志愿服务联盟成立，助力建设国际化营商环境》，《成都日报》2019 年 11 月 12 日，第 6 版。
③ 资料来源：成都市民政局社会组织管理处。
④ 资料来源：成都志愿者网。

彭穗宁:《成都社会组织发展的逻辑起点与制度保障》,《四川行政学院学报》2012年第5期。

王春光:《成都基层社会治理创新实践的观察和分析》,《先锋》2017年第11期。

王名:《社会组织概论》,中国社会出版社,2010。

张海军:《"社会组织"概念的提出及其重要意义》,《社团管理研究》2012年第12期。

B.13
我国慈善资产管理的现状、问题和展望

刘文华 鹿宝 梁媛媛*

摘 要： 我国慈善组织投资普遍保守乃至不作为、投资业绩差，2/3的基金会只存款不投资，基金会行业平均投资收益率不到2%。究其原因，涉及风险、追责、人才、评价等方面，关键是慈善组织对自身作为受托人所应承担的投资责任缺乏认识。在慈善投资新规和资管新规出台的新形势下，慈善组织需认清自己的身份和责任，努力成为一个"合格投资者"。

关键词： 慈善组织 基金会 慈善资产管理 受托人 合格投资者

前 言

所谓慈善资产管理，指的是与慈善组织运用其财产进行投资/资产管理/保值增值①相关的行为。慈善资产管理的主体是慈善组织，承担着高尚的使

---

* 刘文华，中国慈善资产管理论坛秘书长，善泽君执行董事，长期从事慈善资产管理实务和研究；鹿宝，中证金牛研究中心主任助理，从事金融量化研究；梁媛媛，中国慈善资产管理论坛助理秘书长，善泽君咨询项目总监，资深公益项目官员。
① 《慈善组织保值增值投资活动管理暂行办法》提及"保值增值"、"投资"和"资产管理"这三个词。"投资"，是指当期投入一定资产并期望在未来获得收益的行为。"资产管理"，是对资产进行经营运作以实现目标的行为。从经济学角度来看，"资产管理"比"投资"的含义外延要大。日常语境中，"投资"的表述更积极，"资产管理"的表述更稳重。二者常被混用，本文也不做区分。"保值增值"，本来是"投资"或"资产管理"的结果或目标，也可以是指"投资"或"资产管理"的行为本身。慈善组织面对公众时更愿意使用"保值增值"，似乎比"投资"更具保护色。

命。同时，慈善资产管理属于金融的行为领域，要尊重金融的基本属性。

2019年1月1日，民政部《慈善组织保值增值投资活动管理暂行办法》施行，对于慈善资产管理工作具有重要意义。因此，我们称2019年为"慈善资产管理元年"。

2019年底，全国社会组织数量达86.7万个，其中社会团体37.2万个，民办非企业单位48.7万个，基金会7580个①。基金会数量最少，但发展较快、影响较大，且信息披露做得最好。本文探讨慈善资产管理选择的样本和数据均来自基金会。

慈善组织的财产是社会公共财产，慈善组织是这份社会公共财产的受托人。但是，我们对这个受托人的身份及其职责的认识还是比较模糊的。慈善组织的基本职责是筹款和资助，投资是衍生的职责。设立专门的投资管理部门的基金会为数很少，有专职的投资管理人员的基金会也很少。然而，投资对慈善组织的可持续发展具有重要的意义。中国证券投资基金业协会副会长钟蓉萨在中国慈善资产管理论坛成立大会上送给慈善行业一句口号"募资是基础，投资更重要！"②慈善组织除了履行筹款和资助这两个基本职责之外，如何"合法、安全、有效"地开展投资活动以保值增值，这是关乎慈善行业基础设施建设的一个重大问题。

一　我国慈善资产管理的现状

慈善资产管理是我国慈善行业内一个长期严重滞后却一直被业内和社会有意无意忽略的重要问题。我国慈善组织投资普遍保守乃至不作为、投资业绩差，这是对慈善资源极大的不负责任。我们从制度环境、投资活动的纵向和横向比较等几个方面来分析我国慈善资产管理的现状。③

---

① 《2019年4季度民政统计数据》，民政部官网，http：//www.mca.gov.cn/article/sj/tjjb/qgsj/2020/202004161446.html，最后检索时间：2020年5月10日。
② 《中国慈善资产管理论坛成立！聚焦慈善资产保值增值》，http：//www.jnlc.com/article/20190119233692.shtml，最后检索时间：2020年4月20日。
③ 参见附件（一）关于投资收益率的口径问题。

（一）我国慈善资产管理制度环境相对宽松

涉及慈善组织投资的法律、行政法规、部门规章不多，相关的还有一些金融领域的法规政策。我们将其历史沿革做个简单梳理①。

1988年，国务院《基金会管理办法》规定，基金会可以收取利息，购买债券、股票等有价证券。

1999年，全国人大《公益事业捐赠法》提出"合法、安全、有效"的保值增值原则。

2004年，国务院《基金会管理条例》延续"合法、安全、有效"的原则。

2014年和2016年，中国证监会发布规章，将"慈善基金等社会公益基金"列为"合格投资者"和"专业投资者"。

2016年，全国人大《慈善法》延续"合法、安全、有效"的原则。

2018年4月，人行、银保监会、证监会和外管局《关于规范金融机构资产管理业务的指导意见》严禁承诺"保本保收益"，要求打破"刚性兑付"。

2018年11月，民政部《慈善组织保值增值投资活动管理暂行办法》对慈善组织的投资活动做了进一步规范。

慈善资产管理自1988年以来的30年，制度相当宽松，关键的一条就是"合法、安全、有效"原则，给予慈善组织极大的自主权。但过于宽松也让众多慈善组织无所适从，不敢迈出投资第一步。2018年上述两项政策出台后，慈善组织的投资活动有了更具体的规范，但依然留有很大的自主空间，慈善资产管理进入新的制度环境。

（二）纵向看：慈善资产管理水平有待提高，未来可期②

中国慈善资产管理论坛基金会投资指数课题组编制基金会投资系列指

---

① 详见附件（二）：涉及慈善组织投资的法律、行政法规、部门规章的历史沿革。
② 本部分资料来源：中国慈善资产管理论坛、中国社会组织公共服务平台、基金会中心网，统计截至2018年12月31日。

数(FII)①,为基金会等慈善组织及金融机构提供科学的分析工具和投资业绩评价参考基准。以下我们通过"全国基金会"细分类别投资指数的运行情况来看我国慈善资产管理水平的变化。

表1 全国基金会指数系列说明

	指数名称	基期	基点
全国基金会投资指数系列	TOP50 总财富指数	2010年12月31日	1000
	TOP50 投资收入指数		
	TOP50 核心收益指数		100
	TOP50 等权收益指数		
	TOP50 等权收益红利指数		

说明:TOP50即净资产规模排名前50的基金会,名单见附录三。

TOP 50 总财富指数反映基金会慈善捐赠财富的增长趋势,TOP 50 投资收入指数反映基金会保值增值投资活动收入增长趋势,TOP 50 核心收益指数反映平均每单位资产的投资收益率水平,TOP 50 等权收益指数反映平均每家基金会的投资活动收益率水平,TOP 50 等权收益红利指数反映平均每家基金会投资活动的复合收益率水平。

1. 全国基金会 TOP50 总财富指数:涨幅12.97%,规模增速略放缓

2018 年,全国基金会 TOP50 总财富指数值为3050.21 点,较上一年末指数上涨350.19 点,涨幅12.97%,低于上年及历年14.98%的平均水平。该指数连续 8 年增长,反映全国基金会行业净资产规模持续增长的趋势,但增长速度略放缓(见图1)。

2. 全国基金会 TOP50投资收入指数:涨幅明显回升,投资收益增加

2018 年,全国基金会 TOP50 投资收入指数值为3886.18 点,较上一年

---

① 基金会投资系列指数依据科学性、代表性、连续性原则编制,以基金会为样本空间,以基金会公开年报数据为基础,采用规模加权/等权方法编制。细分系列包括总财富指数、投资收入指数、核心收益指数、等权收益指数、等权收益红利指数五个系列;细分类别包括全国、公募、高校、企业、扶贫主题五大类,共 25 只指数。本部分内容摘自基金会投资指数运行报告(2018 年)中"全国基金会"细分类别部分。

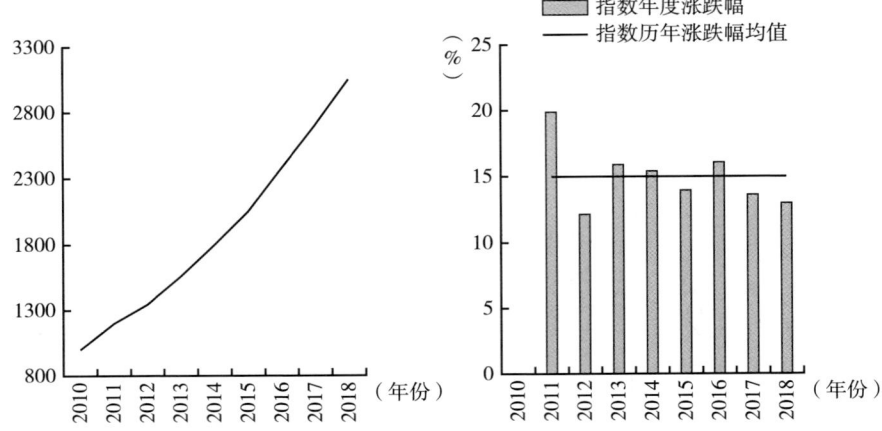

图 1　2010~2018 年全国基金会 TOP50 总财富指数（左）及涨跌幅（右）

末指数上涨 951.43 点，涨幅 32.42%，高于历年 21.93% 的平均水平。2018 年全国基金会投资收入水平较上一年大幅回升，投资活动活跃（见图 2）。

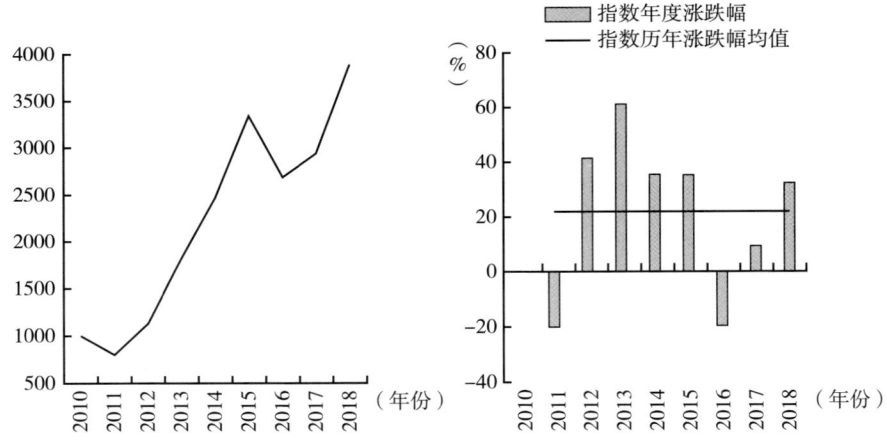

图 2　全国基金会 TOP50 投资收入指数（左）及涨跌幅（右）

3. 全国基金会 TOP50 核心收益指数：涨幅 2.88%，整体投资收益提升

2018 年，全国基金会 TOP50 核心收益指数值为 125.24 点，较上一年末指数上涨 3.51 点，涨幅 2.88%。全国基金会核心收益水平高于上年度，略

高于历年2.86%的平均水平,反映全国基金会整体投资收益的提升(见图3)。

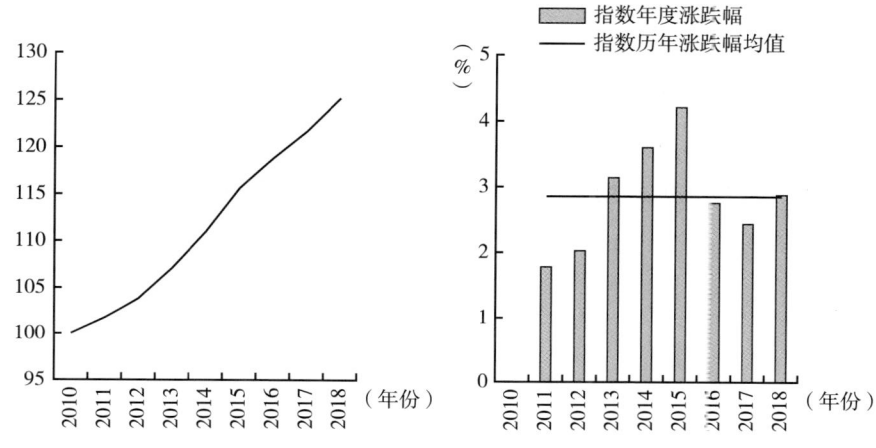

图3 全国基金会TOP50核心收益指数(左)及涨跌幅(右)

4. 全国基金会TOP50等权收益指数:涨幅2.55%,低于核心收益指数水平

2018年,全国基金会TOP50等权收益指数值为124.87点,较上一年末指数上涨3.10点,涨幅2.55%。等权收益水平涨幅高于上年度,低于历年2.82%的平均水平(见图4)。

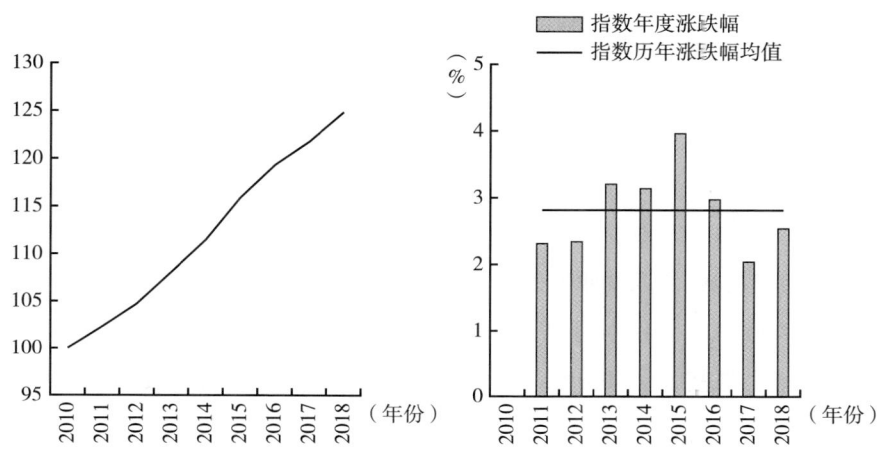

图4 全国基金会TOP50等权收益指数(左)及涨跌幅(右)

通过对比可知,2018年度全国基金会TOP50等权收益水平低于核心收益水平,说明大型规模的全国基金会投资收益水平相对更高。

5. 全国基金会TOP50等权收益红利指数:涨幅3.10%,与历年平均水平持平

2018年,全国基金会TOP50等权收益红利指数值为127.73点,较上一年末指数上涨3.84点,涨幅3.10%。等权收益红利水平增速高于上年度,与历年3.11%的平均水平基本持平,指数值高于本年度等权收益水平(见图5)。

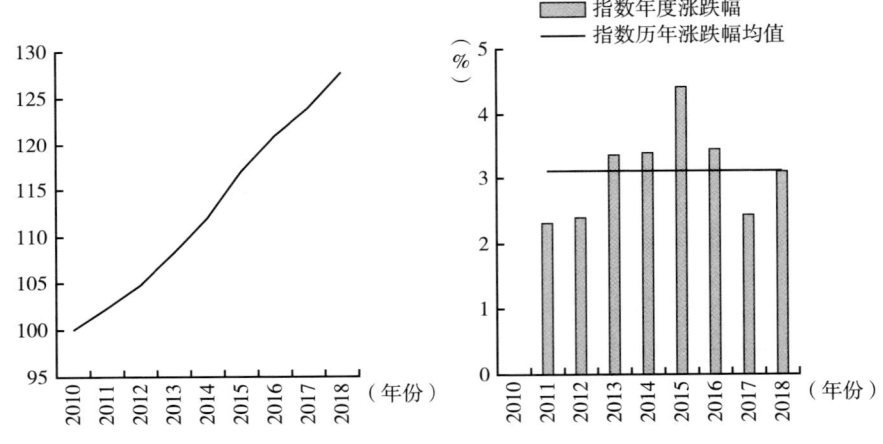

图5 全国基金会TOP50等权收益红利指数(左)及涨跌幅(右)

基金会投资指数反映行业整体趋势。全国基金会TOP50投资系列指数2018年度均呈现不同程度涨幅,表明2018年度,全国基金会行业总体净资产规模呈增长趋势,但增速放缓;投资收入合计较上年度大幅增长,投资活动活跃;全国基金会投资收益率回升,高于上年同期水平;净资产规模越大的基金会收益率水平相对越高。2010~2018年,除了投资收入指数有两次起伏之外,全国基金会TOP50投资系列指数均呈现稳步上升趋势,表明我国慈善财富逐年积累,资产管理需求空间巨大,资产管理水平有待进一步提高,未来可期。

（三）横向比较：我国慈善资产管理工作长期严重滞后

我国慈善资产管理工作总的来说是长期严重滞后的，至今没有破局。所谓滞后，一是与我国慈善组织的数量增长、捐款增加、服务范围扩展和影响力提升相比，二是与国际慈善同行的资产管理水平相比，三是与金融行业的资产管理市场相比。

以前，慈善同人们大谈筹款和资助，但很少谈投资。以基金会发展论坛历次年会为例，在2009~2016年的8次年会中，只有2012年那次年会有一个分论坛的主题是"基金会保值增值策略与实践"，其余7次年会均未涉及基金会投资主题。2017年之后形势发生变化，2017年、2018年和2019年3次年会均有基金会投资主题的平行论坛，且申办竞争者渐多。

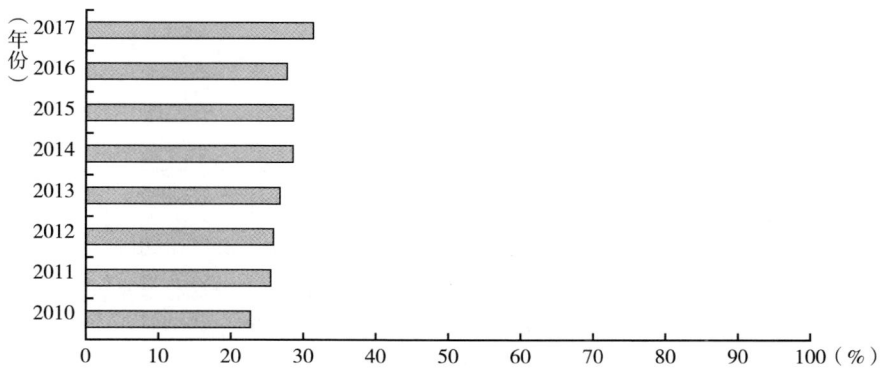

图6　全国基金会投资参与率

说明：以投资收益科目是否为0作为衡量是否有投资行为的标准，测量基金会的投资活动参与率。

资料来源：中国慈善资产管理论坛、中国社会组织公共服务平台、基金会中心网。

我们发现，一方面投资关注度逐渐提高，另一方面投资实践发展缓慢。2010~2017年我国基金会平均投资活动参与率维持在27.12%，2017年投资活动参与率为31.30%。也就是说，2/3以上的基金会只存款不投资，基金会投资普遍保守乃至不作为。

以全国基金会TOP50作为基金会行业投资的较高水平代表，并将其和与慈善资产特征相近的全国社保基金和保险资产比较后,发现:全国基金会TOP50的投资收益率只有保险行业投资收益率的一半略强,大幅低于全国社保基金投资收益率。

2017年,我国基金会行业平均投资收益率1.09%,TOP50基金会平均投资收益率2.44%,全国社保基金投资收益率9.68%[1],保险行业投资收益率5.77%[2],余额宝收益率3.92%[3]。相比之下,我国基金会的投资业绩是惨不忍睹,有时竟然不能战胜通货膨胀率,令人羞愧(见图7)。

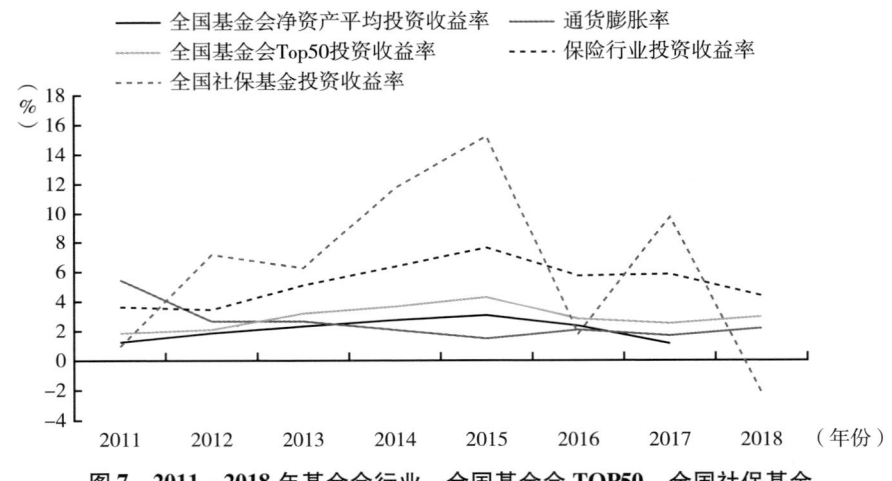

图7 2011~2018年基金会行业、全国基金会TOP50、全国社保基金、保险行业的投资收益率和通货膨胀率比较

资料来源:中国慈善资产管理论坛、中国社会组织公共服务平台、基金会中心网。

二 我国慈善资产管理的问题及其成因分析

一直以来,我国对慈善组织的投资只要求遵守"合法、安全、有效"

---

[1] 《全国社会保障基金理事会社保基金年度报告(2017年度)》,http://www.ssf.gov.cn/cwsj/ndbg/201807/t20180731_7417.html,最后检索时间:2020年5月10日。
[2] 中国保险资产管理业协会编著《保险资产管理实务》,中国金融出版社,2018,第33页。
[3] 《余额宝发布2017年年度报告:总规模1.58万亿 几乎翻倍》,https://www.cebnet.com.cn/20180402/102478909.html,最后检索时间:2020年5月10日。

原则，可以说相关法律政策的规定一直是比较宽松的。但实际工作中出现一些事件（如希望工程投资事件、天津大学校长撤职案等），业内和公众对慈善资产管理也有一些认识误区，大多数慈善从业者感受到的投资工作氛围是过度谨慎保守的，是不正常的。

我国 2/3 以上的基金会只存款不投资，平均投资收益率不到 2%。投资普遍保守乃至不作为、投资业绩差是我国慈善资产管理的主要问题。究其原因，主要包括以下几个方面。

原因之一：慈善组织所有人缺位，受托人的投资责任模糊

根据《公益事业捐赠法》和《刑法》，慈善组织的财产是社会公共财产①。所谓"社会公共财产"，不是国家财产，不是集体财产，也不是个人财产，而是属于社会的公共财产。但是，在其他法律政策中很少见到"社会公共财产"概念，绝大多数国人的头脑中也没有"社会公共财产"这个概念。十几年前，团中央曾要求下属单位填报国有资产统计报表，中国青少年发展基金会答复称基金会财产不属于国有资产，令上级诧异。

慈善组织的财产没有所有权人，慈善组织或其理事会是慈善组织财产这份社会公共财产的受托人。但这个受托人身份经常被忽视，而信托的概念对中国是一个新近的舶来品，慈善组织在新中国的发展历史也很短。所以，慈善组织作为社会公共财产受托人的定位，在慈善从业者和社会各方的意识里是淡薄的。慈善组织作为受托人对于慈善财产应该享有什么权利、承担什么义务？人们的认识是模糊的，尤其是在慈善财产的投资方面。

1999 年《公益事业捐赠法》、2004 年《基金会管理条例》和 2016 年《慈善法》这三部法律法规中，"合法、安全、有效"原则是一样的，但态度是有差别的。② 按照前两者的规定，投资以实现资产保值增值是基金会等慈善组织的义务。而按照后者，投资是慈善组织的权利而非义务，就是说慈善组织可以投资也可以不投资。这是一个极大的倒退！《慈善法》立法过程

---

① 参见附件（四）：关于公共财产的法律规定。
② 参见附件（五）：现行法律法规关于"合法、安全、有效"原则的阐述。

中曾出现激烈争论，但几乎无人关注慈善组织投资责任的重大变化。笔者认为，慈善组织作为社会公共财产的受托人，在保证慈善目的实现的前提下，让慈善财产保值增值是其应尽的义务。但是，《慈善法》使得慈善组织作为受托人应承担的保值增值责任变得模糊了。

投资对于慈善组织具有重要意义：一是保持独立性。不过分依赖捐赠资金或政府资助，也就不太受附加条件的制约。二是增强稳定性。机构收入不因形势变化、捐赠人意愿改变或政府政策变化剧烈波动。三是提供优越的发展环境。机构发展所需要的资金从外部获得是比较困难的。一句话，投资有利于慈善组织的可持续发展。①

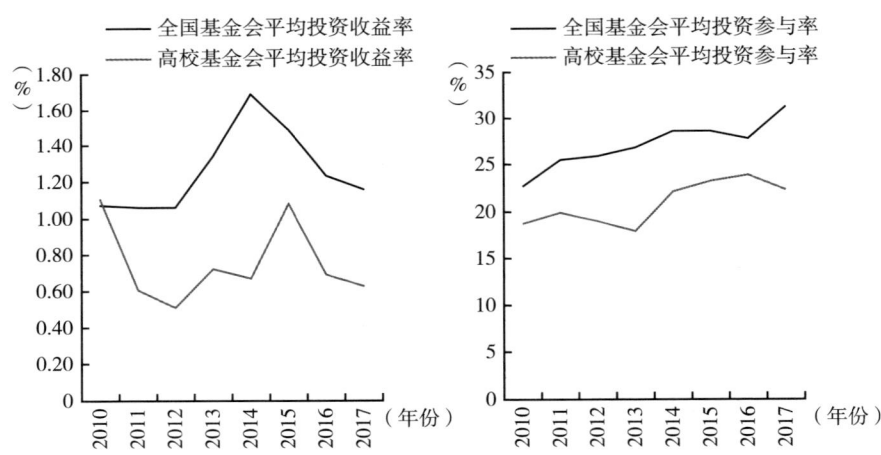

图 8　高校基金会与全国基金会的平均投资收益率（左）和投资参与率（右）

资料来源：中国慈善资产管理论坛、中国社会组织公共服务平台、基金会中心网。

由于清华、北大等高校基金会投资表现出色，一般认为高校基金会投资更积极、投资业绩更好，但2019年7月"中国慈善资产管理论坛·南开峰会"上发布的《中国高校基金会投资报告2019》显示，高校基金会整体上比一般的基金会更保守、业绩也更差。笔者在与参会的中国高等教育学会教

---

① 〔美〕大卫·史文森：《机构投资的创新之路》，中国人民大学出版社，2015，第9~24页。

育基金工作研究分会和众多高校基金会秘书处负责人探讨中发现，高校基金会投资更保守的根本原因是其理事会负责人多是校领导，对基金会运营的实际参与和了解均有限，对作为自己不太熟悉的基金会受托人所应承担的投资风险和责任更缺乏承担意愿。

中华社会救助基金会秘书长胡广华谈到自己对基金会投资的感触："这方面没有人让我们做，也没有人让我们不做，完全是靠团队的责任心。让社会资产保值增值是我们的职责"。可惜，截至目前认识到这个职责并愿意主动承担的慈善组织负责人还为数不多。①

原因之二：捐款是神圣而不能承受投资风险之认识

许多业内人士和公众一直认为，捐款是最神圣的，是最不能承受投资风险的，谬矣。从民生的高度看，企业年金、养老金、社保基金三类资金比慈善基金更重要。慈善基金是捐赠者为帮助有需要的人而拿出的余钱，前三类资金则是老百姓养老保命钱，如受损失后果更为严重。从受托人角度看，无论是慈善基金还是这三类资金，都是在接受公众的委托，实现其慈善梦想或老有所依的梦想。按照现行行政法规和部门规章的规定，企业年金和基本养老保险基金可以投资于股票、股票基金等产品，比例不得高于30%，全国社保基金可以投资于证券投资基金、股票，比例不得高于40%。但慈善组织被禁止"直接买卖股票"。其实，作为受托人，慈善组织在投资上不需要比这三类资金承担更高的安全义务。②

如果一家慈善组织决定不开展投资活动，例如2017年中央民族大学基金会理事会做出决议"捐赠资金不进行投资与理财"③，那么我们要问，所谓"不投资"的确切含义是什么？或者说，在"不投资"的情况下，基金

---

① 《中华社会救助基金会胡广华：直接做一个慈善资产的共同投资平台！》，https://mp.weixin.qq.com/s/f4bfm2rPLz3LgUNB29zIkg，"慈善与金融对话"微信公众号，2017年5月9日，最后检索时间：2020年4月27日。
② 参见附件（六）。
③ 《北京中央民族大学教育基金会2017年度工作报告》，http://cishan.chinanpo.gov.cn/biz/ma/csmh/a/csmhadetail.html?aaee0101=ff80808164fdfd870164feeb1a34049c，最后检索时间：2020年5月14日。

会的财产是以一种什么状态存在？在有关法律法规政策中未见到"不投资"的定义，但按照通常的理解，所谓"不投资"就是把钱存在银行，不进行投资（包括国债）。在基金会的财务报表中，"投资"科目不包括银行存款，银行存款利息也不记入"投资收入"科目而是记在"其他收入"科目。这反过来也证明：银行存款=不投资。

但从金融角度来看，存款也是投资的方式之一。不同银行、不同期限、不同条件的存款，有不同的存款品种和利率。例如，2018年四川大学基金会理事会为了提高资金收益率，采取竞争性方式确定资金存放备选银行。①壹基金官网的信息披露专门有"资产保值增值"一栏，披露的保值增值收益包括银行存款（含结构性存款利息和活期存款利息）。②

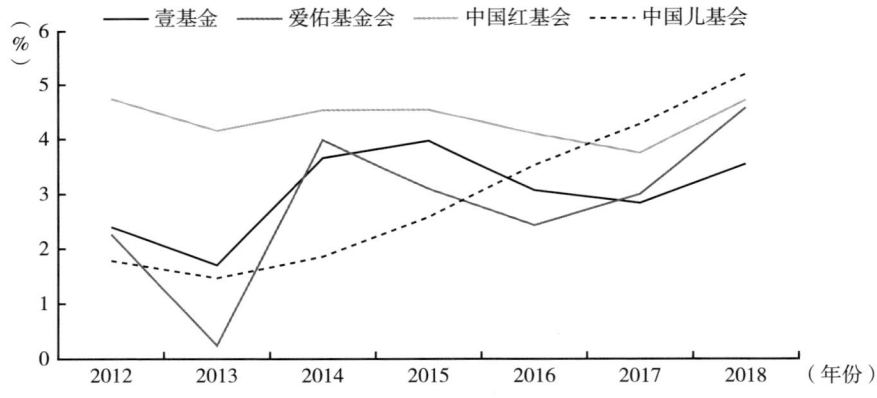

图9　2012～2018年两家官方背景基金会与两家企业家背景基金会宽口径投资收益率比较

资料来源：4家基金会的官网。

中国儿童少年基金会（简称中国儿基会）与中国红十字基金会（简称中国红基会）是典型的官方背景公募基金会。中国红基会投资范围一直是银

---

① 《四川大学教育基金会2018年度工作报告》，http://www.chinanpo.gov.cn/viewbgs.html，最后检索时间：2020年5月14日。
② 《深圳壹基金公益基金会2018年度资产保值增值情况》，http://www.onefoundation.cn/index.php?m=info&a=show&id=1018，最后检索时间：2020年5月10日。

行存款+银行理财。中国儿基会原来"只存款不投资",资产收益率很低,2016年开始将投资范围扩大到银行理财,其投资收益率近3年来已逐步赶超中国红基会。

深圳壹基金公益基金会(简称壹基金)和爱佑慈善基金会(简称爱佑基金会)的理事会阵容豪华,均拥有马化腾、马云、冯仑等大牌企业家、投资家。壹基金在招商银行原行长马蔚华2014年出任理事长后,投资范围从银行存款扩大到银行理财,投资业绩明显提高。爱佑基金会创始人王兵是证券投资起家的,但他说:"我不投资,投资还要交税,而且,万一做赔了怎么办?"① 直到成立十年后的2014年开始,爱佑基金会才将投资范围从银行存款扩大到银行理财。

中国儿基会、壹基金和爱佑基金会原来都在"只存款不投资"这个行列里。一旦它们的理事会、秘书处重视起来,把投资范围从银行存款扩展到银行理财,投资收益马上就提高,并超过行业平均水平。我们通常以为企业家/金融家背景基金会的投资表现会好于官方背景基金会,其实未必。中国红基会对投资重视得早,获利最多。截至2018年,壹基金和爱佑基金会的投资表现依然比不上中国红基会和中国儿基会。受托人对投资的重视程度和对捐款可承受风险的认识是影响慈善资产管理的重要原因(见图9)。

基金会只存款不投资,其逻辑可能就是"银行存款=不投资=无风险"。其实,银行存款并不是绝对安全的。根据2015年国务院颁布的《存款保险条例》,当出现银行接管、清算、破产等情况时,存款保险基金将会赔付(每个存户最多赔50万元),就是说银行也可能会出大问题的。2019年5月包商银行被接管,打破了"银行存款无风险"的幻想。在更早的1998年就发生了海南发展银行倒闭事件,只是如今很多人不知道这段历史。

任何投资(包括存款)都有风险。如果不能根据自己的能力承担一定

---

① 杜志莹:《爱佑理事长王兵:基金会有底气"全裸"出镜》,http://gongyi.sina.com.cn/gyzx/2011-12-30/170731527.html,最后检索时间:2020年4月21日。

风险的话,本身就是一种风险(Taking no risk is a risk)。① 投资者应该依据资金可承受风险的能力来进行适当的投资。在金融学上,风险是中性的,也就是说,如果投资,可能带来收益,也可能导致损失。而如果不投资,慈善资产被通货膨胀侵蚀则是一个大概率事件。

徐永光说"对慈善资源的无效使用是最不道德的"。而从金融监管角度看,不投资不仅是不道德的,而且有利益输送之嫌②。

只有收益没有风险的产品,不存在;高收益低风险的产品,少见。我们可做的选择是,在自己可接受的一定的风险之下,争取尽可能高的收益;或者,在设定自己想得到的一定的收益目标之后,争取将风险控制得低一些。

原因之三:慈善组织"投资损失由理事赔偿"的传说久盛不衰

许多人根据《基金会管理条例》第四十三条③认为:如果基金会发生投资损失,理事有责任赔偿。这或许也是那么多基金会只存款不投资的重要原因之一。2008年股市暴跌,南都基金会几位理事出资弥补基金会的5154万元投资亏损。这本来是他们的高风亮节,却似乎恰好成为基金会理事必须赔偿投资损失的一个印证,为业内开了一个有点尴尬的先例。

其实,基金会等慈善组织的投资损失赔偿是有前提条件的。民政部2018年11月就此专门做了说明,只有"未依法依规且造成损失的",才会追究相关人员责任④。

但是,"投资损失由理事赔偿"这一传说似已成为悬在慈善组织头上的达摩克利斯之剑,至今还在那里高高悬着,让众多慈善同人对投资望而却步。不过,这一传说之所以久盛不衰,也可能是因为它被一些慈善同人当作一块遮羞布,作为自己因不敢承担责任而坐视慈善资产贬值的托词。

半个世纪前,美国高校捐赠基金与今天的中国基金会一样投资保守。

---

① 《中金公司钱汝象:从资产配置角度谈慈善资产管理》,https://mp.weixin.qq.com/s/pXWYG4i_o-Tgy3WRxc2ZRg,"慈善与金融对话"微信公众号,最后检索时间:2020年4月21日。
② 参见附件(七)。
③ 《基金会管理条例》第四十三条规定:"基金会理事违反本条例和章程规定决策不当,致使基金会遭受财产损失的,参与决策的理事应当承担相应的赔偿责任。"
④ 参见附件(八)。

1967年福特基金会年度报告在有关捐赠基金的部分中写道:"我们感到,从长期来看,谨慎使得学院和大学付出的代价比轻率行为或过度冒险要大得多。基金会打算对此做认真研究。"福特基金会资助的两个重要研究项目的成果之应用,"在基金会和捐赠基金资产投资方面产生了恒久和持续的变化,从而导致当今捐赠基金投资业绩的卓越斐然。"①

如果慈善组织不投资,任由慈善财产贬值,而理事无须承担任何责任,甚至不受批评;而与此同时,如果慈善组织投资发生损失,就要理事赔偿,这显然是不公平的。幸好事实并非如此,"投资损失由理事赔偿"只是一个以讹传讹的传说而已。不幸的是,这以讹传讹的传说久盛不衰,在慈善组织负责人心里到底是一柄利剑还是一块遮羞布,外人恐难分辨。

原因之四:缺乏投资专业人员,缺乏投资管理能力

耶鲁基金首席投资官大卫·史文森曾感慨某些学校因小失大,坐拥巨额资产却舍不得在资产管理上投入人力,上亿美元的捐赠资产仅由财务主管每周抽出部分时间来打理。② 美国曾如此,中国现在也如此。

以中国青少年发展基金会(简称中国青基会)、中国扶贫基金会、中国红基会和中国儿基会四家官方背景基金会为例。如图10所示,2012年底是四家基金会发展的一个分界点。当时,四家基金会的净资产规模处于同一区间(4.5亿~5.6亿元),此后则分道扬镳。中国青基会和中国扶贫基金会的净资产快速增长,2014年和2015年先后突破10亿元;中国红基会和中国儿基会原地踏步,净资产一直维持在4亿~6亿元。不同的投资表现是造成这次分化的重要原因之一。

四家基金会在诸多方面都很相似,投资业务的区别主要体现在中国青基会和中国扶贫基金会有专职投资人员,投资范围较广;中国红基会和中国儿基会是由财务人员兼管投资业务,投资范围限于"银行存款+银行理财"。

---

① 〔美〕劳伦斯·E. 科卡德、凯瑟琳·M. 利特里瑟:《基金会和捐赠基金投资》,上海财经大学出版社,2016,第6~9页。
② 〔美〕大卫·史文森:《机构投资的创新之路》,中国人民大学出版社,2015,第282页。

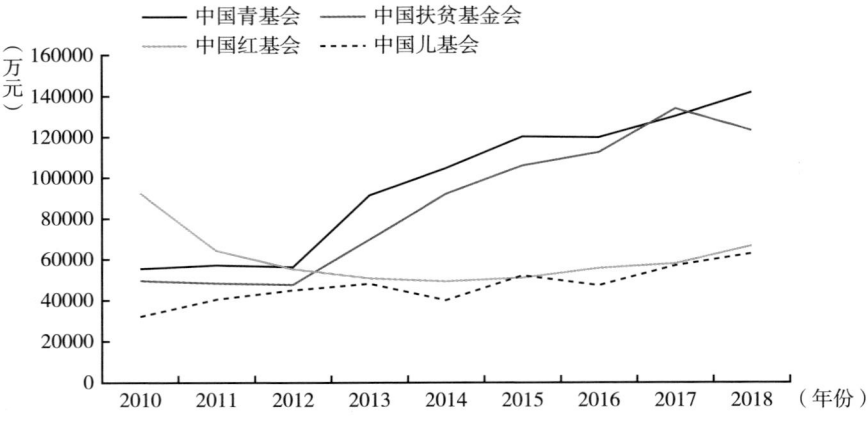

图10 2010~2018年四家官方背景基金会净资产变化

资料来源：图中四家基金会的官网。

中国青基会1999年制定了行业内第一个资产管理制度，投资业绩突出[①]。中国扶贫基金会是行业中少有的设"投资总监"职务的基金会。它们投资的资产大类较多，其投资曲线更接近于市场表现。

如果按照中国红基会2013~2015年的投资收益率测算，中国儿基会这三年损失的投资收益高达3310多万元。但与投资表现更好的中国青基会对比，中国红基会2014年一年少赚了2740多万元（见图11）。[②]

中国红基会和中国儿基会的资产规模约5亿元，中国青基会和中国扶贫基金会的资产规模超过10亿元，投资收益率差一个百分点，就相当于500万~1000万元的差别。可见，即便以市场价格引入专业投资人，也是非常值得的。当然，高薪引才不仅受困于监管部门对慈善组织薪酬和管理

[①] 2016年初，中国青基会秘书处领导和投资管理部门人员发生重大变化，当年投资收益率断崖式下跌。作为一家设立资产管理部门近30年的基金会，其投资管理在体制上可能仍是脆弱的。

[②] 参见溜达猫《中国第一家基金会的投资表现：倒数第一？》，https：//mp.weixin.qq.com/s/jlWkVdWdwmwalVe-0XZyAQ，"慈善与金融对话"公众号，最后检索时间：2020年5月10日。溜达猫：《千万投资收益与一专业者高薪，孰轻孰重？在基金会眼中》，https：//mp.weixin.qq.com/s/MprvS1NQbuSOPwckH11vWg，"慈善与金融对话"公众号，最后检索时间：2020年5月10日。

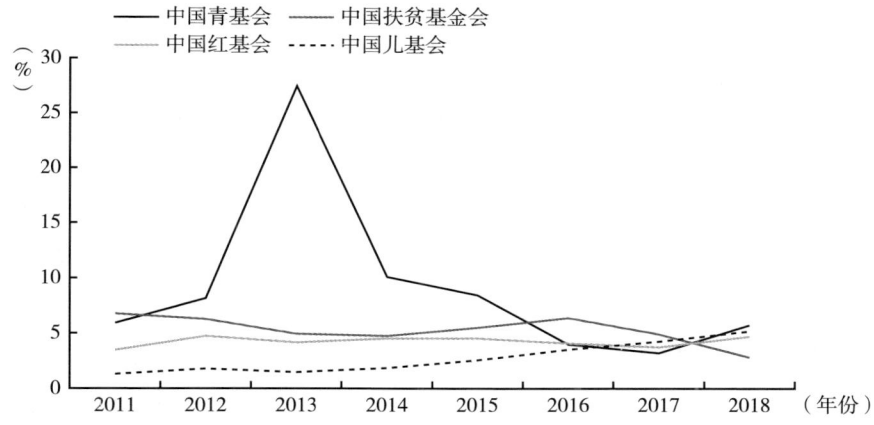

图11　2011~2018年四家官方背景基金会宽口径投资收益率

费比例的要求，还将冲击组织内部的薪酬体系和生态平衡，不是一件简单的事。

一方面，我们说投资像喝水吃饭一样普通，没有那么高深。如果领导重视，即使没有专职投资人员，收益率也能提高，例如中国儿基会学习中国红基会把投资范围从银行存款扩大至银行理财，投资收益率就显著提高。另一方面，投资又像种菜种粮一样，是一件专业的事，普通人的一些想法未必符合金融常识。例如，人们通常认为债券比股票更安全，其实从长期来看这个说法是错误的。专业的人做专业的事，在任何一个领域都是这个道理。是否有专职投资人员，对于基金会的投资表现是有很大影响的。

原因之五：慈善组织投资缺乏科学的信息披露标准和评价标准

《慈善法》和《慈善组织保值增值投资活动管理暂行办法》等法规政策为慈善组织投资的正常工作氛围的营造提供了一个良好的制度基础。2019年1月，金融机构与慈善组织联合发起设立中国慈善资产管理论坛，这是民间为同一目标而做的努力[1]。

慈善组织投资的正常工作氛围之营造，需要对投资有一个科学的评价标

---

[1] 参见附件（九）。

准。中国慈善资产管理论坛编制了"基金会投资指数",但这还远远不够。这个指数目前还不是行业标准,而且其基础也比较脆弱。所谓基础脆弱,是指该指数的数据来源即慈善组织投资信息的披露还存在很大问题。

2019年2月,民政部民办函〔2019〕20号文对基金会2018年报和年检工作提出要求,在"基金会年度工作报告"板块中,"保值增值投资活动情况"首次作为一级科目列在目录中,包括购买资产管理产品情况、持有股权的实体情况、委托投资情况和其他投资情况四项。① 但地方民政部门反映,许多基金会不知如何填报。我们也发现,各基金会对投资活动分类的理解差异巨大。对同一种投资产品,不同的基金会在不同的科目中填报,莫衷一是。②

如果投资信息披露标准问题解决了,接下来的问题就是建立投资评价标准。不解决评价的问题,对内而言,投资的贡献难以确认;对外而言,有的金融机构不敢受托为慈善组织管理资产,期望捐款保值增值的捐赠人也难以判断慈善组织的投资能力。

目前,慈善组织投资信息披露标准和评价标准的问题还有待解决。

综上所述,我国慈善组织投资普遍保守乃至不作为、投资业绩差的主要原因包括:对投资风险的恐惧和厌恶,对投资损失追责的似是而非的担心,投资人员和投资能力的缺乏,投资信息披露及评价的标准之缺失。最根本的一点是,慈善组织对自己作为社会公共财产受托人的定位不清楚,对受托人所应承担的投资责任缺乏认识。慈善从业者对投资的错误认识且有意无意的逃避责任,与社会公众的误解叠加在一起,形成了过度谨慎保守的非正常氛围。从某种意义上讲,目前慈善资产管理工作的非正常氛围是我们慈善从业者与社会公众的"合谋"造成的。

---

① 《基金会2018年度工作报告》模板,http://www.chinanpo.gov.cn/1403/117007/bsfwindex.html,最后检索时间:2020年5月10日。
② 例如,购买银行理财产品和信托产品,有的基金会却将其记在"委托投资情况"项下;参与有限合伙公司的投资,有的基金会记在"持有股权的实体情况"项下,有的基金会记在"其他投资情况"项下。

三 慈善资产管理的新形势

（一）慈善投资新规和资管新规出台

民政部《慈善组织保值增值投资活动管理暂行办法》（以下简称"慈善投资新规"）于2019年1月1日起正式施行。民政部称，"慈善投资新规"对于规范慈善组织投资活动，防范风险，促进可持续发展具有重要的推动作用。

与以往法律法规所规定的"合法、安全、有效"原则相比，"慈善投资新规"做了更多、更细的规定，当然算是更严格了。但与其所借鉴的企业年金、养老金、社保基金的投资管理法规政策相比，"慈善投资新规"是更为宽松的，除了不能直接买卖股票、衍生品、人身保险以及借贷等限制外，慈善组织可投资范围是广泛的，且投资比例没有限制。

"慈善投资新规"一方面赋予慈善组织更大的投资权力，另一方面也要求慈善组织承担更多投资责任。在法律法规政策相对宽松的情况下，监管部门、理事会、捐赠人和社会公众用什么来评估慈善资产管理工作？慈善组织自己的资产管理制度将作为一把尺子，来衡量其上至理事会下至办事员在投资活动中是否合法合规、是否忠于职守。所以，资产管理制度建设是慈善组织开展投资活动的首要前提和基础。不过，目前各慈善组织对制定或修订资产管理制度的重要性的认识还远远不够！

"慈善投资新规"看似简单，其实不简单。民政部门官员这样说过，金融人士也说过。[1] "慈善投资新规"仅有20条1650字，但涉及投资的各个方面。例如，其中的"忠实、谨慎、勤勉义务"就是欧美公认的谨慎投资人准则[2]的核心。要求慈善组织"购买与本组织风险识别能力和风险承担能

---

[1] 参见附件（十）。
[2] 参见〔美〕约翰·C.伯格《伯格谈共同基金》，中国青年出版社，2008，第31页；〔美〕劳伦斯·E.科卡德、凯瑟琳·M.利特里瑟：《基金会和捐赠基金投资》，上海财经大学出版社，2016，第5~6页，第20页。

力相匹配的产品"。这个匹配要求是投资者适当性管理的核心,但也是不太容易执行的。许多慈善组织恐怕未必有能力对自己这方面的能力做出评价。

"慈善投资新规"的2018年底最终版与2017年底征求意见稿相比有重大变化,其中一个重要原因就是借鉴了2018年4月人行、银保监会、证监会、外管局发布的《关于规范金融机构资产管理业务的指导意见》(俗称"资管新规")。

"资管新规"界定了资产管理业务和资产管理产品的范围,统一同类资产管理产品的监管标准。坚持产品和投资者匹配原则,加强投资者适当性管理(2020年4月爆发的原油宝事件,正是中国银行在投资者适当性管理上犯下了大错①)。明确资产管理业务不得承诺保本保收益,要坚决打破刚性兑付。"资管新规"的出台标志着我国资产管理行业新的监管框架正式形成,资管行业进入全新发展阶段。

慈善组织以前在与金融机构打交道时,总是希望对方优待自己,例如收取更低的费用,支付更高的收益,最多的要求是保本乃至保收益。但投资有风险,该风险并不因投资款来自慈善组织而豁免。如果发生损失,慈善组织依然要求投资管理人保本保收益,那么补偿资金从哪里来?或投资管理人自掏腰包,或挪用其他投资人的资金。所以,慈善组织要求投资管理人保本保收益,本质上是不道德的。资管新规出台后,慈善组织再提此要求更是严重违规的。

(二)慈善组织在金融市场的身份

根据银监会、民政部发布的《慈善信托管理办法》规定,慈善组织作为慈善信托受托人只能投资于指定的低风险资产。不过,慈善组织的这种受保护(或曰受歧视)的身份只限于慈善信托这个业务。

---

① 参见鹅湖游子《你懂"投资者适当性管理"吗?原油宝事件中蹿红的专业名词。不懂可能损失百亿!慈善组织吓坏了,求民政部找一行两会喝茶吧》,https://mp.weixin.qq.com/s/byexWHT2nmrY-r2zrrgPbw,"慈善与金融对话"公众号,2020年5月1日,最后检索时间:2020年5月10日。

在金融市场上，慈善组织最常见的身份是什么？根据《证券法》、《证券投资基金法》和证监会两个规章以及"资管新规"的规定，慈善基金等社会公益基金被视为"专业投资者"和"合格投资者"，不能享受"普通投资者"所享有的特别保护[①]。

但大多数慈善组织目前的风险识别能力、风险承担能力和投资管理能力实际上与"合格投资者""专业投资者"所应具备的资质和能力还有很大的距离。慈善组织需要知道自己在金融市场的法定身份，对该身份与自己实际能力之间的差距做出评估，然后思考如何迈开投资第一步。这大致包括以下几个步骤。

（1）认识自己：梳理资产负债，测算可投资资产和期限；评估风险偏好，确定投资目标。（2）扫描环境：了解慈善与金融法规政策，了解市场。（3）建章立制：制定资产管理制度，建立权责匹配的决策和执行流程。（4）投前优选：确定资产配置策略，审慎选择投资管理人、投资产品。（5）投后管理：跟踪，监测，止损，回收，评估，调整。（6）人才培养：需要培养一个可以和金融机构对话的人。在以上各个步骤中，多数慈善组织可能需要借助外部的专业力量。[②]

四 结语

《慈善组织保值增值投资活动管理暂行办法》2019年1月1日起施行，标志着我国慈善资产管理元年的开启，慈善行业和金融行业及社会各方对慈善资产管理问题的关注有所增加。国外慈善同行的投资已有上百年历史，国内企业年金、养老金、社保基金的投资也有几十年的历史。从金融理论和实践两方面来看，慈善资产管理本来不应该成为一个问题。但是，我国慈善资产管理作为一个长期严重滞后的重要问题依然没有破解，大家对慈善投资新

---

① 参见附件（十一）。
② 参见中国慈善资产管理论坛编制《基金会资产管理解决方案》。

规的学习和理解还远远不够,对慈善资产管理的认识依然没有多少进步。

根据现行法律法规政策,慈善组织可以投资也可以不投资。但是,"不投资"可能是一个既不安全也有道德嫌疑的选择。任何投资(包括银行存款)都有风险。面对宽松的慈善投资新规和复杂的金融市场,慈善组织需要认真考虑的是:能否制定出合法、合规、合适的资产管理制度,能否重新出发,走上"合法、安全、有效"的投资之路?

慈善组织不能期望投资管理人来为自己的投资承诺保本保收益,更不能坐等捐赠人和公众上门来质问自己为何任由慈善财产贬值而无所作为。慈善组织只能要求自己"严格履行忠实、谨慎、勤勉义务",努力成为一个名副其实的"合格投资者""专业投资者"。

2019年12月,据民政部官员介绍,全国慈善组织净资产总额约1600亿元①。如果慈善行业平均投资收益率提高一至两个百分点,就等于每年增加16亿~32亿元善款(而且是可用于慈善组织可持续发展的宝贵的非限定性资产),善莫大焉!

目前,我国慈善组织投资普遍保守乃至不作为,2/3以上的基金会只存款不投资,投资业绩差,基金会平均投资收益率不到2%。这是我国慈善资产管理的现状,实在是令人羞愧。从金融角度来看,在保证安全性和流动性的前提下,提高慈善行业平均投资收益率一至两个百分点并不难,难的是慈善组织自己意识到慈善资产管理问题的严重与紧迫,并主动承担自己作为社会公共财产受托人所应承担的投资责任。

最后,我们引用中国证券投资基金业协会为《中国高校基金会投资报告2019》作的序中的一句话作为结束语:

"捐赠财产持续增加与慈善事业的久久为功决定了慈善组织必须对慈善财产实施保值增值。慈善组织只有散财有道,生财有方,才能在保证源源不断的捐赠收入同时更大限度地实现公益目的。"

---

① 王亦君:《第四届中国慈善文化论坛举办》,https://baijiahao.baidu.com/s?id=1652175037706340884&wfr=spider&for=pc,最后检索时间:2020年4月21日。

参考文献

〔美〕大卫·史文森:《机构投资的创新之路》,中国人民大学出版社,2015。
中国社会组织公共服务平台。
中国慈善资产管理论坛官网。
中国慈善资产管理论坛编《中国基金会投资报告2018》,2019年1月。
中国慈善资产管理论坛编《中国高校基金会投资报告2019》,2019年7月。
中国慈善资产管理论坛编《全国基金会投资指数运行报告(2018年度)》。
民政部官网。
基金会中心网。
"慈善与金融对话"微信公众号。

附件:

（一）关于投资收益率的口径问题

为反映慈善组织投资业绩和资产管理能力,可采用公式1:投资收益率＝投资收益/年末净资产。更合适的是公式2:投资收益率＝投资收益/净资产均值。其中,净资产均值是净资产的年初额与年末额的平均值。其实,以上公式中的分母采用日均净资产额才是准确的,但这个数据外人很难获得。本文把公式1的结果称作窄口径1投资收益率,公式2的结果称作窄口径2投资收益率。

本文提到的2/3以上的基金会只存款不投资,也就是有2/3以上基金会的"投资收益"科目的数值为0。但是从金融的视角看,银行存款也是一种投资行为,所以银行存款利息也是投资收益。在财务报表中,银行存款利息不在"投资收益"科目反映,而是在"其他收入"科目中体现。从中国红基会等基金会的财务报表附注发现,其"其他收入"全部或绝大部分是银行存款利息,有的基金会的银行理财产品收益也有意无意地隐藏其中。所以就有公式3:投资收益率＝（投资收益＋其他收入）/净资产均值。本文把公式3的结果称作宽口径投资收益率。

根据经验，笔者认为宽口径投资收益率比窄口径投资收益率更准确，窄口径2投资收益率比窄口径1投资收益率更准确。但是，目前宽口径投资收益率只用于对少数基金会的分析，而对大批量的基金会分析不适用。因为，从理论上讲，"其他收入"不仅包括利息收入，还包括使用费收入、确实无法支付的应付款项、存货盘盈、固定资产盘盈、固定资产处置净收入、无形资产处置净收入等（财政部会计司编写组编著《民间非营利组织会计制度讲解》，人民出版社，2005，第233、238页。），而且很多基金会的审计报告没有财务报表附注或者有也非常简单，无法判断"其他收入"包含什么。所以，这时只能采用窄口径投资收益率。在基金会投资指数的分析和基金会行业投资收益率的分析中，采用的是窄口径1投资收益率。

（二）涉及慈善组织投资的法律、行政法规、部门规章的历史沿革

1988年，国务院颁布《基金会管理办法》，规定"基金会可以将资金存入金融机构收取利息，也可以购买债券、股票等有价证券，但购买某个企业的股票额不得超过该企业股票总额的20%"。

1999年，全国人大通过《公益事业捐赠法》，提出"公益性社会团体应当严格遵守国家的有关规定，按照合法、安全、有效的原则，积极实现捐赠财产的保值增值"。

2004年，国务院颁布实施《基金会管理条例》，规定"应当按照合法、安全、有效的原则实现基金的保值、增值"。

2014年和2016年，中国证监会先后发布《私募投资基金监督管理暂行办法》和《证券期货投资者适当性管理办法》并施行，将"社会保障基金、企业年金等养老基金，慈善基金等社会公益基金"列为"合格投资者"和"专业投资者"。

2016年，全国人大通过《慈善法》，规定"慈善组织为实现财产保值、增值进行投资的，应当遵循合法、安全、有效的原则，投资取得的收益应当全部用于慈善目的"。

2018年4月，人民银行、银保监会、证监会和外管局印发《关于规范金融机构资产管理业务的指导意见》，统一规范资产管理业务，严禁承诺"保本保收益"，要求打破"刚性兑付"。

2018年11月，民政部颁布《慈善组织保值增值投资活动管理暂行办法》，自2019年1月1日起施行。该办法为慈善组织的保值增值行为划定了范围、提出了要求、明确了底线和红线。

（三）2018年全国基金会投资指数成分列表

指数成分	基金会名称	指数成分	基金会名称
1	清华大学教育基金会	26	中国红十字基金会
2	北京大学教育基金会	27	北京航空航天大学教育基金会
3	河仁慈善基金会	28	北京华彬文化基金会
4	上海市慈善基金会	29	中国儿童少年基金会
5	浙江大学教育基金会	30	爱佑慈善基金会
6	广东省哥弟善及公益基金会	31	中国海洋发展基金会
7	上海交通大学教育发展基金会	32	爱德基金会
8	中国青少年发展基金会	33	中华少年儿童慈善救助基金会
9	老牛基金会	34	中国互联网发展基金会
10	广东省扶贫基金会	35	中国海油海洋环境与生态保护公益基金会
11	南京大学教育发展基金会	36	上海同济大学教育发展基金会
12	中国扶贫基金会	37	广东省和的慈善基金会
13	江苏陶欣伯助学基金会	38	中国初级卫生保健基金会
14	厦门大学教育发展基金会	39	吉林大学教育发展基金会
15	神华公益基金会	40	中国科学院大学教育基金会
16	北京师范大学教育基金会	41	上海公安金盾基金会
17	中国残疾人福利基金会	42	四川省青少年发展基金会
18	三峡集团公益基金会	43	浙江马云公益基金会
19	中国光华科技基金会	44	东南大学教育基金会
20	上海复旦大学教育发展基金会	45	福建省华厦光明基金会
21	上海市拥军优属基金会	46	中国光彩事业基金会
22	上海宋庆龄基金会	47	上海市体育发展基金会
23	北京市中国人民大学教育基金会	48	中远海运慈善基金会
24	福建省发树慈善基金会	49	天津大学北洋教育发展基金会
25	中国妇女发展基金会	50	武汉大学教育发展基金会

（四）关于公共财产的法律规定

《公益事业捐赠法》第七条规定："公益性社会团体受赠的财产及其增值为社会公共财产，受国家法律保护，任何单位和个人不得侵占、挪用和损毁。"

《刑法》第九十一条规定："本法所称公共财产，是指下列财产：（一）国有财产；（二）劳动群众集体所有的财产；（三）用于扶贫和其他公益事业的社会捐助或者专项基金的财产。"

（五）现行法律法规关于"合法、安全、有效"原则的阐述

《公益事业捐赠法》第十七条规定："应当严格遵守国家的有关规定，按照合法、安全、有效的原则，积极实现捐赠财产的保值增值。"

《基金会管理条例》第二十八条规定："应当按照合法、安全、有效的原则实现基金的保值、增值。"

《慈善法》第五十四条规定："为实现财产保值、增值进行投资的，应当遵循合法、安全、有效的原则。"

（六）民政部关于《慈善组织保值增值投资活动管理暂行办法》（征求意见稿）的说明称："主要借鉴了企业年金、养老金、社保基金投资管理法规政策中的有关规定"（http://www.mca.gov.cn/article/xw/tzgg/201712/20171215006963.shtml，最后检索时间：2020年4月20日）。

《企业年金基金管理办法》第四十八条规定"投资股票等权益类产品以及股票基金、混合基金、投资连结保险产品（股票投资比例高于或者等于30%）的比例，不得高于投资组合企业年金基金财产净值的30%。"

《基本养老保险基金投资管理办法》第三十七条规定："投资股票、股票基金、混合基金、股票型养老金产品的比例，合计不得高于养老基金资产净值的30%。"

《全国社会保障基金投资管理暂行办法》第二十八条规定"证券投资基金、股票投资的比例不得高于40%"。

（七）2017年6月，银监会发布《关于进一步规范银行业金融机构吸收公款存款行为的通知》（〔2017〕30号），其中第五条规定："银行业金融机

构办理公款存款业务，不得向公款存放主体相关负责人员赠送现金、有价证券与实物等；不得通过安排公款存放主体相关负责人员的配偶、子女及其配偶和其他直接利益相关人员就业、升职，或向上述人员发放奖酬等方式进行利益输送。"（银监会官网，最后检索时间：2020年4月27日）。

（八）2018年11月7日，民政部在《慈善组织保值增值投资活动管理暂行办法》政策问答中称："只有当慈善组织在进行投资决策或开展投资活动时未依法依规且造成损失的，相关人员才会被追究责任。至于承担什么样的责任，可以参照有关法律法规规章以及慈善组织自身制度的具体要求。"（民政部官网，最后检索时间：2020年4月27日）。

（九）2019年1月21日，新华网发表《中国慈善资产管理论坛成立 推动慈善资产保值增值》报道，称"1月19日，中国慈善资产管理论坛在京成立，该论坛由中证金牛、善泽君、天弘基金、南开大学基金会、建信养老金、民生银行、光大信托、《当代金融家》八家机构共同发起，旨在打造慈善组织与金融机构在慈善资产管理领域的交流平台，为慈善资产保值增值提供支持。"（http：//www.xinhuanet.com/fortune/2019-01/21/c_1210043300.htm，最后检索时间：2020年4月21日）。

（十）2019年7月8日，全国社保基金副理事长王文灵在中国慈善资产管理论坛·南开峰会致辞："我认真研读了民政部颁发的《慈善组织保值增值投资活动管理暂行办法》。这个办法考虑到了我国慈善组织当前所处的发展阶段，也考虑了资金管理的人才队伍，在当前和今后一段时期同时为中国资本市场中规模大和规模小的基金会预留了操作模式，也为今后的发展预留了空间。尤其该办法并未对某一类投资产品做出具体的规定和限制，这恰恰对在座的高校基金会负责人和在座的资产管理机构的专业人员提出了更高的要求。"（https：//mp.weixin.qq.com/s/gTJWdMgpgIzXECAqJMc2HA，《慈善与金融对话》公众号，2019年9月4日。最后检索时间：2020年4月21日）。

（十一）关于慈善基金等社会公益基金被视为"专业投资者""合格投资者"的规定

《证券法》第八十九条："根据财产状况、金融资产状况、投资知识和经验、专业能力等因素，投资者可以分为普通投资者和专业投资者。专业投资者的标准由国务院证券监督管理机构规定。普通投资者与证券公司发生纠纷的，证券公司应当证明其行为符合法律、行政法规以及国务院证券监督管理机构的规定，不存在误导、欺诈等情形。证券公司不能证明的，应当承担相应的赔偿责任。"

《投资基金法》第八十八条："非公开募集基金应当向合格投资者募集，合格投资者累计不得超过二百人。前款所称合格投资者，是指达到规定资产规模或者收入水平，并且具备相应的风险识别能力和风险承担能力、其基金份额认购金额不低于规定限额的单位和个人。合格投资者的具体标准由国务院证券监督管理机构规定。"

2014年中国证监会第105号令发布《私募投资基金监督管理暂行办法》，第十三条将社会保障基金、企业年金等养老基金，慈善基金等社会公益基金视为"合格投资者"。

2016年中国证监会第130号令发布《证券期货投资者适当性管理办法》，第八条将社会保障基金、企业年金等养老基金，慈善基金等社会公益基金视为"专业投资者"。

2018年人行、银保监会、证监会、外管局发布《关于规范金融机构资产管理业务的指导意见》，第五条规定："资产管理产品的投资者分为不特定社会公众和合格投资者两大类。合格投资者是指具备相应风险识别能力和风险承担能力，投资于单只资产管理产品不低于一定金额且符合下列条件的自然人和法人或者其他组织。"

热　点　篇

Hot Topics

B.14
水滴筹接连引发舆论争议*

马剑银**

摘　要： 2019年水滴筹接连引发公众热议，包括吴鹤臣"百万募捐"事件、北京市朝阳区法院个人求助首案以及水滴筹"扫楼"事件。这三个事件也引起了公众对个人求助以及个人求助网络平台性质与法律定位的深刻反思。目前有关个人求助以及个人求助网络平台的法律规范缺失，需要结合《慈善法》和慈善募捐，进行通盘考量，进行法律治理。

关键词： 个人求助　水滴筹　网络筹款　慈善　公益

---

* 本文是2018年度国家社会科学基金重大项目"政府培育发展社会组织的效应研究"（批准号：18ZDA116）的阶段性研究成果。
** 马剑银，法学博士、公共管理学博士后，北京师范大学法学院副教授、公益慈善与非营利法治研究中心主任。

2019年，国内个人大病求助平台水滴筹接连引发公众热议。5月初，德云社相声演员吴鹤臣患病"百万募捐"事件（以下简称"吴鹤臣事件"），激起公众对水滴筹审核不严格、管理不规范的质疑。① 11月初，北京朝阳法院对全国首例网络个人大病求助引发的纠纷案（以下简称"个人求助首案"）做出一审判决，判决被告全额返还通过水滴筹筹得的款项并支付相应利息。② 11月底，一段名为《卧底水滴筹：医院扫楼，筹款每单提成》的视频在网上热传③，使水滴筹再次卷入负面舆情旋涡（以下简称"水滴筹扫楼事件"）；在这次负面舆情中，公众的质疑更加深入，直指水滴筹的性质与模式是否违背其一直倡导的公益形象。

2016年《慈善法》出台前后，主流舆论将"个人求助"剥离出"慈善行为"，但"直接捐赠"又被写入第35条，有关"个人求助"的争议一直没有断过，其中关键的争议点就是个人求助是否具有"公益性"；主流舆论对于公益性的标准，采用了日本法或我国台湾地区法中的"不特定多数人"的标准，因为个人求助是针对特定人的帮助，不符合"不特定多数人"的受益标准，因此，对于"个人求助"的回应和帮助没有被纳入"慈善活动"的范畴。这几年来，个人求助行为主要被互联网个人求助平台吸纳，尤以轻松筹与水滴筹为代表。个人求助的筹款额远远超过通过民政部指定的20家互联网公开募捐信息平台加起来的筹款额④；而在同一家公司之下的两个不同的平台，例如2018年一年中，轻松公益筹款约1亿，轻松筹筹款70亿~80亿元；截至2019年6月30日，水滴公益申请发起项目数2400个，筹款

---

① 《水滴筹官方回应德云社吴鹤臣百万众筹：筹款已停》，"环球网"，https://tech.huanqiu.com/article/9CaKrnKkg9h? w=280，最后访问时间：2020年3月28日。
② 《全国首例网络大病求助纠纷案一审判决 全额返还筹款》，"新华网"，http://www.xinhuanet.com//legal/2019-11/08/c_1125207190.htm，最后访问时间：2020年3月28日。
③ 该视频目前仍可见，参见凤凰网视频，http://v.ifeng.com/c/7s1IfnoQFxA，最后访问时间：2020年3月28日。
④ 按照徐永光的说法，"《慈善法》出台三年，由民政部指定的全国互联网募捐平台捐款不到百亿；而水滴筹、轻松筹、无忧筹、爱心筹4家私人公司，三年为个人大病求助募捐超过500亿"。参见徐永光《30年公益进退如之何？——在2019年中国基金会发展论坛上的发言》，载公众号"南都公益基金会"，2019年11月23日。

金额为 1.9 亿元，而水滴筹共申请发起项目 140 万个，共筹款 200 亿元。① 这几年来我国通过互联网平台进行的个人求助庞大的筹款额与个人求助法律治理的无力感形成了鲜明的对比，因此《慈善法》施行以来，有关个人求助的争议与舆论热点一直没有断过，2019 年与水滴筹相关的这三个事件就是在这个背景中出现的，尤其最后一个，直接引发了对个人求助互联网平台性质与定位的全面质疑，同时也引发对商业与公益边界的讨论。

一 水滴筹的兴起及其2019年三大热点事件

水滴公司最初的产品是"水滴互助"，即"用互联网科技助推大泛人民群众有保可医，保障亿万家庭"，其中的水滴筹和水滴公益作为"社会责任业务"板块，与核心业务板块（水滴互助与水滴保险商城）一起搭建完整的"事前保障+事后救助"保险保障体系。② 无论是水滴筹还是水滴公益，虽然起步比轻松筹和轻松公益要晚，水滴公益比轻松公益进入"互联网公开募捐平台"的指定名单也要晚一批，但水滴公司发展势头很盛，2019 年完成几轮融资之后，成为腾讯系"下沉市场四大天王"之一，水滴公司与轻松公司为了成为行业"老大"而"互撕"的舆论也时有传出。③

2018 年 6 月，"水滴公益"进入民政部指定的第二批互联网公募平台名单，当年年底就成为募款金额千万元级的平台。④ 而截至 2020 年 3 月底，

---

① 源自笔者 2019 年 9 月 3 日对轻松公司工作人员的访谈和 2019 年 9 月 9 日对水滴公司工作人员的访谈。
② 参见《2019 年水滴公司企业社会责任报告》，部分内容可见《水滴公司发布业内首份企业责任报告》，载"人民网"公益频道，http://gongyi.people.com.cn/n1/2020/0326/c151132-31649897.html，最后访问时间：2020 年 3 月 28 日。
③ 《2019 年互联网行业三大互撕事件之：水滴筹 VS 轻松筹》，载微信公众号"商业纪事"，2020 年 4 月 1 日。
④ 参见钟伟《互联网慈善的"中国样本"正在形成》，载《慈善公益报》2019 年 4 月 10 日，第 1 版。从水滴公司的数据来看，2018 年底水滴公益上线不到半年，筹款额已突破 5000 万，参见《水滴公益筹集善款金额破 5000 万 互联网公益助力点滴善意汇聚成海》，载"新华网"公益频道，http://www.xinhuanet.com//gongyi/2018-12/19/c_1210019463.htm，最后访问时间：2020 年 3 月 28 日。

这个数额已经突破了4亿元。然而这一筹款数额比起水滴筹平台上个人求助筹款而言，几乎只是一个零头。据统计，水滴筹自2016年7月上线至2019年12月底，已为经济困难的大病患者筹得265亿元的医疗救助款，共计产生了超过3亿人（8亿人次）的爱心支持行为。而水滴公益自2018年7月正式上线至2019年12月底，1500万爱心人士捐赠善款超过3.3亿元。[①]

水滴筹的强势异军突起，也引发了更多的争议，2019年出现的这三次相关的舆论事件，各有各的典型特征，但都指向个人求助互联网平台的功能、定位、性质与目标价值。

吴鹤臣事件几乎是2016年罗尔事件的翻版。罗尔事件中，对于个人求助行为是否属于慈善行为，公众认知还比较模糊，因此，当时有不少评论均在辨析慈善活动与个人求助行为的差异。[②]这些文章普遍指出个人遇到困难时有向社会求助的基本权利，法律不应禁止，但该行为不受《慈善法》规制，也不能定性为非法慈善募捐，应按照民法（合同法）中赠与行为进行规制。罗尔事件中出现了"小铜人公司"帮助罗一笑筹钱的行为，当时大家都围绕"营销"来讨论如何界定该行为，但实际上该公司相当于充当了互联网个人求助的临时中介平台，与水滴筹、轻松筹等以此为主业的平台需要承担的法律义务可以进行比较。

吴鹤臣事件中，个人求助与慈善之间的关系基本已经没人讨论，水滴筹遭人质疑的主要理由是对吴鹤臣上线求助的审核不充分，这也是互联网个人求助平台普遍存在的问题。按照目前的主流观点，个人求助事项的真实性由求助人负责，行政机关要求各平台在显著位置注明"真实性由信息提供方负责"。[③]那么平台如何去核实吴鹤臣的财产呢？似乎并

---

① 数据源自笔者2020年4月2日对水滴公司工作人员的访谈。
② 参见金锦萍《罗尔事件法律疑云，金锦萍详解六大问题》，载微信公众号"北京大学金融法研究中心"，2016年12月1日；马剑银：《个人求助需要公共领域的私法自治》，《中国青年报》2016年12月6日，第2版。
③ 例如作为行业标准的《慈善组织互联网公开募捐信息平台基本管理规范》规定，"平台应明确告知互联网公开募捐信息平台用户及社会公众：个人求助、网络互助不属于慈善募捐，真实性由信息提供方负责"。

无法律规定,目前只有爱心筹、轻松筹与水滴筹三家在民政部指导下倡导的《个人大病求助互联网服务平台自律公约》,但这个公约既无法律效力,又不能约束其他平台,因此个人求助的互联网平台责任问题目前依然尚在探索中。

虽然个人求助首案在公共舆论中为公众所赞赏,但其实该案并不具有普遍推广的意义,因为该案原告是作为平台的水滴公司,也就是个人求助法律关系中的中介,而非直接提供资金帮助的人群。该案实际上是水滴公司代替提供资金帮助的公众进行了一次某种意义上的"公益诉讼",虽然水滴公司是依据《用户协议》和《水滴筹个人求助信息发布条款》等进行,但这并非法定义务,该案也没有就此确定平台代替提供资金帮助的公众向受益人起诉的义务,因此,该类案件得以在司法机关立案,取决于平台自身的主动行为,如何能让平台继续主动进行该类诉讼,并无完善的动力机制。而捐赠人如果要提起诉讼,则非常困难,但往常有关个人求助的纠纷,更多的是发生在求助人与提供帮助的人群之间,人数众多但金额可能很小。该案之所以有意义,是因为它提供了一种个人求助纠纷司法解决的思路,类似于公益诉讼,但平台自身又不属于诉讼法中的适格公益诉讼主体,因此该案如何推广,则还需要持续性的讨论与研究。

当然,该案还有一个亮点就是主审法院就案件向民政部提交了一个司法建议书,建议民政部协调个人求助行为的立法工作,推动相关立法;建议民政部引导个人大病求助互联网服务平台的自律公约建设;建议民政部指导平台建立健全第三方托管制度。① 这三个建议除了第二个民政部已经开始着手进行,并出现了三家平台倡导的自律公约外,另外两个建议也是未来有关个人求助行为法律规制的关键点。

2019年11月出现的"水滴筹扫楼事件"将个人求助行为以及个人求助网络服务平台的问题全方位暴露出来,也引发了公众与业界对商业与公益之间的关系的深入反思。事件中揭露的问题很多,除了个人求助信息真实性保

---

① 参见《北京市朝阳区人民法院司法建议书》(朝法建〔2019〕16号)。

障机制这一老问题之外，还出现了诸如扫楼人员身份混淆（业务营销人员或个人求助辅助志愿者），个人求助资金使用监督，个人求助与国家医疗社会保险之间的联动等难题，甚至因为水滴筹自身从事互助与保险等业务，这些核心业务与水滴筹、水滴公益之间的关系以及就此形成的商业＋公益（社会责任）的模式也引发了公众的质疑。在某种意义上来说，个人求助网络平台的兴起，得益于《慈善法》对个人求助不规制的政策，在互联网公开募捐之外形成了个人求助的巨大"市场"，同时也暴露出我国医疗社会保险，尤其是中西部农村地区群众医疗社会保险机制的缺陷；当然，此外还体现出公众慈善观念与《慈善法》慈善观念之间的落差。水滴筹成为热点，并非这一家公司或者个人求助这种行为本身的问题，而是相关体制、机制与法制不健全而引发的牵一发而动全身的制度危机，值得持续性研究与反思。

二 个人求助及其网络服务平台的法律争议

水滴筹 2019 年遇到的三次舆论热点，实质上是个人求助行为法律定位争议在公共领域的外显。互联网个人求助是传统的亲友（社区）互助行为和社会求助（乞讨）行为在互联网时代的合流，据调研，通过个人求助网络平台进行的个人求助，大约 70% 是熟人[1]；因此，个人求助中有社区互助的成分在内，但又有所溢出。《慈善法》制定过程中，明确"个人在自身面临困难时向社会求助，是一项正当的权利，个人求助不属于慈善活动，不受慈善法调整"[2]。《慈善法》也为不具有公开募捐资格的组织或个人进行公开募捐提供了渠道——"基于慈善目的，可以与具有公开募捐资格的慈善组织合作"开展公开募捐活动（第 26 条）。

---

[1] 参见马剑银、刘逸凡《互联网募捐及其规范治理——以轻松、水滴两平台为对象进行透视》，《中国第三部门研究》2020 年第 1 期（即将刊出）。
[2] 参见周凯、刘世昕《我对慈善法草案修改案还有修改意见》，《中国青年报》2016 年 3 月 14 日，第 2 版。

但是法律依然有模糊之处。从受助人视角看，个人求助行为的受助人与慈善活动的受益人面临完全不同的法律关系。前者是一般民事赠与关系中的受赠人，受一般的民法（合同法）规制；而后者则受《慈善法》规制。从捐赠人视角看，捐赠给慈善组织算慈善活动，捐赠给个人求助行为的受助人就不算慈善活动。因此，同样是拿钱出来帮助他人，可能性质完全不同。但《慈善法》第35条又规定，捐赠人可以通过慈善组织捐赠，也可以直接向受益人捐赠。那么，出资帮助个人求助受助人的主体，为何不能纳入第35条的范围呢？

不仅如此，不少慈善组织（包括某些公募慈善组织）也会设立个人大病救助的慈善项目，甚至直接以受益人名义进行募捐，因此，不少个人求助的受助人会和这些慈善组织合作，成为项目受益人，通过这些慈善组织在互联网公开募捐信息平台上进行募捐。经调研，轻松公益和水滴公益两个平台中就有不少类似的项目上线，有一些还是通过轻松筹和水滴筹的平台介绍过去的。

但公众要区分个人求助与慈善活动并不容易，除了《慈善法》的普及因素之外，传统中国慈善文化并不区分特定受助人与不特定受益人，而是采用利他标准①，这也同样会影响公众认知。再加上个人求助掺杂着社区互助的成分，而这与慈善之间就更具文化亲缘性，连《慈善法》都直接规定"城乡社区组织、单位可以在本社区、单位内部开展群众性互助互济活动"（第110条）。

《慈善法》将"个人求助"剥离出慈善活动的范畴，因为其受益人特定而将之定性为私益救助行为，但是个人求助行为在互联网时代通过网络平台又链接了许多公众，这些公众已经溢出社区互助的亲友范围，具有很强的公共性；个人求助网络平台的运营对于企业而言，一般定位为企业社会责任履行部门，带有"公益性"，但这些平台的存在很大程度上又是为其核心业务做辅助，具有很强的商业目的，因此，行政与社会力量由于缺乏法

---

① 参见马剑银《"慈善"的法律界定》，《学术交流》2016年第7期，第87~93页。

律规定而很难介入，虽然社会舆论屡次出现热点与争议，但很难获得真正的效果。

三 个人求助互联网服务平台何处去？

2019年轻松筹的三次热点事件，尤其是年末"水滴筹扫楼事件"，逼迫水滴筹及其创始人多次进行致歉，暂停相关服务，并调整原有的绩效管理模式，倡导社会监督，其创始人表示"再管不好，我愿把水滴筹交给相关公益组织"①，此事引发了年底持续性的舆论热议。几个月之后，2020年3月，水滴公司相继发布《2019年水滴公司企业社会责任报告》和《2019年度诚信报告》，分别对水滴公司履行社会责任的状况以及水滴筹的相关数据进行公布。报告指出，"水滴筹已经成为中国最大的个人社交大病筹款平台"②；报告也显示，2019年度水滴筹共收到大病求助申请超过80万次，其中恶意筹款案例占平台全年筹款案例的0.2%。水滴公司首次在报告中公布了恶意筹款人画像。平台数据显示，恶意筹款人通常通过谎称患病、伪造病历、虚假筹款、挪用款项、拒不退款等行为来骗取筹款。平台已发现的"蒙面造假人"中，男性占75%，女性占25%，年龄集中在28~36岁，基本无正当职业。③

经过2019年的几次热点争议，水滴公司全面启动了五大保障机制用以抵制个人求助中的不诚信行为，包括"自律公约、社区网络验证、大数据验证、资金专管及反诈行动"，并且全程进行公示。这些行动确实针对了个人求助行为尤其是通过互联网平台的个人求助行为中需要监督与规制的部分，但是光靠一家公司的行动是远远不够的。有关个人求助的法律定位和法

---

① 参见《水滴筹欢迎大众的监督》，"水滴筹沈鹏"的微博，2019年12月5日。
② 参见《水滴公司发布业内首份企业社会责任报告》，载人民网公益频道，2020年3月26日，http://gongyi.people.com.cn/n1/2020/0326/c151132-31649897.html，最后访问时间：2020年4月2日。
③ 《水滴筹公布恶意筹款人画像》，载中青在线，2020年3月30日，http://news.cyol.com/app/2020-03/30/content_18542805.htm，最后访问时间：2020年4月2日。

制建设、个人求助互联网服务的行业规范以及全社会有关慈善的观念认知和文化建设，都需要同步跟进，2019年水滴筹的几次热点争议事件恰恰是一个契机，让我们可以全方位地反思互联网个人求助行为，以及寻找个人求助网络服务平台的行业出路，整合公益与商业各自的资源。

B.15
春蕾计划变更项目善款使用范围引争议

孙迪 杨彤彤*

摘 要： 2019年12月，中国儿童少年基金会"春蕾计划"项目受到公众质疑，因为网友发现其以"资助贫困地区失辍学女童继续学业"为由筹得的善款同时用于资助男学生。一石激起千层浪，中国儿童少年基金会虽然对此相对及时地发布声明以澄清，但引发了又一轮舆论热议。诸多批评和质疑主要围绕中国儿童少年基金会违反捐赠人意愿、擅自变更捐款用途、未尽到告知义务、社会性别意识欠缺、公关危机处理不够专业等方面展开。在公益慈善行业推进法治慈善、现代慈善进程中，此事件引发的围绕慈善文化积淀、公益组织品牌公信力建设等的讨论和反思具有重要意义。

关键词： 专款专用 公信力 项目目的变更

春蕾计划起始于1989年，在当年进行的第四次人口普查中，有480万名7~14岁学龄儿童因家庭贫困无法入学，其中女童占比高达83%。随后，中国儿童少年基金会在全国妇联的领导下，发起并实施"春蕾计划"儿童公益项目，项目的主要受益对象是贫困地区或家庭困难的"困境女童"，从"困境女童"抓起，改善她们的受教育状况，以提升困境女性整体素质和竞

---

* 孙迪，中国灵山公益慈善促进会北京办事处执行副主任；杨彤彤，中国灵山公益慈善促进会高级项目主管。

争力、改善生存发展条件。

截至2019年10月，中国儿童少年基金会发布的《"春蕾计划"实施30年成果报告》①显示，成立至今30年来，"春蕾计划"公益项目累计筹集社会爱心捐赠21.18亿，资助超过369万名贫困女童、援建1811所春蕾学校、发放217万套护蕾手册，获得2784万人次捐赠。

2019年12月17日，有网友在微博中质疑"春蕾计划"公益项目存在"擅自更改资助对象"问题，该项目以"资助贫困地区失辍学女童继续学业"为由筹得善款，受资助者却不仅只有女童，还有不小比例的男童。在质疑材料中，该网友还爆料，在"春蕾计划"项目中受资助的100名四川省凉山州昭觉县民族中学学生中有47名男生，且受助对象中还出现了19岁的"大龄"男高中生。

此后，舆论迅速沸腾。针对网友对于"春蕾计划"资助对象性别及资助学校资格等相关质疑，当日晚间，中国儿童少年基金会在其官方微博中做出了回应，首先为给公众带来的困惑表达了歉意。声明证实，"春蕾计划"项目本批次资助的1267名高中生中，有453名受助者为男生，其原因是该项目在网络公益平台筹款之初，资金全部资助贫困女生。但在项目执行过程之中，收到了部分极度贫困地区学校老师的反馈，称部分地区贫困家庭男生对学习渴望程度高、家庭条件落后急需帮扶，希望该项目施以援手。因此，在综合考虑中国儿童少年基金会为儿童谋福祉的宗旨，以及助力2020年决胜脱贫攻坚、全面实现小康社会的目标等因素后，该项目才在保证大多数受助者为女生的前提条件下，开始资助部分男生。此外声明中还表示，"春蕾计划"在未来的执行中，将始终以女生作为资助对象，如确有需要资助男生的情况，将在筹款文案显著位置特别提示②。

然而，中国儿童少年基金会相对及时的官方回应非但没有平息舆论，打

---

① 《"春蕾计划"实施30年成果报告》，中国儿童少年基金会官方网站，http://www.cctf.org.cn/news/info/2019/10/11/5187.html，最后检索时间：2020年4月21日。

② 中国儿童少年基金会官方微博，https://weibo.com/ttarticle/p/show?id=2309404450566230114567，最后检索时间：2020年3月21日。

消公众的"擅自变更捐赠财产用途"的疑虑，反而引发了更为广泛、激烈的公众质疑。

经过十余天的舆论发酵与深度调查，2020年1月10日，全国妇联通报了针对"春蕾计划"事件的调查处理结果。通报表示："春蕾一帮一助学"（亦称"春蕾计划"）项目旨在帮助贫困高中女生筹集学习生活补助费用。经查，该项目共资助贫困高中生1267名，均为中国儿童少年基金会推荐、捐助人自主选择的帮扶对象。但是，在项目执行过程中，中国儿童少年基金会应受助地校方要求，将453名男生纳入了推荐范围。这一行为不符合项目目的，偏离了其资助女童的初衷。全国妇联已责成中国儿童少年基金会予以纠正：将453名贫困受助男生的捐赠款退还予捐赠人；原用于资助贫困男生的名额转为资助女生；原贫困受助男生则将会通过其他的公益项目继续资助；并且按照有关规定，对相关责任人予以责任追究，对中国儿童少年基金会秘书长和项目负责人分别给予记过处分。

一 变更公益项目目标、善款用途成为舆论焦点

舆论主要围绕中国儿童少年基金会违反捐赠人意愿、擅自变更捐款用途、未尽到告知义务、社会性别意识欠缺、公关危机处理不够专业等方面展开。其中，关于公益项目能否以及应该如何进行项目目标、善款用途与范围变更的讨论，尤为积极和热烈。

半月谈杂志社评论指出，作为公益慈善机构，确保捐款流程的公开透明、严格合规是重中之重，也是维系社会信任的关键所在。不管何种理由，随意更改程序都会对自身声誉造成巨大损害。① 搜狐评论指出，"春蕾计划"被擅自变更资助方向，官方的回应不真诚也没有说服力，在回应中也没有详细说明是哪个人或主体经过了怎样的程序改变项目性质。这

---

① 《春蕾计划疑似诈捐？资助人的捐款被辜负了》，半月谈杂志社，https://www.thepaper.cn/newsDetail_ forward_ 5274172，最后检索时间：2020年4月21日。

不仅是管理疏忽,而是可能违反慈善法的涉罪行为,需要问责。而在丑闻面前,把公众的质疑当成一种对慈善界的误解和社会苛责,是不能被接受的。①

经济观察报评论到,无论是知错而掩饰,还是根本没意识到错误所在,都令人细思不安。如果是知错而掩饰,那么如何让公众相信其有整改的决心?如果是作为中国最大慈善基金会之一的基金会意识不到错误所在,擅自改变资助对象是违法违规的,那么整个慈善业界的法治意识、契约精神将受到质疑。②

二 公益项目不可随意变更目的的重要性③

任何公益项目在研发设计之初都要考虑确定公益项目的目的,考虑此项目能够解决什么社会问题。而在确定公益项目的目的后,项目研发者和实施者需要对公益项目目的清晰明了,并且能够将之准确清晰地向公众进行传播。在此意义上,公开募捐不仅仅是募集善款,更是一种对于社会问题及其解决方法和路径的社会倡导及社会表达行为。

公开募捐项目的方案需向指定的政府部门备案并公之于众,这样公众可根据募捐方案和劝募文案来确定是否给这个项目捐赠。一旦做出捐赠,募捐方案和劝募文案中的内容则构成确定捐赠人意愿的重要依据。

中国儿童少年基金会官方回应仅着眼于春蕾计划受益人范围的变更,也就是认为该项目是在不违反基金会为儿童谋福祉的宗旨,并且也保证了大部分受益人为女性的情况下将受益人范围扩展至部分男生,而没有充分意识到

---

① 《资助女童项目"变性",慈善机构不能拿扶贫当借口》,搜狐网,https://www.sohu.com/a/361151274_665455,最后检索时间:2020年4月21日。
② 《春蕾计划"炸雷":公益慈善当有契约精神》,《经济观察报》,https://mp.weixin.qq.com/s/QYk48FVZmNATd12AvaBEnQ,最后检索时间:2020年4月21日。
③ 以下内容梳理所依据的资料来源于金锦萍《金锦萍评"春蕾计划"事件:公益项目为何不可随意变更目标?》,https://mp.weixin.qq.com/s/ili1EHS1_RXkCTOuWCxXlg,最后检索时间:2020年3月21日。

受益人范围的变更已经构成项目目的的变更。

那么，在一个公益项目设立之后，如果社会变迁和情势变化导致原项目内容已经不合时宜，是否能够进行项目目的和善款用途等变更呢？

公益项目目的作为一个公益项目的灵魂，贯穿项目始终。自立项开始，无论劝募、项目执行、评估，公益项目的每一个环节都需符合其公益目的，公益项目目的一直是其中最为关键的考量因素并贯穿始终。所以，公益项目的实施过程也要与其目的相吻合，而不是仅仅关注结果。

公益项目目的是捐赠人认同的理念与途径，是捐赠的基础。捐赠人意愿是所有捐赠的起点，也是捐赠得以持续下去的基础，无论是立法还是实践，都强调尊重捐赠人意愿。捐赠是指财产拥有者将其拥有合法所有权的财产无偿地奉献出来，用于其认为最值得的地方。所以任何捐赠者拥有选择是否捐赠的自由，选择向哪个慈善组织捐赠的自由，选择向哪个公益项目捐赠的自由，选择捐赠多少财产的自由以及选择以什么方式捐赠的自由等，而这些均源于捐赠者的自由意志。也唯有尊重捐赠者意愿，方能在没有法定义务和约定义务约束的情形下，使其愿意进行捐赠。

公益项目的目的一经确定不可随意变更，因为只要项目所针对的社会问题尚未解决，公益项目依然具有相关性，并应该持续坚持。除非公益项目所要解决的社会问题已经不复存在，或者公益项目的目的已经无法实现，或者实现公益项目目的时因情势变更违反法律法规或极不经济，才可以遵循《慈善法》以及《慈善组织公开募捐管理办法》的相关规定，根据特殊程序进行目的变更，并严格遵循"程序正义"。

关于公开募捐及变更募捐方案，在《慈善法》中有明确规定。《慈善法》第二十四条、第二十五条及第五十五条规定：慈善组织开展公开募捐，应当制定募捐方案；募捐方案包括募捐目的、起止时间和地域、活动负责人姓名和办公地址、接受捐赠方式、银行账户、受益人、募得款物用途、募捐成本、剩余财产的处理等。并且募捐方案应当在开展募捐活动前报慈善组织登记的民政部门备案。应当在募捐活动现场或者募捐活动载体的显著位置公布募捐组织名称、公开募捐资格证书、募捐方案、联系方式、募捐信息查询方法等。应当依照法律法规和章程的规定，按照募捐方案或者捐赠协议使用捐赠财产。慈善组织确需变更募捐方案规定的捐赠财产用途的，应当报民政部门备案；确需变更捐赠协议约定的捐赠财产用途的，应当征得捐赠人同意①。此外，在《慈善组织公开募捐管理办法》第十九条中也进一步规定了"慈善组织应当加强对募得捐赠财产的管理，依据法律法规、章程规定和募捐方案使用捐赠财产；确需变更募捐方案规定的捐赠财产用途的，应当召开理事会进行审议，报其登记的民政部门备案，并向社会公开"②。

上述法律法规的目的是限制慈善组织随意变更公益项目的目的。变更公益项目目的需要谨慎，若确需变更目的必须履行相关程序：一是慈善组织须召开理事会审议是否有必要进行目的变更，变更的理由以及依据是否充足；只有在项目目的失败的情形下才可以进行变更，且适用近似原则；二是上报登记的民政部门备案；三是向社会公开，使公众拥有充分的途径知晓这些信息，避免误导公众。

三 "春蕾计划"事件对公益慈善界的影响和启示

2008年被称为中国公益慈善事业的元年，"汶川地震"激发出社会公众前所未有的力量与行善热情。2016年《慈善法》的颁布实施则作为分水岭，中国公益慈善行业真正迈向法治慈善、现代慈善的进程。然而时至今日，公益慈善事业仍需尽心竭力地普及慈善行为中的法治意识、契约精神以及职业规范③。慈善不是简单的募款花钱、卖惨叫苦，这一切的背后是有明了初心、遵守法规、坚守伦理、尊重捐赠人、保护受益人、重视社会性别意识和追求社会公平正义等作为约束的，这就是慈善文化。就我国现阶段公益慈善

---

① 《慈善法》，中国人大网，http://www.npc.gov.cn/zgrdw/npc/dbdhhy/12_4/2016-03/21/content_1985714.htm，最后检索时间：2020年4月21日。
② 《慈善组织公开募捐管理办法》，民政部，http://www.gov.cn/xinwen/2016-09/01/content_5104129.htm，最后检索时间：2020年4月21日。
③ 《春蕾计划"炸雷"：公益慈善当有契约精神》，《经济观察报》，https://mp.weixin.qq.com/s/QYk48FVZmNATd12AvaBEnQ，最后检索时间：2020年3月21日。

发展情况而言,慈善文化的建设与积淀面临着诸多挑战,但未来可期①。

公益慈善事业容错率低,如同一个需要精心呵护的易碎品。远在2011年发生的"郭美美事件"让中国红十字会声誉扫地,更是使得社会公众对于公益慈善事业的热情大大降低。近如2019年接连发生的个人大病求助平台"水滴筹"负面舆情事件。信任危机频频爆发,不论是对那些真正需要帮扶的群体还是整个公益慈善行业而言都是持久而巨大的损失。"春蕾事件"爆发后,有捐赠人明确表示将不再资助这个项目。这对于那些急需帮助的困境女童将会造成改变命运的伤害。而整体公益慈善行业也再一次面临公众信任危机,这对慈善生态建设、慈善文化积累又是一记重拳。

另外,在这次风波中"春蕾计划"虽遭受了质疑与批评,但也表明了慈善不再是富人的专利,对于社会公众而言,公益慈善不再是事不关己,而逐渐成为其生活中的一部分。同时我们也看到了公益慈善行业对慈善价值与秩序的坚持。慈善行业从这个事件中得到的不仅仅是愤怒的情绪还有关切性以及建设性的声音。公众对公益慈善的关注度提升,同时社会监督也随之提升,形成了公众对公益慈善规范化的倒逼。从"春蕾事件"中可以得到一点启示,一个公益项目目的的变更会导致捐赠人意愿的落空,甚至也会违背当初公益项目设立的初衷,而这一定不是任何一家公益慈善组织的初心所在。作为公益慈善组织机构,应加倍爱惜自己的羽翼,长久以往积累品牌公信力,提升自身透明度与合规性,不忘初心,依法行善,追求在专业公益慈善的道路上行稳致远。

---

① 爱德传一基金:《建设性的关切与追问:春蕾计划风波》,https://mp.weixin.qq.com/s/FiejcsSqOl32ziEL6Y3TIQ,最后检索时间:2020年3月27日。

B.16
民政部改革，优化慈善事业、儿童福利与养老服务管理

唐 苏*

摘 要： 在党和国家机构深化改革的背景下，民政部正式发布了"三定方案"，对内设机构、职能配置等进行了调整。在调整中，民政部新设立三个独立的司，分别担当儿童福利、养老服务以及慈善事业促进和社会工作职能，并对社会组织管理局的职能进行了变革。民政部的这次改革引起了公益慈善界的密切关注，被认为具有重要意义，将直接影响我国儿童福利、养老服务、慈善事业、志愿服务、社会工作、社会组织等多个领域的未来发展。

关键词： 民政部 儿童福利 养老服务 公益慈善 社会工作

在党和国家机构深化改革的背景之下，民政部"三定方案"，即《民政部职能配置、内设机构和人员编制规定》，于2019年1月25日正式对外发布。根据该方案，民政部的内设机构及其职能配置发生了重要调整，其中最为公益慈善界人士关切的内容主要包括慈善事业促进和社会工作司、儿童福利司、养老服务司的新设立以及社会组织管理局的职责变化。

一 概述

民政部内设机构及其职能调整是在国务院机构深化改革的整体框架下进

---
* 唐苏，公益观察员。

行的。根据中共中央印发的《深化党和国家机构改革方案》，国务院机构深化改革是要"结合新的时代条件和实践要求，着力推进重点领域、关键环节的机构职能优化和调整，构建起职责明确、依法行政的政府治理体系，增强政府公信力和执行力，加快建设人民满意的服务型政府"①。从中可看出，其核心是"转变政府职能"，推动我国政府治理体系和治理能力走向现代化。在此指导下，民政部虽仍被保留为国务院组成部门，但其内设机构和职能发生了比较明显的变化。

首先，民政部整体职能范围大幅缩小。根据2018年3月17日新华社发布的《国务院机构改革方案》，原来民政部代管的中国老龄协会改由新组建的国家卫生健康委员会代管；原来民政部承担的退役军人优抚安置职责被整合至新组建的退役军人事务部；救灾职责被整合至新组建的应急管理部；医疗救助职责被整合至新组建的国务院直属机构国家医疗保障局；组织实施国家战略和应急储备物资收储、轮换和日常管理职责被整合至新组建的由国家发展和改革委员会管理的国家粮食和物资储备局。此后，民政部更加强化了基本民生保障的职能。②

其次，民政部新设内部机构，突出民生保障重点领域。这突出表现在"儿童福利司"和"养老服务司"的新设立上。③ 此前，我国的儿童福利工

---

① 《深化党和国家机构改革方案》，新华社，http://www.gov.cn/zhengce/2018-03/21/content_5276191.htm#allContent，最后检索时间：2020年4月28日。
② 《民政部职能配置、内设机构和人员编制规定》，中华人民共和国中央人民政府网，http://www.gov.cn/zhengce/2019-01/25/content_5361053.htm，最后检索时间：2020年4月28日。
③ 根据《民政部职能配置、内设机构和人员编制规定》，儿童福利司的职能为"拟订儿童福利、孤弃儿童保障、儿童收养、儿童救助保护政策、标准，健全农村留守儿童关爱服务体系和困境儿童保障制度，指导儿童福利、收养登记、救助保护机构管理工作"；养老服务司的职能为"承担老年人福利工作，拟订老年人福利补贴制度和养老服务体系建设规划、政策、标准，协调推进农村留守老年人关爱服务工作，指导养老服务、老年人福利、特困人员救助供养机构管理工作"。中华人民共和国中央人民政府网，http://www.gov.cn/zhengce/2019-01/25/content_5361053.htm，最后检索时间：2020年4月28日。

作主要是2008年新成立的"社会福利和慈善事业促进司"①的多项职责之一，养老服务工作则主要归口于下设在社会福利和慈善事业促进司的老年人福利处，都相对"碎片化"。而在这次民政部机构调整中，老年人和儿童两个特定群体都被单独设立的司局负责，标志着"一老一小"这两个群体及其相关议题在我国新时代的民生保障体系中被提上了重要议事日程，意味着"一老一小"这两个群体已经成为我国新时代民生保障体系的重点领域和关键环节。

此外，民政部内设机构加强职能整合、职责划分与优化协同。这突出表现在"慈善事业促进和社会工作司"的组建和"社会组织管理局"的职责调整上。② 在此之前，我国的慈善事业实际上由原社会福利和慈善事业促进司和2016年从"民间组织管理局"更名而来的社会组织管理局交叉负责，且社会组织管理局的职能内容还包括境外非政府组织和社会工作。调整之后，民政部的慈善事业管理相关职能被充分整合到了慈善事业促进和社会工作司，且与社会工作和志愿服务的协同关系得到明确体现，而社会组织管理局则更加专注于境内社会组织管理。

二 背景和意义

民政部内设机构及其职能调整的宏观背景是党和国家机构的深化改革，

---

① 2008年9月1日，民政部公布社会福利和慈善事业促进司成立。根据当年国务院"三定"方案赋予的职责，社会福利和慈善事业促进司分管福利彩票发行、慈善和社会捐助、老年人和残疾人福利及儿童福利事业等工作，下设福利彩票（综合）处、慈善和社会捐助处、老年人福利处、残疾人福利处、儿童福利处。

② 根据《民政部职能配置、内设机构和人员编制规定》，新组建的慈善事业促进和社会工作司的主要职责为"拟订促进慈善事业发展政策和慈善信托、慈善组织及其活动管理办法。拟订福利彩票管理制度，监督福利彩票的开奖和销毁，管理监督福利彩票代销行为。拟订社会工作和志愿服务政策，组织推进社会工作人才队伍建设和志愿者队伍建设"；社会组织管理局的职责调整后主要为"拟订社会团体、基金会、社会服务机构等社会组织登记和监督管理办法，按照管理权限对社会组织进行登记管理和执法监督，指导地方对社会组织的登记管理和执法监督工作"。中华人民共和国中央人民政府网，http：//www.gov.cn/zhengce/2019-01/25/content_ 5361053.htm，最后检索时间：2020年4月28日。

而深化党和国家机构改革是推进我国国家治理体系和治理能力现代化的内在要求。党的十九大报告提出,在决胜全面建成小康社会的进程中,"必须坚持和完善中国特色社会主义制度,不断推进国家治理体系和治理能力现代化,坚决破除一切不合时宜的思想观念和体制机制弊端,突破利益固化的藩篱,吸收人类文明有益成果,构建系统完备、科学规范、运行有效的制度体系,充分发挥我国社会主义制度优越性。"①

民政部内设机构及其职能调整的中观背景是我国的社会变化和社会发展。民政部内部新设立的三个司——养老服务司、儿童福利司及慈善事业促进和社会工作司,分别对应了我国老年人、儿童、慈善三大领域的社会现实。其中,在人口老龄化方面,国家统计局数据显示,2018年我国60周岁及以上人口接近2.5亿人,比2017年增加了859万人,占总人口的17.9%,比上一年提高了0.6%,②而据预测,2025年和2030年,60周岁以上老年人将分别突破3亿人和4亿人,到2050年左右则将达到4.8亿人的峰值,占总人口比重接近35%,进入"深度老龄化社会"③。而且近年来我国儿童特别是留守儿童和孤弃儿童的成长、教育和身心健康状况所面临的挑战也在凸显,一些见诸媒体的极端事件——例如2015年贵州毕节四兄妹在家中疑似服农药自杀以及2017年贵州毕节两留守儿童因无人看管身亡于火灾等——引发强烈社会反响,也暴露出我国此前儿童福利体制的不足;④而在慈善、社会工作、志愿服务与社会组织相关方面,《慈善蓝皮书:中国慈善发展报告(2019)》显示,2018年我国社会捐赠总量预估为1128亿元,通过福利彩票筹集公益金643.59亿元,截至当年底,全

---

① 习近平:《决胜全面建成小康社会 夺取新时代中国特色社会主义伟大胜利——在中国共产党第十九次全国代表大会上的报告》,中华人民共和国中央人民政府网,http://www.gov.cn/zhuanti/2017-10/27/content_5234876.htm,最后检索时间:2020年4月28日。
② 林小昭:《我国老龄人口占比达17.9% 人口红利仍明显》,第一财经,https://www.yicai.com/news/100103351.html,最后检索时间:2020年4月28日。
③ 朱怡洁:《综合施策积极应对老龄化》,《宏观经济管理》2019年第6期,第37页。
④ 张维:《民政部专设儿童福利司,有何深意?》,《法制日报》,https://new.qq.com/omn/20190125/20190125A1D4XB.html,最后检索时间:2020年4月28日。

国社会组织总数量超过 81.6 万个，慈善组织超过 5000 个，慈善信托合同资产近 20 亿元，注册志愿者接近 1.5 亿人，社会工作者职业水平考试报名人数突破 40 万。

民政部内设机构及其职能调整的微观背景是调整前它自身在机构设置和职能配置方面有待完善。改革开放后，我国民政职能变迁的总的趋势是"向优抚安置、救灾救济、基层政权和社会服务等领域集中"，专业化程度得到提升；①但与此同时，民政部在内部机构配置和职责划分方面依然存在明显的不够科学的情况，例如职能交叉、主体责任不明确、政出多门、权限冲突、一些重要职能管理碎片化以及力量不足、不同司局办作较为困难等。前文已提到在新设慈善事业促进和社会工作司与调整社会组织管理局职能之前，原社会福利和慈善事业促进司与社会组织管理局之间就存在职能交叉等问题；而在设立养老服务司和儿童福利司之前，民政部虽然有养老服务和儿童福利的职能，但都没有对应的独立机构来管理，而是散落在多个机构之间，如原社会福利和慈善事业促进司、社会事务司、社会救助司等，导致职能交叉、管理碎片化和权限冲突等，例如，养老职能的职能交叉和权限冲突问题"主要体现在敬老院和其他养老机构的管理上。调整之前敬老院在社会救助司，因为敬老院保障的主要是特困人员，即'五保户'和'三无人员'这部分，而其他的养老机构都在社会福利和慈善事业促进司"②；在儿童福利领域也存在类似的情况。

在上述背景之下，民政部的这轮内设机构及其职能调整，在儿童福利、养老服务、慈善社工事业方面都被认为有重要意义。在儿童福利方面，民政部社会事务司司长王金华在民政部 2019 年第一季度例行新闻发布会上说，儿童福利司的成立将在理顺完善儿童福利工作机制、明确部门职责、强化主

---

① 杨立雄：《新时代背景下民政职能改革研究》，《内蒙古社会科学（汉文版）》2019 年第 1 期，第 33 页。
② 胡明山：《重磅！民政部"三定"方案今日出炉，增设"养老服务司"》，《南方都市报》，https://new.qq.com/omn/20190125/20190125A1BM1D.html，最后检索时间：2020 年 4 月 28 日。

体责任、完善部门协作与分工机制、系统推进儿童福利相关政策等方面发挥积极作用①；在养老服务方面，有业内专家表示，新设立养老服务司将有助于改变民政部养老服务职能碎片化的状况，强化民政部对养老服务事业的指导和管理，并通过与国家卫健委老龄健康司共管的形式，进一步释放国家在老龄事业方面的体制性力量；②而在慈善、社会工作、志愿服务方面，慈善事业促进和社会工作司司长贾晓九表示，专门设立慈善事业促进和社会工作司，把原来分散的相关行政力量整合优化、系统性重构，是统筹落实党中央和国务院关于慈善事业、志愿服务和社会工作重要部署，统筹落实《慈善法》等法律法规的重要举措，不但有利于加强相关领域的顶层设计，形成更加完备和成熟的相关管理制度，还有利于进一步激发和保护社会力量参与热情，发挥慈善、志愿服务、社会工作等的优势和特点。③

原民政部社会福利和慈善事业促进司司长、深圳国际公益学院创始院长王振耀则认为，民政部的这次调整"抓住了当前改革的关键"，将对我国养老、儿童、慈善等各项事业的政策拟定等都带来"一次全新的梳理"。为此，他建议社会组织"尽快完成专业化社会服务能力转型"，在儿童福利、养老服务、慈善社工等各项事业中积极探索创新，与政府形成更加密切的合作和更加良性的互动，推动社会服务发展，以更好地满足社会需求，促进社会向善。④

---

① 张子竹：《民政部新设儿童福利司　管理碎片化能否解决》，财新网，http://china.caixin.com/2019-01-26/101374828.html，最后检索时间：2020年4月28日。
② 胡明山：《重磅！民政部"三定"方案今日出炉，增设"养老服务司"》，《南方都市报》，https://new.qq.com/omn/20190125/20190125A1BM1D.html，最后检索时间：2020年4月28日。
③ 《慈善社会工作事业的新定位、新要求——民政部慈善事业促进和社会工作司工作全解》，《中国社会工作》2019年第24期，第8页。
④ 张明敏：《王振耀："三定"方案是国家机构行政管理应对社会领域挑战的需求》，《公益时报》，http://www.gongyishibao.com/html/yaowen/16015.html，最后检索时间：2020年4月28日。

三　工作进展与下一步工作计划

2019 年，改革后的民政部在儿童福利、养老服务和慈善社工事业上的工作主要体现如下。

在儿童福利方面，新设立的儿童福利司在儿童福利政策创制、既有政策覆盖面调整、提升儿童福利水平方面开展了值得肯定的工作。这些工作包括但不限于：（1）《儿童福利机构管理办法》自 2019 年 1 月 1 日起正式实施，这是我国第一部儿童福利机构方面的部门规章；（2）同年 5 月，出台《关于进一步健全农村留守儿童和困境儿童关爱服务体系的意见》，在整个体系上明确了农村留守儿童和困境儿童关爱服务体系中家庭、社会和相关政府部门的责任；（3）同年 6 月印发的《关于进一步加强事实无人抚养儿童保障工作的意见》，第一次把事实无人抚养儿童纳入国家保障体系，而这是我国此前儿童福利领域单项制度的空白；（4）将"残疾孤儿手术康复明天计划"更名为"孤儿医疗康复明天计划"，并自 2019 年 3 月 1 日起实施新制定的《"孤儿医疗康复明天计划"项目实施办法》，扩大了受益孤儿范围和项目资金资助范围；（5）把中央财政补助东、中、西部的孤儿基本生活费标准在原来基础上增加 50%，这是 2010 年我国实行全国城乡孤儿基本生活费制度以来的首次调整。①

在养老服务方面，国务院机构改革后，民政部养老服务司与国家卫健委老龄健康司共同管理全国老龄事务，有望联合助成我国医疗卫生系统与养老服务的结合。② 2019 年，民政部把养老服务作为着力推进的重点民生工程

---

① 翟倩：《爱心善政　守护成长——民政部儿童福利司郭玉强谈儿童福利这一年》，《中国社会报》，http://preview.www.mca.gov.cn/article/xw/mtbd/201912/20191200022549.shtml，最后检索时间：2020 年 4 月 28 日。
② 根据《民政部职能配置、内设机构和人员编制规定》，民政部负责统筹推进、督促指导、监督管理养老服务工作，拟订养老服务体系建设规划、法规、政策、标准并组织实施，承担老年人福利和特殊困难老年人救助工作；国家卫生健康委员会负责拟订应对人口老龄化、医养结合政策措施，综合协调、督促指导、组织推进老龄事业发展，承担老年疾病防治、老年人医疗照护、老年人心理健康与关怀服务等老年健康工作。http://www.gov.cn/zhengce/2019-01/25/content_5361053.htm，最后检索时间：2020 年 4 月 29 日。

之一，在制定和组织实施养老服务体系建设规划、法规、政策、标准等方面都提升了工作力度。这体现在但不限于：(1) 2019年4月，《〈养老机构等级划分与评定〉国家标准实施指南（试行）》发布，为地方实施全国统一的养老机构等级评定管理制度提供实操性工具；(2) 牵头建立养老服务部际联席会议制度，并于8月召开第一次全体会议；(3) 9月，出炉了《关于进一步扩大养老服务供给 促进养老服务消费的实施意见》，以扩大养老服务供给、促进养老服务消费、满足老年人多样化多层次的养老服务需求；(4) 9月，联合国家发改委、财政部启动实施为期三年的"特困人员供养服务设施（敬老院）改造提升工程"；(5) 10月，出台《养老服务市场失信联合惩戒对象名单管理办法（试行）》，以规范我国养老服务市场秩序、加快养老服务领域信用体系建设。①

在慈善社工事业方面，在2019年民政部第三季度例行新闻发布会上，慈善事业促进和社会工作司司长贾晓九介绍了慈善事业促进和社会工作司设立至当年7月的有关工作进展。这些进展主要体现在通过落实《慈善法》及其配套政策等完善慈善事业动员和监管机制、通过贯彻《志愿服务条例》和推动制定配套政策等拓展志愿服务发展空间、通过开展全国主题宣传和发布"中国社会工作标志"等推进社会工作人才队伍建设和通过完善发行管理制度等规范福利彩票发行管理四个方面。②从数据方面看，截至2019年底，全国社会组织达84.9万个，慈善组织达5511家，备案慈善信托财产规模达29.35亿元，实名注册志愿者总数达1.55亿人；2019年，全国社会捐赠总量预测约1330亿元，志愿者贡献总价值903.59亿元，通过福利彩票筹集公益金557.28亿元；此外，2019年，全国社会工作者职业水平考试报名人数达55.37万人，较2018年增长30.44%，创历史新

---

① 《回望2019·养老服务篇》，《社会工作报》，http：//mzzt.mca.gov.cn/article/zt_2020gzhy/mtgz/201912/20191200022631.shtml，最后检索时间：2020年4月28日。
② 《慈善社会工作事业的新定位、新要求——民政部慈善事业促进和社会工作司工作全解》，《中国社会工作》2019年第24期，第8页。

高。① 与此同时，我国社会组织党建工作继续深化发展，以企业为主体的科技向善和商业慈善继续勃兴，慈善事业的第三次分配作用更为凸显，在脱贫攻坚、灾害救援、教育助学、医疗救助、社区服务等领域都有所拓展。

而关于下一步的工作安排，无论是儿童福利、养老服务还是慈善、志愿服务、社会工作和社会组织工作，都特别强调直面仍然存在的发展短板，着力开展完善顶层设计、贯彻落实相关法律法规及其配套政策、进一步理顺管理体制和优化相关事业发展环境、更广泛动员社会力量参与、聚焦脱贫攻坚、服务民生发展等方面的工作。其中，在儿童福利方面，首任儿童福利司司长郭玉强表示，将收集地方经验、借鉴发达国家先进儿童福利制度与儿童照料制度，并从过往工作乃至中华传统文化中汲取有价值内容，以促进儿童福利制度建设、推动区域性儿童养育工作和助力落实儿童福利政策②；在养老服务方面，民政部养老服务司副司长李邦华介绍，将建立健全养老服务供给体系、养老服务支付体系和养老服务综合监管体系③；在慈善事业、志愿服务与社会工作方面，慈善事业促进和社会工作司司长贾晓九称，将继续突出政治引领，完善体制机制，广泛引导慈善、志愿服务、社会工作力量参与社会治理，践行社会主义核心价值观，推动社会文明进步。④ 在社会组织管理方面，民政部新闻发言人张卫星在 2019 年民政部第四季度例行新闻发布会上介绍，将持续加强社会组织党建及规范管理，加大对行业协会商会等社会组织违法违规行为的查处力度，深入推进行业协会商会与行政机关脱钩改革，巩固打击整治非法社会组织的成果，并引导和动员社会组织深度参与脱

---

① 杨团、朱健刚主编《慈善蓝皮书：中国慈善发展报告（2020）》，社会科学文献出版社，2020。
② 翟倩：《爱心善政　守护成长——民政部儿童福利司郭玉强谈儿童福利这一年》，《中国社会报》，http://preview.www.mca.gov.cn/article/xw/mtbd/201912/2019 1200022549.shtml，最后检索时间：2020 年 4 月 28 日。
③ 《民政部养老服务司副司长李邦华：将推进养老服务体系成熟定型》，养老产业服务平台，https://www.shangyexinzhi.com/article/334776.html，最后检索时间：2020 年 4 月 29 日。
④ 《慈善社会工作事业的新定位、新要求——民政部慈善事业促进和社会工作司工作全解》，《中国社会工作》2019 年第 24 期，第 8 页。

贫攻坚。①

2019年7月5日,在北京召开了深化党和国家机构改革总结会议。中共中央总书记、国家主席、中央军委主席习近平在会议讲话中指出,实践证明,"党中央关于深化党和国家机构改革的战略决策是完全正确的,改革的组织实施是坚强有力的",但与此同时,他也强调,"完成组织架构重建、实现机构职能调整,只是解决了'面'上的问题,真正要发生'化学反应',还有大量工作要做。"② 民政部的改革亦是如此。在日趋复杂和不确定的形势之下,改革后的民政部在坚决贯彻党中央决策部署的同时,仍需要持续发挥主观能动性,结合我国民生、民情实际创造性地开展工作,推动儿童福利、养老服务、慈善事业、志愿服务、社会工作、社会组织管理等各项工作落实落细,并形成整体与协同效应。

---

① 《民政部举行2019年第四季度例行新闻发布会》,国务院新闻办公室网站,http://www.scio.gov.cn/xwfbh/gbwxwfbh/xwfbh/mzb/Document/1667027/1667027.htm,最后检索时间:2020年4月29日。
② 《习近平出席深化党和国家机构改革总结会议并发表重要讲话》,新华社,http://www.gov.cn/xinwen/2019-07/05/content_5406606.htm,最后检索时间:2020年4月29日。

B.17
互联网捐赠电子票据时代来临

杨彤彤　王　勇*

摘　要： 2019年，中国残疾人福利基金会、湖北省慈善总会等先后实现通过互联网公开募捐信息平台实时开具电子捐赠票据的功能。这一功能的实现，解决了互联网捐赠笔数巨大而纸质票据开具、送达的困难，有助于提升公益慈善机构的透明度，推动捐赠免税政策的落实，有利于监管部门的监管，必将推动我国小额捐款的增长。

关键词： 互联网捐赠　电子捐赠票据　小额捐款

2019年4月11日，我国第一张互联网捐赠电子发票由中国残疾人福利基金会开出，该机构成为全国第一个将捐赠电子发票发送至个人的基金会。在此次应用中，该基金会携手支付宝，打造了"捐赠到账－填写开票信息－开具发票－推送至发票管家小程序"的捐赠电子发票全流程场景。

2019年9月2日，湖北省慈善总会开具了湖北省第一张电子捐赠票据，成为湖北首家具备开具电子捐赠票据功能的社会组织。

自此，捐赠电子票据的开具实现了中央和地方的双突破。

中国残疾人福利基金会秘书长张雁华表示，信息化与电子化都是未来发

---

* 杨彤彤，中国灵山公益慈善促进会高级项目主管；王勇，《公益时报》记者。本文部分内容来自《公益时报》记者王勇（本文作者之一）的新闻作品《互联网电子捐赠票据是如何产生的？》，《公益时报》2019年5月28日。

展的重要趋势,电子捐赠票据的产生对慈善组织的信息化、专业化乃至国际化发展都有着非常重要的意义。同时,对于监管及管理部门来说,这更是一次全流程监管技术的创新,无纸化智能捐赠管理使得监管的流程更为可控,捐赠电子票据的推广势在必行。

一 需求:蓬勃发展的互联网捐赠

2016年3月,《慈善法》正式通过。根据规定,通过互联网开展公开募捐的慈善组织,应当在国务院民政部门统一或者指定的慈善信息平台发布募捐信息,并可以同时在其网站发布募捐信息。

随后,结合《慈善法》《公开募捐平台服务管理办法》的相关规定,共计20家互联网募捐信息平台被民政部先后遴选为网络募捐平台,并且同时出台了《慈善组织互联网公开募捐信息平台基本管理规范》《慈善组织互联网公开募捐信息平台基本技术规范》两项行业标准。

在《慈善法》的规制下,我国的互联网捐赠呈现蓬勃发展的态势。据民政部2018年公布的数据①,指定的20家网络募捐信息平台,当年服务全国慈善组织超过1400家、共计发布了募捐信息超2.1万条,网民累计点击、关注与参与人次超84.6亿,全年募款总额31.7亿元左右,较2017年增长了26.8%。

与此同时,按照《慈善法》的规定,接受捐赠的慈善组织,应向捐赠人提供财政部门统一监(印)制的捐赠票据。捐赠票据要求载明捐赠人、票据日期、慈善组织名称及经办人姓名、捐赠财产的数量和种类等信息。

这一要求对慈善组织提出了巨大的挑战。"在公募和网络募款蓬勃发展的态势下,小额捐款的体量一直在增加,根据传统的工作模式,打字或手写发票都是非常消耗人力的,而且邮寄成本高,这既造成了资源的浪费又导致

---

① 民政部:《互联网慈善的"中国样本"正在形成》,http://www.mca.gov.cn/article/xw/mzyw/201904/20190400016396.shtml,最后检索时间:2020年4月22日。

了工作效率的低下。"张雁华表示。

据湖北省慈善总会的统计，2019年上半年，共收到43万多笔网络捐款，网络微捐款达2194万余元。由于捐赠人次数目巨大，如果所有捐赠者都申请纸质捐赠发票，这就成为一项不可能完成的任务，而且存在诸如运输成本高、印刷成本高、周期长等问题。[①]

二 机遇：电子票据管理改革

纸质票据的开具成为不可承受之重，是否有解决办法呢？财政部为电子票据的推行提供了解决之道。

2017年6月，财政部发布了《关于稳步推进金融电子票据管理改革试点方案》，要实现财政电子票据的开具、存储、管理、传输、查询、报销核算和社会应用等无纸化电子控制的全过程、即用数字信息代替纸质材料，用电子签名代替手工签章。

首批选择北京、浙江（宁波）、贵州、云南、湖南、福建（厦门）、黑龙江、重庆等地区，华侨大学、国家开放大学等中央单位为试点，在此基础上开展财政电子票据改革工作。

2017年底，财政部相继选定了第二批电子票据管理改革试点的地区和单位。

2018年11月，财政部发布《关于全面推开财政电子票据管理改革的通知》，根据规定，所在地区的所有单位及全部财政票据种类都需按要求进行财政电子票据管理改革，相关试点单位应将财政电子票据管理改革扩大至全部财政票据种类。

电子票据取代纸质票据是势不可当的，公益慈善行业自然也不例外。电子捐赠票据作为财政票据一种，在这种背景下的发展成为一种必然结果。

---

① 湖北省人民政府：《湖北省开出首张慈善公益领域电子捐赠票据》，http://www.hubei.gov.cn/zwgk/rdgz/rdgzqb/201909/t20190902_1410295.shtml，最后检索时间：2020年4月22日。

三 探索：打通三方流程

以下为中国残疾人福利基金会宣传活动部副部长常达介绍的电子捐赠票据开具工作的发展情况。

在看到财政部推广电子票据的文件后，于2018年年中，该基金会决定正式启动电子捐赠票据相关工作。

有资格开具捐赠票据的慈善组织可以向财政部门申请在线开票。在财政部票据监管中心的网站上可以找到相关申请表格及流程等信息。财政部门对推动电子票据的事情一直是非常积极的，他们希望将电子票据推广至更多的领域及行业。

由于以前没有开出过电子捐赠票据，财政部票据监管中心在接到中国残疾人福利基金会申请后，编制了电子捐赠票据样本，这也为其他机构日后的申请开辟了新的道路。

机构在提交申请后，有两种方式可以开具电子捐赠票据。

（1）申请机构定制UKey，接到申请后，财政部信息网络中心将会为单位制作UKey（10个工作日内完成），该单位可以用Ukey登录财政票据管理系统的网站开具票据。

（2）购买服务器进行签名认证和签名，申请系统对接，然后通过系统对接方法开票，即可在自己的系统中开具票据。

电子捐赠票据开具完成之后便可发送给捐赠人。至此，便完成了电子捐赠票据的开具工作。无论捐赠金额大小，都可以在捐赠后向基金会提供信息，基金会根据所填信息开具电子捐赠票据并将其发送给捐赠者。

但是，基金会开具电子捐赠票据与互联网捐赠者实时获得捐赠票据是不同的。怎么解决这一问题呢？关于电子票怎么发送给C端用户，中国残疾人福利基金会花了很长的开发周期才实现。

这需要实现互联网公开募捐平台、财政部票据监管中心及基金会三方的对接。当中国残疾人福利基金会向财政部票据监管中心提出申请时，发现支付宝对此的态度也是非常积极的，说早就想做这件事情了。

解决以上问题要经过一个三方联动的过程：蚂蚁金服公益开发了申请捐赠发票的功能，捐款人可在捐款后填写捐款发票抬头；中国残疾人福利基金会对原有的捐赠管理系统进行了升级和改造；随后，票据监管中心分别和支付宝和基金会进行了对接。

在此过程中，基金会做得最多的就是压力测试。因为互联网捐赠的体量很大，如果服务器无法承担那么多人次的开票工作，一旦垮掉瘫痪，公众可能会不理解，这将会产生信任危机。

整个设计过程中，我们其实一直是站在捐赠人的角度进行思考的，如果说原来纸质票据采取邮寄的方式，捐赠人三到五天可以收到，若是电子捐赠票据需要同样的时间，那就没什么意义可言了，最终基金会选择的是"T+0"的方式，来实现电子票据到用户端的获取。

四 实践：上线1个月开票超5万张

2019年4月11日，中国残疾人福利基金会的互联网捐赠电子票据功能正式在支付宝公益平台上线，并选择了中国残疾人福利基金会的"残疾儿童助养"、"脑瘫儿童滋养计划"、"假肢矫形适配救助"、"我送盲童一本书"等项目进行捐赠。

在捐款成功页面（不限金额），填写相关捐赠信息，一般10～20分钟，捐赠者便可在支付宝发票管家中收到相应的电子捐赠发票。

实现这一点并不容易，在这背后是捐赠者看不到的复杂流程。这涉及捐赠者、财政部票据监管中心、蚂蚁金服公益、中国残疾人福利基金会等多方。

（1）捐赠者在蚂蚁金服公益页面申请捐赠发票并填写发票抬头信息，交易单号、项目、金额等会根据实际捐赠自动生成。

（2）蚂蚁金服公益将收到的信息发送至基金会业务系统，基金会将根据交易订单号信息自动核实捐款是否成功。

（3）捐款成功后，基金会发出包含单位签名的票据信息后，系统将会自动上传到财政系统，由财政系统对电子票号的唯一性和单位签名的有效性进行验证后，增加一个财政监制签名，创建并生成一套完整的财务电子票据。

（4）电子票据之后会被推送至支付宝的发票管家与基金会，捐赠者即可在支付宝的票据管家进行查询。

由于整个过程是由系统自动完成的，人为干预也减少了。在整个过程中为保证每个捐赠者的隐私，所有数据是加密的，我们不会获得任何一个用户的真实电话号码。

那么，有多少人会开具电子捐赠票据呢？"上线一个月，日均小额捐赠的开票量是两千多张，月开票量超过5万张，这已经远远超过我们去年在线捐赠纸质票据的开票量。"常达强调。

五 效果：推动互联网捐赠发展

《慈善组织互联网公开募捐信息平台基本管理规范》规定"平台应为慈善组织履行开具捐赠票据的义务提供便利，并为用户提供发票申请渠道"。

此前慈善组织开具纸质票据是存在问题的：一是捐赠者对可开票的基础金额并不清楚，或者因为需要提交相关信息而放弃；二是慈善组织开具纸质票据耗时耗力，且存在票据寄送的问题。

支付宝公益平台负责人刘琴表示，不少慈善机构采取设置捐款最低限额才开发票、提供票据的办法，某种程度上损害了该机构的公信力。

张雁华强调："小额捐赠者能够及时获取票据，可增强其捐赠现实感，这也是基金会落实捐赠者服务的一个重要举措。"

湖北省民政厅相关负责人表示，这在一定程度上减轻了票据收发、传输、分拣、存储等环节的工作量，降低了票据的管理成本，使票据更加绿色、方便、高效，而且大大提高了票据的透明度和可信度。①

常达表示："电子捐赠票据的产出，使得财务及税务部门可以轻松进行核实。如果打通从捐赠到电子捐赠票据，再到电子票据线上的税收抵免这条线，我认为它实际上也可以促进我国个人小额捐款的发展。"

清华大学公益慈善研究院副院长邓国胜曾在接受采访时强调："个人捐款比例低一直是困扰我国公益行业发展的难题，毫无疑问，捐赠电子发票的推广有助于提升公益慈善机构的透明度，推动我国小额捐款的增长。"②

电子捐赠票据的推广势在必行。

---

① 《我省开出首张慈善公益电子捐赠票据》，《湖北日报》，http://hbrb.cnhubei.com/html/hbrb/20190904/hbrb3370158.html，最后检索时间2020年4月22日。
② 邓国胜：《将捐赠电子发票推送到个人，将推动小额捐款增长》，善达网，http://www.shanda960.com/shandaguan/article/17998，最后检索时间2020年4月22日。

B.18 我国反性骚扰进程有所推进，但仍任重道远

张天潘 唐苏*

摘 要： 2018年，接连多位公益慈善界知名人士被网络指控性骚扰，引发公益慈善界关于提升社会性别意识和推进行业伦理建设的热烈讨论以及一些联合行动。2019年，公益慈善界相关性骚扰控诉的回应与救济继续进行。其中，受到比较广泛关注和具有历史意义的是成都一天公益理事长刘某性骚扰案。这是我国第一例以"性骚扰损害责任纠纷"为案由进行审理并且原告一审获胜诉的案例。2019年我国国家层面反性骚扰的机制建设也有所推进，除了"性骚扰损害责任纠纷"正式成为民事案件的"独立案由"，防止性骚扰有关规定也被写入编纂中的民法典。但是，纵览2019年包括公益慈善行业在内的我国整体反性骚扰进程，无论是从具体性骚扰控诉的回应与救济，还是从国家层面的机制建设来看，都仍旧有着诸多值得仔细分析和反思之处，反性骚扰任重而道远。

关键词： 反性骚扰 公益慈善 立法 司法

2018年，接连多位公益慈善界知名人士被网络指控性骚扰。这些指控

---

* 张天潘，公益观察员；唐苏，公益观察员。

通过互联网社交媒体广泛传播，一方面重创了公益慈善行业的公信力；另一方面也促使公益慈善行业重新审视和反思自身发展现状与缺陷，继而深入挖掘和探讨性骚扰背后的制度、文化及社会因素。性骚扰被正视为必须认真对待和严加预防与应对的社会问题，其实质是权力的滥用和对人权的侵犯。在这一过程中，公益慈善界一定程度上展现了其对社会性别意识的敏感性和理解力，也由之提升了联合推动反性骚扰机制建设与落实的行动力。整体而言，公益慈善行业在2018年一系列性骚扰丑闻中的发声和行动是迅速而积极的，虽然在社会层面上的影响力并未十分彰显，但至少在行业内部凝聚起了基本共识，即反性骚扰事关行业伦理建设、公民权益保障、性别平等促进和社会正义维护，必须以应有的责任感予以持续重视和推动。

2019年，相关控诉的回应与救济继续进行：年初，知名公益机构"工友之家"前核心成员贾某被网络举报性骚扰事件发酵，推动工友之家正面公开回应；7月，成都一天公益理事长刘某性骚扰案于成都武侯区法院一审判决，原告胜诉；12月，公益慈善界人士质疑于去年被网络指控性骚扰的公益人邓某公开募款项目，使其下线。与此同时，国家层面反性骚扰的机制建设也有所推进，主要包括"性骚扰损害责任纠纷"正式成为民事案件的"独立案由"，防止性骚扰有关规定被写入民法典（草案）。

一 性骚扰为案由的第一例案件一审判决

2019年，公益慈善界相关性骚扰控诉的回应与救济继续进行。其中，受到比较广泛关注和值得在我国反性骚扰历程上记录一笔的是成都一天公益理事长刘某性骚扰案。2019年7月8日，四川成都武侯区人民法院对该案进行了一审判决，认为被告刘某存在被指控的性骚扰行为，要求其在判决结果生效之日起十五日内，向原告当面以口头或书面的方式道歉。现有公开资料显示，这是我国第一例以"性骚扰损害责任纠纷"为案由进行审理，并且原告获得一审胜诉的案件。

2018年12月12日，最高人民法院发出《关于增加民事案件案由的通知》（自2019年1月1日施行），明确在原《民事案件案由规定》第九部分"侵权责任纠纷"的"348.教育机构责任纠纷"之后增加一个第三级案由"348之一，性骚扰损害责任纠纷"。① 而在这之前，因无独立案由，性骚扰案件通常以身体权纠纷、名誉权纠纷、一般人格纠纷等案由进入司法程序，而这些案由都没有办法揭示性骚扰的本质，也没办法展露性骚扰对当事人造成的多重侵权。性骚扰损害责任纠纷成为民事案件的案由，意味着性骚扰事件在立案阶段的渠道得到了历史性的打通。这或将鼓励更多性骚扰受害者诉诸法律以维护自己的合法权益。

此外，这起案件的一审判决还有一个体现进步的地方：成都市武侯区人民法院明确给出了判定性骚扰事实成立的界定标准，即"性骚扰是指违背对方意志，实施带有性暗示的言语动作，给对方带来身体和精神上的伤害"，其中包含了对于性骚扰事实的认定标准和构成要件：（1）违背对方意志；（2）实施带有性暗示的言语动作；（3）给对方带来身体和精神上的伤害；（4）行为与其结果之间有因果关系。②长期关注性骚扰问题的中华女子学院法学教授刘明辉在接受财新网记者采访时解释说，我国目前并没有相关的法律法规对什么是性骚扰进行明确界定，因此，作为公开资料可见的全国首例以性骚扰损害责任纠纷为案由审理的案件，这起性骚扰案的判决对之后的司法审判具有一定的指导意义。③同时，在这起性骚扰案的审理中，取证不再限于实体的证据，还强调证据间的因果逻辑性以及"违背对方意志"和"性暗示"等关键要件，这与之前曾发生的忽视性骚扰案件原告举证难的特殊情况而苛求原告举呈直接证据的审理相比，也是一个

---

① 最高人民法院：《关于增加民事案件案由的通知》，正保法律教育网，http：//www.chinalawedu.com/falvfagui/21752/wa1812241255.shtml，最后检索时间2020年4月21日。
② 躺糖：《中国米兔第一起性骚扰胜诉案当事女生：这个事儿很难，但不是没有希望》，"新媒体女性"新浪微博，https：//www.weibo.com/u/1527379661，最后检索时间：2020年4月21日。
③ 覃建行、史婉霜：《性骚扰成为独立案由后，首现胜诉判决》，财新网，http：//china.caixin.com/2019-07-13/101439305.html，最后检索时间：2020年4月21日。

明显的进步。①

在司法的启示之外,这个案件中起诉一方的一些经验也值得指出。具体来说,这个案件一审能够胜诉的原因至少包括:第一,起诉者在事发后及时告知亲友,留下了较为有利的间接旁证;第二,事发后及时向被告单位的负责人投诉,这个举动对于澄清诉讼中有关雇主责任的部分,是非常重要的;第三,保留了公开指控后被告就案涉纠纷在微信向其进行道歉的记录等。这些共同构成了较为完整的证据链,让这个案件具备比较充分的证据。此外,还有非常关键的时效性问题。这个案件发生于2015年夏天,虽然在原告进行网络指控时已过诉讼时效,但被告在获知指控后就案涉纠纷向原告进行道歉认错,这一行为视为其放弃时效抗辩,仍自愿履行因侵权而产生的义务,故诉讼时效从被告履行义务意思表示做出时开始计算,使得案件仍在诉讼时效内。

相比之下,2018年出现的其他性骚扰指控事件,在以上环节中多缺乏有效证据,或错过了时效期间,在被指控一方一开始就有着律师出主意,坚决不承认、不表态的情况下,很容易陷入"死无对证"的局面,根本就没有办法立案。比如公益行业第一个被曝光的雷某性侵事件,在被指控者公开承认并表示会自首的情况下,最后依然没有了后文,不了了之。

二 防止性骚扰有关规定写入民法典(草案)

如前文所述,2019年月1月1日起"性骚扰损害责任纠纷"作为最高人民法院新增的民事案件独立案由正式施行,这是2019年我国反性骚扰进程中在司法层面的重要进展之一。2019年我国国家层面反性骚扰体制建设的另一个值得关注的事件是,防止性骚扰相关规定写入了《民法典(草案)》。

---

① 躺糖:《中国米兔第一起性骚扰胜诉案当事女生:这个事儿很难,但不是没有希望》,"新媒体女性"新浪微博,https://www.weibo.com/u/1527379661,最后检索时间:2020年4月21日。

其实,早在2005年性骚扰在我国就已经入法。在当年通过的新修订《妇女权益保障法》中,明确写入"禁止对妇女实施性骚扰,受害妇女有权向单位和有关机关投诉"等条款。针对妇女的性骚扰被明令禁止,这是社会性别意识在我国法律中的体现,但其中的缺陷也很明显,其突出表现在只提出了抽象原则而未对性骚扰进行清晰界定;此外,其中也没有涉及发生在工作场所的性骚扰的雇主责任,这既缺乏鲜明的社会倡导性,也滞后于预防和应对性骚扰的国际主流做法——2014年联合国消除对妇女的歧视委员会在审议中国政府的履约情况后,就曾指出中国仍欠缺要求雇主对性骚扰承担责任的法律规定,敦促中国通过法律规定,把雇主纳为工作场所性骚扰的责任主体。①

民法典是宪法精神的具体化,是保障个人权益的最重要的法律之一,它以对人的保护为核心,以权利为本位,全面规范民事关系,具有单行法所不具备的系统性、层次性和科学性,是民事司法的基本依据和行为准则。在这个意义上,编纂民法典是我国立法史上的一件大事,是完善我国法治体系尤其是民法体系的重要标识。②

2019年,我国民法典编纂进入新阶段。12月23日,十三届全国人大常委会第十五次会议分组审议民法典草案。草案明确规定:"机关、企业、学校等单位应当采取合理的预防、受理投诉、调查处置等措施,防止和制止利用职权、从属关系等实施性骚扰。"这在民法典草案的前一个版本中表述为"用人单位应当采取合理措施,防止和制止利用职权、从属关系等实施性骚扰。"③ 改动后,相关条款不但明确了雇主和学校等有预防和制止性骚扰的责任,还涉及了性骚扰与权力关系之间的深层联系。在此基础上,全国人大常委会副委员长沈跃跃更进一步提出具体修改意见,建议把"机关、企业、

---

① 冯媛:《中国大陆反性骚扰历程》,《思想》2019年第38期,第203~228页。
② 蔡斐:《民法典是国家治理现代化的重要保证》,人民网,http://opinion.people.com.cn/n1/2019/1229/c1003-31527330.html,最后检索时间:2020年4月21日。
③ 林平:《民法典拟完善性骚扰规定:明确"机关、企业、学校等"应制止》,澎湃新闻,https://www.thepaper.cn/newsDetail_forward_5317125,最后检索时间:2020年4月21日。

学校等单位应当采取合理的预防、受理投诉、调查处置等措施，防止和制止利用职权、从属关系等实施性骚扰"，修改为"机关、企业、学校等单位应当建立预防、受理投诉、调查处置等机制，明确责任，防止和制止利用职权、从属关系等实施性骚扰"。此外，全国人大常委会委员蔡昉建议，在对性骚扰的实施方式的界定中，在"言语""行为"之外，再增加"文字"。①

这些写入民法典草案的关于防止性骚扰的规定及对它们的进一步修改意见，表面上呈现的是具体立法条款的完善，其背后体现的则是我国立法者对性骚扰及其滋生于权力滥用的本质的认识提升。一方面，这有望进一步推进我国反性骚扰的立法和司法进程；另一方面，从社会层面看，民法典是规范民事权利义务关系的基本准则，其草案明确将防止性骚扰的有关条款写入并在审议过程中不断完善，对于提高全体社会成员的权利观念、法治意识和伦理共识等都有望产生积极的引导作用。

三 中国反性骚扰进程仍任重道远

但是，如前文所述，纵览2019年包括公益慈善行业在内的我国整体反性骚扰进程，无论是从具体性骚扰控诉的回应与救济，还是从国家层面的机制建设来看，都有着诸多值得仔细分析和反思之处，反性骚扰依旧任重道远。

首先，刘某性骚扰案的一审判决使舆论一片欢呼，但实际上，该案仍难言最终胜诉。一方面，法院驳回了控诉方即刘某性骚扰案件受害人精神赔偿以及雇主需要承担连带法律责任的诉求；另一方面，一审判决后，刘某又提起了反诉，案件截至发稿时仍在二审中。此外，一审前后，案件的原告受到了众多质疑，甚至被骂"荡妇羞辱"，承受了巨大的精神压力。庭审细节显示，在被告刘某律师准备的证据中，就有诸多旨在证明她与刘某关系很好、

---

① 王春霞：《全国人大常委会会议分组审议民法典草案 多条建议聚焦妇女儿童权益保护》，全国人民代表大会网，http://www.npc.gov.cn/npc/c30834/201912/41a880d76e8447b7b282cea248f82505.shtml，最后检索时间：2020年4月21日。

交往密切的材料,以及她此前发布的一些关于女权主义对于身体、穿着的看法,企图以之为由证明她是一个"开放的女人"。这些都是单个性骚扰事件的侧面,但它们却并不具有特殊性,而是具有相当的普遍性,即性骚扰多发生于过去,且是在较为私密的时间与空间中,一般不易留下证据,而在包括雇主在内的社会公众对性骚扰认知不足、父权文化占据主流的社会舆论环境中,指控者往往更加处于不利的境地。在刘某性骚扰案中,原告在遭受性骚扰后及时联系了单位负责人,但负责人以在国外为由并未及时处理,且回国后也没有后续的有效回应。直到目前,性侵、性骚扰立案难、取证难、赔偿难依然是现实;受害者如想公开追责和维权,其所最能凭依的仍然首先是自己的忍辱坚持。

另外,2019年本该成为公益慈善行业继续深入讨论有关议题的一年,深化基本共识和决心的一年,具体铺开有关机制建设并重建价值的一年,但事实上,无论是在刘某性骚扰案一审判决前后,还是其他相关事件/案件的回应与救济过程中,公益慈善行业都未能延续2018年的联合发声和行动。在2018年接连爆出性骚扰丑闻后,不但一些持续深度关注和致力于促进性别平等的草根民间公益组织迅速反应和行动,就连一些平常并没有专门关注相关议题的公益慈善机构和公益人也都积极回应,共同推动了具有一定行业属性的公共讨论和机制建设行动。其中,2018年8月8日,爱德基金会传一慈善文化基金发起、11家公益慈善机构联合主办的线下讨论会,在不得不局限在小范围的情况下,仍有超过40家公益慈善机构的代表现场参与,并且这些机构以及更多的机构在讨论会后都签署了经过多次征求意见和修改的《公益慈善界反性骚扰承诺书》,纷纷表态会将社会性别议题纳入机构内部培训,并把建立内部预防与应对性骚扰机制列为机构长期工作。[1] 但是,在2019年,相关议题的行业性公共讨论没有再次发生,遑论深入,而在对一些相关指控的小范围讨论中人们却明显可以感觉到性侵、性骚扰的姑息氛

---

[1] 徐会坛:《性骚扰丑闻引发公益慈善行业性别文化与伦理建设反思》,载杨团主编《慈善蓝皮书:中国慈善发展报告(2019)》,2019,第347~356页。

围仍然浓重，其突出表现在言语中隐含的对指控者和支持指控者的意图的揣度。普遍来说，更具正义感和抗争精神而权力结构相对来说更加松散的公益慈善行业如此，企业、娱乐圈、高校、政府等界别的情况更不容乐观。

最后，将防止性骚扰明确纳入司法和立法体系是重大进展，但这些在实践中都仍处于"初级阶段"。虽然民法典草案写入关于防止性骚扰的有关条款，但就目前的条款来看，其与此前的《妇女权益保障法》一样，也尚未对性骚扰进行明确界定，由此影响了其可操作性。此外，对性骚扰界定的不明确，也不利于提升社会公众对相关行为的底线的认识，以及对性骚扰事件的有责任感而非消遣性的关注；而正是社会公众对性骚扰的认识和关注，最终会形成有关的社会舆论环境。这一社会舆论环境极大影响着性骚扰受害者是否能够勇敢打破沉默，站出来维护自己的尊严、捍卫自己的权利，而这将最终指示社会整体的反性骚扰进程和社会性别平等方面究竟是前进了、原地不动还是倒退了。事实上，在社会整体性别平等状况方面，我国的情况并没有随着经济的发展而改善。据世界经济论坛（World Economic Forum）2019年12月17日发布的《2020年全球性别差距报告》，在2019年的153个国家性别平等状况的排行榜上，中国跌落至历史新低，第106位，较2018年又下降3位；而2008年以来，这种排名的下跌状态是持续的。[1] 改变这种状态，需要公私部门合力协作；而在中国特色的体制之下，来自国家法律体系的明确倡导和引导，具有更加现实和长远的必要性及价值意义。

---

[1] 黄蕙昭、黄姝伦：《中国男女平等水平全球排名连跌11年 为什么?》，财新网，http://www.caixin.com/2019-12-18/101495617.html，最后检索时间：2020年4月21日。

B.19 聚焦"少年的你" 涉未成年人的"两法"迎大修

南 方[*]

摘　要： 2019年10月31日,《未成年人保护法（修订草案）》与《预防未成年人犯罪法（修订草案）》向社会公开征求意见，吸引亿万家长和未成年人的关注。本文梳理了两法修订背景和修订要点，指出《未成年人保护法》修订对健全未成年人保护责任和国家监护制度具有重大意义，回应了新时代未成年人保护的热点和趋势；通过对未成年人偏常行为的重新界定，《预防未成年人犯罪法（修订草案）》充分体现"提前干预"和"分级预防"理念，为未成年人健康成长明确底线。基于当前未成年人保护的立法发展趋势，公益行业将在构建未成年人保护社会支持体系和未成年人犯罪预防与早期干预中发挥更突出的作用。

关键词： 未成年人保护法　预防未成年人犯罪法　立法修订　儿童保护

2019年一档热播电影《少年的你》把校园欺凌问题带入公众视野，在针对电影的诸多热议中，如何保护未成年人健康成长、预防和处置未成年人

[*] 南方，管理学博士，北京市社会科学院综合治理研究所助理研究员，主要研究方向：儿童权利、儿童社会政策和社会组织治理。

犯罪，更引起社会的强烈关注和广泛共鸣。电影上映后不久，《未成年人保护法》和《预防未成年人犯罪法》迎来大修。2019年10月31日，经第十三届全国人民代表大会常务委员会第十四次会议审议的《未成年人保护法（修订草案）》与《预防未成年人犯罪法（修订草案）》，正式面向社会公开征求意见。截至2019年11月25日，前者共收到3.7万多人提出的4.5万多条意见，其中未成年人有1.7万多人，提出了2.1万多条意见，约占总意见数量的45%；后者有6400多人提出了7400多条意见，其中未成年人有1700多人，提出了近2000条意见，约占总意见数量的25%。① 巨量的修改意见，在近年法律草案征求意见过程中并不多见。未成年人的健康成长和法律保护，不但牵动着亿万家长的心，也引发关心自己切身权益保护的未成年人的关注。

一 未成年人保护法修订：与时俱进保护"少年的你"

《未成年人保护法》（以下简称未保法）是我国第一部未成年人权益保护的专门法律，它对于未成年人保护的指导思想、保护内容、保护工作的原则给予明确规定，还从家庭保护、学校保护、社会保护和司法保护四个维度对未成年人的合法权利予以保护，可以说，未保法是一部保护未成年人合法权利的基本法。本次未保法修订草案条文从原来的72条增加到130条，此次修订则是未保法自1991年颁布实施以来第二次较大幅度的修改。

未成年人处于身心发育的特殊阶段，对未成年人的抚养、监护、教育和保护，体现着一个社会的公序良俗。然而近年来，涉及未成年人的恶性事件多有发生，除了电影《少年的你》中引起社会广泛关注的校园欺凌现象以外，未成年人家庭监护、人身权益侵害、沉迷网络等问题，也时刻挑战着当

---

① 蒲晓磊：《未保法修订草案已收到45000多条意见，近半数修改意见由未成年人提出》，《法制日报》2019年11月28日。

前的法律体系。就目前的未成年人保护立法而言,有些法律是30多年前定下的。随着我国青少年成长环境改善和国家法律及福利制度变迁,中国青少年心智成熟时间已比30多年前大幅提前,但与此同时,犯罪又有向低龄化转移的趋势。另外,《未成年人保护法》和《预防未成年人犯罪法》常被学者称作"没有牙齿的法律",仅仅是一种导向型的保护法和预防犯罪法,它更多属于软法,是一种政策性的导向而缺乏责任条款。①

因此,重新思考和设计未成年人法律保护体系,逐步成为全社会的共识,也是新时代中国儿童权益保障、国家法治现代化的必然要求。

(一)《未成年人保护法》修订的主要内容

《未成年人保护法》修订草案共九章130条,设置六大保护领域,其中政府保护和网络保护则为此次新增,形成更为完整的未成年人权益保护机制。修订的主要内容有以下十点②:(1)明确"未成年人利益最大化"原则。(2)明确要求国务院和县级人民政府建立未成年人保护的工作协调机制。(3)规定权利型报告制度和强制型报告制度。(4)细化未成年人监护制度,列举监护应当行为、监护禁止行为、抚养注意事项,明确国家临时监护、替代家庭监护。(5)建立学生欺凌防控制度。(6)建立有关性侵害、暴力、伤害、虐待等违法犯罪人员的信息查询系统,建立有关密切接触未成年人行业从业人员前置查询和从业禁止制度。(7)助推专门学校建设。(8)落实未成年人公共服务、公共交通优惠政策。(9)强化网络空间未成年人保护,对网络信息管理、网络企业责任、隐私保护、防治网络沉迷等做出规范。(10)坚持未成年人司法综合保护,强化对未成年被害人的保护、民事案件中的未成年人保护。

---

① 徐霄桐:《〈未成年人保护法〉是"没有牙齿的法律"》,《人民教育》2014年第24期,第4页。
② 澎湃新闻《"倒计时1天!〈未成年人保护法〉〈预防未成年人犯罪法〉修订草案等你来提意见"》,https://www.thepaper.cn/newsDetail_forward_5104484,最后检索时间:2020年3月4日。

（二）健全未成年人保护责任和国家监护两个制度面临的困境

实施二十余年后，未保法所构建的家庭保护、学校保护、社会保护、司法保护这样一张看似严密的保护网，一直面临着两个长期困扰未成年人保护实践的问题。一是未成年人保护责任稀释困境，很多部门都被赋予保护未成年人的部分责任，但都没有将保护未成年人列为专门的职责和业务范围；二是国家监护制度和政府保护职责的缺位，设有家庭保护、学校保护、社会保护、司法保护专章却没有"政府保护"专章。同时，法律还缺乏对于存在监护无力、监护困难、监护缺失、监护侵害以及其他形式的困境儿童提供完善的国家监护制度。[1][2]

近年来频频发生侵害未成年人恶性事件，其关键原因之一，便是缺乏强有力的保护性制度。2013年由民政部开始实施的全国未成年人社会保护试点，正式开启我国儿童福利制度从补缺型向适度普惠型转变进程，极大拓展了民政部门有关儿童保护的职能和所服务的儿童范围，2016年6月国务院印发的《关于加强困境儿童保障工作的意见》提出一个范围较广的困境儿童概念，几乎将各种原因导致家庭无法给予充分保障而处于困境中的儿童均纳入国家应当提供福利支持的范围。

与现行未保法相比，本次修订草案增设"政府保护"专章，该部分内容详细规定了国家监护制度。修订草案提出，"国务院和县级以上地方人民政府应当建立未成年人保护工作协调机制，统筹、协调、督促、指导有关部门做好未成年人保护工作"。草案中，保护困境儿童合法权益成为立法重心，进一步明确国家将在未成年人的监护人无法履行监护职责时承担监护职

---

[1] 《联合国儿童权利公约》明确规定"儿童系指18岁以下的任何人"，与我国《未成年人保护法》界定的未成年人含义相同。我国目前存在"儿童"与"未成年人"并用的情况。总的来看，"儿童"一词多在社会学与民政福利领域使用，"未成年人"一词则多在法学与法律领域使用。本文所称儿童与未成年人含义相同，在不同语境下分别使用，以尊重两个概念的使用习惯。

[2] 姚建龙：《未成年人法的困境与出路——论〈未成年人保护法〉与〈预防未成年人犯罪法〉的修改》，《青年研究》2019年第1期，第1~15、94页。

责。对于符合法定情形的未成年人，由县级以上人民政府代表国家进行监护。各级民政部门承担临时或者长期监护职责，教育、卫生健康、公安等部门应当根据各自职责配合本次未保法的修订。这一系列制度的建立和健全，回应了我国当前儿童福利制度的推进现状，各类困境儿童，特别是事实孤儿和监护人侵害未成年人权益等问题有望得到解决，与我国当前推进的适度普惠型儿童福利制度的战略定位有一致性。

（三）回应新时代未成年人保护的热点和趋势

遏制校园欺凌是本次修法的重点之一。未保法修订草案增加了许多针对校园欺凌预防和处置的具体措施，如规定应当在学校建立起有关学生欺凌的相关防控制度，开展防治欺凌的培训教育；学校需对学生的欺凌行为及时制止和处理，并且需通知被欺凌和实施欺凌行为的未成年学生的父母或者监护人等。

加强未成年人网络保护是本次修法的另一个重点。网络空间已成为未成年人成长的重要领域，缺乏互联网相关方面的保护规定，使现行未保法明显滞后于法律保护的现实需求。2019年全国人大社会建设委员会收到一封上千名家长联合签名的公开信，强烈要求国家加强对网络游戏的监管，防止未成年人深陷网络游戏不能自拔。① 也有专家指出，在针对未成年人的网络保护中，还需要考虑对涉及未成年人个人信息收集和管理可能会对未成年人隐私权带来严重侵害的风险。针对这些社会问题，未保法本次修订中增加了"网络保护"章节，全面规范了网络保护理念、网络环境管理、网络企业责任、网络信息管理、个人网络信息保护、网络沉迷防治、网络欺凌及侵害的预防和应对等，以期全方位实现对未成年人的线上线下保护。

健全性侵害防控和处置制度在此次修订中备受关注。近年来，未成年人遭受性侵害已经成为一个突出的社会问题，本次修订回应了预防不力和规范处置的问题。在加强预防方面，修订草案明确要求学校和幼儿园等教育机构需加强对教职员工的管理，并为未成年人开展与其年龄和理解接受能力相符

---

① 蒲晓磊：《网络保护专章专治网络保护不到位》，《法制日报》2019年11月5日。

合的性教育，同时，还要致力于提高未成年人在防范性侵害方面的自我保护意识和能力。① 在规范处置方面，草案规定必须要采取适当措施，以避免办案时对遭受性侵害或者严重暴力伤害的未成年人造成再次伤害，特别是应当由女性工作人员询问遭受性侵害的女性未成年被害人；对遭受性侵害或者严重暴力伤害的未成年被害人及其家庭实施必要的经济救助、心理干预、转学安置等综合保护。②

二 预防未成年人犯罪法修订：为未成年人成长明确"底线"

尽管我国已经有了《未成年人保护法》《预防未成年人犯罪法》两部用于治理青少年违法犯罪的法典，但目前国内仍旧缺乏独立的少年司法制度来"处罚"未成年人的违法犯罪行为。姚建龙对此颇为经典的类比是"对'生了病'的孩子仍然在普通医院、由普通科室医生、用和成年人一样的诊断和治疗方法、服用和成年人一样的药物'少儿酌减'"。③ 很多曝光的恶性犯罪加害人均有未成年时期罪错行为未得到有效干预的经历。在两法修订案公布前夕发生的大连13岁男孩杀害10岁女孩案件震惊全国，此案因加害人蔡某某未满14周岁，未达到法定刑事责任年龄，依法不予追究刑事责任，依法对蔡某某收容教养。这一事件再次使关于严罚低龄未成年人违法犯罪行为和包括降低刑事责任年龄的呼声高涨，也使法律界和普通公众均对《预防未成年人犯罪法》修改抱有极大期待。

《预防未成年人犯罪法》修订草案共七章52条。此次修法最为主要的举措首先是对未成年人的行为进行重新梳理和界定，将未成年人偏常行为分为

---

① 《重磅！未成年人保护法修订草案征求意见稿（全文）》，全国人大网，转引自国务院妇女儿童工作委员会官网，http://www.nwccw.gov.cn/2019-11/01/content_273867.htm，最后检索时间：2020年3月4日。
② 蒲晓磊：《未成年人保护法应筑牢防性侵法网》，《法制日报》2019年11月5日。
③ 姚建龙：《未成年人法的困境与出路——论〈未成年人保护法〉与〈预防未成年人犯罪法〉的修改》，《青年研究》2019年第1期，第1~15、94页。

不良行为、严重不良行为、犯罪行为三个等级,针对不同等级采取相应的教育矫治措施,体现"提前干预"和"分级预防"理念。① 对于预防一般性的不良行为,法律着重强调了加强教育和引导、消除影响其健康成长的不良因素,并明确规定未成年人的家庭和社区、所在学校、地方政府、司法机关等更为明确的职责。在临界预防或者重点预防方面,重新梳理了构成治安违法的行为,将其移入严重不良行为的范畴,规定了公安机关可以采取的八项过渡性教育矫治措施;还明确规定,对严重不良行为情节恶劣或者拒不配合、接受教育矫治措施的未成年人可送专门学校进行矫治和接受教育。在重新犯罪预防方面,统筹考虑与监狱法、刑事诉讼法以及即将出台的社区矫正法的衔接,丰富了诉讼中的教育、程序分流后的矫治、社区矫正期满和刑满释放后的安置帮教等措施。

本次修订聚焦新形势下未成年人犯罪问题。修订草案第二十四条对未成年人不良行为的划定新增了"沉迷网络以至于影响正常学习和生活""观看、收听含有色情、淫秽、暴力、恐怖、极端等内容的读物、音像制品或者网络信息"等与当下未成年人成长息息相关的内容。

修订草案明确学校和家庭联手预防未成年人犯罪的责任。草案对加强学校相关师资队伍建设做出了更加明确的规定,如第十四条新增"学校应当配备专职或者兼职的心理健康教育教师";第十六条新增"学校根据需要可以聘请社会工作者,长期或者定期进驻学校等"。这些规定对学校加强师资力量,做好预防未成年人犯罪提供了充分的保障。考虑到家庭在未成年人成长中起到的重要作用,草案修订中,还特别强调了家庭预防中要规定监护失职责任。

推动完善未成年人保护的法律体系建设,营造更适合未成年人身心健康成长的环境,需要全社会共同参与。公益慈善行业和社会组织同人需找准角色和位置,抓住时机、及时补位,构建未成年人权益保护的社会支持体系,推进未成年人犯罪预防与早期干预。还须将儿童视为伙伴,创造更多机会支持儿童参与立法和政策倡导,在推动未成年人法律保护行动中贡献力量。

---

① 《预防未成年人犯罪法修订草案提请审议分级预防未成年人不良行为》,全国人大百家号,https://baijiahao.baidu.com/s?id=1648110584346962116&wfr=spider&for=pc,最后检索时间:2020年3月5日。

B.20
"99公益日"地方慈善会的崛起与改革

马天昊[*]

摘　要： "99公益日"已经成为中国公益慈善盛大的节日。2019年，"99公益日"进入第五年，这一年的"99公益日"，地方慈善会表现十分突出，成为公募机构筹款排行榜中的"新势力"。近些年，慈善会积极参与互联网筹款，取得了不错的成绩，积累了不少经验，但同时，有学者担心慈善会的崛起会对民间慈善组织带来竞争压力，挤压其生存空间。但是总体来看，慈善会能够跳出"舒适区"，积极拥抱互联网，体现了这些年去行政化的成果，是社会组织管理体制机制改革的大势所趋。

关键词： "99公益日"　慈善会　去行政化

2019年9月7日，第五届"99公益日"正式启动，三天内筹集了4800万人次的爱心捐款17.83亿元，是2018年的两倍多，创历史新高。除了高速增长的筹款额度，2019年的"99公益日"还有一个新特点，那就是慈善会系统集体发力，改变了互联网筹款的格局。

2018年，参加"99公益日"的169家慈善组织中，慈善会系统的仅24

---

[*] 马天昊，中国慈善联合会研究部主任，主要研究方向：慈善捐赠、慈善政策、城市慈善、社会组织评估等。

家，筹款排行前十名中，只有深圳市慈善会和长沙市慈善基金会①两家，分别位列第 4 名和第 8 名。2019 年的"99 公益日"筹款前十名的组织中，有 5 家来自慈善会系统，占了半壁江山，包揽了第二名到第五名。这样的结果显然出乎了大家的意料，地方慈善会的崛起成为这一年"99 公益日"筹款的重要事件。

表 1 "99 公益日"公募机构筹款排行榜

排名	2018 年"99 公益日"筹款排名	2019 年"99 公益日"筹款排名
1	中华少年儿童慈善救助基金会	中华少年儿童慈善救助基金会
2	中国社会福利基金会	重庆市慈善总会
3	上海市华侨实业发展基金会	深圳市慈善会
4	深圳市慈善会	长沙市慈善基金会
5	深圳壹基金公益基金会	陕西省慈善协会
6	爱德基金会	中华思源工程扶贫基金会
7	中华思源工程扶贫基金会	中国社会福利基金会
8	长沙市慈善基金会	河南省慈善总会
9	中国儿童少年基金会	深圳壹基金公益基金会
10	无锡灵山慈善基金会	爱德基金会

资料来源：腾讯公益。

一 媒体对"99公益日"筹款新现象的解读

9 月 23 日，《公益时报》推出文章——《今年的"99 公益日"，他们索性跳出了"游戏规则"》，尝试对慈善会系统的优异成绩进行解读：一方面，一些基金会的筹款策略与以往不同，将在三天内的"扎堆式筹款"转变为日常的持续筹款和公众倡导，不再把最终的筹款金额作为衡量成功的主要指标。这样，他们花在"99 公益日"筹款上的精力和时间就相应地减少。另一方面，则是慈善会系统积极拥抱变革，加入"99 公益日"的筹款竞争中，

---

① 长沙市慈善基金会与长沙市慈善总会是一体化运作，故将其归入慈善会系统。

发动各方力量参与网络筹款，这一张一弛的结果，则是筹款"战报"上格局的变化。

上海联劝公益基金会副秘书长肖洁接受采访时表示，2019 年的"99 公益日"，他们对筹款策略进行了优化和调整，主要是减少了时间的投入和对规则细节的挖掘；而北京新阳光慈善基金会秘书长刘正琛表示，他们在"99 公益日"筹款中降低了患者众筹的筹款目标，有意识地减少对腾讯平台流量资源的依赖，而更注重发展机构自身的公众筹款能力。这些尝试和做法也得到了专家的肯定。清华大学公共管理学院教授、创新与社会责任研究中心主任邓国胜强调："一个成熟的慈善组织不能单纯依靠运动式的筹款，应做好常态化募款，提升机构自身的筹款能力和公众互动能力。"

与跳出"游戏规则"的基金会相比，近两年来，慈善会系统参与"99 公益日"的积极性有了大幅度的提高。9 月 11 日，《中国社会报》刊登文章——《今年 99 公益日筹款 24.9 亿元：爆发式增长的背后》，文章中提道："'99 公益日'举办到第五个年头，多地民政部门和慈善会都已经熟知，也将参与'99 公益日'筹款作为年度重要的工作之一。"这也说明，地方慈善会积极参加"99 公益日"筹款，一定程度上是因为相关政府部门和领导"非常重视"，并且列入年度工作考核。与民间慈善组织相比，慈善会的官方背景使他们在政府资源、组织网络和媒体资源方面有天然的优势，可以转化为极强的行政动员能力。慈善会系统的会员隶属关系，也直接形成了慈善劝募的联合体，这是基金会类型的慈善组织无法比拟的。对此，邓国胜表示："（慈善会）勇于参与到具有竞争性的筹款活动中来，这是值得肯定的。"但他也不无担忧："慈善会系统拥有行政资源的优势，可通过行政手段要求各机构参与，势必会让民间公益组织受到冲击。"①

---

① 《99 公益日，他们索性跳出了"游戏规则"》，《公益时报》，http://www.gongyishibao.com/html/yaowen/17428.html，最后检索时间：2020 年 3 月 4 日。

二 地方慈善会参与"99公益日"筹款的做法

地方慈善会参与"99公益日"的经验和效果各不相同，但在做法上颇有共同点，可以概括称为"三会一课"，指的是动员会、总结会、表彰会和业务培训。借助慈善会系统的组织网络和体制优势，上一级的慈善会动员下一级的慈善会形成互联网筹款的联合体，在腾讯公益平台发起子母计划，短时间内就能组织起来众多的捐赠人，转化为可观的筹款金额。这成为慈善会系统开展"99公益日"筹款的既定动作，而且事实证明也颇为有效。

自2017年开始，重庆市慈善总会连续三次参加"99公益日"，相继完成了416万元、3098万元、1.31亿元的筹款"三级跳"。2019年"99公益日"，其募捐额居全国第二、省级慈善会第一。2019年初，重庆市委下发了《关于大数据智能化引领的创新驱动发展战略行动计划》，明确了推进互联网募捐工作的路径。以此为契机，重庆市慈善总会深入学习筹款技巧，增强专业力量，并制定了2019年全力推进互联网募捐的五条措施。在慈善总会的推动下，重庆市31个区县慈善会参与了"99公益日"筹款，各区县党政领导高度重视，分管领导亲自参加筹款动员会、召开部门协调会。在重庆市慈善总会的带领下，各区县慈善会等108个社会组织加入这次互联网筹款行动，他们层层动员，深入街道、村社、学校、医院，同时配合媒体，召开宣讲会、培训会、坝坝会等多种形式的宣传活动，全方位扩展活动影响覆盖范围。为解决遇到的人才和技术问题，重庆市慈善总会共举办23期"互联网+慈善"论坛，培训各区县慈善会、社会组织领导和骨干数千人。2019年11月1日，重庆市慈善总会举办表彰大会，对在"99公益日"活动中取得突出成绩的集体和个人予以通报表彰，并颁发荣誉证书。这些举措，是重庆市慈善总会互联网筹款取得突出成绩的保障。

陕西省慈善协会在互联网筹款方面也取得了不错的成绩。2019年，为了配合第一个陕西慈善周，陕西省慈善协会于7月15日便向全省慈善会系统下发了《陕西省慈善协会关于在陕西慈善周动员社会各界参与99公益日活动的通知》，快速完成了在全省 12 个地市开展的网络众筹培训，并召开媒体动员会，广泛发动企业和公众募捐。最终，这次"99 公益日"各市县慈善会的参与率达到了 90% 以上，共上线筹款项目 72 个，发起子计划 530 个，筹款总额 1.18 亿元。

三 "99公益日"成绩的背后，是慈善会系统的转型与改革

十年前，行业中就开始了关于慈善会系统去行政化的讨论。2009 年 10 月 30 日，邓国胜在一次在线交流中提出："中国慈善会严重影响中国慈善事业的发展。"他认为，"慈善会系统自主化程度比较低，缺少独立运作的空间，制约了慈善事业的发展。慈善会要逐步增强自主性、自制性、独立性，只有这样慈善事业才会有前途。"① 此话一出，立刻引起了行业关注。2009 年 11 月，《中国社会报》开辟专门版面，发起"谁在阻碍中国慈善事业发展"的讨论，包括邓国胜、徐永光、郑远长、常寒婴等学者和慈善工作者分别从各自角度发表了观点，对慈善会的定位、作用、评价和发展方向等问题进行了深入讨论。邓国胜认为：慈善会享有官方特权，民间慈善组织处于不平等的竞争弱势，挤压了民间慈善组织的生存与发展空间。徐永光认为：慈善会应该像基金会一样，独立专业化运作，让捐赠资源从民间到民间。虽然各自出发点和角度不同，但是大家普遍认为：慈善会要去行政化，独立运作，提高专业化规范化水平；政府部门在慈善事业中要归位，对社会组织给予必要支持，履行好监管职责。这次讨论，是对慈善会系统经过十五年发展，尤其是 2008 年汶川地震刺激下快速增长的一次整体反思：一方面肯定了慈善会在中国慈善事业发展的特殊历史时期发挥的巨大作用；另一方面也对行政过度干预慈善组织运作提出了深切忧虑，为之后的慈善会系统"去行政化"改革探索进行了一次思想铺垫。

---

① 邓国胜：《官办慈善组织会阻碍中国慈善事业发展》，http://www.chinadevelopmentbrief.org.cn/news-12179.html，最后检索时间：2020 年 3 月 4 日。

党的十八大提出了全面深化改革的战略部署，十八届三中全会通过了《中共中央关于全面深化改革若干重大问题的决定》，明确提出要激发社会组织活力，正确处理政府和社会关系，加快实施政社分开，推进社会组织明确权责、依法自治、发挥作用。2016年，中办、国办发布的《关于改革社会组织管理制度促进社会组织健康有序发展的意见》，对社会组织改革进行了全面部署，加快推进社会组织政社分开。在全面深化改革的大背景下，慈善会作为官办慈善的代表，去行政化改革迫在眉睫。

早在2010年，深圳市慈善会就开始进行去行政化改革的探索，按照改革方案，深圳市慈善会与民政局在职能、人事、财务、资产和办公场地上"五分开"。由于涉及多项复杂的问题，改革过程颇为漫长，并不顺利。直到2017年，深圳市慈善会召开理事会换届大会，第二届理事会的成立标志着市慈善会与市民政局的正式脱钩，市慈善会改革成为独立法人治理结构的慈善组织。同年的"99公益日"，是深圳市慈善会改革后的一场"大考"。三天时间，深圳市慈善会发起了148个慈善项目，最终获45万人次超过3400万元的捐款。深圳市慈善会执行副会长兼秘书长房涛表示，这是深圳市慈善会以全新的面貌积极参与市场化社会化竞争，收获的最大一笔"改革红利"，也是深圳市慈善会转型改革后从供给侧入手，立足于"大慈善"新格局，由传统慈善向现代慈善迈进的一次关键性战役。①

山东省慈善总会副会长兼秘书长张彦龙把慈善会系统存在的问题归纳为六个方面：一是体制机制不顺畅，行政色彩较重；二是政府越位与缺位并存，激励机制不足；三是各类组织单打独斗，缺乏力量整合；四是与民间公益慈善割裂，优势无法互补；五是慈善工作队伍专职化、专业化程度低；六是对服务品牌化和影响力建设不重视。② 为了让慈善组织焕发活力，并借助

---

① 《收获 从拥抱改变开始——深圳市慈善会改革半年，99公益日交出靓丽答卷》，《慈善公益报》，http：//www.xinhuanet.com/gongyi/2017-09/19/c_129707550.htm，最后检索时间：2020年3月4日。
② 《官办慈善如何转型？山东省慈善总会改革试验》，《公益时报》，https：//mp.weixin.qq.com/s/9V1eV_jsOLo5s8STDFf5Zw，最后检索时间：2020年3月4日。

政府背景的优势发挥枢纽作用，山东省慈善总会聚焦改善地方慈善生态环境，走出了一条独特的去行政化转型路径。他们提出了"聚集伙伴、建设系统、构筑生态"，主动与民间"草根"合作，联合行动，共享资源。比如搭建全媒体宣传推广平台；启动"慈善山东伙伴计划"；引入外部资源如"壹基金"赋能本土公益慈善组织等。这些举措，一方面促成了官办慈善和草根慈善在合作中互通有无，取长补短；另一方面，山东的公益慈善组织抱团取暖，共同打造山东慈善的形象和品牌，有助于撬动更多优质的资源。2年多来，山东逐渐形成了一个由慈善总会牵头，行业枢纽型组织支持服务，慈善组织之间相互联系、相互影响、相互依靠的良性生态。2019年"99公益日"，山东省慈善总会联合全省近200家公益机构，发起132个项目，筹款总计3180万元，创历史新高。

　　慈善会系统的去行政化是大势所趋，在改革的进程中，互联网慈善是推动这一进程的"催化剂"。而"99公益日"，则成为慈善会去行政化改革效果的最好"检阅"。互联网筹款面对的是社会大众，他们习惯于"用脚投票"，并对慈善的透明度有严重的"洁癖"。面对市场化的筹款竞争，再强大的行政力量也会有力不从心的时候。借助参与"99公益日"的契机，慈善会系统要积极拥抱变革，拥抱科技，在去行政化的改革中，完成角色定位的"社会化"、内部治理的"现代化"、慈善募捐的"市场化"和选人用人的"专业化"，真正让慈善回归民间，让社会组织重归社会，这才是"99公益日"地方慈善会崛起这一事件背后，我们真正希望看到的改变。

B.21
鸿茅药酒与范冰冰获颁公益奖项引争议

罗 苑*

摘 要: 2019年末,两起有关争议人物、争议企业及其负责人获颁公益奖项的事件成为舆论焦点。其一,鸿茅药业获评"2018年度履行社会责任明星企业",鸿茅药业副总裁鲍东奇则获"2018年度履行社会责任年度人物奖";其二,影视明星范冰冰获"2019年度最具公益影响力明星"及"年度公益人物"两大奖项。有评论称,鸿茅药业和范冰冰成为舆论众矢之的,一是因为此前他们均有负面新闻缠身,公众形象不佳,与其所获奖项不匹配;二是其所获奖项的评选标准、流程等不透明,因而引发公众对奖项公信力的质疑。对社会而言,这两起事件所引发的对全国性行业协会评奖乱象、企业社会责任、明星公益等话题的讨论和反思有着重要价值。

关键词: 评奖乱象 企业社会责任 明星公益

因获得两项2018年度的"社会责任奖项",鸿茅药业在2019年末再次引发社会争议。此前,因存在多项违法违规记录及2018年的"跨省追捕医生"事件,鸿茅药业的社会公信力备受质疑。此外,为鸿茅颁发奖项的中国中药协会也受到舆论质疑,批评者指责其评奖标准及评奖流程"不甚透明""缺乏公信力"。

---

* 罗苑,自媒体"公益资本论"编辑。

在一片"喝彩"声下，2019年12月26日，中国中药协会宣布撤销对鸿茅药酒的表彰。此外，民政部于2020年1月20日在官网发布公告，对中国中药协会做出警告、没收违法所得20.729万元的行政处罚，并将其列入社会组织活动异常名录。

因获颁公益奖项陷入争议泥淖的，除了鸿茅药业，还有影视明星范冰冰。因"逃税门"事件，范冰冰的公众形象一落千丈。在2019年末连续获得两个公益奖项后，许多网友质疑其"名不副实""借公益洗白"。

岁末之际，这两起事件引发了社会各界对全国性行业协会评奖乱象、企业社会责任、明星公益等话题的讨论和反思。

一　鸿茅获奖事件回顾

2019年12月21日，"2019中国中药创新发展论坛暨《中国中药企业社会责任报告》发布会"举行，主办方为中国中药协会。在这个活动上，鸿茅药业被评为"2018年度履行社会责任明星企业"，鸿茅药业副总裁鲍东奇则获"2018年度履行社会责任年度人物奖"。① 一时间，社会舆论一片哗然。

正是在2018年，鸿茅药业因"跨省追捕医生"事件引发轩然大波。2017年末，广东医生谭秦东发了一篇网帖，题为《中国神酒"鸿毛药酒"，来自天堂的毒药》，鸿茅以被恶意抹黑造成经济损失为由报警。2018年1月，内蒙古凉城警方跨省抓捕谭秦东，并以涉嫌损害商品声誉罪将其刑拘。4月，内蒙古自治区人民检察院研究认为此案事实不清、证据不足，谭秦东也被释放。但公众仍对鸿茅颇有微词。

此外，因违规广告等问题，鸿茅药酒一直饱受争议。2017年8月，据《健康时报》不完全统计的结果，鸿茅药酒10年内曾被湖北、辽宁等25个

---

① 《鸿茅药业荣获"履行社会责任明星企业奖"》，中国经济网，http://views.ce.cn/view/ent/201912/26/t20191226_33985787.shtml，最后检索时间：2020年4月21日。

省（区、市）级食药监部门通报违法，违法次数达2630次，被暂停销售数十次。另据新华社报道，鸿茅药酒广告连续多年都被浙江省食品药品监管局列为违法药品广告予以通告，称其广告"含有不科学地表示功效的断言、保证""含有严重欺骗和误导消费者的内容"等。①

有评论称，鸿茅药业之所以引发众怒，正是因为其负面新闻缠身，社会公信力一直备受质疑，而这与其获得的荣誉和奖项并不匹配。

对此，《浙江日报》评论称，企业从哪里跌倒、从哪里爬起来，需要有一个用行动与品质证明自己的过程。人们需要用时间来观察、体验。尤其社会责任形象的溃塌，更需要经过长时间的修补，绝不是越缺失什么，越想通过权威部门与机构的奖牌来证明什么、补上什么。②

除了鸿茅药业，为其颁奖的中国中药协会也因评奖标准和评奖流程等原因引发公众质疑。

据官网资料，中国中药协会于2000年12月18日经民政部（民社登〔2000〕2号）批准成立，是国内代表中药行业的社团法人组织。协会的主要工作包括反映行业诉求，维护会员的合法权益；组织开展企业及产品评价、优秀企业及企业家表彰活动等。

鸿茅（全称为内蒙古鸿茅药业有限责任公司）是中国中药协会的一般会员。按照该协会2019年的会费收费标准，会员单位每年需缴纳5000元，理事单位为每年10000元，副会长单位则是每年30000元。③

据一份名为《关于编纂出版〈中国中药企业社会责任报告〉的通知》，支付8万元可担任该报告特邀编委委员，可优先推荐参加评选。这份通知也注明了《报告》各个版面的价格，在32000~60000元。而在申报"2018中

---

① 高晓锳：《鸿茅药业获社会责任奖是对社会的冒犯？挂电话拒回应》，中新经纬，https：//baijiahao.baidu.com/s？id = 1653795041894002754&wfr = spider&for = pc，最后检索时间：2020年4月21日。
② 刘雪松：《鸿茅药业获奖，网友为何"热烈祝贺"喝倒彩？》，浙江新闻，https：//zj.zjol.com.cn/news.html？id = 1352515，最后检索时间：2020年4月21日。
③ 包雨朦、吴雨欣：《鸿茅药业获评社会责任明星企业，到底做了啥贡献》，澎湃新闻，https：//www.sohu.com/a/362561765_260616，最后检索时间：2020年4月21日。

国中药行业社会责任年度人物"和"2018中国中药行业社会责任明星企业"一栏，注明"不收费"。①

有人质疑，鸿茅存在"付费赞助"行为，并因而获奖。据经济观察网报道，2019年12月25日，鸿茅药业品牌传播部相关人士对"付费"一说表示否定，他们称评选标准是中国中药协会定的，而鸿茅并不清楚有哪些考核指标。

据中新经纬报道，中国中药协会相关负责人对鸿茅药业获奖一事回应称："鸿茅药酒的过去是过去，过去的鸿茅药酒通过法律、媒体（的规治）已经翻篇了，也就承担起了社会责任，我们鼓励有社会责任感的企业，看的是它的现在和将来。"关于奖项的评选标准，对方表示评选有标准和依据，但不方便透露。另一段据称来自中药专家的回应则是："企业履行社会责任的评判，是看企业对环境的保护、对当地的药农产生多少经济效益，带动多大的扶贫需求、产生多少就业。这和做什么药，甚至抓医生没什么关系。"②

对此，社会舆论普遍表示无法接受，并进一步质疑中国中药协会在此次评奖中存在"暗箱操作""利益输送"。

在舆论连番讨伐下，12月26日，中国中药协会在官网发布致歉函，称协会在发布《中国中药企业社会责任报告》过程中，因把关不严，在表彰环节出现了争议较大的入选企业和个人，引发公众批评，并决定撤销本次表彰，纠正错误，规范管理。③

此外，民政部于2020年1月20日在官网发布公告，对中国中药协会做出警告、没收违法所得20.729万元的行政处罚，并将其列入社会组织活动异常名录。

据民政部调查，2019年3月，中国中药协会与中鸿兴（北京）信息

---

① 王吉陆：《把鸿茅评为社会责任明星的报告，交费8万可担任特邀编委》，八点健闻，https://www.tmtpost.com/4218314.html，最后检索时间：2020年4月21日。
② 《社会责任不能"重于泰山，败给'鸿茅'"》，《人民日报》官网，https://baijiahao.baidu.com/s?id=1653887388234628633&wfr=spider&for=pc，最后检索时间：2020年4月21日。
③ 《致歉》，中国中药协会官网，http://www.catcm.org.cn/newsmain.asp?id=10345&tid=&cname=%D0%AD%BB%E1%B6%AF%CC%AC，最后检索时间：2020年4月21日。

科技有限责任公司（以下简称中鸿兴公司）签订协议，合作开展《中国中药企业社会责任报告》编撰项目。协会授权中鸿兴公司开展《报告》组稿、招商、设计等工作。民政部调查公告还反映，该表彰活动未设评比标准和评选程序，只是根据《报告》中载明的相关企业情况，由中鸿兴公司提出获奖名单，再以中国中药协会的名义颁发获奖证书和牌匾。其中，中国中药协会共收取费用84.9万元，支出64.171万元，违法所得20.729万元。①

二 范冰冰获奖事件回顾

2019年末，因获颁公益奖项陷入争议泥淖的，除了鸿茅药业，还有影视明星范冰冰。

12月17日，在凤凰网时尚频道主办的"2019凤凰网时尚之选颁奖典礼"上，范冰冰获"2019年度公益影响力明星"奖。12月18日，在搜狐网主办的"2019搜狐时尚盛典"上，范冰冰获"2019年度公益人物"奖。对于这两个奖项，主办方均未公布评选标准和流程。不过，值得注意的是，奖项颁发时，主办方都提到了由范冰冰等人发起的公益项目"爱里的心"。

"爱里的心"（HEART ALI）是由范冰冰及其工作室与北京麦特文化董事长兼CEO陈砺志发起、针对西藏阿里地区的先天性心脏病儿童救治项目。该项目于2010年8月启动，自2016年8月起救治范围正式扩大到全国。截至2018年12月底，"爱里的心"共资助300余名先天性心脏病儿童完成手术。②

众所周知，自2018年以来，范冰冰深陷"逃税门"风波。因该事件，

---

① 《民政部对中国中药协会作出行政处罚》，民政部门户网站，http://www.mca.gov.cn/article/xw/tzgg/202001/20200100023092.shtml，最后检索时间：2020年4月21日。
② 《北京新阳光慈善基金会2018年度年检报告》，北京新阳光慈善基金会官网，http://www.isun.org/index.php?m=content&c=index&a=show&catid=89&id=418，最后检索时间：2020年4月21日。

范冰冰的公众形象一落千丈。在2019年末其连续拿下这两个公益奖项后，许多网友质疑其"名不副实""借公益洗白"。对于此次颁奖的主办方，公众亦对其评选标准和流程颇有微词。

实际上，早在此次获得奖项之前，范冰冰因与接受救治的儿童一起拍摄杂志封面、参与公益活动时高原反应严重导致生病的一组照片等，被不少网友视为"借慈善作秀和洗白"。

在网友看来，很多身陷负面新闻的明星在复出之际都会参与公益活动，试图挽回其公众形象。对此，中国网曾评论称，对于个人而言，任何单纯的公益行为都该鼓励支持，但切莫试图将此作为挽救自己事业星途的洗白器，公众和法治社会的贡献者、牺牲者经不起这样的伤害。①

三 "鸿茅药酒与范冰冰获奖事件"引发的思考

1. 企业社会责任的评价标准

对于鸿茅药业及其企业负责人获评"社会责任明星企业和年度人物"，鸿茅药业方面曾回应称是因其做了一系列公益活动。鸿茅药业副总裁鲍东奇在《中国中药企业社会责任报告》发布会上表示，近年来，鸿茅药业发起实施了健康扶贫筑爱行动、环卫工人关爱行动等一系列公益项目，在全国各地都取得了良好的社会效益。②

"仅凭一些公益活动，就说企业（履行了）社会责任，是很难有说服力的。"一位资深中医药行业人士如是称。

《新京报》评论称，为消费者提供不损害身心权益的合格产品当是企业社会责任的底线。封面新闻则认为，评价企业"履行社会责任"状况，不

---

① "中国网新闻中心"官方微博，https://weibo.com/1791805181/HtcZRrzPR?type=comment#_rnd1586878520646，最后检索时间：2020年4月21日。
② 《鸿茅获"社会责任奖"惹争议，行业人士：有点离谱》，中国新闻周刊，https://baijiahao.baidu.com/s?id=1653972967862737427&wfr=spider&for=pc，最后检索时间：2020年4月21日。

是捐了多少善款、开展了多少公益活动,而是先要看其"有无道德血液""是否忠于本业与客户""商业模式是不是正当"。①

在著名经济学家吴敬琏看来,企业履行社会责任在21世纪会成为新趋势。吴敬琏提出,企业不仅应对股东负责,而且要对其他利益相关者,包括员工、顾客、企业所在社区的居民、供应商、销售商,甚至整个社会负责。②

近年来,无论是企业还是公众,都对企业履行社会责任的真实状况越来越重视和关注。目前,业内评估企业履行社会责任的工具、指标有很多,包括 BIA、ESG 评级、社企认证等。例如,BIA(B Impact Assessment)指的是公益影响力评估工具,它从公司治理、员工、客户、环境和社区等五大维度,测量、管理企业的社会影响力和环境影响力表现;ESG(Environmental,Social,Governance)则是环境、社会和治理的英文简称,它强调在传统的财务指标分析之外,投资人还应从环境、社会和治理的角度系统分析一家公司的可持续发展状况。③

2. 行业协会评奖乱象

一场评奖乌龙将鸿茅药业多次送上"热搜"的同时,全国性行业协会的评奖乱象也浮出水面,引发讨论。

《半月谈》杂志评论称,中国中药协会作为国字头的行业协会,评选奖项理应做到公开透明、严格谨慎,而不是用什么"不方便透露"来搪塞。还有评论指出,近年来,知名企业、人物评奖引发公众争议的现象很多。之

---

① 毕舸:《鸿茅药酒获履行社会责任明星企业奖,"含金量"几何?》,《新京报》,http://www.bjnews.com.cn/finance/2019/12/24/665831.html,最后检索时间:2020年4月21日。
② 吴敬琏:《东亚应加快推动"所有者经济"向"利益相关者经济"演进》,"斯坦福社会创新评论"微信公众号,https://mp.weixin.qq.com/s?__biz=MzU2NTExMjQ4Nw==&mid=2247485328&idx=1&sn=13712fb8d0785ab102a34922b5eac66d&chksm=fc41fc58cb36754e3211a5b92709c6b1b0860d676fedd30abbb8e987e22fcdc5f42a8825d209&scene=21#wechat_redirect,最后检索时间:2020年4月21日。
③ 孔德明:《中国中药协会评选"社会责任奖"的标准和底线在哪里?》,《半月谈》官网,https://baijiahao.baidu.com/s?id=1653866821467712687&wfr=spider&for=pc,最后检索时间:2020年4月21日。

前某些机构因滥发奖项、有偿发奖等问题受到民政部处罚,暴露出这些机构将发榜、发奖作为牟利工具,通过"买卖奖项"获取不正当利益,而企业则通过付费赞助等换取各类高大上的奖项,为企业品牌宣传"镀金"。一方通过颁奖获利、一方通过拿奖得名,双方一拍即合,这导致此类评奖乱象屡禁不止。

实际上,除了中国中药协会,还有不少影响力较大的行业协会曾被民政部处罚。比如,中国广告协会违规开展2017年"艾菲奖"评选活动并收取费用,违法所得118万余元;中国商业联合会违规开展2015年、2016年"全国诚信兴商双优示范单位"等评选活动并收取费用,违法所得43万余元。

"侠客岛"梳理近年来被查处行业协会的违规做法,以评奖为例,可以看出几个特点:首先,奖项名号都很大,动辄"全国""中华""百强""先进"等。其次,评选程序"极简","一手交钱,一手发奖"。以开展评比表彰、培训认证为由敛取钱财,游走于市场和政府边缘,两头好处通吃。再次,评选标准模糊,"最终解释权在我",不足为外人道也。而如此收费乱评产生的结果,一则给企业带来沉重的负担。二则为一些问题企业、污点企业进行了信用背书。①

对此,《新京报》提出建议,对于目前各类评奖活动,有关部门应进一步加大监管力度,尤其是严查各种借发奖收取高昂费用的现象,避免再出现奖项只有利益"含金量"而无社会、行业价值"含金量"的怪事。

3. 明星公益的是与非

近年来,越来越多明星参与到慈善公益活动中。对于明星个人而言,积极参与公益活动不仅是其回馈社会、赢得尊重的重要方式,还有利于其公众形象的塑造和长期发展;同时,因显著的名人效应,明星公益在吸纳资源与媒体宣传上呈现出更高的社会动员能力。

---

① 田获三狐:《鸿茅评奖成乌龙,但有些事哪能翻篇?》,侠客岛,https://wxn.qq.com/cmsid/20191227A0RW0000,最后检索时间:2020年4月21日。

据基金会中心网总结,目前明星参与公益的方式主要包括公益代言、慈善捐赠、发起专项基金、成立基金会四种。据不完全统计,目前在中国大陆各民政部门登记注册的名人基金会约有10家,包括北京韩红爱心慈善基金会、北京姚基金公益基金会等。① 而截至2019年10月,我国约有19个由明星独立或联合发起成立的专项基金②,以范冰冰"爱里的心"为例,该项目目前挂靠于北京新阳光慈善基金会,名为"爱里的心先心病专项基金"。

另外,由于种种原因,明星们的慈善公益行为,也经常引来"作秀""沽名钓誉"等质疑。如果在信息公开、组织运营等专业层面出现问题,明星本人以及基金会更会陷入信任危机中。

深圳国际公益学院创始院长王振耀曾表示:"我们对名人做慈善制定了过高的标准——捐多了有说法,捐少了说'铁公鸡'。我们应该对明星、名人做慈善更宽容、更大度,让我们的明星更好地做慈善,同时开发名人慈善的价值最大化。"③

而据中国扶贫基金会发布的《2017年度中国演艺明星公益观察报告》,近年来,明星公益所关注的传统领域有所突破,参与方也更趋多元化;粉丝公益爆发式成长,因移动互联网渠道的快速发展,公益新传播成为可能。此外,值得关注的是,明星公益目前也面临着一些挑战,包括专业性、规范性、公信力和可持续性等仍待进一步提升。④

---

① 毛丽娜:《明星慈善,站在火山口上》,界面官方财经号"娱乐硬糖",https://m.jiemian.com/article/3980024.html,最后检索时间:2020年4月21日。
② 吕玥:《韩红、成龙、黄晓明……从质疑到称赞,明星基金会都经历了什么?》,钛媒体app,https://wxn.qq.com/cmsid/20200215A0HG3N00,最后检索时间:2020年4月21日。
③ 《王振耀:明星做慈善的价值应再放大100倍》,大众网娱乐,http://ent.dahe.cn/2014/12-16/103934756.html,最后检索时间:2020年4月21日。
④ 《中国扶贫基金会发布2018年度中国演艺明星公益观察报告》,凤凰网公益频道,https://gongyi.ifeng.com/c/7rZOH93HoQa,最后检索时间:2020年4月21日。

B.22
中国志愿服务发展开启新篇章

翟雁 张杨*

摘　要： 2019年，习近平总书记数次就志愿服务做出重要指示，在宏观层面产生重大影响，在微观层面引起强烈反响。本文在定向访谈基础上对其影响从不同维度按系统递进层次进行了深度解析。志愿服务由此跃升至国家战略高度并纳入现代化社会治理体系，国家层面的整体布局渐次形成，中国志愿服务即将迎来新的战略性发展阶段。

关键词： 志愿服务　基层　方向　定位　体系

2019年是对中国志愿服务未来发展影响重大的一年。新年伊始，中共中央总书记、国家主席习近平于1月17日视察了天津市和平区朝阳里社区[①]，为志愿者们点赞，并强调指出，"志愿服务是社会文明进步的重要标志"，"志愿者事业要同'两个一百年'奋斗目标、同建设社会主义现代化国家同行"；要求"各级党委和政府要为志愿服务搭建更多平台，更好发挥志愿服务在社会治理中的积极作用"。

---

* 翟雁，北京惠泽人公益发展中心创始人，北京博能志愿公益基金会理事长，北京志愿服务发展研究会志愿服务组织专委会主任，主要研究领域为中国志愿服务测量、志愿服务组织发展与实务性应用研究；张杨，北京大学光华管理学院硕士，北京惠泽人公益发展中心理事，高级经济师，主要研究领域为基金会管理与专业志愿服务。

① 《习近平为志愿者点赞：你们所做的事业会载入史册》，新华网，http://www.xinhuanet.com/politics/leaders/2019-01/18/c_1124009449.htm，最后检索时间：2020年4月21日。

2019年7月24日，中国志愿服务联合会第二届会员代表大会召开之际，习近平总书记发来贺信①，向广大志愿者、志愿服务组织、志愿服务工作者致以问候，对志愿服务整体工作予以高度评价并寄予厚望，"希望广大志愿者、志愿服务组织、志愿服务工作者立足新时代、展现新作为。"

10月28日，中国共产党第十九届中央委员会第四次全体会议（以下简称十九届四中全会）召开，审议通过了《中共中央关于坚持和完善中国特色社会主义制度 推进国家治理体系和治理能力现代化若干重大问题的决定》②，明确提出"健全志愿服务体系"，加强以慈善捐赠和志愿服务为主要形式开展分配活动，强调发挥第三次分配作用。要求把"健全志愿服务体系"作为"坚持以社会主义核心价值观引领文化建设制度"的重点之一，走中国特色的志愿服务发展之路。

一 所引发的各界反响

上述发声可谓对志愿服务的定鼎之谈，即刻引发了相关各界的广泛反响。首先是政府部门，由民政部带头，各地党政部门迅速掀起了学习宣传贯彻习近平总书记重要指示精神的热潮。1月和8月，民政部先后发文并组织学习座谈；5月18日，天津市和平区被确定为"贯彻落实习近平总书记关于志愿服务重要指示精神工作联系点"；8月2日民政部发布的《关于学习宣传贯彻习近平总书记志愿服务重要指示精神的通知》③，要

---

① 《习近平致信祝贺中国志愿服务联合会第二届会员代表大会召开强调 弘扬奉献友爱互助进步的志愿精神 以实际行动书写新时代的雷锋故事》，央视网，http://news.cctv.com/2019/07/24/ARTIm8HJkQ5eDSKO0bfBmupF190724.shtml，最后检索时间：2020年4月21日。
② 《中共中央关于坚持和完善中国特色社会主义制度 推进国家治理体系和治理能力现代化若干重大问题的决定》，人民网，http://cpc.people.com.cn/n1/2019/1106/c64094-31439558.html，最后检索时间：2020年4月21日。
③ 《民政部关于学习宣传贯彻习近平总书记志愿服务重要指示精神的通知》，民政部网站，http://www.gov.cn/xinwen/2019-08/02/content_5418265.htm，最后检索时间：2020年4月21日。

求各级部门将其"作为重要政治任务,以高度的政治自觉、思想自觉和行动自觉",细化落实措施,在全国兴起学习宣传贯彻热潮。

中国志愿服务联合会发出了《关于深入开展学习贯彻习近平总书记关于志愿服务的重要讲话精神的通知》[①],要求"中志联各会员单位、分支机构要作为一项重要的政治任务,采取切实有效的措施,认真组织好学习贯彻工作"。进一步研究、细化新时代志愿服务创新发展的工作思路和举措,"切实将讲话精神落实体现到具体工作之中",并进行了相应的机构改组,以配合国家整体战略布局中对志愿服务组织的宏观管理。

志愿服务领域的各界代表纷纷参加了相关主题的座谈会并开展研讨。1月23日上午,民政部社会组织管理局召开座谈会[②],参加座谈的有志愿服务相关协会、促进会、基金会、联合会以及民间志愿服务组织代表,其中的9家机构代表就学习贯彻讲话精神和推进志愿服务组织发展以及进一步发挥作用谈了各自的体会、意见和建议。7月31日,上海市文明办、市志愿者协会召开学习座谈会[③],与会的各界志愿服务组织代表进行了研讨和交流。

专家学者们从理论研究与政策建议方面参与了相关议题讨论,在民政部与中国社会报社联合开展的"学习贯彻习近平总书记关于志愿服务重要指示精神主题征文活动"[④]中,16篇理论研究类以及5篇政策建议类报告

---

① 《关于深入开展学习贯彻习近平总书记关于志愿服务的重要讲话精神的通知》,中国志愿服务联合会官网,https://www.cvf.org.cn/show/8462.html,最后检索时间:2020年4月21日。

② 《民政部社会组织管理局贯彻习近平总书记关于志愿服务重要讲话精神座谈会在京召开》,百度百家号,https://baijiahao.baidu.com/s?id=16234945057156233 49&wfr=spider&for=pc,最后检索时间:2020年4月21日。

③ 《将习近平总书记贺信精神转化为前行力量——上海志愿服务组织代表畅享感悟》,中国文明网,http://www.wenming.cn/dfcz/sh/201907/t20190726_5200313.shtml,最后检索时间:2020年4月21日。

④ 《"学习贯彻习近平总书记关于志愿服务重要指示精神主题征文活动"评选结果揭晓》,《中国社会报》,http://www.mca.gov.cn/article/xw/mtbd/201912/20191200022267.shtml,最后检索时间:2020年4月21日。

入选。2019年12月20日公布的《国家社会科学基金项目2020年度课题指南》① 显示,一系列志愿服务相关研究课题被列入其中,包括"新时代中国特色志愿服务理论研究""健全志愿服务体系研究""志愿服务参与全球治理创新研究""志愿服务在构建基层治理新格局中的发展路径研究"等,专家学者们对其外部影响的各个维度以及内在的思路框架进行了深入的解读分析。

二 宏观层面的影响解读

引发志愿服务领域广泛反响的并不仅仅因为这是来自最高层面的指示,更为实质的原因是其中所蕴含的丰富内涵以及可以预见到的深远影响。习主席讲话不仅是对志愿者的点赞,更是对志愿服务在政治上的高度认可,并且从国家顶层设计的层面明确了新时代志愿服务发展的定位、方向、愿景乃至使命,结合十九届四中全会公报的相关内容,更加进一步明确了志愿服务未来发展的路径以及战略部署。必将在宏观层面对志愿服务领域产生重大的决定性影响。

定位:习主席讲话和贺信中均强调了"志愿服务是社会文明进步的重要标志",是培育和践行社会主义核心价值观的有效载体。并且肯定了志愿服务"在培育时代新人、弘扬时代新风中的作用和影响越来越突出"。强调了要"充分发挥志愿服务在社会治理中的积极作用"。十九届四中全会的决议则把"健全志愿服务体系"作为"坚持以社会主义核心价值观引领文化建设制度"的重点之一,列为国家治理能力和治理体系现代化的有机构成。概言之,把志愿服务提升到国家战略层面的最高定位。

方向:"志愿者事业要同'两个一百年'奋斗目标、同建设社会主义现代化国家同行。"为志愿服务提出了更加高远的发展目标和前行方向。十九

---

① 《志愿服务系列课题进入国家社科基金项目课题指南》,中国文明网,http://www.wenming.cn/zyfw/rd/201912/t20191222_5358639.shtml,最后检索时间:2020年4月21日。

届四中全会的决议要求"大力弘扬奉献、友爱、互助、进步的志愿精神，不断健全志愿服务体系"，指出"坚持走中国特色志愿服务之路，推动我国志愿服务进入一个新的发展阶段"。

愿景：习主席贺信原文可谓描述了一幅生动的志愿服务发展愿景："广大志愿者、志愿服务组织、志愿服务工作者积极响应党和人民号召，弘扬和践行社会主义核心价值观，走进社区、走进乡村、走进基层，为他人送温暖、为社会做贡献，充分彰显了理想信念、爱心善意、责任担当，成为人民有信仰、国家有力量、民族有希望的生动体现。"[①] 并且勉励志愿者"你们所做的事业会载入史册！"

使命：从习主席讲话和贺信中就可以明确提炼出相关各方在志愿服务发展中所承担的使命：志愿者、志愿服务组织、志愿服务工作者要"立足新时代、展现新作为，弘扬奉献、友爱、互助、进步的志愿精神"，以实际行动承担起新时代志愿服务的使命；中国志愿服务联合会"要认真履行引领、联合、服务、促进的职责，为广大志愿者、志愿服务组织服务他人、奉献社会创造条件"；各级党委和政府"要为志愿服务搭建更多平台，给予更多支持，推进志愿服务制度化、常态化"。

战略部署及行动路线：十九届四中全会所审议通过的《中共中央关于坚持和完善中国特色社会主义制度推进国家治理体系和治理能力现代化若干重大问题的决定》[②] 就前述愿景和使命进一步明确了战略部署，具体的行动路径涵盖了大力扶持志愿服务组织发展、精心培育志愿服务队伍、开展高质量专业化的志愿服务品牌项目、扩大志愿服务站点的覆盖面、加强志愿服务保障机制建设，推动形成有利于志愿服务事业可持续发展的良好环境。围绕"健全志愿服务体系"的整体战略部署已在建构当中。

---

① 《习近平致中国志愿服务联合会第二届会员代表大会的贺信》，新华网，http：//www.xinhuanet.com/politics/leaders/2019-07/24/c_1124792815.htm，最后检索时间：2020年4月21日。

② 党的十九届四中全会《决定》（全文），新华社，https：//china.huanqiu.com/article/9CaKrnKnC4J? bsh_bid=5470865583，最后检索时间：2020年4月21日。

三 微观层面的反响分析

基层的志愿者以及民间志愿服务组织也普遍表现出积极热烈的反响，一项与之相关的定向访谈呈现了这些来自一线的观点和声音。在为《中国志愿服务发展指数报告》所开展的年度调研中，课题组针对本文的主题内容进行了一项书面问卷访谈，从拟入选指数组织的112个初筛样本中，按照地域分布、组织的多元性、服务领域的多样性等指标筛选出43家来自全国的具有代表性的志愿服务组织，每家组织按照高层负责人、中层管理者、一线志愿者分层设计不同的问卷，内容主要围绕2019年度志愿服务领域的重大事件征求志愿者的直接反馈。共回收有效问卷125份，其中关于"从志愿服务领域年度大事中选出三个以上的典型事件进行点评"选题中，与本文内容相关的选项获得了较高的入选率，回收的样本中有73份问卷选择对此进行了书面点评。

参与访谈的民间志愿服务组织普遍表达了心声，诸如认为该项重大事件"使得志愿者个人获得了极高的社会认可，有利于提高今后参与志愿服务的积极性"、"给志愿服务组织打了强心剂"、"使得基层志愿服务活动有望持续开展下去"、不限于对志愿者以及志愿服务组织内部的影响，更重要的是"让全社会都意识到志愿者的光荣和志愿服务的价值"、"感觉到今后会有很大的发展空间"、"期待尽快得到具体的支持，期待资金、培训、表彰"，期待"春风吹开遍地花，政策尽快到基层"。

通过对书面问卷的分析汇总，来自一线志愿者及基层志愿服务组织的观点主要可以归纳为如下几个方面：其一，表达出热烈的欢迎以及更加热切的期待，并且希望能尽快落实相关的扶持政策，具体包括资金、人才、激励措施等诸多方面。其二，希望民间组织能得到重视，在志愿服务领域的整体战略布局中给予民间组织足够的发展空间，并且将对"志愿服务工作者"的关切落到实处。其三，在政策扶持和管理导向上，希望能够注意保有民间志愿服务组织的自主灵活性和自发创新性，保持自下而上的活力，从而与自上而下的宏观引导形成良性互动。最后，从民间志愿服务组织的整体反馈而言，他们认为既存在巨大的机遇，也面临发展的挑战，志愿服务组织要做好准备开启新的征程，尚需在各方面大力提升，方能不负时代发展所提供的机遇，不负历史进程所赋予的使命。

2019年是国家的大事之年，在志愿服务领域，也发生了许多影响未来发展的大事。志愿服务被提升到前所未有的战略高度，纳入国家现代化治理体系，也实质性地参与到国家大事当中，诸如脱贫攻坚决战、文明实践中心布局乃至"走出去"国际化发展战略。在本年度，志愿服务研究得到了前瞻性的重视和提升，志愿服务+高科技创新也有望突破和发展，国家整体战略布局渐次形成。综上所述，从宏观层面的导向到微观层面的反响，中国志愿服务有望开启新的历史发展篇章。

B.23
鲁冠球三农扶志基金慈善信托开创家族慈善新模式

黎颖露　潘艳[*]

摘　要： 2018年6月29日，鲁冠球三农扶志基金慈善信托（以下简称"三农扶志慈善信托"）在杭州市民政局完成备案，信托委托人鲁伟鼎，信托财产为鲁伟鼎持有的万向三农股权。该慈善信托从酝酿到成形，经历了漫长的过程和多方面的共同努力，其成功落地在慈善和金融领域均引起了巨大反响，为非货币资产的慈善信托、家族慈善规划和家族（企业）传承开创了新模式。慈善信托架构搭建中对上市公司的顶层结构设计和家族企业所有权结构安排为家族慈善信托的发展提供了参考案例，体现了家族企业治理和家族财富及精神传承的精心安排，是家族慈善发展的新启示。同时其信托架构、内部治理、税收减免的处理以及可复制性等也引发了广泛的讨论。

关键词： 三农扶志慈善信托　慈善信托　家族信托

2018年6月29日，万向集团正式在杭州设立三农扶志慈善信托。该信托是我国首单通过设立慈善信托完成上市公司收购并取得要约豁免的项目，

---

[*] 黎颖露，北京京益社会组织服务中心副理事长，中国慈善联合会慈善信托委员会顾问；潘艳，北京京益社会组织服务中心分析师、会计师。

是我国目前资产规模最大的永久存续的股权慈善信托，在我国慈善信托发展史上有着较大的标志性意义。

一 股权慈善信托终花落杭州

2018年6月29日，三农扶志慈善信托于杭州市民政局备案，并于2019年10月完成设立。该信托委托人为鲁伟鼎，受托人为万向信托股份公司，信托财产为鲁伟鼎持有的万向三农股权，对应出资额6亿元，是目前我国资产规模最大的永续型股权慈善信托。[①]

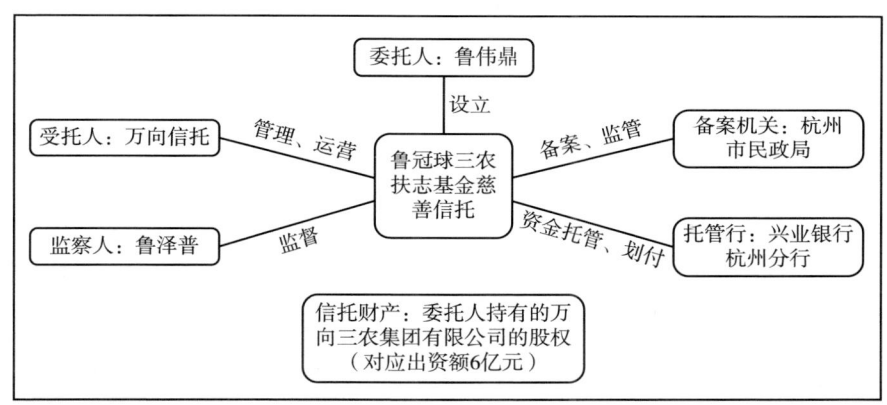

图1 三农扶志慈善信托架构

资料来源：慈善中国。

三农扶志慈善信托从酝酿到成形，经历了民政、金融、资本市场等多方面共同努力和漫长的过程。

2018年6月27日：鲁伟鼎先生发布了《万向三农集团有限公司股东决定书》，决定设立三农扶志慈善信托，并签署了鲁冠球三农扶志基金《宪章》、《章程》以及《信托合同》等文件。

---

① 信托备案信息来源于中国慈善网平台。

2018年6月29日，受托人万向信托签署了上述文件，三农扶志慈善信托在杭州市民政局完成了备案，备案编号：3301000000006。

2018年7月1~3日，因权益变动超过30%，"万向德农"和"承德露露"签署并披露了《上市公司收购报告书（摘要）》，"航民股份"披露了《浙江航民股份有限公司简式权益变动报告书》。①

2018年7月3日，三农扶志基金向证监会申请《要约收购义务豁免核准》行政许可。②

2018年8月24日，中国证监会受理豁免要约收购义务的申请，依法审核并出具反馈意见。③

2018年9月1日及19日，万向德农、承德露露分别披露了上述反馈意见的回复以及回复（修订版）。④

2018年9月25日，中国证监会出具了两家上市公司《关于核准豁免鲁

---

① 《河北承德露露股份有限公司收购报告书（摘要）》，https://www.sohu.com/a/239108380_115433，《万向德农股份有限公司收购报告书（摘要）》，https://www.sohu.com/a/239110162_115433，《航民股份简式权益变动报告书》，http://www.sse.com.cn/disclosure/listedinfo/announcement/c/2018-06-30/600987_20180630_2.pdf，最后检索时间：2020年3月30日。

② 王勇：《目前我国规模最大慈善信托设立完成，来看看股权慈善信托如何设立》，公益时报，http://www.chinadevelopmentbrief.org.cn/news-22131.html，最后检索时间：2020年3月31日。

③ 《关于鲁冠球三农扶志基金豁免要约收购万向德农股份有限公司义务申请的反馈意见》，http://www.csrc.gov.cn/pub/newsite/ssgsjgb/ssbbgczxzxkhz/bgczfkyj/201808/t20180824_343021.html；《关于鲁冠球三农扶志基金豁免要约收购河北承德露露股份有限公司股份义务申请的反馈意见》，http://www.csrc.gov.cn/pub/newsite/ssgsjgb/ssbbgczxzxkhz/bgczfkyj/201808/t20180824_343008.html，最后检索时间：2020年3月31日。

④ 承德露露对《鲁冠球三农扶志基金要约收购义务豁免申请文件 一次反馈意见》的回复，http://data.eastmoney.com/notices/detail/000848/AN201808311186027476_JWU2JTg5JWJmJWU1JWJlJWI3JWU5JTljJWIyJWU5JTljJWIy.html，万向德农《关于鲁冠球三农扶志基金要约收购义务豁免申请文件一次反馈意见的回复（修订版）的公告》，http://stock.cfi.cn/p20180918000618.html，承德露露对《鲁冠球三农扶志基金要约收购义务豁免申请文件一次反馈意见》的回复（修订版），http://stock.cfi.cn/p20180918000617.html，最后检索时间：2020年3月31日。

冠球三农扶志基金要约收购股份义务的批复》①，万向三农的全部股权过户至三农扶志慈善信托并完成办理工商变更登记。至此三农扶志慈善信托完成了设立工作。

二 巨额家族股权慈善信托引多方热议

三农扶志慈善信托的设立，引发慈善界、家族（企业）以及金融界的广泛关注和讨论。

国内首单通过设立慈善信托完成上市公司收购并取得要约豁免的案例

三农扶志慈善信托是2016年《慈善法》颁布后，国内首单通过设立慈善信托完成上市公司收购并取得要约豁免的项目，是我国资产规模最大的永久存续的股权慈善信托，有评论认为该信托的设立是中国慈善史乃至中国历史发展的里程碑式事件。②

三农扶志慈善信托的信托财产为委托人持有的万向三农股权。万向三农目前持股14家公司，其中包括三家上市公司股份，分别为"万向德农""承德露露""航民股份"（见图2），该慈善信托的设立涉及了上市公司控股股东的变化，根据相关规定触发了要约收购。

2018年7月3日，鲁冠球三农扶志基金向证监会提交了《要约收购

---

① 《关于核准豁免鲁冠球三农扶志基金要约收购万向德农股份有限公司股份义务的批复》，http：//www.csrc.gov.cn/pub/zjhpublic/G00306207/201809/t20180930_344894.htm；《关于核准豁免鲁冠球三农扶志基金要约收购河北承德露露股份有限公司股份义务的批复》，http：//www.csrc.gov.cn/pub/zjhpublic/G00306207/201809/t20180930_344895.htm，最后检索时间：2020年3月31日。
② 《财通证券推动中国首单通过设立慈善信托完成上市公司收购并取得要约豁免项目落地》，https：//mp.weixin.qq.com/s?src=11&timestamp=1583062430&ver=2190&signature=4vb*FXj9l*y9KKXRKJdTe5kZ-fpjROmORG0leQVOiJDj6aDYJX4edbmjmTG1okAbP0WGC33B46f2w4iKI0AOznoGDTv*YaRy532f6zL6g2x4in9yzpwORLjPOvLlp-dV&new=1，最后检索时间：2020年3月1日。

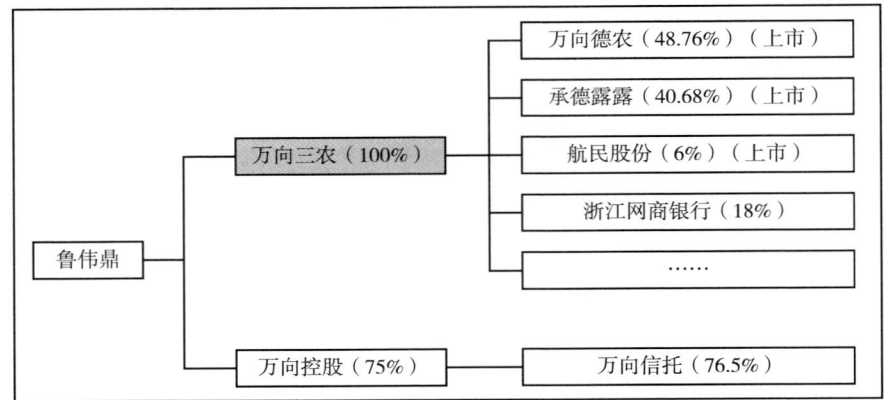

图 2　三农扶志慈善信托设立前股权架构

资料来源：天眼查。

义务豁免核准》行政许可申请。该慈善信托设立后，万向信托成为万向三农集团的 100% 的控股股东，间接控股或参股包含上市公司在内的多家公司。

根据上市公司对于《要约收购义务豁免申请文件反馈意见》的回复中的表述，本次股权变更中上市公司的控股股东、实际控制人未发生变动，依据《上市公司收购管理办法》相关规定，本次股份转让满足要约豁免条件，依法完成了上市公司控股股东的变更，成为国内首单通过设立慈善信托完成上市公司收购并取得要约豁免的项目。

该事件作为涉及慈善架构同时涉及资本市场的创新事件，各方的沟通协调成本较高，耗时较长。业界人士也提出，就证监会的审批方面而言，上市家族企业股权慈善信托涉及民政、金融和资本市场等多个领域及部门，有赖于各主管部门加强沟通、协调机制，建议有关部门研究出台相应的联合监管机制，在保障信息及时共享和沟通的同时，实现科学有效的监管。[1]

---

[1] 柏高原、汤杰、高慧云：《上市公司股份慈善信托的困境与出路》，《家族企业》2018 年第 8 期。

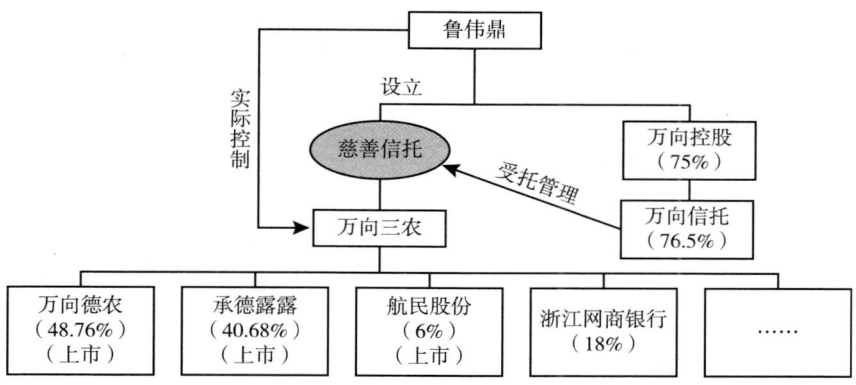

图3 三农扶志慈善信托设立后股权架构

资料来源：天眼查。

三 慈善信托与家族信托的新启示

三农扶志慈善信托的设立引起了关于家族企业社会价值的思考，被认为是中国上市公司顶层结构设计的大胆创新，也是我国家族企业所有权结构安排的勇敢尝试；其中既蕴涵了家族企业治理的精心考量，也体现了家族企业传承的良苦用心，是慈善信托的新思路和家族信托的新启示。①

我国非货币型的财产信托（包括股权和不动产等财产）的发展受信托财产登记制度和税收优惠缺位等因素制约，因此我国大部分的信托为资金信托。这一单慈善信托开创了当前金融服务于实体经济的一个有效途径，通过对上市公司的顶层结构设计和家族企业所有权结构安排，将上市公司资产用于慈善，对于其他企业家起到了积极的引领作用。股权信托的具体操作，特

---

① 《鲁冠球三农扶志基金慈善信托的全貌——再次向家族社会价值的守护者致敬》，https：//mp. weixin. qq. com/s？ src = 11&timestamp = 1584768978&ver = 2229&signature = ZOVTw09 UMsP0z – pcF30jqnQ – UF2yGEQc2JFN8Pquok ∗ pFQXj5P9PBVT – ZhDSQdrkh3CqcEdjQktSg Wy01MtHno1skgz12 – BTogcAdv7xXLygSXhYh2PjjwEk – pCkFhse&new = ，最后检索时间：2020 年 3 月 31 日。

别是税收处理路径，也为慈善信托和家族信托的发展提供了参考案例。

从慈善信托的内部治理架构的设计来看，该慈善信托通过信托文件，确定了内部董事会决策、受托人管理、监察人监督的治理结构和决策机制。三农扶志慈善信托的精神传承自鲁冠球先生，慈善信托的设立人和初始委托人鲁伟鼎先生为其子。慈善信托首任监察人通过《信托监察人指定书》确定为鲁泽普，其为鲁伟鼎先生之子。该慈善信托的治理结构和决策机制是委托人家族对于家族企业传承的用心设计。

该慈善信托的决策机构为董事会，决定慈善信托投资与运营管理的重大政策、资助对象和资助计划以及万向三农的股东表决意见等事项。鲁伟鼎先生担任董事长。受托人万向信托依照委托人的意愿和信托文件的相关规定对慈善信托进行管理和运营。

该慈善信托的监察机制主要目的是监督信托财产及其收益全部用于慈善目的，主要立足于三农扶志基金的长期稳定运行。依据基金章程的规定，董事长鲁伟鼎先生有对信托监察人的任免权。

慈善信托内部治理架构的设计和治理机制的确定体现了委托人鲁伟鼎先生意愿，同时由于鲁伟鼎先生既负责决策机构，也享有监察人的任免权，基本可以确保该慈善信托能够充分尊重委托人的意愿，不至于发生偏离。指定家族成员为监察人，反映了财富家族通过慈善信托架构设计实现家族企业传承的用心。针对这种委托人为主导的内部治理设计，也有评论认为需要设计更为全面和严格的信息披露制度来确保形成由内而外的有效监督体系，确保慈善目的的有效实现。

四 慈善信托财产进行社会创新的案例

三农扶志慈善信托的慈善目的为"让农村发展、让农业现代化、让农民富裕，以影响力投资、以奋斗者为本、量力而行做实事"。在落地的慈善信托中，这是罕见的直接将"影响力投资"这一新兴的社会创新模式写入慈善目的的案例。三农扶志基金的《宪章》、《章程》及《信托合同》等文件约定，鲁冠球三农扶志基金信托财产及其收益全部用于开展慈善活动，或者由万向三农集团继续开展三农相关产业投资，持续支持乡村振兴战略。慈善信托在资助方式上，将更多的资金投入持续性的项目中，其他部分的资金直接用于受益人群。

可见，该慈善信托在后端财产管理使用方面，不再满足于传统的捐赠模式，而是利用自身优势资源，通过社会创新的方式积极助力特定领域的发展，值得其他慈善信托借鉴。

五 关于设立细节的一些思考

该慈善信托公开披露的细节有限，特别是税务处理方面，使得业界对其股权交付过程中的税收优惠的获取产生不少疑问。首先对于个人股权转让产生个人所得税，根据《股权转让所得个人所得税管理办法（试行）》规定，个人转让股权，以股权转让收入减除股权原值和合理费用后的余额为应纳税所得额，按"财产转让所得"缴纳个人所得税。万向三农的核心资产是上市公司控股权，股权转让收入一般按照公平交易原则确定，那么可能导致其承担巨额的个人所得税。而三农扶志慈善信托的信托财产金额即万向三农成立时的出资额总额为 6 亿元，转让股权设立慈善信托可能就按照原始出资额确定故可以免于承担巨额税负。目前关于个人股权设立慈善信托的税务处理并没有明确法律依据，曾经尝试股权慈善信托的信托行业从业人员表示该慈善信托的税务处理有一定的特殊性，不一定具有广泛的可复制性，期待财税部门出台明确的指引。[①]

也有业界人士对该信托结构的可复制性提出疑问。上市公司股权转让前后的实际控制人不变，在内部治理方面，受托人和监察人均与委托人存在关联关系，其他家族企业复制该信托设立模式存在一定难度。而且如何保证对

---

① 柏高原、汤杰、高慧云：《上市公司股份慈善信托的困境与出路》，《家族企业》2018 年第 8 期。

慈善信托运作的有效监督，也是一个值得持续观察和思考的问题。

我国慈善信托的财产种类繁多，也具有多种形态，其中股权慈善信托是慈善信托中极其重要的一种，我国财富家族最大体量的财富为股权，但目前我国股权慈善信托数量寥寥，很大的原因是不同类型企业股权置入慈善信托存在一定程度的障碍。三农扶志慈善信托的信托结构中将上市公司的股权置入家族慈善信托中，是中国上市公司顶层结构设计的大胆创新和中国家族（企业）所有权结构安排的勇敢尝试，对家族（企业）传承、家族慈善规划起到积极的引领作用，对于非货币资产的慈善信托和家族慈善信托的发展提供了范例。我们期待该信托的设立能够推动慈善信托相关配套措施的出台，使得上市公司顶层进行家族信托、慈善信托规划从个例变为常态，促进股权慈善信托长远发展。

附 录
Appendices

B.24
2019年中国慈善大事记

1月

1月2日 中信信托与深圳市递爱福公益基金会共同完成国内首单DAF捐赠。DAF，又称捐赠人建议基金（Donor-advised fund），是一种帮助捐赠人开设专属慈善账户、享受税收优惠，捐赠人在捐赠财产的投资和捐助方面享有建议权的基金，1930年代起源于美国。深圳市递爱福公益基金会是我国首家正式批准成立的捐赠者服务基金会，由深圳国际公益学院、北京中伦公益基金会及深圳中顺易金融服务有限公司共同发起设立。（第一财经）

1月3日 2019年全国民政工作视频会议在北京召开，披露了最新的2018年公益慈善行业的相关数据。数据显示，2018年，各级民政部门登记社会组织81万个，认定慈善组织5289个（其中具有公开募捐资格的1454个）；全国共有44万人取得社会工作者职业资格证书、志愿者人数超过1亿

人、全年各类慈善捐赠达到754.2亿元。（民政部官网及腾讯网）

1月15日 "2019儿童教育公益行动论坛"在北京举行。该论坛在老牛兄妹公益基金会支持下，由深圳国际公益学院联合瑞士NORRAG、北京师范大学中国公益研究院、21世纪教育研究院等机构组织举办，旨在通过聚焦中国儿童教育领域的公平与创新，结合国内外优秀案例，分享和学习国内外教育公益组织的成功经验，形成政策和理念倡导、促成资源对接和项目合作，倡导有效资助，引领推动儿童教育公平和创新。（善达网）

1月15日 《中国家族慈善基金会发展报告（2018）》及"2018中国家族慈善基金会十强""2018家族慈善新生代十杰"在京正式发布。报告及两个榜单由深圳国际公益学院和北京师范大学中国公益研究院历时两年研究编制，是中国首个系统分析"家族慈善基金会"的智库研究成果。按照综合评价得分，宁夏燕宝慈善基金会、广东省和的慈善基金会、老牛基金会、泛海公益基金会、广东省国强公益基金会、浙江马云公益基金会、北京三一公益基金会、华民慈善基金会、深圳市陈一丹公益慈善基金会、福建省发树慈善基金会等依次位列"家族慈善基金会十强"。（《公益时报》）

1月16日 北京工友之家发布声明，称接到一名投诉人代表多名曾在该机构服务过的志愿者举报，指多年前在该机构参与志愿服务期间，曾遭到该机构一名管理人员性骚扰。有受害者当天即发布对该声明的回应，肯定声明发布本身，但不满声明内容，要求北京工友之家披露性骚扰事件中前管理人员的姓名和职位，及当年处理事件的经过与措施。次日，北京工友之家发出第二份声明，解释不公布前管理人员姓名的理由，但该声明内容再次不被受害者所接受。1月18日，曾经支持过北京工友之家的乐施会对事件进行回应，为该事件发生在乐施会资助北京工友之家期间对受害者道歉，表示愿意提供支援和协助，同时要求北京工友之家尽快回应受害者要求，严肃处理相关侵害者，并完善和严格执行防治性不当行为和权力滥用的机制和措施。1月19日，北京工友之家发出第三份声明，对处理该事件的经过进行了回顾和反思，对受害者致歉，并做出对性侵性骚扰零容忍和积极推进反性骚扰工作机制等承诺。（北京工友之家、乐施会微信公众号）

1月17日 习近平总书记视察天津市和平区新兴街朝阳里社区时强调，志愿服务是社会文明进步的重要标志，志愿者事业要同"两个一百年"奋斗目标、同建设社会主义现代化国家同行；要求各级党委和政府要为志愿服务搭建更多平台，更好发挥志愿服务在社会治理中的积极作用。1月28日，民政部社会组织管理局发出《关于学习贯彻习近平总书记有关志愿服务重要指示精神的通知》。（民政部官网）

1月17日 《中国捐赠百杰榜（2018）》在京发布。榜单显示，2018年百杰捐赠总额为256亿元，其中169亿元是承诺捐赠；杨国强家族以43.49亿元位列榜首，为年度首善；鲁伟鼎以41亿元位列第三，但他以股权设立慈善信托"鲁冠球三农扶志基金"，成为善财传承的重要里程碑。该榜单由深圳国际公益学院、北京师范大学中国公益研究院联合研制，已连续8年发布。（《公益时报》）

1月22日 共青团中央办公厅、民政部办公厅发布《关于实施青年志愿者助力脱贫攻坚行动的通知》，进一步引导动员广大青年志愿者积极参与脱贫攻坚行动。（民政部官网）

1月25日 《民政部职能配置、内设机构和人员编制规定》（简称三定方案）正式发布。根据三定方案，民政部设立慈善事业促进和社会工作司，经过这一调整，慈善事业的相关工作将集中到慈善事业促进和社会工作司；社会组织管理局沿用了之前的名字，但其职责发生了变化，剥离了境外非政府组织、社会工作方面的职责，与《慈善法》相关的工作职能也转到了慈善事业促进和社会工作司，其工作将专注于社会组织；此外，民政部首次设立儿童福利司，将涉及儿童福利的职能进行了归口，这被认为"是具有里程碑意义的重大事件"。（《公益时报》）

2月

2月18日 中共中央、国务院印发《粤港澳大湾区发展规划纲要》。该纲要在推进社会保障合作中明确，鼓励港澳与内地社会福利界加强合作，推

进社会工作领域职业资格互认,加强粤港澳社工的专业培训交流。(人民网)

2月28日上午 由深圳市社会组织管理局、深圳国际公益学院主编的首本深圳社会组织蓝皮书——《深圳社会组织发展报告(2018)》发布。该报告总结了深圳社会组织发展的七大亮点,包括人才培养推动社会组织高质量发展;社会工作创新发展引领全国实践;行业协会服务经济能力突出;科技类社会组织助力科技创新成果卓著;打造影响力投资高地,以公益金融促进慈善资源整合;以平台建设推进社会组织合作升级;社会组织"走出去"协力深圳国际化大都市建设。(新华网)

3月

3月6日 由敦和基金会发起、PIM益启慈善(PIM)执行的"敦和·菡萏行动"(简称"菡萏行动")面向全国院校及相关机构开启招募,通过项目资金扶持、社会创新和赋能等相关活动,推动公益慈善学历教育的发展。截至申请截止日期,菡萏行动共收到38份院校及机构的申请,经过初选、评审会及实地调查三轮筛选,最终有福州大学、华东理工大学、南京大学、新疆大学等9所院校申请的项目获得资助。(敦和基金会微信公众号)

3月7日 中国慈善联合会发布《2018年中国慈善信托发展报告》。报告显示,2018年我国慈善信托新设立的信托财产达11.01亿元,同比增长84.42%;新设立慈善信托79单,同比增长75.56%。2018年共有17个省份的民政部门进行过慈善信托备案;从备案的财产规模来看,浙江省备案的慈善信托财产达8.69亿元,名列第一;其次是广东省、北京市,慈善信托的财产规模分别为1.11亿元和3266.26万元。(《慈善公益报》)

3月8日 联合国难民署与爱德基金会举行合作备忘录签约仪式。该备忘录旨在促进双方人道主义方面的合作,共同致力于促进难民及流离失所者应有的权利、权益的保障工作,进一步推动世界范围内的人道主义救援事业的发展。同时,考虑到难民以及难民署所关注其他群体中的妇女和儿童所处

的脆弱地位，双方将共同启动专门项目为他们提供援助。（联合国难民署中国官网）

3月19日 民政部正式向社会发布"中国社会工作"标志，《"中国社会工作"标志使用管理办法》同步实施。（新华网）

3月21日 江苏响水天嘉宜化工厂发生爆炸事故。国务院认定本次事故为特别重大事故。3月23日，响水县慈善会发出捐款倡议书，号召各界爱心人士为"灾区人民"捐赠款物。该倡议发出后遭到质疑："被官方定性为安全生产事故，为何需要向公众募款？"对此，北京师范大学中国公益研究院慈善研究中心主任葛均泊指出："《慈善法》中第三条，事故灾难是可以发起募款的，事故本身性质属天灾还是人为并无规定。我们从多方的报道上来看，实际上政府是有救助和赔偿的，履行这些义务之后，慈善会如果具备公开募捐资质，向当地民政部门申请公开募捐，进行信息备案后，即可发起并合法。"但记者在登录"慈善中国"网慈善组织信息和慈善募捐方案备案信息一栏查询"响水县慈善会"时，并未获取相关信息。（维基百科，《公益时报》）

3月23日 在中华人民共和国主席习近平与意大利共和国总理孔特的共同见证下，深圳国际公益学院院长王振耀与中国发展研究基金会副秘书长方晋、意大利都灵大学中国研究中心负责人欧阳乔正式就中意慈善论坛长效合作机制签署《关于设立中意慈善论坛的谅解备忘录》，对共同推动中意慈善领域未来合作达成共识。该备忘录成为两国领导人见证下19个合作签约项目中唯一一个来自慈善领域的合作，这也是两国有史以来最高级别的慈善交流活动。（深圳国际公益学院官网）

3月30日 四川凉山发生森林火灾，参与救火的27名森林消防员和3名地方扑火人员全部牺牲。4月1日，四川省红十字基金会发起"紧急支援四川凉山森林火灾"募捐项目，额度300万元；次日，该项目共筹得善款3045611元。项目本预算155万元用于慰问遇难者家属及受伤救火消防官兵，其余款项用于支持升级减防灾设备、支持应急救援队伍建设及培训、救援帮扶受灾居民等。但项目以30名救火烈士名义发起，而项目预算方案有

过半善款用途并非慰问烈士家属，这引起了一些公众质疑。本着尊重捐赠人意愿的原则，四川省红十字基金会决定将所筹款项全部捐赠四川省凉山州红十字会，以慰问费的形式全部平均分配给30名救火烈士家属。（《公益时报》）

4月

4月2日 财政部、税务总局、国务院扶贫办发出《关于企业扶贫捐赠所得税税前扣除政策的公告》。公告明确，为支持脱贫攻坚，自2019年1月1日至2022年12月31日，企业通过公益性社会组织或者县级（含县级）以上人民政府及其组成部门和直属机构，用于目标脱贫地区的扶贫捐赠支出，准予在计算企业所得税应纳税所得额时据实扣除；在政策执行期限内，目标脱贫地区实现脱贫的，可继续适用上述政策。（民政部官网）

4月4日 民政部对互联网公募平台2018年考核情况进行了发布：2018年，民政部指定的20家互联网公开募捐信息平台，共为全国1400余家公募慈善组织发布募捐信息2.1万条，网民点击、关注和参与超过84.6亿人次，募集善款总额超过31.7亿元，同比增长26.8%；其中，腾讯公益、蚂蚁金服、阿里巴巴公益位列募捐总额前三位，分别募款17.25亿元、6.7亿元和4.4亿元。（《公益时报》）

4月8日 德云社相声演员吴鹤臣脑出血住院抢救，其家人通过"水滴筹"发起百万众筹。截至筹款结束，该项目共筹得147959元。有网友质疑其有房有车为何可以申请"贫困户"，水滴筹平台是否应该提前核实房产、治疗费等相关信息。由此，该事件持续发酵，引发了社会各界对互联网募捐的热议。针对此事件，民政部于5月9日回应称，个人求助不属于慈善募捐，不在民政部法定监管职责范围内，但由于影响慈善领域秩序规范，下一步，民政部将引导平台修订自律公约，针对群众关切持续完善自律机制，也将动员其他平台加入自律公约。（《中国社会报》）

4月11日 第一张个人捐赠电子发票由中国残疾人福利基金会开出。

顺应信息化的大趋势,在公募和网络筹款的大形势下,小额捐赠体量不断加大,电子发票经过财政部监制,与纸质票据具有同等效力,保障了慈善组织的权威性,更加利于慈善组织动员公众参与公众筹款活动。(《公益时报》)

4月12日 《2019中国社会企业与社会投资行业扫描调研报告》在北京发布。报告显示,具有"自觉意识"的社会企业,即认同自己的社企身份且被行业内认可的社会企业有1648家,员工总数为79148人,2017年总收入约为93亿元;其中,有84.5%在2017年度实现盈余的社会企业选择将净利润用于"再投资机构的事业"。该报告由中国社会企业与影响力投资论坛和南都基金会共同发起,由福特基金会出资、顺德创新创业公益基金会支持。(《公益时报》)

4月15日 法国巴黎圣母院发生大火并严重损毁。火灾后,法国总统马克龙表示,将发起全国及国际募捐活动,筹集善款重建巴黎圣母院。据美国《财富》杂志报道,截至4月18日,为巴黎圣母院重建而承诺捐赠的数额已达约10亿美元。而《公益时报》披露,与此同时,在中国出现了以重建巴黎圣母院为由的虚假募捐信息。(《公益时报》)

4月28日 第十六届(2019)中国慈善榜在京发布。本届中国慈善榜共上榜274位慈善家、744家慈善企业,2018年合计捐赠276.3303亿元,捐赠额再创历届新高,且较上年涨幅达50%。中国发展研究基金会、中国扶贫基金会、宁夏燕宝慈善基金会、腾讯公益慈善基金会、河仁慈善基金会、广东省和的慈善基金会、内蒙古老牛慈善基金会、杭州市西湖教育基金会、南都公益基金会、阿拉善SEE基金会等15家基金会荣获年度榜样基金会称号。(新华网)

4月30日 广州市民政局发布《广州市实施"社工+慈善"战略工作方案》。按照该《方案》,广州将整合镇(街)、村(居)、慈善组织、社工机构、志愿团体、企事业单位和居民等多方力量,通过打造具有特色的"社工+慈善"制度体系,完成在全市各社工站设立社区慈善捐赠站点、鼓励支持慈善组织设立社区慈善基金等九项工作任务,聚焦脱贫攻坚,聚焦特殊群

体,聚焦群众关切,更好履行基本民生保障、基层社会治理、基本社会服务等职责,着力打造"社工+慈善"战略可持续发展样本。(《慈善公益报》)

5月

5月8日 民政部印发《关于在社会组织登记管理工作中贯彻落实〈中共中央关于加强党的政治建设的意见〉有关要求的通知》。通知要求,各地民政部门应当及时要求本级登记的社会团体、基金会、社会服务机构在章程中明确载入坚持党的全面领导的相关表述,社会组织登记管理机关在章程核准时应当加强审查。(民政部官网)

5月11日 中国慈善联合会第二届会员大会暨二届一次理事会在河北廊坊召开。大会选举产生了中国慈善联合会新一届理事会和领导机构。民政部党组成员、副部长唐承沛当选新一届会长。(新华网)

5月21日 胡润研究院发布《2019胡润慈善榜》。该榜显示,114位捐赠超过2000万元人民币的中国慈善家的年度总捐赠额比上年上升3%至225亿元;平均捐赠额比去年下降10%至2亿元;扶贫领域捐赠人数占比显著增加11个百分点至29%,成为第二大捐赠领域;教育仍是第一大捐赠领域,但占比比上年减少6个百分点,占35%;捐赠慈善基金会等社会公益方面占比比上年减少2个百分点,以16%排名第三。万向接班人鲁伟鼎为纪念其父亲鲁冠球,捐出其持有的万向三农全部股权,设立鲁冠球三农扶志基金慈善信托,市值49.6亿元,首次成为中国首善。(胡润研究院)

6月

6月12日 《公益时报》发布报道称,截至5月26日,全国器官捐献志愿登记人数超过132万,其中90后占53.5%,是器官捐献意愿最大的群体。中国器官捐献工作于2013年才正式在全国铺开。2014年3月19日,中国第一个器官捐献志愿者登记网开通;1个月后,中国红十字会下的中国人体器官捐献管理中心也开通了志愿登记系统；2016年12月22日，原卫计委下属中国器官移植发展基金会在支付宝医疗服务平台上线"器官捐赠登记"功能，但直到2017年2月，这些平台的总共登记人数仅10万左右。报道称，虽然如今中国器官捐赠取得了较大进步，但相比起国内器官移植的巨大需求，相差很大，亟须进一步唤起公众对器官捐献的认识和理解。（《公益时报》）

6月14日 国家发改委、民政部等十部委联合发布《关于全面推开行业协会商会与行政机关脱钩改革的实施意见》。意见明确，要全面实施行业协会商会脱钩改革，2020年底前基本完成。截至意见发布，已有795家全国性行业协会商会实施脱钩改革，其中已脱钩422家，拟脱钩373家。（国务院官网）

6月17日 四川宜宾长宁发生里氏6.0级地震。地震发生后，多家社会组织在极短时间内就在互联网公开募捐平台上发起了公开募捐，得到公众的积极支持。但是，随后《公益时报》记者发现，多家社会组织发起互联网公开募捐采用的是过往还在有效期的项目备案。这引发了对社会组织就突发事件紧急募款合规的讨论，其中爱德基金会的经验得到了各方的肯定。（《公益时报》）

6月18日 中华慈善总会第五次会员代表大会在河南省郑州市举行。会议选举产生了中华慈善总会第五届理事会成员以及会长、副会长、秘书长。第十三届全国人大社会建设委员会副主任委员、民政部原副部长宫蒲光当选为新一届中华慈善总会会长。（民政部官网）

6月24日 深圳国际公益学院与法国南特高等商学院DBA（工商管理博士）项目签约仪式在深圳国际创新中心校区举行。DBA项目是中法商业与慈善的结合，致力于培养一批具有社会使命感的商界领袖，由中法两方师资团队共同授课，从学术和实践上推进商业向善。该项目于2019年7月正式启动招生。（深圳国际公益学院官网）

6月28日 民政部在京发布《青少年社会工作服务指南》。这是中国目前社会工作领域第一个国家级标准，对青少年社会工作服务的原则、内容、

方法、流程和管理等进行了规定。按照该指南，青少年社会工作服务的主要内容包括思想引导、身心健康促进、婚恋交友支持、就业创业支持、社会融入与参与支持、社会保障支持、合法权益维护、违法犯罪预防等方面。（新华网）

6月11日 成都市武侯区法院一审判决，认定成都市一天公益社会工作服务中心理事长刘猛性骚扰事实成立，判令其在判决结果生效之日起十五日内，向原告当面以口头或书面方式赔礼道歉。现有公开资料显示，这是我国第一例以"性骚扰损害责任纠纷"为案由进行审理并且一审判决原告获胜诉的案例。（财新网）

7月

7月1日 《上海市生活垃圾管理条例》正式实施。这标志着上海垃圾分类进入"硬约束"时代，对不规范分类的监管和处罚力度趋严，仅1日当天，上海执法部门就开出623张整改单。超大城市开展生活垃圾分类历程，可追溯到住建部2000年开始在8个城市进行的生活垃圾分类收集试点工作；8个城市中，北京、上海、广州、深圳均在列。（新华网）

7月5日 为进一步加强管理、规范秩序，促进基金会健康有序发展，民政部发布了《关于规范基金会对外开展合作等事项的提示》。起因是民政部发现有些基金会在与其他组织合作开展业务活动的过程中，存在违反章程规定的宗旨和业务范围、只挂名不监管、违规参与开展评比达标表彰活动等情形；还有的基金会盲目追求专项基金数量，对专项基金的管理失察失控，导致问题频发，造成不良社会影响。（民政部官网）

7月14日 第三届"敦和·竹林论坛"暨中国社会学会2019年学术年会"公益社会学前沿"分论坛在云南举办。这是中国社会学会的学术年会首次举办相关主题分论坛。在论坛的闭幕式上，中国社会科学院社会学研究所研究员、社会政策中心顾问杨团发表了主题为"建构慈善中国学"的演讲。杨团指出，建构"慈善中国学"是认识中国、认识世界，从而传承中国文化，实现东西方文明交流和对话，共同开创新时代、新文化的需要，而"建构慈善中国学"除了要有清晰的问题意识和历史视角以外，最重要的是要建立"中国视角"。（敦和基金会微信公众号）

7月15日 万向钱潮股份有限公司发布公告称，万向实际控制人、董事长兼CEO鲁伟鼎宣布：依照万向创始人、董事局主席鲁冠球先生的意愿，万向集团公司董事局决定，按照《信托法》和《慈善法》，正式开始办理，将万向集团公司截至2018年度审计报告的资产，全部捐赠设立鲁冠球万向事业基金。（新京报网）

7月16日 民政部对外公布《民政部2019年立法工作计划》。被列入计划的有2件法律，6件行政法规，3件部门规章。《社会组织登记管理条例》被列为6件行政法规的第一件，责任单位是政策法规司、社会组织管理局。制定进度描述为"拟提请国务院审议"。（《公益时报》）

7月18日 深圳国际公益学院公益案例中心正式成立，这是中国首家公益案例中心。该中心宣布成立当天，联合北京师范大学中国公益研究院在北京推出首批经典案例名单，中国扶贫基金会、中国红十字基金会、南都公益基金会、友成企业家扶贫基金会、上海真爱梦想基金会、内蒙古老牛慈善基金会和北京老牛兄妹公益基金会、宁夏燕宝慈善基金会、联合国儿童基金会、比尔及梅琳达·盖茨基金会、佛教慈济慈善事业基金会入选。（深圳国际公益学院官网）

7月24日 习近平总书记向中国志愿服务联合会第二届会员代表大会致贺信，再次强调"志愿服务是社会文明进步的重要标志"。（新华网）

8月

8月20日 中国社会报发布新闻：日前，社会组织政务服务入驻中国政务服务平台。依托金民工程和国家社会组织法人库项目，全国性社会组织可以通过访问中国政务服务平台上的民政部政务服务旗舰店，在线办理社会组织法人变更、住所变更、注册资金变更、年报填报等业务。（《中国社会

报》）

8月27日 中国首个公益慈善基金会行业组织深圳市基金会发展促进会（简称"深基会"）召开第一次会员大会。2019年深圳慈展会期间，由腾讯公益慈善基金会、深圳壹基金公益基金会、万科公益基金会等12家基金会共同发起成立的深基会正式揭牌。深基会拟围绕基金会合规运营、治理能力强化、核心竞争力提升三大模块展开工作，服务深圳市以及在深圳市开展工作的430多家基金会。（《公益时报》）

8月31日 由中国红十字会和苏州大学联合创办的红十字国际学院在苏州挂牌成立。红十字国际学院将建立包括应急管理、灾难医学、急救医学、社区发展等在内的综合性人道学科体系，构建红十字人才培养和人道文化传播的基地。这是国际上第一所真正意义上的红十字大学（学院），也是我国公益慈善教育的重要探索。（新华社）

9月

9月1日 北京师范大学中国公益研究院发布《中国〈慈善法〉2018年实施报告》。报告数据显示，2018年全年，全国登记认定1349家慈善组织，其中229家获得公开募捐资格，20家互联网募捐信息平台总筹款额超过31.7亿元，慈善信托备案新增87单，合同金额累计19.8亿元。（中国公益研究院官网）

9月7~9日 腾讯99公益日进入第五年，共有爱心网友4800万人次通过腾讯公益平台捐出善款17.83亿元，超过2500家企业配捐3.07亿元，加上腾讯公益慈善基金会提供的3.9999亿元配捐，3日总共募得善款24.9亿元，再创新高。（腾讯公益）

9月9日 清华大学体育产业发展研究中心联合基金会中心网共同发布《2018中国体育公益白皮书》。白皮书显示，截至2019年3月6日，全国共有7201家基金会，其中，体育基金会有74家，仅占全国基金会总数的1%；自1986年10月30日第一家体育基金会——四川省发展职工体育基金

会成立以来，全国体育基金会数量保持缓慢增加。（《公益时报》）

9月10日 阿里巴巴20周年晚会上，马云正式宣布卸任阿里巴巴董事局主席职务，并表示未来将花更多的时间在教育、环保、公益等领域。（腾讯网）

9月17日 致力于推动高校教师开展公益慈善通识教育的"敦和·善识计划"正式发布。截至10月17日，项目组共收到100份来自全国各地高校教师的项目申请书。经过项目组初审、专家委员会评审和电话访谈等环节，最终有20位高校教师获得项目资助。获得项目资助的教师将围绕《社会与公益》《社会创新与创业》《慈善伦理与文化》三门核心课程和公益慈善方向的自拟课程，开展高校公益慈善通识教育。（敦和基金会微信公众号）

9月27日 在纽约的联合国总部，支付宝"蚂蚁森林"项目被授予2019年联合国最高环保荣誉——"地球卫士奖"。自2016年8月推出以来，蚂蚁森林项目组及其非政府组织合作伙伴在内蒙古、甘肃、青海和山西等中国最干旱的一些区域种植了约1.22亿棵树木，树木总计覆盖11.2万公顷（168万亩）土地。该项目已成为中国私营部门最大规模的植树倡议。地球卫士奖是联合国最高环保荣誉，由联合国环境署于2005年设立，旨在表彰那些对环境产生变革性积极影响的杰出人物。这是中国绿色创新项目和环保人士连续第三年获此奖项，前两年获奖的是浙江"千村示范，万村整治"工程、赛罕坝林场建设工程。（联合国环境规划署官网）

10月

10月10日 全国妇联、中国儿童少年基金会在京发布《"春蕾计划"实施30年成果报告》。报告显示，该项目累计筹集社会爱心捐款21.18亿元，捐赠人数达到2784万人次，在全国范围内资助春蕾女童超过369万人次，捐建春蕾学校1811所，对52.7万人次女童进行职业教育培训，编写发放护蕾手册217万套。（中国儿童少年基金会官网）

10月15日 "基金会中心网公益大数据研究院启动仪式暨公益大数据圆桌会议"在北京举办。基金会中心网公益大数据研究院内设于基金会中心网,目的是打造一个中国公益行业的数字化基础设施平台,以公益大数据挖掘和研究为支撑,梳理公益行业全景图、研究中国公益对社会发展的价值与贡献、研判中国公益未来的发展趋势,并持续推动公益行业与社会其他领域的积极交流与融合。(爱德传一基金微信公众号)

10月19日 "回顾与前瞻:中国慈善史研究的理论与实践"国际学术研讨会在长沙开幕。研讨会由湖南师范大学与湖南慈善总会主办,湖南师范大学历史文化学院、湖南师范大学慈善公益研究院承办。会上,中国社会史学会慈善史专业委员会成立。

10月21日 第六届世界互联网大会"互联网公益慈善论坛"在浙江乌镇举办。这是世界互联网大会首次举办"互联网公益慈善论坛",由民政部主办,中国互联网发展基金会、中国社会报社、中国慈善联合会联合协办。(世界互联网大会官网)

10月21~23日 "共同应对人道主义援助面临的挑战"国际研讨班在国家行政学院召开,旨在分享和交流国际人道主义援助方面的新动向,讨论在土耳其伊斯坦布尔召开的2016年世界人道峰会的相关事宜,共同应对人类面临的各种危机和挑战,推进和谐社会与和谐世界建设。(人民网)

10月23日 社会企业服务平台(CSESC)正式发布。社会企业服务平台是中国第一个综合性社会企业服务平台,由北京大学公民社会研究中心、中国人民大学尤努斯社会事业与微型金融研究中心、电子科技大学慈善与社会企业研究中心3家研究性机构和北京億方公益基金会、深圳市中国慈展会发展中心、恩派公益、深圳市社创星社会企业发展促进中心、成都共益社会企业认证中心5家事务性机构共同发起成立。(善达网)

10月25日 "校园欺凌"题材电影《少年的你》公映,引发了广泛关注与热议。在公益慈善界,对该电影的讨论主要集中在建立学校社会工作制度以及儿童青少年社会工作制度等方面。(爱德传一微信公众号)

10月28~31日 中共十九届四中全会在北京召开。全会审议通过了《中共中央关于坚持和完善中国特色社会主义制度、推进国家治理体系和治理能力现代化若干重大问题的决定》，强调要重视发挥第三次分配作用，发展慈善等社会公益事业；鼓励支持社会力量兴办公益事业；完善慈善事业制度；建设人人有责、人人尽责、人人享有的社会治理共同体。（新华网）

10月31日 经第十三届全国人民代表大会常务委员会第十四次会议审议的未成年人保护法修订草案与预防未成年人犯罪法修订案，正式面向社会公开征求意见，截至2019年11月29日。其中，未成年人保护法修订草案还在附则第一百二十九条，对"学生欺凌"的含义及范围进行了专门界定，这在我国是第一次，如最终获得通过，将具有突破性意义。（爱德传一基金微信公众号）

11月

11月2日 "中国最大科学奖"——科学探索奖在京举行颁奖典礼，向来自数学物理、生命科学、天文地理、化学新材料、信息电子、能源环保、先进制造、交通建筑、前沿交叉九个领域的50位青年科学家每人颁发300万元奖金。2018年，腾讯基金会宣布投入10亿元的启动资金资助设立"科学探索奖"，面向基础科学和前沿技术领域，支持在中国大陆全职工作的、45周岁及以下的青年科技工作者，每位获奖者将连续5年、获得总计300万元资金。（腾讯网）

11月6日 全国首例因网络个人大病求助引发的纠纷案在北京朝阳法院一审宣判，法院认定筹款发起人莫先生隐瞒名下财产和其他社会救助，违反约定用途将筹集款项挪作他用，构成违约，一审判令莫先生全额返还筹款153136元并支付相应利息。法院同时向民政部、北京水滴互保科技有限公司发送司法建议，建议推进相关立法、加强行业自律，建立网络筹集资金分账管理及公示制度、第三方托管监督制度、医疗机构

资金双向流转机制等，切实加强爱心筹款的资金监督管理和使用。（央视新闻）

11月11日 腾讯公司正式将其愿景及使命升级为"用户为本 科技向善"。在官方网站中，它如此描述这一愿景及使命："一切以用户价值为依归，将社会责任融入产品及服务之中；推动科技创新与文化传承，助力各行各业升级，促进社会的可持续发展。"（腾讯公司官网）

11月12日 清华大学公益慈善研究院和北京易善信用管理有限公司联合举办"透过数据看公益——2019中国慈善信用发展论坛暨易善数据发布会"，正式发布公益数据平台"易善数据"。（《公益时报》）

11月12日 《2018年度中国演艺明星公益观察报告》及《S20中国演艺明星公益经典案例集2018》发布。其中，观察报告总结发现，2018年明星公益活动主要呈现出六大特点：（1）公益机构仍是明星公益活动的首选伙伴；（2）粉丝成为明星公益的重要助力；（3）教育、扶贫、医疗三大传统公益领域仍是明星聚焦的重点；（4）环境、文化艺术、心理健康等新的社会议题正在获得明星的关注；（5）倡导类活动形式多样并不断创新；（6）实践类活动部分开始体系化、品牌化。（凤凰网公益）

11月16日 深圳国际公益学院董事会主席、壹基金理事长、原招商银行行长马蔚华先生获意大利圣马尔蒂诺盾卓越贡献奖。该奖项由圣马尔蒂诺盾机构于1983年发起，旨在表彰全球范围内在公益慈善领域表现突出的具有人道主义精神的贡献者。马蔚华是首位获得这一奖项的中国人。（深圳国际公益学院官网）

11月16日 首次全国高级社会工作师考试开考，全国共有6702人报名考试。2018年3月6日，民政部、人力资源和社会保障部联合印发了《高级社会工作师评价办法》，标志着我国建立了初、中、高级相衔接的社会工作者职业水平评价体系。（《中国社会报》）

11月20日 新华社北京电，在希望工程实施30周年之际，中共中央总书记、国家主席、中央军委主席习近平近日寄语希望工程："希望工程实施30年来，聚焦助学育人目标，植根尊师重教传统，创新社会动员机制，架起了爱心互助和传递的桥梁，帮助数以百万计的贫困家庭青少年圆了上学梦、成长为奋斗在祖国建设各条战线上的栋梁之材。"截至 2019 年 9 月，全国希望工程已累计接受捐款 152.29 亿元，资助家庭经济困难学生 599.42 万名，援建希望小学 20195 所。（新华网）

11 月 21 日　《青岛市农村社会工作服务规范》出台。该《规范》规定了农村社会工作服务和志愿服务的术语和定义、服务宗旨、服务内容、服务流程、服务方法、人员要求和服务保障等，填补了国内农村社会工作标准化建设的空白。（青岛新闻网）

11 月 22~23 日　中国基金会发展论坛·2019 年会在福州举行。这是基金会论坛连续举办的第 11 次年会，共吸引来自全国各地关心基金会和公益事业发展的 600 余家机构近 1500 名嘉宾与会。中国基金会发展论坛·年度盛会作为行业最具影响力的交流平台之一，致力于搭建高层次的行业对话、交流、合作平台。（CFF2008 微信公众号）

11 月 29 日　湖北省民政厅印发了《关于加快推进全省民政领域慈善事业和社会工作发展的意见》。这是第一个推进民政领域慈善事业和社会工作发展的意见。（《公益时报》）

11 月 30 日　梨视频发布卧底水滴筹医院筹款的视频，视频称水滴筹在超 40 个城市的医院派驻了线下筹款人员，他们常自称"志愿者"，逐个病房引导患者发起筹款，随意填写金额，不审核甚至隐瞒求助者财产状况，同时对捐款用途缺乏监督。该视频发布后，迅速发酵，负面舆情持续升温。12 月 5 日晚，水滴筹创始人兼 CEO 沈鹏发布公开信《水滴筹欢迎大众的监督，希望重新赢得信任》，承认在水滴筹的管理上存在问题，提出了全面排查、严肃整顿、加强纪律培训、提升服务规范等一系列回应与改进措施，并表示"欢迎大众的监督"。12 月 6 日晚，北京大学非营利组织法研究中心主任金锦萍发表评议文章《模糊的边界，糊涂的爱》，从法学角度回答了"为什么要区分营利组织与非营利组织""如何区分营利组织与非营利组织""营利组织与非营利组织角色是否可互换"等问题。（人民网舆情数据中心、南都观察家微信公众号）

12月

12月3日 第四届中国慈善文化论坛在京举办。论坛由中国慈善联合会和浙江敦和慈善基金会联合主办，围绕"科学精神与慈善文化"的主题，聚焦科学精神与慈善文化如何互相融合、支撑，共同促进社会发展等议题。论坛上，还发布了2019年度中国慈善文化热点事件：社会力量响应国家战略，助力精准扶贫，参与乡村振兴；志愿服务再上新台阶，我国注册志愿者超过1.2亿人；99公益日出现新亮点，公众捐赠翻番，地方慈善会力量凸显；"蚂蚁森林"获联合国最高环保荣誉——地球卫士奖；腾讯更新企业愿景和使命，科技向善；阿拉善SEE成立15周年，近千名企业家会员将共同推动公益精神植入企业文化；5000多家社会组织被列入活动异常名录、严重失信名单，社会组织信用体系建设任重道远；德云社演员众筹引争议，众筹平台自律机制需完善；民政部新增"慈善事业促进和社会工作司"以及"儿童福利司"和"养老服务司"；学界和公益界共同探索，推进公益慈善学科建设和学历教育。（敦和基金会微信公众号）

12月4日 "公益链启动仪式暨共同发起人会议"在北京举行。来自高校的学者、公益机构负责人、企业家代表等近百人就区块链如何赋能公益和公益链的建设进行了交流，形成了《公益链共同发起人共识》。会上，还举行了"公益链工作委员会"揭牌仪式，同时投选出了公益链监督委员会委员和筹备组秘书处成员。（凤凰网公益）

12月5日 民政部全文发布《志愿服务记录与证明出具办法（征求意见稿）》，并征求社会各界意见。征求意见稿共28条，重点围绕志愿服务记录谁来记、记什么、怎么记，志愿服务记录证明谁来出、出什么、怎么出，以及怎么监管进行了规定。意见反馈截止时间为2020年1月4日。（中国政府法制信息网）

12月5日 北京2022年冬奥会和冬残奥会赛会志愿者全球招募启动。北京冬奥组委计划招募2.7万名冬奥会赛会志愿者，1.2万名冬残奥会赛会志愿者。赛会志愿者申请人报名时间为北京时间2019年12月5日至2021年6月30日24：00；所有申请人应登录赛会志愿者全球招募网络系统提交申请。（北京冬奥组委官网）

12月6日 为期两天的2019公益筹款人大会在上海闭幕。大会闭幕式的一项重要议程，是发布《中国公益慈善筹款伦理行为实操指引手册（2019年修订版）》。该手册由方德瑞信和北京七悦社会公益服务中心基于2018年发布的《中国公益慈善筹款伦理行为准则（征求意见稿）》，结合专家研讨意见以及十家试点公益慈善组织一年的试用反馈修订而成。手册确立了公益慈善筹款主体应遵守的六大重要价值观，分别是：合规、诚实、尊重、正直、透明和负责；此外，手册还提出了公益筹款人的伦理行为准则，并在每一条准则下附以条款释义、实务指引、法律依据以及案例分析与解读。（爱德传一基金微信公众号）

12月11日 《宁波市社会组织参与儿童保护工作指导手册》发布。这是我国第一部地方性社会组织参与儿童保护的行业指导手册。该手册由六大部分及附录组成，包括参与儿童服务的社会组织内部规定、人员招聘流程、儿童服务相应制度规范及各类模板和量表工具。（《浙江工人日报》）

12月17日 中国儿童少年基金会公益项目"春蕾计划"陷入舆论风波，起因是有网友质疑其存在"擅自改变资助对象"问题，将以"资助贫困地区失辍学女童继续学业"为由筹得的善款同时用于资助男学生。对于质疑，中国儿童少年基金会进行了及时的官方回应，但引发了更为广泛的批评和质疑。批评和质疑主要围绕着违背捐赠人意愿变更捐款用途、筹款与项目"两张皮"、对项目捐赠人尊重不足、社会性别意识欠缺、公关危机处理不够专业等问题展开。（爱德传一基金微信公众号）

12月18日 "中国慈善公益品牌70年70人"评选结果在"谁为中国赢得尊敬"2019（第十四届）品牌年度人物峰会暨中国品牌70年70人颁奖盛典上揭晓。"中国慈善公益品牌70年70人"是品牌年度人物峰会开办14届以来首次开展的公益品牌人物评选，由品牌联盟和善达网联合主办。艾路明、白方礼、蔡崇信、曹德旺、陈一丹、丛飞、崔乃夫、何道峰、何享

健、李连杰、李小云、马蔚华、马云、缪力、牛根生、秦国英、曲格平、商玉生、邵逸夫、陶斯亮、王名、王振耀、徐永光、杨团、朱传一等70人入选。（爱德传一基金微信公众号）

12月17~18日 影视明星范冰冰连续出席两场公开活动，分别获评"2019年度最具公益影响力明星"及"年度公益人物"；这是在其因偷税、漏税缴纳天价罚金后首次公开亮相。12月21日，中国中药协会分别授予鸿茅药业、鸿茅药业副总裁"2018年度履行社会责任明星企业"和"2018年度履行社会责任年度人物奖"称号，舆论一片哗然；12月27日，中国中药协会官网宣布撤销对鸿茅药酒的表彰。这两起争议人物、争议企业及其负责人获颁公益奖项事件，引发了社会各界对公益慈善行业奖项评选标准、流程、公信力等的质疑与热议。（腾讯新闻）

12月19日 基金会中心网"2019中基透明指数FTI发布会"在北京举行。会上发布了2019中基透明指数FTI报告。报告显示2019中基透明指数FTI为51.34分，比去年小幅上升了2.5%，而满分基金会数量达到225家，比上年增加了49%，增幅显著。（基金会中心网官网）

12月20日 《中国社会组织从业者社会和经济保障现状调查报告（2019）》发布。报告显示，社会组织从业者的财务状况仍然不佳，呈现日渐严峻趋势。近六成社会组织去年（2018年）收入在50万元及以下，一成超过500万元；九成从业者存在心理压力，超过50%压力较大，经济负担居首位，约1/5从业者存在较严重的情绪问题，主要依靠自我调节。（《公益时报》）

12月23日 《民法典（草案）》首次亮相。其中，草案明确规定，机关、企业、学校等单位应当采取合理的预防、受理投诉、调查处置等措施，防止和制止利用职权、从属关系等实施性骚扰。（新华网）

12月27日 "社会组织扶贫50佳案例名单""企业精准扶贫综合50佳案例""企业精准扶贫专项50佳案例""志愿者扶贫50佳案例"公示。（国务院扶贫开发领导小组办公室官网）

B.25
2019年中国公益慈善（主要）政策法规

以下列举的2019年中国慈善（主要）政策法规均可通过中国社会组织公共服务平台的"法律法规数据库"搜索得到。该数据库由民政部社会组织管理局运营，其搜索二维码如下：

综 合

国务院办公厅《关于在制定行政法规规章行政规范性文件过程中充分听取企业和行业协会商会意见的通知》（2019年3月13日发布）。

社会组织

（1）《关于做好全面推开全国性行业协会商会与行政机关脱钩改革工作的通知》（2019年6月21日发布）。

（2）《关于做好全面推开地方行业协会商会与行政机关脱钩改革工作的通知》（2019年6月21日发布）。

以下列举的2019年中国慈善（主要）政策法规均可通过扫描条目下的二维码进行查阅。

（1）《中共中央关于坚持和完善中国特色社会主义制度　推进国家治理体系和治理能力现代化若干重大问题的决定》（2019年10月31日中国共产党第十九届中央委员会第四次全体会议通过）。

（2）民政部关于在社会组织登记管理工作中贯彻落实《中共中央关于加强党的政治建设的意见》有关要求的通知（2019年5月20日发布）。

（3）民政部《关于规范基金会对外开展合作等事项的提示》（2019年7月5日发布）。

（4）《民政部职能配置、内设机构和人员编制规定》（2019年1月25日发布）。

（5）民政部办公厅关于印发《民政部 2019 年立法工作计划》的通知（2019 年 7 月 3 日发布）。

（6）财政部、税务总局、国务院扶贫办发布《关于企业扶贫捐赠所得税税前扣除政策的公告》（2019 年 4 月 14 日）。

（7）财政部、税务总局发布《关于公益慈善事业捐赠个人所得税政策的公告》（2019 年 12 月 30 日）。

（8）《未成年人保护法》（修订草案）与《预防未成年人犯罪法》（修订案）正式面向社会公开征求意见（2019 年 11 月 1 日）。

（9）《民法典（草案）》（2019 年 12 月 23 日）。

（10）《财政部印发关于〈中央专项彩票公益金支持地方社会公益事业发展资金管理办法〉的通知》（2019年6月27日）。

B.26 后 记

2019年，慈善事业呈现出国家治理吸纳民间慈善的总体特征，这也与2018年以来慈善事业的发展一脉相承。在社会层面，志愿服务被提升到社会文明进步重要标志的高度，相关政策举措密集出台，志愿服务团队、企业为主体的科技向善和商业慈善渐成时尚，慈善参与主体和做法更加多元，相比之下，组织化慈善似趋于弱化。

2019年慈善热点事件可圈可点，在网络媒体上引发社会争议或热议，凸显出人们通过关注慈善参与公共生活越来越成为一种社会常态。这昭示着移动互联网和自媒体工具，赋予了公众参与公共治理的机会和能力，为数以百万、千万甚至亿计的大规模的公民参与议题讨论、表达心声提供了平台。在媒体社会化时代，公民参与展现出与传统时代不同的特征，它主体多元、途径多种、表达多样，它推动社会治理走向去中心化和去权威化。慈善蓝皮书编委会已连续6年组织和编发年度十大慈善热点事件，日益关注慈善热点对于启迪公民意识、推动公民参与社会慈善公益的重要作用。本报告在十大热点事件阐释上持续努力，希望得到读者的关注。

本卷蓝皮书，除持续推出总论、领域报告外，针对慈善事业发展中的重点议题，还组织编写了社工人才培养与乡村振兴、境外非政府组织境内活动发展、成都市社会组织发展和慈善资产管理等四篇专题报告。尤其是社工人才培养与乡村振兴和慈善资产管理两篇实属该领域破题之作，值得特别重视。

最后要说明，本书撰稿、收稿和编辑正值中国和世界新冠肺炎疫情大流行之际，这场深重的灾难为中国和世界带来前所未有的危与机，未来将需要人类数年、数十年的辨识和回应。这也将成为下一本蓝皮书的主题。

慈善蓝皮书

我们衷心感谢蓝皮书作者群体在抗疫期间的协力工作。

衷心感谢协助我们编辑蓝皮书的孙迪先生、杨彤彤女士。

感谢本书的责编薛铭洁女士。

感谢支持本书出版的卢德之先生。

2020 年 4 月 15 日

勘误并致歉

《慈善蓝皮书：中国慈善发展报告（2018）》"热点事件篇"《〈志愿服务条例〉实施 中国志愿服务迎来制度化 信息化新时代》一文的作者应为"翟雁 贾龙慧子"，其中，贾龙慧子为"北京师范大学中国公益研究院慈善法律中心高级分析员"，特此说明，并就出版之时遗漏署名一事，向贾龙慧子女士致歉。

《慈善蓝皮书：中国慈善发展报告》衷心感谢每一位作者的辛勤研究与写作，衷心感谢每一位读者的关注与支持，同时，也欢迎给我们提出意见或建议。

联系邮箱 info@clcpp.org。

2020 年 4 月 15 日

权威报告・一手数据・特色资源

皮书数据库
ANNUAL REPORT(YEARBOOK) DATABASE

分析解读当下中国发展变迁的高端智库平台

所获荣誉

- 2019年，入围国家新闻出版署数字出版精品遴选推荐计划项目
- 2016年，入选"'十三五'国家重点电子出版物出版规划骨干工程"
- 2015年，荣获"搜索中国正能量 点赞2015""创新中国科技创新奖"
- 2013年，荣获"中国出版政府奖・网络出版物奖"提名奖
- 连续多年荣获中国数字出版博览会"数字出版・优秀品牌"奖

成为会员

通过网址www.pishu.com.cn访问皮书数据库网站或下载皮书数据库APP，进行手机号码验证或邮箱验证即可成为皮书数据库会员。

会员福利

- 已注册用户购书后可免费获赠100元皮书数据库充值卡。刮开充值卡涂层获取充值密码，登录并进入"会员中心"—"在线充值"—"充值卡充值"，充值成功即可购买和查看数据库内容。
- 会员福利最终解释权归社会科学文献出版社所有。

卡号：555861545334
密码：

数据库服务热线：400-008-6695
数据库服务QQ：2475522410
数据库服务邮箱：database@ssap.cn
图书销售热线：010-59367070/7028
图书服务QQ：1265056568
图书服务邮箱：duzhe@ssap.cn

中国社会发展数据库（下设12个子库）

整合国内外中国社会发展研究成果，汇聚独家统计数据、深度分析报告，涉及社会、人口、政治、教育、法律等12个领域，为了解中国社会发展动态、跟踪社会核心热点、分析社会发展趋势提供一站式资源搜索和数据服务。

中国经济发展数据库（下设12个子库）

围绕国内外中国经济发展主题研究报告、学术资讯、基础数据等资料构建，内容涵盖宏观经济、农业经济、工业经济、产业经济等12个重点经济领域，为实时掌控经济运行态势、把握经济发展规律、洞察经济形势、进行经济决策提供参考和依据。

中国行业发展数据库（下设17个子库）

以中国国民经济行业分类为依据，覆盖金融业、旅游、医疗卫生、交通运输、能源矿产等100多个行业，跟踪分析国民经济相关行业市场运行状况和政策导向，汇集行业发展前沿资讯，为投资、从业及各种经济决策提供理论基础和实践指导。

中国区域发展数据库（下设6个子库）

对中国特定区域内的经济、社会、文化等领域现状与发展情况进行深度分析和预测，研究层级至县及县以下行政区，涉及地区、区域经济体、城市、农村等不同维度，为地方经济社会宏观态势研究、发展经验研究、案例分析提供数据服务。

中国文化传媒数据库（下设18个子库）

汇聚文化传媒领域专家观点、热点资讯，梳理国内外中国文化发展相关学术研究成果、一手统计数据，涵盖文化产业、新闻传播、电影娱乐、文学艺术、群众文化等18个重点研究领域。为文化传媒研究提供相关数据、研究报告和综合分析服务。

世界经济与国际关系数据库（下设6个子库）

立足"皮书系列"世界经济、国际关系相关学术资源，整合世界经济、国际政治、世界文化与科技、全球性问题、国际组织与国际法、区域研究6大领域研究成果，为世界经济与国际关系研究提供全方位数据分析，为决策和形势研判提供参考。

法律声明

"皮书系列"(含蓝皮书、绿皮书、黄皮书)之品牌由社会科学文献出版社最早使用并持续至今,现已被中国图书市场所熟知。"皮书系列"的相关商标已在中华人民共和国国家工商行政管理总局商标局注册,如LOGO( )、皮书、Pishu、经济蓝皮书、社会蓝皮书等。"皮书系列"图书的注册商标专用权及封面设计、版式设计的著作权均为社会科学文献出版社所有。未经社会科学文献出版社书面授权许可,任何使用与"皮书系列"图书注册商标、封面设计、版式设计相同或者近似的文字、图形或其组合的行为均系侵权行为。

经作者授权,本书的专有出版权及信息网络传播权等为社会科学文献出版社享有。未经社会科学文献出版社书面授权许可,任何就本书内容的复制、发行或以数字形式进行网络传播的行为均系侵权行为。

社会科学文献出版社将通过法律途径追究上述侵权行为的法律责任,维护自身合法权益。

欢迎社会各界人士对侵犯社会科学文献出版社上述权利的侵权行为进行举报。电话:010-59367121,电子邮箱:fawubu@ssap.cn。

社会科学文献出版社